V&R Academic

Meinhof, Mahler, Ensslin

Die Akten der Studienstiftung des deutschen Volkes

herausgegeben, eingeleitet und kommentiert von
Alexander Gallus

Mit einem Vorwort des Präsidenten der Studienstiftung
des deutschen Volkes Reinhard Zimmermann

Vandenhoeck & Ruprecht

Mit 16 Faksimiles

Bibliografische Information der Deutschen Nationalbibliothek

Die Deutsche Nationalbibliothek verzeichnet diese Publikation in der Deutschen Nationalbibliografie; detaillierte bibliografische Daten sind im Internet über http://dnb.d-nb.de abrufbar.

ISBN 978-3-525-30126-5

Kartonierte Sonderausgabe

Weitere Ausgaben und Online-Angebote sind erhältlich unter: www.v-r.de

Umschlagabbildung:
Ausschnitt aus dem Bewerberbogen Ulrike Meinhofs vom 8. Dezember 1954
© Archiv der Studienstiftung des deutschen Volkes, Bonn-Bad Godesberg.

Satz: textformart, Göttingen | www.text-form-art.de
Druck und Bindung: ⊕ Hubert & Co. KG, Robert-Bosch-Breite 6, D-37079 Göttingen

Gedruckt auf alterungsbeständigem Papier.

Inhalt

Die Studienstiftung und der »Deutsche Herbst«

Im vergangenen Jahr beging die Studienstiftung des deutschen Volkes ihren 90. Geburtstag. Die Wochenzeitung DIE ZEIT nahm das Jubiläum zum Anlass für einen Artikel unter der Überschrift »In bester Gesellschaft«. Prominente Mitglieder dieser »besten Gesellschaft«, die der Verfasser des Artikels aufführt, sind Ulrike Meinhof, Gudrun Ensslin und Horst Mahler – also drei führende Köpfe der RAF, deren terroristische Aktivitäten in den siebziger Jahren die Bundesrepublik erschütterten. Sie alle hätten sich, worauf die Studienstiftung ja Wert legt, gesellschaftlich engagiert. Die spezifische Art des Engagements, in diesem Fall politischer Mord, spiele für die Studienstiftung jedoch offenbar keine Rolle, sei sie doch »zunächst einmal weltanschaulich neutral; mehr wollten wir zu ihrem 90. Geburtstag nicht sagen«.

Auch von anderer Seite wird und wurde die Studienstiftung immer wieder damit konfrontiert, dass sie Geld des deutschen Steuerzahlers zur Förderung linksterroristischer Umstürzler ausgegeben habe: je nach Temperament und Stimmungslage im Ton ernster Besorgnis, mit dem Ausdruck von Spott, Schadenfreude oder auch empörten Enthüllungseifers, zumeist jedoch mit vorwurfsvollem Gestus. Was lässt sich dazu sagen? Und was wird der Studienstiftung eigentlich vorgeworfen?

Dass sie die Zugehörigkeit von Meinhof, Ensslin und Mahler zum Kreis ihrer ehemaligen Stipendiaten zu verschweigen sucht? Wie sollte das wohl gehen? Die Tatsache ist ja allgemein bekannt. In der »Liste ehemaliger Stipendiaten der Studienstiftung des deutschen Volkes« bei Wikipedia sind die drei Namen unter »Sonstige« jederzeit aufzurufen. Auf einem von der Studienstiftung organisierten Symposium zur Verabschiedung ihres damaligen Präsidenten Gerhard Roth wurde die »Eliteförderung« von Meinhof, Ensslin und Mahler (zudem von Bernward Vesper, der ebenfalls Studienstiftler war) in einem Vortrag thematisiert. Rolf-Ulrich Kunze betrachtet in seiner Geschichte der Studienstiftung (2001) anhand der Karriere von Ulrike Meinhof (und einer weiteren Stipendiatin) den »Studienstiftungsalltag in den 1950er Jahren«, und auch in ihre Portraitserie »90 Jahre – 90 Köpfe« hat die Studienstiftung ein Lebensbild von Ulrike Meinhof aufgenommen.

Dass ihr schwerwiegende Fehler bei der Auswahl ihrer Stipendiaten unterlaufen sind? Das lässt sich sinnvoller Weise nur aus der Aufnahmesituation heraus beurteilen und ohne Berücksichtigung all dessen, was später geschah. Anhand der hier vorgelegten Akten kann sich jeder Leser und jede Leserin selbst ein Urteil dazu bilden. Allgemein galt damals und gilt bis heute, dass es der Studienstiftung nicht darum geht, Stipendiaten auszuwählen, von denen erwartet werden kann, dass sie in bequemer Saturiertheit durch den Strom des Lebens treiben und in gutmütigem Gleichmut alles akzeptieren, was ihnen – und uns allen – an empörendem Unrecht immer wieder entgegentritt.

Hätte die Studienstiftung ihre Stipendiaten Meinhof, Ensslin und Mahler, nachdem sie denn einmal aufgenommen waren, von der Förderung ausschließen sollen? Leitlinie für die Arbeit der Studienstiftung muss sein, dass sie gerade auch »schwierigen« Charakteren, Menschen mit Ecken und Kanten, solchen, die an den herrschenden Verhältnissen leiden, ja an ihnen verzweifeln, Stipendiaten in Sinn- und Lebenskrisen (sofern sie die im »Leitbild« der Studienstiftung konkretisierten Aufnahmekriterien erfüllt haben) Unterstützung und bestmögliche Förderung gewährt. Es handelt sich um »ihre« Stipendiaten, und aus dem damit begründeten Vertrauensverhältnis ergeben sich Fürsorgepflichten. Nicht tolerieren kann die Studienstiftung natürlich, wenn Stipendiaten sich in Worten oder Taten außerhalb der demokratischen Werteordnung stellen. Ob das bei Meinhof, Ensslin und Mahler zur Zeit ihrer Förderung der Fall war, und ob die damals Verantwortlichen richtig gehandelt haben: auch das möge jeder selbst anhand der Akten beurteilen. Er möge aber wiederum mit aller Gewissenhaftigkeit versuchen, sich an die Stelle der *damals* Handelnden zu setzen.

Hätte die Studienstiftung die Entwicklung von Meinhof, Ensslin und Mahler zu Terroristen verhindern können oder müssen? Die Studienstiftung bestärkt ihre Stipendiaten darin, für ihre eigenen Überzeugungen einzustehen, gleichzeitig aber anderen Menschen mit Toleranz und Respekt zu begegnen und sich mit deren Standpunkten in einem Geist kritischer Offenheit auseinanderzusetzen. Von diesem Geist kritischer Offenheit ist und war die Arbeit der Studienstiftung in all ihren Facetten geprägt. Gleichzeitig nimmt die Studienstiftung ihre Stipendiaten aber als eigenständige Menschen ernst, die bereit und in der Lage sind, ihr Leben in Verantwortung für sich und ihre Mitmenschen zu gestalten. Sie setzt Vertrauen in jede einzelne von ihr geförderte Person, ihre Talente zum Wohl der Allgemeinheit zu entfalten. Dass Vertrauen auch enttäuscht werden kann, weiß jeder, der auf andere vertraut hat oder, noch schmerzlicher, in den Vertrauen investiert worden ist.

Gelegentlich wird gefordert, die Studienstiftung müsse mindestens jetzt, in Kenntnis all dessen, was geschehen ist, Meinhof, Ensslin und Mahler als Ehemalige der Studienstiftung ausschließen. In der Tat bricht die Studienstiftung den üblichen institutionellen Kontakt zu Alumni ab, die sich (während der Förderung oder danach) grobe Verfehlungen zuschulden kommen lassen oder Straftaten begehen. So ist es denn auch im Falle Mahler geschehen. Doch die reine Tatsache, dass er ein Alumnus ist, kann man auch ihm nicht absprechen, genauso wenig wie den beiden Toten. Sie gehören zur Geschichte der Studienstiftung wie alle jemals von ihr Geförderten. Alles andere liefe auf eine moderne Form der *damnatio memoriae* hinaus, auf den Versuch des Umschreibens der Geschichte, wie wir ihn von Diktatoren wie Stalin oder Kim Jong-Un kennen. Eines zivilisierten Landes ist das nicht würdig.

Mit ganz ähnlichen Fragen, Vorwürfen und Forderungen wie zu den Terroristen der 1970er Jahre wird die Studienstiftung übrigens heute – unser eingangs erwähnter Artikelschreiber bietet auch hierfür ein Beispiel – im Hinblick auf Alumni konfrontiert, soweit sie als Politiker und Parteifunktionäre Anschauungen vertreten, die von weiten Teilen der Gesellschaft innerhalb und außerhalb der Studienstiftung missbilligt werden. Auch dazu lässt sich Vieles sagen, und auch damit muss sich die Studienstiftung auseinandersetzen. Sie tut das, indem sie engagierter Diskussion, auch politischer Diskussion, Raum gibt, ohne sich als Institution selbst eine Meinung zu eigen zu machen oder gar ihre Förderentscheidungen daran auszurichten. Sie fördert auch weiterhin junge Menschen ganz unterschiedlicher Prägung und Überzeugung. Und sie versucht zu vermitteln, dass zu dem Geist kritischer Offenheit, den sie propagiert, auch gehört, was pointiert in dem Satz zusammengefasst ist: »I wholly disapprove of what you say – and will defend to the death your right to say it.«

Ulrike Meinhof, Gudrun Ensslin und Horst Mahler sind nicht nur Teil der Geschichte der Studienstiftung des deutschen Volkes, sondern auch Personen der Zeitgeschichte. Es besteht damit ein berechtigtes Interesse der Öffentlichkeit, den Bildungsweg dieser Personen im Abstand von fast vierzig Jahren seit den Wochen und Monaten zu verfolgen, die als »Deutscher Herbst« in die Geschichte der Bundesrepublik eingegangen sind. Das Vorhaben, die Studienstiftungsakten dieser drei Gründungsmitglieder der RAF zu publizieren, wurde von dem Zeit- und Ideenhistoriker Alexander Gallus an den Vorstand der Studienstiftung herangetragen. Der Vorstand hat dazu nach eingehender Diskussion seine Zustimmung gegeben. In dieser Diskussion spielte die Vertrauensbeziehung eine besondere Rolle, die zwischen der Studienstiftung und den von ihr Geförderten besteht und aus der folgt, dass auch alle Unterlagen, die die Geförderten betreffen, dem Gebot der Vertraulichkeit unterliegen. Dies war der Grund, weshalb der damalige Generalsekretär der Studienstiftung die Unterlagen im Jahre 1973 nicht an den Generalbundesanwalt herausgegeben hat.

Auch heute kommt eine Publikation nur in Betracht, wenn und soweit die Betroffenen (in diesem Fall also Horst Mahler) oder ihre Nachkommen (im Falle von Ulrike Meinhof ihre Töchter Bettina und Regine Röhl, im Falle von Gudrun Ensslin ihr Sohn Felix Ensslin) ihr zugestimmt haben. Zudem war uns wichtig, dass, soweit sie sich ermitteln lassen, auch alle anderen Verfasser von Dokumenten in dieser Aktenedition, oder ihre noch lebenden Angehörigen, um Zustimmung zur Publikation gebeten werden. Ich danke allen, die diese Zustimmung erteilt haben. Alexander Gallus danke ich für die Initiative zu diesem Projekt und für die Sorgfalt, mit der er es vorbereitet und durchgeführt hat.

Die in diesem Band versammelten Dokumente geben in vielfacher Hinsicht Anlass zum Nachdenken – nicht zuletzt darüber, dass Geschichte nicht immer nur Vorgeschichte ist.

Reinhard Zimmermann
Präsident der Studienstiftung des deutschen Volkes

Zur Einführung: Meinhof, Mahler, Ensslin und die Studienstiftung. Die Akten dreier ›Hochbegabter‹

1. Einleitung

Meinhof, Mahler, Ensslin zählen als Führungsfiguren des deutschen Linksterrorismus der 1970er Jahre zu den besonders prominenten Vertretern der neueren deutschen Zeitgeschichte. Bereits ihre früheren Biografien weisen allerdings ebenfalls eine Gemeinsamkeit auf, waren die drei doch allesamt Stipendiaten der angesehensten deutschen Begabtenförderung, der Studienstiftung des deutschen Volkes. Von dieser Geschichte legen die hier erstmals in Form einer Edition veröffentlichten Akten Zeugnis ab.

Viele Jahrzehnte zuvor zeigte sich Gudrun Ensslins Anwalt Ernst Heinitz Anfang 1969 enttäuscht über die, wie er meinte, unzureichende Würdigung der Studienstiftungsunterlagen seiner Mandantin im Frankfurter Kaufhausbrandprozess. Das Gericht hatte die Akten angefordert, aber dem Verteidiger zufolge diese nicht genügend genutzt, um ein genaueres Persönlichkeitsbild Ensslins zu gewinnen.[1] Enger verbunden als mit ihr war Heinitz mit der Studienstiftung des deutschen Volkes. Schon seit längerem unterstützte der Jura-Professor, Alt-Rektor der Freien Universität (FU) Berlin und Senatspräsident a. D. am Berliner Kammergericht die Stiftung ehrenamtlich als Vertrauensdozent. Gudrun Ensslin gehörte zu seiner Berliner Stipendiatengruppe, so dass Heinitz sie schon weit vor dem Kaufhausbrandprozess kennen und schätzen gelernt hatte. Insbesondere im Verfahren um die endgültige Aufnahme in die Stiftung, über die anhand von Studienleistungen und gutachtlichen Stellungnahmen in der Regel nach drei »Vorsemestern« entschieden wird, hat er sich für Gudrun Ensslin stark gemacht; und zwar nachdrücklich, weil er von ihr – ungeachtet fachlich keineswegs überzeugender Leistungen – den Eindruck einer überaus förderungswürdigen, besonders begabten Persönlichkeit gewonnen hatte.[2]

1 Ernst Heinitz in einem Brief an die Referentin der Studienstiftung Uta Zuppke vom 9. Januar 1969, in: Archiv der Studienstiftung des deutschen Volkes, Bonn (alle weiteren, in den weiteren Anmerkungen genannten ungedruckten Quellen befinden sich dort, ohne dass jedes Mal der Archivverweis angegeben wird); in dieser Edition abgedruckt in: Akte Ensslin, Dok. VI.10. – Diese Einleitung beruht in Teilen auf meinen Aufsätzen: Studienjahre dreier »Hochbegabter«. Die Stipendiaten der Studienstiftung Ulrike Meinhof, Horst Mahler und Gudrun Ensslin, in: Rüdiger vom Bruch/Martin Kintzinger/Marian Füssel/Wolfgang E. Wagner (Hrsg.), Studentenkulturen: Jahrbuch für Universitätsgeschichte, Bd. 17 (2014), Stuttgart 2016, S. 223–244; Ein Anfang, der das Ende nicht erwarten ließ. Die Studienstiftler Meinhof, Mahler, Ensslin, Vesper und die Eliteförderung der frühen Bundesrepublik – eine Aktenlektüre, in: Jahrbuch Extremismus und Demokratie, 24 (2012), S. 13–29.

2 Siehe dazu im Detail weiter unten den Abschnitt zu Gudrun Ensslin.

Außer im Frankfurter Gerichtsverfahren[3] verließen die Akten nicht die Registratur bzw. das Archiv des Bad Godesberger Begabtenförderungswerks. Im April 1973 suchte der Generalbundesanwalt allerdings um die Herausgabe und Nutzung von Meinhofs und Ensslins Akten bei der Studienstiftung nach. Gegen beide liefen Ermittlungsverfahren wegen der Bildung krimineller Vereinigungen und anderer Straftaten. Für die »Würdigung ihres [Ensslins und Meinhofs] Persönlichkeitsbildes« waren die Studienstiftungsunterlagen in den Augen der Staatsanwaltschaft »von besonderer Bedeutung«.[4] Die Studienstiftung sagte in ihrer Antwort zwar grundsätzlich ihre Hilfe bei der Aufklärung von Straftaten zu, betonte im gleichen Atemzug aber »gravierende Probleme«, die mit einer Herausgabe der Akten verbunden seien. Schließlich würden Stipendiumsbewerber sich mit »rückhaltloser Offenheit« gegenüber der Stiftung äußern und auch die an den Auswahlverfahren beteiligten Gutachter »ungeschützte Aussagen« machen. Daher sei es unabdingbar, dass die Studienstiftung »die absolute Vertraulichkeit aller Unterlagen garantieren« könne. Außerdem existiere ein Vorstandsbeschluss (Nr. 798), der die Heraus- und Bekanntgabe prinzipiell untersage und Ausnahmen nur durch Vorstandsentscheidung zulasse. Der damalige Generalsekretär der Stiftung Hartmut Rahn wollte die Bitte des Generalbundesanwalts insoweit an den Vorstand weiterleiten. Auch regte er eine »Versicherung« seitens der Ermittlungsbehörde an, »daß notfalls die Akten zwar gelesen, nicht aber ihr Inhalt in Verhandlungen zitiert werden« sollte.[5]

3 Vgl. das Urteil des Landgerichtes Frankfurt (»Brandstifterurteil«) vom 31. Oktober 1968, in: Die Baader-Meinhof-Gruppe, zusammengestellt von Reinhard Rauball, Berlin/New York 1972, S. 167–210. Darin, ebd., S. 169, finden sich Hinweise auf die Studienstiftungsakten. Eine Anfrage beim Hessischen Hauptstaatsarchiv ergab indes, dass sich nach einer kursorischen Durchsicht der dort aufbewahrten Akten des Frankfurter Strafverfahrens (Archivsignatur Abt. 461 Nr. 34679–34706) »kein Schriftgut mit direktem Bezug zur Studienstiftung des deutschen Volkes nachweisen« lasse (Auskunft vom 9. Mai 2016). – Zur Einordnung siehe Sara Hakemi/Thomas Hecken, Die Warenhausbrandstifter, in: Wolfgang Kraushaar (Hrsg.), Die RAF und der linke Terrorismus, 2 Bde., Hamburg 2006, Bd. 1, S. 316–331; grundlegend auch Gisela Diewald-Kerkmann, Frauen, Terrorismus und Justiz. Prozesse gegen weibliche Mitglieder der RAF und der Bewegung 2. Juni, Düsseldorf 2009.

4 Brief des Generalbundesanwalts beim Bundesgerichtshof an die Studienstiftung des deutschen Volkes vom 19. April 1973, als beglaubigte Abschrift vorhanden in: Bundesarchiv Koblenz (BArch), B 362/3155, Bl. 128. – Eine Kopie des kompletten Briefwechsels zwischen Studienstiftung und Bundesanwaltschaft findet sich auch im Archiv des Hamburger Instituts für Sozialforschung (HIS-Archiv), RAF-Sammlung, En,G/001,007.

5 Brief des Generalsekretärs der Studienstiftung Hartmut Rahn an den Generalbundesanwalt vom 27. April 1973, in: BArch, B 362/3155, Bl. 129f. Der Beschluss 798 wurde erst kurz vor der offiziellen Anfrage der Bundesanwaltschaft gefasst und stand somit zumindest in engem zeitlichen Zusammenhang damit. Im Protokoll vom 7. Mai 1973 zur Vorstandssitzung vom 4. April 1973 (vorhanden in: Archiv der Studienstiftung, Bonn) heißt es, der Vorstand habe »über die Notwendigkeit, die vertrauliche Behandlung der Unterlagen in den Archiven und Karteien der Studienstiftung zu gewährleisten«, diskutiert und folgenden »Beschluss 798« gefasst: »Im Interesse des Persönlichkeitsschutzes der Stipendiaten und der ehemaligen Stipendiaten

Der Generalbundesanwalt äußerte in der Antwort Verständnis für die Bedenken der Stiftung, konnte aber keine entsprechende Garantie geben, da es um die »Vorbereitung der *öffentlichen* strafgerichtlichen Hauptverhandlung« gehe. Um dem Stiftungsvorstand ein Freigabe-Votum gleichwohl zu suggerieren, gab die Anwaltschaft zu bedenken, »daß sich die aus Ihren Förderakten zu gewinnenden Erkenntnisse mit einem hohen Grade der Wahrscheinlichkeit nur zugunsten von Frau Ensslin und Frau Meinhof auswirken könnten«.[6] Auch dieses zweite Schreiben änderte indes nichts an der ablehnenden Haltung der Studienstiftungs-Geschäftsstelle, die durch Präsidium und Vorstand in dieser Haltung unterstützt wurde. Der Generalsekretär teilte dem Generalbundesanwalt mit, eine Verwendung der Akten in einer öffentlichen Gerichtsverhandlung würde der Studienstiftung »irreparable Schäden« beibringen und könnte sogar »zum Zusammenbruch des Vertrauens in der Studienstiftung führen«. Auch wies Rahn darauf hin, dass die Tatsache der Förderung Ensslins und Meinhofs an sich bekannt sei und vom Gericht auch ohne Vorliegen der Akten »zu Gunsten der Beschuldigten« gewürdigt werden könne.[7]

In der Tat war und ist die Förderung der späteren RAF-Terroristen Ulrike Meinhof, Horst Mahler und Gudrun Ensslin allgemein bekannt und gehört weiterhin zu den meist kolportierten Geschichten über die Studienstiftung des deutschen Volkes.[8] Bezogen auf die Leitfiguren der späteren Ersten Generation der Roten Armee Fraktion lag die Förderquote damit bei 75 Prozent (gegenüber dem unter einem Prozent liegenden Wert der von der Studienstiftung geförderten Studierenden insgesamt[9]). Einzig Andreas Baader (unter den vier frühen RAF-Protagonisten) gehörte nicht zur Gruppe der

der Studienstiftung dürfen Karteien, Akten und andere Archivunterlagen außenstehenden Personen und Institutionen grundsätzlich nicht zugänglich gemacht werden. Ausnahmen bedürfen eines Vorstandsbeschlusses.«

6 Brief des Generalbundesanwalts beim Bundesgerichtshof an die Studienstiftung des deutschen Volkes vom 2. Mai 1973, als beglaubigte Abschrift vorhanden in: BArch, B 362/3155, Bl. 131 (Kursive im Original Unterstreichung).

7 Brief des Generalsekretärs der Studienstiftung Hartmut Rahn an den Generalbundesanwalt vom 16. Mai 1973, in: BArch, B 362/3155, Bl. 132.

8 Vgl. etwa deren Erwähnung unter der Kategorie »Sonstige« in der Liste: »Bekannte ehemalige Stipendiaten der Studienstiftung (Auswahl)«, unter: http://de.wikipedia.org/wiki/Liste_ehemaliger_Stipendiaten_der_Studienstiftung_des_deutschen_Volkes (31. März 2015). Die umfassendste und eingehendste wissenschaftliche Studie zur Geschichte der Studienstiftung würdigt knapp die Förderung Meinhofs (am Rande auch diejenige Ensslins): vgl. Rolf-Ulrich Kunze, Die Studienstiftung des deutschen Volkes seit 1925. Zur Geschichte der Hochbegabtenförderung in Deutschland, Berlin 2001, S. 298 f. In der einschlägigen Literatur zur RAF-Geschichte findet sich die Förderung der drei regelmäßig verzeichnet. Siehe als Beispiel: Butz Peters, Tödlicher Irrtum. Die Geschichte der RAF, 4. Aufl., Frankfurt a. M. 2008, S. 70, 138, 153.

9 Im Aufnahmejahr 1955 (Meinhof, Mahler) lag der Prozentanteil der Studienstiftler an der Gesamtstudentenschaft bei 0,94 Prozent, 1964 (Ensslin) bei 0,77 Prozent. Siehe die Angaben in: Die Studienstiftung, Januar 1971 [Info-Broschüre/Jahresbericht 1970 mit Angaben zur Entwicklung der Studienstiftung ab 1948], S. 13.

Studienstiftungs-Stipendiaten. Er schied als potentieller Kandidat für eine Förderung als Schulabbrecher von vornherein aus. Aufgrund dieser mangelnden Voraussetzung ist er an sich ›herauszurechnen‹, wodurch sich die erwähnte Quote auf 100 Prozent erhöhte.

Vereinzelt, in fragmentarischer Form, fanden Dokumente aus den Akten Eingang in Studien über Meinhof und Ensslin, auch der »Spiegel« brachte einzelne Zitate aus der Ensslin-Akte.[10] Horst Mahlers Studienjahre sind indes eine *terra incognita*; selbst Bruchstücke der Stiftungsunterlagen gelangten nicht an die (wissenschaftliche) Öffentlichkeit. Die Publizistin Bettina Röhl hat dagegen auf Grundlage der privaten Parallelüberlieferung aus Semesterberichten ihrer Mutter und Briefwechseln mit der Studienstiftung zitieren können.[11] Im Falle Ensslins profitierte Gerd Koenen vom Nachlass des Schriftstellers Bernward Vesper im Deutschen Literaturarchiv Marbach.[12] Vesper war selbst Stipendiat der Studienstiftung und eine Zeit lang mit Gudrun Ensslin verlobt. Aus dieser letztlich tragischen Beziehung ging auch der gemeinsame Sohn Felix Ensslin hervor. Michael Kapellen, der die Tübinger Studienjahre Ensslins und Vespers mit großer Akribie und Sachkunde rekonstruiert hat, konnte allerdings nicht auf die Stiftungsakten zurückgreifen: »Leider standen mir auch die Materialien der Studienstiftung des Deutschen Volkes nicht zur Verfügung, die wahrscheinlich noch viele wichtige Informationen über Details zum Studium Vespers und Ensslins enthalten, die aber vermutlich schon allein von ihrem zu erwartenden Umfang her ohnehin eine eigenständige Publikation wert sein dürften.«[13]

Das sind sie, schließlich dokumentieren die Materialien der Studienstiftung die Studienjahre und -wege der drei späteren RAF-Mitbegründer ausführlich und teilweise auch eingehend. Ulrike Meinhof, die in Marburg, Wupper-

10 Vgl. insbes. den Artikel: Ein Seitenweg, in: Der Spiegel, 25/1972, S. 67–72. Zu dieser Angelegenheit äußerte Hartmut Rahn in seinem Schreiben an den Generalbundesanwalt vom 27. April 1973 (Anm. 5): »Im vergangenen Jahr hat es eine ernste Krise dieses Vertrauens gegeben, nachdem das Magazin ›Der Spiegel‹ in einem Artikel den Anschein zu erwecken versucht hatte, ihm seien Unterlagen der Studienstiftung bekanntgeworden. Die Angelegenheit konnte durch Widerruf des ›Spiegel‹ aus der Welt geschafft werden [...].« Wahrscheinlich entstand das ›Leck‹ in jener Zeit, als Ensslins Akte im Rahmen des Kaufhausbrandprozesses für einige Zeit die Studienstiftung verlassen hatte.

11 Bettina Röhl, So macht Kommunismus Spaß! Ulrike Meinhof, Klaus Rainer Röhl und die Akte KONKRET, Hamburg 2006, insbes. S. 184–188.

12 Gerd Koenen, Vesper, Ensslin, Baader. Urszenen des deutschen Terrorismus, 3. Aufl., Frankfurt a.M. 2009, beispielsweise S. 75, 114 und 133f. Es findet sich im Marbacher Archiv auch ein Blatt des Entwurfs von Ensslins Semesterbericht über das Wintersemester 1966/67 und Sommersemester 1967 vom Dezember 1967, in: DLA Marbach, A: Vesper, Bernward. Siehe in dieser Edition: Akte Ensslin, Dok. IV.6.

13 Michael Kapellen, Doppelt leben. Bernward Vesper und Gudrun Ensslin. Die Tübinger Jahre, Tübingen 2005, S. 15; auf diesen Mangel verweisen auch Susanne Bressan/Martin Jander, Gudrun Ensslin, in: Kraushaar, Die RAF und der linke Terrorismus (Anm. 3), Bd. 1, S. 398–429, hier: S. 400.

tal (Pädagogische Akademie), Münster und Hamburg Pädagogik und Psychologie (für einige Zeit zusätzlich Deutsch, Geschichte und Kunstgeschichte) studierte, wurde zwischen April 1955 und März 1960 von der Studienstiftung des deutschen Volkes gefördert. Ihr letzter direkter Kontakt mit der Studienstiftung fand 1968 statt. Horst Mahler, Jura-Student an der FU Berlin, war von April 1955 bis September 1959 Stipendiat. Ein letzter direkter Kontakt datiert ebenfalls auf das Jahr 1968. Gudrun Ensslin, die – unterbrochen durch die Ausbildung zur Volksschullehrerin an der Pädagogischen Hochschule Schwäbisch Gmünd – in Tübingen und Berlin Germanistik, Anglistik und Philosophie studierte, gelangte im März 1964 in den Kreis der Studienstiftler und blieb darin bis Ende 1968. Ihre Unterlagen reichen aber bis 1960 zurück, da ihr erst im dritten Anlauf (nach Zurückstellung und Ablehnung) die Aufnahme gelang. Im Jahr 1967 trat sie letztmalig schriftlich in direkten Kontakt mit der Studienstiftung. Alle drei erhielten nicht nur eine ideelle, sondern auch eine substantielle materielle Förderung, derer sie bedurften, um ihr Studium zu finanzieren.[14]

Aufgrund des langen Vorlaufs ist Ensslins Akte am umfangreichsten, zählt knapp 260 Blatt, gefolgt von Meinhof mit fast 200. Mahlers Akte ist die mit Abstand schmalste und umfasst gerade mal 100 Blatt. Die Akten sind gleichförmig strukturiert: Auf einen Bewerberbogen mit Foto folgen Angaben zur Stipendienberechnung. Aufnahme- und Auswahlprozess werden jeweils durch handschriftliche Lebensläufe, Vorschlagsgutachten (der Schule bzw. im späteren Fall Ensslins eines Hochschullehrers) sowie Einschätzungen von in der Regel zwei Gutachtern auf Grundlage dieser Unterlagen und eines Gesprächs mit dem Kandidaten/der Kandidatin abgebildet. Eindrücke und Ergebnisse des Studiums sowie sonstige Erfahrungen lassen sich den regelmäßigen Semesterberichten der Stipendiaten entnehmen. Die Entscheidung der endgültigen Aufnahme stützte die Studienstiftung auf die nachgewiesenen Studienleistungen sowie Gutachten von Fach- sowie der Vertrauensdozenten. Sie finden sich ebenso in den Akten wie die weitere Korrespondenz, nicht zuletzt der Stipendiaten mit der Studienstiftung.

Wie gelangte man während der 1950er und 1960er Jahre in die Studienstiftung?[15] Eine Selbstbewerbung war damals (und noch bis ins Jahr 2010 hinein) ausgeschlossen. Es bedurfte eines Schul- oder Hochschulvorschlags, um das Auswahlverfahren in Gang zu setzen. Die Kandidatinnen und Kandidaten reichten daraufhin einen ausgefüllten Bewerberbogen, Zeugnisse und einen ausführlichen Lebenslauf ein. Zwei persönliche Gespräche mit einem sogenann-

14 Zu den Summen siehe: Akte Meinhof, Anm. 18; Akte Mahler, Anm. 30; Akte Ensslin, Anm. 43; zur Stipendienhöhe in jenen Jahren auch: Kunze, Die Studienstiftung des deutschen Volkes seit 1925 (Anm. 8), S. 289, 296. Meinhof und Mahler wurden auf den Bewerbungsbögen unter »wirtschaftliche Lage« der Gruppe »a« zugerechnet, was besondere materielle Förderbedürftigkeit anzeigte. Siehe Akte Meinhof, Dok. I.1. und Akte Mahler, Dok. I.1.

15 Zum Auswahlverfahren zwischen 1948 und 1970 siehe detailliert: Die Studienstiftung, Januar 1971 (Anm. 9), S. 17–22.

ten Vorprüfer und einem Auswahlausschussmitglied – beide ehrenamtlich für die Stiftung tätig – endeten mit je einer gutachtlichen Empfehlung. Das Auswahlausschussmitglied erhielt die Akte und koordinierte das Verfahren mit dem Vorprüfer, den zu gewinnen ebenfalls Aufgabe des Ausschussmitglieds und nicht der Godesberger Geschäftsstelle war. Auf dieser Grundlage und nach der Gegenlektüre der Akte gab zudem ein hauptamtlicher Mitarbeiter der Geschäftsstelle[16] eine Empfehlung ab (J: Aufnahme; N: Ablehnung; Z: Zurückstellung; B: Besprechung). Im Streitfall entschied der einmal im Jahr zusammentretende Auswahlausschuss per Mehrheitsbeschluss. Nach drei Probesemestern wurde dann, wie erwähnt, über die endgültige Aufnahme entschieden.[17]

In der Begabung, der Leistung und der Persönlichkeit erkannte die Studienstiftung die drei entscheidenden Auswahlgesichtspunkte. Weltanschauliche, politische und konfessionelle Aspekte durften keinen Einfluss auf die Auswahlentscheidung ausüben. Materielle Bedürftigkeit sollte – anders als im Falle der 1957/58 eingeführten Honnef-Förderung (die aber auch eine Leistungsprüfung verlangte)[18] und dem späteren BAföG – ebenfalls keine Rolle spielen. In der ers-

16 Anfangs – nach der Neugründung der Studienstiftung des deutschen Volkes 1948 – war diese klein und arbeiteten in ihr nur wenige hauptamtliche Referenten. Siehe die Übersicht: Studienstiftung des deutschen Volkes, in: Geschichte in Wissenschaft und Unterricht, 7 (1956), S. 581. Neben dem leitenden Geschäftsführer Dr. Heinz Haerten waren als stellvertretende Geschäftsführer und Referenten angegeben: Dr. Ernst Berger, Dr. Hubert Ohl und Dr. Dieter Sauberzweig. Erläuterungen zu diesen und anderen Personen siehe jeweils in den Kommentaren zu den edierten Akten. Auch während Ensslins Förderzeitraum Mitte/Ende der 1960er Jahre besaß die Studienstiftung nur einen kleinen Apparat (mit sieben Referenten neben dem Geschäftsführer), worauf Haerten die neuen Stipendiaten hinwies (so der Formbrief Haertens an Ensslin vom 31. März 1964). Zur Geschichte der Studienstiftung vor allem: Kunze, Die Studienstiftung des deutschen Volkes seit 1925 (Anm. 8); auch die Broschüre von dems., 75 Jahre Studienstiftung des deutschen Volkes: Zeit- und wissenschaftsgeschichtliche Perspektiven zu einem deutschen Sonderweg der ›Hochbegabten‹-Förderung, hrsg. von der Studienstiftung des deutschen Volkes, o. O. u. J. [Bonn 2000]; aufschlussreich auch: Klaus Heinrich Kohrs, Studienstiftung, in: Michael Maaser/Gerrit Walther (Hrsg.), Bildung. Ziele und Formen, Traditionen und Systeme, Medien und Akteure, Stuttgart/Weimar 2011, S. 274–279.

17 Im Jahr 1956 (Meinhof, Mahler) wurden 86,0 Prozent der Bewerber endgültig aufgenommen, 1966 (Ensslin) waren es 90,4 Prozent. So Die Studienstiftung, Januar 1971 (Anm. 9), S. 20.

18 Siehe dazu Akte Ensslin Anm. 16. Nach ihrer Wiederbegründung im Jahr 1948 formulierte die Studienstiftung ihre »Aufgabe« als »eine soziale«, aber »keine karitative«: »Eine soziale, weil die Studienstiftung in ihrem Bereich die ›soziale Startgerechtigkeit‹ schaffen, d. h. jedem wirklich Hochbegabten zu der Ausbildung verhelfen soll, die seine Hochbegabung zur vollen Auswirkung bringt.« So Studienstiftung des deutsches Volkes [Info-Borschüre], Bonn [1950], S. 1. Vgl. auch Thomas Ludwig, »Studenten sind nicht mehr Kinder reicher Leute«. Die soziale Struktur der Studienstiftung seit 1925, in: Studienstiftung des deutschen Volkes (Hrsg.), Jahresbericht 2009, Bonn 2010, S. 105–121. Zur Problematik und Spannbreite des Begriffs »Hochbegabung«, der sich vielfach in den Dokumenten der Studienstiftung findet, vgl. Kunze, Die Studienstiftung des deutschen Volkes seit 1925 (Anm. 8), insbes. S. 15 f. Siehe allgemein: Franzis Preckel/Tanja Gabriele Baudson, Hochbegabung. Erkennen, Verstehen, Fördern, München 2013.

ten Satzung der wiederbegründeten Studienstiftung hieß es im April 1949, es gelte »wissenschaftlich hervorragend begabte und nach ihrer Persönlichkeit besonders geeignete Menschen« zu fördern: den »für die Volksgesamtheit wertvollen« studentischen Nachwuchs.[19]

Im Wissen um den weiteren Gang der Geschichte mutet es paradox an, dass Meinhof, Mahler und Ensslin in diesen Zirkel der bundesdeutschen Eliteförderung gelangt sind. Zurrt man die Zeitläufte dergestalt zusammen, mag einem die Rede von einer falschen Begabungsprognostik und einem Scheitern der Studienstiftung (in diesen drei Fällen) leicht über die Lippen gehen. Statt eine solche, allzu wohlfeile Anklagehaltung einzunehmen und der Studienstiftung quasi eine Mitverantwortung für den deutschen Linksterrorismus der 1970er Jahre zuzuweisen[20], soll diese Edition einen nüchternen Beitrag dazu leisten, die Arbeitsweise der ›Hochbegabten‹-Förderung, ihre Auswahlprozesse und bevorzugten Persönlichkeitsprofile zu charakterisieren. Auch setzt sich die Aktenpublikation respektive Einleitung zu ihr nicht zum Ziel, vorrangig An-

19 So in § 2 »Zweck und Aufgaben des Vereins«, in: Satzung der Studienstiftung des deutschen Volkes e. V. (am 19. April 1949 beim Amtsgericht Bonn unter der Nummer 738 im Vereinsregister eingetragen), [Bonn 1949], S. 1. 1952 hieß es in noch ganz ähnlicher Diktion in einer Informationsbroschüre (Studienstiftung des deutschen Volkes, [Bonn] 1952, S. 1): »Die Studienstiftung des deutschen Volkes will die wissenschaftliche und künstlerische Ausbildung derjenigen Studenten und Studentinnen sicherstellen, deren Gesamtpersönlichkeit hervorragende Leistungen im Dienste des Volksganzen erwarten läßt.« In den reformierten Satzungen von 1959 und 1967 änderte sich die Formulierung: »Die Studienstiftung will die Hochschulbildung junger Menschen fördern, deren wissenschaftliche oder künstlerische Begabung und deren charakterliche Haltung besondere Leistungen im Dienste der Allgemeinheit erwarten lassen […].« Satzungen in den Neufassungen vom 9. Januar 1959 und 6. Dezember 1967, jeweils § 2 »Zweck des Vereins«, S. 1.

20 Zum einen liefert die ›Aktenlage‹ dafür kein empirisches Fundament, zum anderen lehnt der Herausgeber solch einen, gleichsam auf Prosekution zielenden Ansatz als immanenten Bestandteil von Geschichtsforschung grundsätzlich ab. Freilich kann und soll der durch sie bereitgestellte Wissensfundus eine Basis für auch normativ grundierte Debatten über Verantwortung, Risiken und Chancen in der Begabtenförderung bereitstellen. Nicht zuletzt eine Institution wie die Studienstiftung selbst bleibt stets von Neuem herausgefordert, über »Anspruch und Grenzen individueller Begabtenförderung« nachzudenken. Unter dieser Zwischenüberschrift schrieb die Generalsekretärin Annette Julius Anfang 2015 im Vorwort zur Artikelserie »90 Jahre, 90 Köpfe« (unter: https://www.studienstiftung.de/90-jahre-90-koepfe/, abgefragt: 10. April 2016): »Dass eine hohe kognitive Begabung, gepaart mit besonderer Sensibilität für gesellschaftliche Ungerechtigkeiten, menschlich wie politisch auch in die Irre führen kann, das zeigen die Biografien derjenigen RAF-Terroristen, die die Studienstiftung zu ihren Alumni zählt und von denen auch in dieser Reihe zu sprechen sein wird. Ihr Werdegang macht exemplarisch die Grenzen deutlich, an die Begabtenförderung mit ihrem Angebot der individuellen Begleitung und mit ihren Vorhersagen über die weitere Entwicklung junger Persönlichkeiten stößt.« Siehe anlässlich des 90-Jahres-Jubiläums der Studienstiftung auch Jens Jessens Kommentar, der die Alumni Meinhof, Mahler und Ensslin in einem Satz mit den Alt-Stipendiaten Bernd Lucke und Frauke Petry aufführt: Stipendiaten: In bester Gesellschaft. Was Bernd Lucke und Frauke Petry bis heute verbindet, in: Die Zeit vom 23. Juli 2015. Dazu auch das Vorwort zu dieser Edition von Reinhard Zimmermann.

haltspunkte für Täterprofile aus den Unterlagen herauszulesen. Der – zweifellos wichtigen – Frage, wie aus jungen Menschen Terroristen werden, die das Interesse psychologischer und kriminalistischer Diagnostik[21] sowie der soziologischen Lebensverlaufforschung treffen dürfte,[22] wird hier nicht weiter nachgegangen – wobei andere das bisher wissenschaftlich ungenutzte biografische Material dafür verwenden mögen. Unser Vorhaben möchte der ›gegenchronologischen‹ Überfrachtung der Biografien Meinhofs, Mahlers und Ensslins aus den Kenntnissen über ihre spätere RAF-Täterschaft entgehen. In den Blick sollen die Studienjahre dreier junger Menschen genommen werden, die zur Studienelite der Bundesrepublik zählten, von denen in überdurchschnittlicher Weise Leistung, Verantwortung und Initiative in der Gesellschaft, in der sie lebten, erwartet wurden. Gewiss, diese Erwartungen – konfrontiert mit den Gewalttaten des Linksterrorismus der 1970er Jahre – sind schwer enttäuscht worden. Es gilt aber zeitlich einen großen Schritt zurückzutreten und die Erwartungshaltung zunächst nur im Licht der Erfahrung während der Studienjahre zu taxieren. Die Studienstiftungsakten, die darin enthaltenen Selbstzeugnisse und Beurteilungen eröffnen uns einen genaueren Blick auf die Biografien und Persönlichkeiten Meinhofs, Mahlers und Ensslins. Und das ist viel, zumal über ihre frühen Jahre vergleichsweise wenig Quellenmaterial existiert, die Sekundärliteratur häufig selbstreferentiell erscheint und nicht selten auf Hörensagen und Kolportage beruht.[23] Zwar mag der erst in jüngerer Zeit formulierte Vorwurf

21 Bezogen auf den islamistischen Terrorismus siehe exemplarisch Ingrid Glomp, Was macht junge Männer zu Terroristen?, in: Psychologie heute, 38 (2011), Heft 8, S. 30–35. Gegen die Aussagekraft »typischer«, psychologisch grundierter Terroristenlebensläufe polemisiert Jan Fleischhauer, Von Baader-Meinhof zum Dschihad, in: SpiegelOnline vom 20. Januar 2015: »Man stochert im Leben der Attentäter nach Hinweisen, warum sie ihr geordnetes Leben gegen den bewaffneten Kampf eingetauscht haben. Aber alles was man in der Regel findet, sind Lebensläufe, die Tausenden anderen gleichen.« Bei neueren Ansätzen läuft diese Kritik indes ins Leere, betonen sie doch die »Vielfalt terroristischer Lebenswege und Persönlichkeitstypen«: So Saskia Lützinger, Die Sicht der Anderen. Eine qualitative Studie zu Biographien von Extremisten und Terroristen, Köln 2010, S. 5.

22 Vgl. etwa Gerhard Schmidtchen, Terroristische Karrieren. Soziologische Analysen anhand von Fahndungsunterlagen und Prozeßakten, in: Herbert Jäger/ders./Lieselotte Süllwold, Lebenslaufanalysen, Opladen 1981, S. 13–77; Uwe Backes, Bundesrepublik Deutschland: »Wir wollten alles und gleichzeitig nichts«, in: Peter Waldmann (Hrsg.), Beruf: Terrorist. Lebensläufe im Untergrund, München 1993, S. 143–179; ders., Bleierne Jahre. Baader-Meinhof und danach, Erlangen 1991, S. 117–169; Gerd Koenen, Das rote Jahrzehnt. Unsere kleine deutsche Kulturrevolution 1967–1977, 4. Aufl., Frankfurt a.M. 2007, S. 375–381; Johannes Hürter, Rekruten für die »Stadtguerilla«. Die Suche der RAF nach einer personellen Basis, in: Rüdiger Bergien/Ralf Pröve (Hrsg.), Spießer, Patrioten, Revolutionäre. Militärische Mobilisierung und gesellschaftliche Ordnung in der Neuzeit, Göttingen 2010, S. 305–322; zum Zusammenhang von sozialen Milieustrukturen und individueller Radikalisierung siehe: Stefan Malthaner/Peter Waldmann (Hrsg.), Radikale Milieus. Das soziale Umfeld terroristischer Gruppen, Frankfurt a.M./New York 2012.

23 Das in dieser Hinsicht meist genutzte Referenzwerk dürfte sein: Stefan Aust, Der Baader-Meinhof-Komplex, 9. Aufl., München 2008 (zuerst 1985). Es diente auch als Grundlage für Bernd Eichingers Drehbuch zu Uli Edels populärem Film gleichen Titels aus dem Jahr 2008. Zur

gegenüber einer deutschen Linksterrorismus-Forschung, lange vorrangig an den Täter-Biografien orientiert gewesen zu sein, manche Berechtigung haben.[24] Bislang nicht oder nur bruchstückhaft bekanntes Quellenmaterial ist aber Grund genug, sich doch nochmals den Lebenswegen Meinhofs, Ensslins und Mahlers zuzuwenden, selbst wenn sich daraus keine grundlegend neuen Interpretationen ergeben.

Diese Einführung will zunächst den Auswahlprozess, der zur Aufnahme in die Studienstiftung führte, rekonstruieren, bevor ein Streifzug durch die Selbsteinschätzungen der Semesterberichte, aber auch aus Stellungnahmen rund um die endgültige Aufnahme und die Dauer des Förderzeitraumes ein genaueres Bild der Studenten und Stipendiaten Meinhof, Mahler, Ensslin erbringen soll. Es liegt in der Natur der Sache, dass das in den Akten ›Gesagte‹, das im Ganzen den Eindruck großer Offenheit vermittelt, im Vordergrund steht. Gewiss gab es selbstgesetzte Grenzen dessen, was die drei Geförderten (und auch alle anderen Stipendiaten bis heute) für berichtenswert und ›sagbar‹ hielten, um etwaigen Erwartungen zu entsprechen. Das ›Ungesagte‹ näher zu bestimmen, führt indes – von wenigen Ausnahmen abgesehen – leicht in das Reich von Spekulationen, in das sich die Edition nicht begeben will.

2. Ulrike Meinhof – Stipendium 1955 bis 1960

Ende November 1954 setzt Ulrike Meinhofs (1934–1976)[25] Aufnahmeverfahren für die Studienstiftung durch einen Schulvorschlag des Philippinum in Weilburg/Lahn ein, wo sie im Frühjahr 1955 ihr Abitur ablegen wird. Auf dem Foto

öffentlichen Deutungsgeschichte und mythologischen bis popkulturellen Überformung der RAF und ihrer Protagonisten vgl. Cordia Baumann, Mythos RAF. Literarische und filmische Mythentradierung von Bölls »Katharina Blum« bis zum »Baader Meinhof Komplex«, Paderborn u.a. 2012; auch Wolfgang Kraushaar, Mythos RAF. Im Spannungsfeld von terroristischer Herausforderung und populistischer Bedrohungsphantasie, in: Ders., Die RAF und der linke Terrorismus (Anm. 3), Bd. 2, Hamburg 2006, S. 1186–1210; Charis Goer, RAF, in: Stephanie Wodianka/Juliane Ebert (Hrsg.), Metzler Lexikon moderner Mythen. Figuren, Konzepte, Ereignisse, Stuttgart/Weimar 2014, S. 311–316.

24 So die Kritik bei Klaus Weinhauer, Terrorismus in der Bundesrepublik der Siebzigerjahre. Aspekte einer Sozial- und Kulturgeschichte der Inneren Sicherheit, in: Archiv für Sozialgeschichte, 44 (2004), S. 219–242, hier: S. 221; vgl. ders./Jörg Requate/Heinz-Gerhard Haupt (Hrsg.), Terrorismus in der Bundesrepublik. Medien, Staat und Subkulturen in den 1970er Jahren, Frankfurt a.M./New York 2006. Während diese Kritik in struktureller Hinsicht an der Aussagekraft des biografischen Zugangs zweifelt, zielt eine weitere auf die ungleich proportionierte Forschung zu Tätern der RAF auf der einen Seite und deren Opfern auf der anderen. Vgl. Anne Siemens, Für die RAF war er das System, für mich der Vater. Die andere Geschichte des deutschen Terrorismus, München 2007.

25 Siehe insbesondere die biografischen Studien von Kristin Wesemann, Ulrike Meinhof. Kommunistin, Journalistin, Terroristin – eine politische Biografie, Baden-Baden 2007; Jutta Ditfurth, Ulrike Meinhof. Die Biografie, Berlin 2009; Alois Prinz, Lieber wütend als traurig. Die Lebensgeschichte der Ulrike Marie Meinhof, Weinheim/Basel 2007; Sara Hakemi/Thomas

des Personalbogens schaut die Bewerberin nachdenklich nach unten, wirkt reif, ernsthaft, ein wenig melancholisch gestimmt.[26] Zwei schulische Gutachten begründen den Vorschlag. Meinhofs Klassenleiter schildert die schwierigen Ausgangsbedingungen der Schülerin, bedingt durch Orts- und Schulwechsel wie den frühen Tod ihrer Eltern. So will er Wissenslücken und die durchschnittlichen Leistungen Meinhofs in naturwissenschaftlichen Fächern plausibel machen. In Deutsch und Neuen Sprachen sei sie dagegen »überragend begabt«. Hinzu komme ein »Blick für das Künstlerische«. Zudem spiele sie Geige und habe sich als »wesentliche Stütze des Schulorchesters« erwiesen. Persönlichkeit und Charakter lobt der Lehrer allgemein: Seine Schülerin besitze ein »zuverlässiges Gedächtnis« und eine »gute Konzentrationsfähigkeit«. Sie sei insgesamt ein »klarer und sachlicher Mensch« und fühle »eine tiefe Verantwortung für die geistige und moralische Ausrichtung ihrer Mitschüler«, die sie an »geistiger und menschlicher Reife« weit überrage. Bei alldem sei sie »menschlich, unkompliziert, offen, ehrlich und schlicht« geblieben. »Ihre geistigen Fähigkeiten berechtigen zu großen Hoffnungen«, schließt das Gutachten.[27]

Unterstützung findet diese Einschätzung durch ein zweites Gutachten aus schulischer Sicht. Sein Verfasser hat Meinhof über einige Zeit hinweg am Weilburger Philippinum unterrichtet und von ihr den Eindruck einer ungewöhnlichen, besonders schätzenswerten Person gewonnen. In historischen und literaturwissenschaftlichen Fächern zeichne sie ein regelrechter Forscherdrang aus, der sie hervorragend geeignet für eine akademische Qualifikation erscheinen lasse. Sie werde ohne Zweifel wissenschaftlich Ausgezeichnetes leisten. Darüber hinaus ist der Pädagoge voll des Lobes für Reife und Format dieser Vollwaisen. Er empfiehlt sie daher der Studienstiftung uneingeschränkt für ein Stipendium.[28]

Hecken, Ulrike Meinhof, Berlin 2010; Eckhard Jesse, Biographisches Porträt: Ulrike Marie Meinhof, in: Jahrbuch Extremismus und Demokratie, 8 (1996), S. 199–213; Mario Krebs, Ulrike Meinhof. Ein Leben im Widerspruch, Reinbek bei Hamburg 1988; sowie die beiden materialreichen, persönlich bzw. autobiografisch geprägten Studien von Röhl, So macht Kommunismus Spaß! (Anm. 11) und Jürgen Seifert, Ulrike Meinhof, in: Kraushaar, Die RAF und der linke Terrorismus (Anm. 3), Bd. 1, S. 350–371. Katriina Lehto-Bleckert, Ulrike Meinhof 1934–1976. Ihr Weg zur Terroristin, Marburg 2010, blendet die eigentlichen Studienjahre aus und widmet sich erst Meinhofs Politisierung am Studienort Münster ab 1958.

26 Siehe das Faksimile des Bewerberbogens vom 8. Dezember 1954: Akte Meinhof, Dok. I.1.

27 Gutachten des Klassenleiters vom 30. November 1954: Akte Meinhof, Dok. I.3. Aus dieser Beurteilung der Schule zitieren: Prinz, Lieber wütend als traurig (Anm. 25), S. 80; Hakemi/Hecken, Ulrike Meinhof (Anm. 25), S. 17; und ausführlich Röhl, So macht Kommunismus Spaß! (Anm. 11), S. 170. Beurteilung durch die Weilburger Schule (1954), erstmals abgedruckt in: Mitteilungsblatt für die Mitglieder der Wilinaburgia, 69 (1994), Nr. 195, S. 653. Ditfurth, Ulrike Meinhof (Anm. 25), S. 87 f., berichtet, Meinhofs Klassenlehrer habe sich über den Vorschlag für die Studienstiftung und die erfolgreiche Aufnahme geärgert, da er Meinhof für »einseitig und ungeeignet« hielt. Dies steht im Widerspruch zu den hier dokumentierten Gutachten.

28 Gutachten vom 25. November 1954. Siehe auch: Akte Meinhof, Anm. 12. Über Meinhofs Verhältnis zu ihren Lehrern die Ausführungen bei Ditfurth, Ulrike Meinhof (Anm. 25), S. 77 f.; zur Weilburger Schulzeit: Prinz, Lieber wütend als traurig (Anm. 25), S. 70–81.

Das positive Urteil der Vorschlagsgutachten bestätigt auch der Vorprüfer Adolf Dabelow, der in Mainz Anatomie an der Medizinischen Fakultät lehrt, nach einem Gespräch mit Ulrike Meinhof im Februar 1955: »Der persönliche Eindruck und das Ergebnis der Unterhaltung stehen im Niveau weit über dem, was das Abiturzeugnis erwarten lässt. Klar im Denken, schnelle logische Ordnung komplizierter Gedankengänge, gute Disposition an sich ungeordneter Komplexe des Unterhaltungsthemas.« Nicht nur ihre geistigen Fähigkeiten, sondern auch Persönlichkeit und Charakter scheinen dem Gutachter zufolge Meinhof für eine Aufnahme in die Studienstiftung zu prädestinieren: »In sich geschlossene, harmonisch gewachsene, kluge und offenbar menschlich sehr schätzenswerte Persönlichkeit. Kluge, ruhig bescheidene, aber feste Entschiedenheit in ihrem Urteil. Vertritt eigene Meinung taktvoll und bestimmt.«[29]

Dem Resultat der Vorprüfung stimmt das Auswahlausschussmitglied Mathilde Gantenberg, eine ehemalige Oberstudiendirektorin und Staatssekretärin im Bildungsministerium von Rheinland-Pfalz, die zum Zeitpunkt des Gesprächs mit Ulrike Meinhof für die CDU im dortigen Landtag sitzt, mit großem Nachdruck zu. Leistungsfähigkeit, Charakter und die Fächerwahl der Kandidatin ergeben auch in diesem Fall ein rundes Bild. Regelrecht überschwänglich heißt es: »Ich habe bei dieser Unterhaltung fast vergessen, dass ich eine Abiturientin vor mir hatte, so reif und bedacht war das Urteil, so besonnen das Abwägen der verschiedenen Gesichtspunkte. Dabei ist sie in keiner Weise altklug, aber *klug*, sicher weit über dem Durchschnitt begabt, selbständig und klar. Ich empfehle Fräulein Meinhof *vorbehaltlos* für die Studienstiftung.«[30] Trotz der lediglich »ausreichenden« Noten des Reifezeugnisses in Chemie und Latein (und »befriedigenden« in Erdkunde, Französisch, Mathematik, Physik, Biologie und Leibesübungen)[31] zielen die Voten in eine Richtung, so dass Ulrike Meinhof Anfang April 1955 die Stipendienzusage erhält.

Unter diesen Voraussetzungen kann sie ihr Studium in Marburg sorgenfrei aufnehmen. In ihrem ersten Semesterbericht hält sie als »wichtigste Erfahrung« fest, dass sie »gerne studiere« und sie die verglichen mit der Schule »viel reichere[n] Möglichkeiten [...] zu fruchtbarem Lernen« genieße. Angesichts der Offenheit universitärer Lehre und Wissensaneignung nimmt Meinhof ihr erstes Semester eher als »Grundsuchen«, denn als »Grundfassen« wahr. Es beschäftigt sie dabei nicht zuletzt das Verhältnis von Pädagogik und Psychologie.[32]

29 Gutachten des Vorprüfers Adolf Dabelow vom Februar 1955: Akte Meinhof, Dok. I.5. Nähere biografische Erläuterungen zu Dabelow u. a. finden sich in den Anmerkungen der edierten Dokumente.

30 Gutachten des Auswahlausschussmitglieds Mathilde Gantenberg, o. Datum [Frühjahr 1955] (Hervorhebungen im Original Unterstreichung): Akte Meinhof, Dok. I.6.

31 Beglaubigte Abschrift des Zeugnisses der Reife für Ulrike Marie Meinhof, Gymnasium Philippinum Weilburg, 1. März 1955. Siehe auch: Akte Meinhof, Anm. 10.

32 Ulrike Meinhof, Bericht über das Sommersemester 1955 (September 1955): Akte Meinhof, Dok. II.1.

Die Beziehungen der beiden Fächer zueinander greift sie auch in den folgenden Semestern immer wieder auf, während sie zwischenzeitlich Geschichte statt des Nebenfachs Germanistik und später Kunstgeschichte wählt. Im dritten Semester stuft sie zudem Psychologie vom zweiten Haupt- zum Nebenfach zurück, weil sie »zu diesem Wissensgebiet keine echte innere Beziehung« habe aufbauen können. Dies deutete sich bereits im Wintersemester an.[33] Um ihre »Skepsis gegenüber diesem Fach« näher darzulegen, beruft sie sich auf Max Schelers Wissensbegriff und unterscheidet Leistungs-, Bildungs- und Erlösungswissen voneinander.[34] Vor diesem Hintergrund sei ihr deutlich geworden, »daß die Psychologie, solange sie naturwissenschaftlich arbeitet […] nicht mehr als ›Leistungswissen‹ sein kann, das der Frage nach dem Menschen entbehrt, obwohl der Mensch Gegenstand dieser Wissenschaft ist«. Für Meinhof wohnt der Psychologie eine hermetische Wissensdimension inne, ohne zu einem tiefergründigen »Verstehen« vorzudringen. Dies sei »Wissen um des Wissens willen«. Sie nennt das Sommersemester 1956 ihr »bisher schönstes Semester«, auch weil sie solche Grundfragen für sich klären konnte und in einem umfassenden Sinn studierte und nicht bloß arbeitete: »D. h., daß man in dem, was man tut, einen Weg sieht zur Klärung der Dinge, die einem selber wesentlich sind und sich so gewissermaßen mit seiner Arbeit identifizieren kann; daß man – ohne anmaßend zu sein – sagen darf, man habe nicht nur sehr viel gelernt, sondern auch manches begriffen.« Dazu zählt auch – wie bereits im vorherigen Semester – die Beschäftigung mit Martin Buber und seinem Werk. Sie interessiert insbesondere die durch ihn aufgeworfene und weiterhin untersuchenswerte Frage, »ob der Mensch auf sein Selbstsein als Einzelner oder auf den dialogischen Bezug hin zu sehen und schließlich zu erziehen ist«.[35]

Am Ende dieses Sommersemesters steht die endgültige Aufnahme an. Ihr Marburger Vertrauensdozent Ernst Benz, ein evangelischer Theologe und Kirchenhistoriker, empfiehlt diese »aufs dringendste«, habe Meinhof sich doch »mit großem Ernst und einem ungewöhnlichen Verständnis in ihr Studium eingearbeitet«. Während er lobend erwähnt, dass sie von einer »betont religiösen christlichen Einstellung« geprägt sei, die ihr zu einer »großen inneren Freiheit« verhelfe,[36] erkennt die Fachgutachterin Elisabeth Blochmann darin eine gewisse Gefahr, neige Meinhof doch dazu, »Probleme theologisch zu radikalisieren«. Ungeachtet dieser Beobachtung stimmt die Pädagogik-Professorin aber eindeutig für die weitere Förderung, weil die Kandidatin »genuin wissenschaftlich« denke, »methodisch exakt« arbeite und ohne Zweifel »zu den

33 So dies., Bericht über das Wintersemester 1955/56 (Mitte März 1956): Akte Meinhof, Dok. II.2.

34 Sie bezieht sich konkret auf Max Scheler, Bildung und Wissen, 3. Aufl., Frankfurt a. M. 1947.

35 Ulrike Meinhof, Bericht über das Sommersemester 1956 (August 1956): Akte Meinhof, Dok. II.3.

36 Stellungnahme des Vertrauensdozenten Ernst Benz vom 6. Juli 1956: Akte Meinhof, Dok. III.3.

besten Studentinnen« zähle.[37] Die endgültige Aufnahme ist bei diesen Voten reine Formsache.[38]

Im Wintersemester 1956/57 beschäftigt Ulrike Meinhof sich intensiv mit Friedrich Wilhelm Foersters Reformpädagogik und erwägt in jener Zeit, über ihn und sein Werk eine Dissertation zu verfassen. Außerdem findet die »Sowjet-Pädagogik« ihr Interesse, auch »um die Dinge«, wie sie schreibt, »die in der SBZ geschehen, besser zu verstehen, zu durchschauen und uns in gewissem Sinne zu rüsten für das Gespräch, das in dem Augenblick der Wiedervereinigung zur Notwendigkeit wird«. Darüber hinaus teilt sie der Studienstiftung ihren Entschluss mit, für ein Semester an die Pädagogische Akademie Wuppertal zu wechseln, an der ihr ehemaliger Vormund Renate Riemeck als Professorin wirkt.[39] Das Sommersemester 1957 in Wuppertal verläuft, wie Meinhof berichtet, sehr fruchtbar, auch weil dort stärker als an der Universität die in der Pädagogik so wichtige »Verbindung zwischen Theorie und Praxis« gelinge. Gefallen findet sie nicht zuletzt an der in der Akademie praktizierten Gruppenarbeit, die für soziale Kontakte sorge. An der Universität dagegen sei die »Not des Alleinseins«, bei Studentinnen stärker als bei Studenten, doch recht ausgeprägt.[40]

Das Wintersemester 1957/58 ist Meinhofs sechstes Studiensemester und ihr erstes an der Westfälischen Wilhelms-Universität Münster. Den neuen Studienort wählt sie u. a. wegen der größeren Nähe zu Wuppertal, beabsichtigt sie doch, noch die eine oder andere Veranstaltung an der Pädagogischen Akademie zu besuchen. Hier hört sie viel Philosophie und setzt ihre Beschäftigung mit Martin Bubers Menschenbild und seinen Erziehungsidealen fort. Gerne würde sie darüber promovieren, wenn nicht, wie sie erfährt, schon eine entsprechende Dissertation in Münster in Arbeit wäre.[41] Im Bericht über das folgende Semester kündigt sich eine doppelte Schwerpunktverlagerung an: Zum einen schreibt Meinhof, dass sie im Verlauf der Ferien mit einer Doktorarbeit über den Philosophen und Pädagogen Eberhard Grisebach begonnen habe; zum anderen hebt sie ihr politisches Engagement im »Studentischen Arbeitskreis für ein kernwaffenfreies Deutschland« hervor. Mit großer Verve begründet sie die Notwendigkeit dieser politischen Aktionen aus der »Sorge um die innere Festigkeit

37 Gutachten Elisabeth Blochmanns vom 4. Juli 1956: Akte Meinhof, Dok. III.2. Der protestantisch geprägte moralisch-gesinnungsethische Rigorismus dient in einigen Arbeiten als wichtiges Erklärungsmoment für Meinhofs spätere politische Radikalisierung und ihren Weg in den Terrorismus. So vor allem bei Jillian Becker, Hitlers Kinder? Der Baader-Meinhof-Terrorismus, Frankfurt a. M. 1978, insbes. S. 93–105; vgl. auch Jörg Herrmann, Ulrike Meinhof und Gudrun Ensslin – Vom Protestantismus zum Terrorismus, in: Klaus Biesenbach (Hrsg.), Zur Vorstellung des Terrors: Die RAF-Ausstellung, Bd. 2, Göttingen 2005, S. 112–114.

38 Die erfolgreiche endgültige Aufnahme teilt die Studienstiftung Ulrike Meinhof mit Hilfe eines dafür vorgesehenen Formbriefs des Referenten Hubert Ohl am 8. Oktober 1956 mit.

39 Ulrike Meinhof, Bericht über das Wintersemester 1956/57 (Mai 1957): Akte Meinhof, Dok. II.4.

40 Dies., Bericht über das Sommersemester 1957 (Oktober 1957): Akte Meinhof, Dok. II.5.

41 Dies., Bericht über das Wintersemester 1957/58 (März 1958): Akte Meinhof, Dok. II.6.

unserer Demokratie« heraus. Sie diagnostiziert sogar »ein mehr oder weniger latentes Vorhandensein totalitärer Strebungen« in der Bundesrepublik. Sie beschließt ihren Semesterbericht mit den Worten: »Die Ablehnung der westdeutschen Rüstungspolitik und die Sorge um die innere Festigkeit unserer formal intakten Demokratie schienen mir den Einsatz an Zeit und Kraft wert, die ich in diesem Semester durch meine Tätigkeit im studentischen Arbeitskreis für ein kernwaffenfreies Deutschland von meinem Studium abzweigte.«[42]

Das Folgesemester wird ebenfalls von diesen politischen Fragen dominiert. In ihrem Bericht über das Wintersemester 1958/59 steht auch die Pädagogik ganz unter einem politischen Vorbehalt: »Pädagogisches Denken aber ist […] immer zugleich politisches Denken, denn die Option für den Einzelnen kann die Sorge um das Ganze nicht ausschließen und die Frage nach der Gegenwart des Einzelnen oder der Gruppe enthält immer schon die Frage nach seiner (ihrer) Zukunft, wenn der Mensch – der etwaigen Geborgenheit von Elternhaus und Schule entwachsen – den gesellschaftlichen Mächten in erhöhtem Maße ausgeliefert ist. So genügt es […] nicht, die Gesellschaft nur als eine Form organisierten menschlichen Zusammenlebens in ihrer Erscheinung zu beschreiben oder ihre anthropologischen Grundlagen zu erforschen. Vielmehr bedarf es der Frage nach den Prinzipien, die sie in ihrer heutigen Gestalt konstituieren und bestimmen, wie: Arbeitsteilung, Privateigentum, Freier Wettbewerb u.s.w.« Es bedürfe zudem »einer Analyse der Herrschaftsformen und Machtsphären innerhalb der ›Gesellschaft‹ – besser: ›Bürgerlichen Gesellschaft‹«, um den »Gegensatz von Gesellschaft und Gemeinschaft wirklich bestimmen und ihm begegnen [zu] können«.[43]

Die nächsten beiden Studienberichte über das Sommersemester 1959 und das Wintersemester 1959/60, für das sie an die Universität Hamburg wechselt, fallen kurz aus, wohl auch deswegen, weil sie darin ungeachtet ihres entsprechend weiter wachsenden Engagements seit ihrer Mitarbeit in den Anti-Atomausschüssen auf politische Stellungnahmen an diesem Platz verzichtet und vor allem die Arbeit an ihrer ins Stocken geratenen Dissertation – nun über Erhard Weigel, einen Pädagogen aus dem 17. Jahrhundert – herausstreicht. Die Studienstiftung fühlt ihr mittlerweile auf den Zahn und verlangt nach Belegen für Arbeitsfortschritte der Dissertation. Meinhof äußert die Absicht, das Promotionsprojekt noch im Jahr 1960 abschließen zu wollen, zumal sie während der Semesterferien ganz von der redaktionellen Tätigkeit bei der Studentenzeitung »konkret« entlastet sei.[44] Der Redaktionssitz von »konkret« und ihre an Intensität gewinnende (Liebes-)Beziehung zu deren Herausgeber Klaus Rainer Röhl,

42 Dies., Bericht über das Sommersemester 1958 (August 1958): Akte Meinhof, Dok. II.7.

43 Dies., Bericht über das Wintersemester 1958/59 (März/April 1959): Akte Meinhof, Dok. II.8. Aus diesem Bericht sind – wenngleich in zurückhaltender Form – Sympathien für den Marxismus-Leninismus herauszulesen. Meinhof gehörte ab dem Herbst 1958 der illegalen KPD an.

44 Dies., Berichte über das Sommersemester 1959 (Juli 1959) und das Wintersemester 1959/60 (März/April 1960): Akte Meinhof, Dok. II.9. und 10.

den sie im Zuge ihrer Arbeit für die studentischen Anti-Atomausschüsse kennengelernt hatte und den sie Ende 1961 heiraten wird, sind die Hauptbeweggründe für den Gang nach Hamburg.

Ulrike Meinhofs publizistisches und politisches Engagement ruft Spannungen im Verhältnis zur Studienstiftung hervor. Grundsätzlich begrüßte oder forderte die Stiftung sogar außeruniversitäres Engagement, nur durfte und darf dies nicht zu Lasten der Studienfortschritte gehen. Im Laufe des Jahres 1959 wachsen insbesondere beim für Meinhof zuständigen Referenten Hartmut Rahn, dem späteren Generalsekretär der Studienstiftung, Zweifel daran, ob sie ihr Studium – und das hieß: ihr Promotionsvorhaben – zielgerichtet verfolgt oder stattdessen ihre Kraft und Energie ganz auf den außerparlamentarischen Protest gegen Atombewaffnung und vor allem auf die journalistische Tätigkeit für die Zeitschrift »konkret« richtet. Meinhofs Antrag auf Verlängerung der Förderung bis Ende 1960 zur Fertigstellung ihrer Dissertation[45] lässt Rahns Skepsis keineswegs weichen. Angesichts des der Studienstiftung gegenüber nicht näher begründeten Universitätswechsels und der zeitintensiven Mitarbeit an der Studentenzeitung zu Lasten der Dissertation hält er eine weitere Förderung für nicht angebracht. Erst nach Beendigung ihrer Arbeit in der Redaktion, teilt er Meinhof mit, einer ausführlichen Stellungnahme des Doktorvaters und einem Gespräch mit dem für sie zuständigen Vertrauensdozenten lasse sich darüber nochmals nachdenken.[46]

Das Gespräch mit Letztgenanntem, Rudolf Sieverts, Strafrechts-Professor an der Universität Hamburg und bald auch deren Rektor, verläuft allerdings zu Meinhofs Gunsten. Denn er halte, ließ er Rahn in einer ausführlichen Stellungnahme wissen, die Zeitung »konkret« bei aller Kritik an ihr für eine »geistig rege Angelegenheit« und er schätze deren »provozierende Art, die der konformistischen Haltung eines großen Teils unserer Studentenschaft nur gut tut«. Ulrike Meinhof eine »radikale Trennung von der ihr sehr lieb gewordenen Mitarbeit in der Zeitschrift ›Konkret‹ zuzumuten«, beurteilt er als eine zu harte Forderung. Schließlich werde sie zu dieser Tätigkeit von einer »politisch-sittlichen Verpflichtung« angetrieben, die auch vom politischen Engagement ihrer Ziehmutter Riemeck in der Anti-Atombewegung beeinflusst werde. Angesichts dieser Einschätzung schlägt Sieverts eine Verlängerung des Stipendiums bis Ende März 1960 vor, die nur nochmals auszudehnen sei, wenn Meinhof bis dahin ihre Dissertation merklich vorangetrieben haben sollte und ihr Doktorvater der Studienstiftung darüber gutachtlich berichten könne.[47] Diese Vorgaben einzuhalten, gelingt Meinhof jedoch nicht, wie sie der Stiftung unaufgefordert mitteilt.

45 Brief Ulrike Meinhofs samt Abschrift ihres »Antrags auf Verlängerung der Förderung« an Hartmut Rahn vom 15. Dezember 1959: Akte Meinhof, Dok. IV.4.

46 Brief des Referenten Hartmut Rahn an Ulrike Meinhof vom 9. Januar 1960: Akte Meinhof, Dok. IV.5.

47 Brief des Vertrauensdozenten Rudolf Sieverts an den Referenten Hartmut Rahn vom 18. Januar 1960: Akte Meinhof, Dok. IV. 8.

Gleichzeitig dankt sie ihr »sehr herzlich und sehr ehrlich« für die jahrelange Unterstützung.[48] Ab April 1960 ist Meinhof keine Stipendiatin mehr.

3. Horst Mahler – Stipendium 1955 bis 1959

Mit einem knappen Gutachten schlägt der Leiter der Wissenschaftlichen Oberschule in Aufbauform in Berlin-Wilmersdorf Horst Mahler (geb. 1936)[49] der Studienstiftung für ein Stipendium vor. Das Foto auf dem Bewerberbogen zeigt einen entschlossen dreinschauenden, adretten jungen Mann mit Brille, korrekt gebundener Krawatte und sorgfältig pomadisierter Peter-Kraus-Frisur.[50] Die Leistungen aus dem Vorzeugnis lassen den Oberstudiendirektor ein Abitur »mit Auszeichnung« erwarten (was so auch eintreten wird[51]). Ungeachtet schwieriger familiärer und wirtschaftlicher Verhältnisse sei Horst Mahler – so zitiert der Schulleiter Passagen aus der Charakteristik zur Reifeprüfung in seiner Stellungnahme – ein »vielseitig begabter, besonders interessierter, fleißiger, zielstrebiger junger Mann«, der auf einer »breiten Wissensgrundlage« einen Blick für das Wesentliche besitze. Darüber hinaus habe er sich für die Klassengemeinschaft eingesetzt und aktiv im Schülerparlament mitgewirkt. Trotz der finanziell angespannten Lage seiner Familie sei er eine »gepflegte Erscheinung« und gebe sich »höflich und beherrscht«.[52]

Der Vorprüfer Christian Friese, ein Neuzeit- und Osteuropa-Historiker, der an der Pädagogischen Hochschule in Berlin Geschichte und Geschichtsdidaktik lehrt, hebt das korrekte und auffällig ernsthafte Auftreten Mahlers hervor. Er wertet eine gewisse Kühle in der Ausstrahlung als Folge schwerer Jugenderlebnisse, der Flucht aus Oberschlesien und des schwierigen Neubeginns in der Sowjetischen Besatzungszone vor dem Wechsel nach West-Berlin, vor allem aber

48 Brief Ulrike Meinhofs an den Referenten Dieter Sauberzweig vom 4. April 1960: Akte Meinhof, Dok. IV.11.

49 Siehe neuerdings die umfangreiche Biografie von Michael Fischer, Horst Mahler. Biographische Studie zu Antisemitismus, Antiamerikanismus und Versuchen deutscher Schuldabwehr, Karlsruhe 2015. Zuverlässige Darstellungen zum Lebenslauf außerdem bei Eckhard Jesse, Biographisches Porträt: Horst Mahler, in: Jahrbuch Extremismus und Demokratie, 13 (2001), S. 183–199; Martin Jander, Horst Mahler, in: Kraushaar, Die RAF und der linke Terrorismus (Anm. 3), Bd. 1, S. 372–397; Andrea Tauber, Hauptsache extrem: Horst Mahlers politische Ideologien – Ein Wechselspiel von Links- und Rechtsextremismus, Hamburg 2014; weiterführend auch die Passagen zu Mahler bei Martin Block/Birgit Schulz, Die Anwälte. Ströbele, Mahler, Schily. Eine deutsche Geschichte, Köln 2010, sowie die Sequenzen in Birgit Schulz' Dokumentarfilm »Die Anwälte. Eine deutsche Geschichte« (2009).

50 Siehe das Faksimile des Bewerberbogens vom 22. November 1954: Akte Mahler, Dok. I.1.

51 Zeugnis der Reife Horst Werner Dieter Mahlers, Wissenschaftliche Oberschule in Aufbauform Berlin-Wilmersdorf vom 4. März 1955 (beglaubigte Abschrift). Siehe auch: Akte Mahler, Anm. 18.

52 Gutachten des Oberstudiendirektors der Wissenschaftlichen Oberschule in Aufbauform, Berlin-Wilmersdorf, o. Datum [1954/55]: Akte Mahler, Dok. I.2.

des Selbstmords des depressiven Vaters, der die insgesamt vier Kinder »mit in den Tod hatte nehmen wollen«.[53] Auch in seinem Lebenslauf berichtet Mahler von diesem einschneidenden Erlebnis und rechnet es »nur dem Zufall und der Geistesgegenwart« seines älteren Bruders zu, dass er und seine Geschwister überlebten.[54] Während dieses Ereignis wie ein Schatten auf Mahlers Gemüt liege, notiert Friese weiter, blühe er regelrecht auf, sobald es um politische Dinge gehe. Dies würdigt der Vorprüfer positiv, weil der Kandidat zwar Jura studieren wolle, aber im Kern eine Karriere als Berufspolitiker anstrebe. Dabei tendierte er damals eindeutig nach links, wenngleich er im Lebenslauf noch die »gedankliche Auseinandersetzung mit dem totalitären Staate und im Besonderen mit dem kommunistischen System« hervorhebt.[55] Dem Vorprüfer berichtet er nun von der ebenso sorgfältigen wie ihn faszinierenden Lektüre von Karl Marx' »Kritik der politischen Ökonomie« (1859). Dadurch sei er zum Marx-Anhänger geworden und sehe in der weiteren Auseinandersetzung mit ihm seine »wichtigste Aufgabe«. Zur Entspannung von der Marx-Lektüre, gibt er an, sich mathematischen Problemen zu widmen. In der Summe spricht sich Gutachter Friese für eine Aufnahme Mahlers in die Studienstiftung aus.[56]

Dem pflichtet unter dem Strich auch das Auswahlausschussmitglied Käte Weischedel bei, obgleich die Philosophin, die in jener Zeit an der Kant-Werkausgabe ihres Ehemanns Wilhelm Weischedel mitarbeitet, Mahler als einen »Risikofall« bezeichnet. Die Gutachterin begründet ihre leichten Zweifel mit der Spannung zwischen den Berufszielen Rechtsanwalt und Politiker. Auch sie hält aber regelrecht erleichtert fest, wie sehr Horst Mahler auflebe, »wenn es um politisch-weltanschauliche Fragen geht, um Tagespolitik und um die Fragen künftiger Weltgestaltung«. Denn zu Beginn des Gesprächs ist ihr ein wenig mulmig zumute, weil Mahler sie mit »fast finsterer Reserve« gemustert habe. Auch aufgrund der sehr starken Fixierung des Kandidaten auf die »östlichen

53 Gutachten des Vorprüfers Christian Friese vom 19. Januar 1955: Akte Mahler, Dok. I.4.

54 Handschriftlicher Lebenslauf Horst Mahlers, Berlin-Schöneberg, 25. November 1954: Akte Mahler, Dok. I.3. Die näheren Umstände werden nicht benannt und ließen sich auch anderweitig nicht eindeutig ermitteln.

55 Ebd.

56 Gutachten des Vorprüfers Friese (Anm. 53). Es ist bemerkenswert, dass Mahlers Marx-Neigung in einer Zeit, als der Kalte Krieg im vollen Gange war und der Antikommunismus in der Bundesrepublik eine Hochzeit erlebte, nicht für Irritationen sorgte. Friese, der politisch keinerlei entsprechende Sympathien besessen haben dürfte, überzeugte offenbar Mahlers Reflexionsvermögen, das sich von einem unbegründeten Bekenntnis unterschied. Vgl. zur Kontextualisierung auch die Schriften von Christian Friese, M. N. Pokrowskij, der führende sowjetrussische Historiker der zwanziger Jahre zwischen kritischer Wissenschaft, Geschichtstheorie und Parteidoktrin, in: Richard Dietrich (Hrsg.), Historische Theorie und Geschichtsforschung der Gegenwart. Beiträge aus einer Vortragsreihe der Historischen Gesellschaft zu Berlin 1961/62, Berlin 1964, S. 117–149. Zum Zeitklima siehe umfassend: Stefan Creuzberger/Dierk Hoffmann (Hrsg.), »Geistige Gefahr« und »Immunisierung der Gesellschaft«. Antikommunismus und politische Kultur in der frühen Bundesrepublik, München 2014.

Ideologien« empfiehlt sie der Studienstiftung, Mahler einen Studienort »außerhalb Berlins [...] zur Auflage [zu] machen«.[57]

Horst Mahler wird auf dieser Grundlage mit Beginn des Sommersemesters 1955 in die Studienstiftung aufgenommen und – entgegen der gutachtlichen Empfehlung – vom ersten bis zum letzten Semester Jura an der Freien Universität Berlin studieren. In Marx'scher Diktion schreibt Mahler in seinem ersten Semesterbericht, dass er sich mehr als bislang dem »staatlichen Überbau« gewidmet habe, so Fragen nach Rechtssicherheit und Willkür oder nach der Abgrenzung zwischen demokratischem und Rechtsstaat. Außerdem befasste sich seine Studienstiftler-Gruppe mit Problemen des Wohlfahrtsstaates und Argumenten für und wider die These, dass der so ausgerichtete moderne Staat fast zwangsläufig zum totalen Staat mutieren müsse.[58]

In seinem zweiten Studiensemester bemüht sich Mahler weiter – diesmal mit Hilfe der Lektüre von Marx' »Das Kapital« –, »in der weltanschaulichen Auseinandersetzung« seinen »eigenen Standpunkt zu finden« und seine »Überzeugung von anerzogenen Vorurteilen zu säubern«, wie er nachdrücklich unterstreicht. Er verleiht dabei wiederholt seinem Drang Ausdruck, herauszufinden, was die Grundlagen der Gesellschaft seien und wie sie vorangetrieben werde: »Ist diese Entwicklung die Emanation der sich entwickelnden Produktivkräfte, ist sie die Verwirklichung einer vorgegebenen Idee?« Mahler bedauert sichtlich, noch nicht viel weiter gelangt zu sein als an den Punkt, Fragen aufzuwerfen statt Antworten zu formulieren. So sehr ihn das Studium schule, fühle er sich doch zugleich durch die damit verbundenen Anforderungen gehindert, seinen »Gedanken nachzujagen und Befriedigung in den großen Problemen der Zeit zu suchen«. Er übt Grundsatzkritik an der wirtschaftlichen und sozialen Situation der meisten Studierenden, die gezwungen seien, »ein Maximum des Stoffes in einem Minimum an Zeit zu verarbeiten«. Im bloßen Lernen für den späteren Broterwerb erkennt er eine Gefahr für die Freiheit des Studiums, wodurch in seinen Augen ein »Verlust der geistigen Freiheit« überhaupt drohte. Da, wo Zeit und Kraft fehlten, um Problemkonstellationen kritisch zu durchdringen, malt er am Horizont das Schreckbild einer »geistige[n] Sklaverei von Vorurteilen«.[59]

Das folgende Semester ist für Mahler »neben der Erlernung technischer Dinge« – es ist wohl das Jura*studium* an sich gemeint – »damit ausgefüllt, eine Orientierung im Meinungsstreit anzustreben«. Nicht Funktionsmechanismen einzelner Paragraphen und Rechtsnormen finden sein Interesse, sondern vielmehr die grundlegende Suche nach einer »Rechtfertigung des Rechts in den übergeordneten Bezirken der Ethik oder Weltanschauung«. In Abgrenzung

57 Gutachten des Auswahlausschussmitglieds Käte Weischedel vom 10. Februar 1955: Akte Mahler, Dok. I.5.

58 Horst Mahler, Bericht über das Sommersemester 1955 (31. Juli 1955): Akte Mahler, Dok. II.1.

59 Ders., Bericht über das Wintersemester 1955/56 (12. März 1956): Akte Mahler, Dok. II.2.

zu jeglichem Rechtspositivismus wendet sich Mahler voller Leidenschaft dem »vorjuristischen Bereich« politischer und philosophischer Kernfragen nach der Ausgestaltung gemeinschaftlicher Ordnung zu.[60]

Nach dem Sommersemester 1956 prüft die Studienstiftung am Ende der »Vorsemester«-Zeit, ob Horst Mahler für die endgültige Aufnahme geeignet sei. Gutachtliche Stellungnahmen liefern der Vertrauensdozent Werner Philipp, Professor für Osteuropäische Geschichte, sowie zwei Jura-Professoren. Mit Dietrich Oehler notiert der Strafrechtsvertreter darunter, dass ihm Mahler aus einer Anfänger-Übung und als studentische Hilfskraft bekannt sei. Er habe »recht Ordentliches geleistet« und seine Einlassungen seien »meist genau«, seine Arbeiten lägen »über dem Durchschnitt«. Der Gutachter erachtet Mahler für das Richteramt als gut geeignet und bemerkt, dass der Kandidat »zu starker theoretischer Handhabung des Rechts« neige. Gleichwohl schreibt der Jura-Professor: »Nach den bisherigen Leistungen hätte ich ihn nicht für die Studienstiftung vorgeschlagen [...]«, ergänzt jedoch die Prognose, Mahler werde »sich in der Zukunft noch gut nach der wissenschaftlichen Seite hin entwickeln«.[61] Weniger gemischt fällt das Urteil des Professors für Bürgerliches Recht Arwed Blomeyer aus. Ihm zufolge gehört Mahler »zu der kleinen Gruppe der Studenten, die nicht nur Eifer, sondern vor allem ein ganz erhebliches Verständnis zeigen«. Der Kandidat habe »teilweise Ausgezeichnetes geleistet« und sei der Studienstiftung weiterhin zu empfehlen, denn der Gutachter ist »davon überzeugt, dass er sich auch in Zukunft mit besonders guten Leistungen bewähren wird«.[62] Vertrauensdozent Philipp betrachtet die endgültige Aufnahme als »voll gerechtfertigt«. Mit »großer Lebendigkeit« engagiere Mahler sich in der Studienstiftlergruppe. Insgesamt wirke er »sicher, gründlich, energisch«. Ausdrücklich lobt der Gutachter, wie sehr der Kandidat bestrebt sei, juristische mit politischen und ethischen Fragen zu verknüpfen.[63] Anfang Oktober 1956 teilt die Studienstiftung Mahler die erfolgreiche endgültige Aufnahme mit.[64]

Mittlerweile hat das Wintersemester 1956/57 begonnen: Wenngleich nicht so grundsätzlich wie im Sommer und auf geringerem Abstraktionsniveau steht auch im Wintersemester 1956/57 das Politische im Vordergrund bei Mahler und gerät »die eigentliche Jurisprudenz etwas in den Hintergrund«, wie er im Semesterbericht freimütig bekennt. Bei Bundesverfassungsrichter Martin Drath besucht er ein Seminar zum damals gerade aktuellen KPD-Verbotsprozess und

60 Ders., Bericht über das Sommersemester 1956 (15. Juli 1956): Akte Mahler, Dok. II.3.

61 Stellungnahme des Fachdozenten Dietrich Oehler vom 10. Juli 1956: Akte Mahler, Dok. III.1.

62 Stellungnahme des Fachdozenten Arwed Blomeyer vom 12. Juli 1956: Akte Mahler, Dok. III. 2.

63 Stellungnahme des Vertrauensdozenten Werner Philipp vom 1. August 1956: Akte Mahler, Dok. III.3.

64 Über die erfolgreiche endgültige Aufnahme wird Mahler mit Hilfe eines dafür vorgesehenen Formbriefs, unterzeichnet vom Geschäftsführer der Studienstiftung Heinz Haerten, am 8. Oktober 1956 informiert.

beschäftigt sich in diesem Rahmen intensiv mit der marxistisch-leninistischen Staats- und Rechtstheorie. Wie schon früher verhehlt Mahler seine Sympathien für den Marxismus-Leninismus nicht. Die Beispiele Chinas und Jugoslawiens belegten seines Erachtens, dass Sozialismus und Kommunismus auch unabhängig von Moskau Entfaltungsmöglichkeiten besäßen. Angesichts solcher Dritte-Weg-Tendenzen, die rund um das Epochenjahr 1956[65] eine Blütezeit erleben, hält er außerdem »die These, daß die SBZ, einmal von Moskau losgelöst, sich schnell den westlichen Verhältnissen assimilieren werde, [für] mindestens zweifelhaft, wenn nicht gar illusionär«. Darüber hinaus habe er sich in dem vergangenen Semester mit der Frage einer möglichen deutschen Wiedervereinigung beschäftigt und speziell mit den Auswirkungen der – wie es abwertend heißt – »weltweiten wirtschaftlichen und damit auch politischen Verstrickungen der Bundesrepublik«.[66]

In einem höchst knapp gefassten Bericht über das folgende Sommersemester räumt Mahler nochmals ein, sich bisher »sehr stark mit nicht-juristischen Dingen« befasst zu haben. Dem habe er nun Abhilfe zu leisten begonnen.[67] Nähere Ausführungen scheinen ihm die Jura-Studien im engeren Sinne aber nicht wert zu sein. Damit gibt sich die Studienstiftung jedoch nicht zufrieden und fordert von Mahler einen ausführlichen Bericht,[68] den dieser dann rasch nachliefert. Darin führt er aus, dass er sich intensiv mit verfassungsrechtlichen Fragen des Streikrechts auseinandergesetzt habe ebenso wie mit der Marxismus-Diskussion in Polen. Insgesamt bedauert er aber gleich zu Beginn des Rapports die kraft- und zeitraubende Tätigkeit des Repetierens bisherigen Lernstoffes, »so daß wenig blieb für eine Beschäftigung mit der östlichen Ideologie«, der er sich in den vorherigen Semestern intensiv gewidmet hatte.[69]

Von seiner Beschäftigung mit marxistisch-leninistischen Theorien lässt Mahler auch im Wintersemester 1957/58 nicht ab. Er stellt sich dieses Mal vor die Aufgabe, deren »scheinbare[n] Vollkommenheit und logische[n] Geschlossenheit« in Frage zu stellen und die »Hypothese vom demokratischen Kapitalismus als Alternative zum Sozialismus zunächst unkritisch zu akzeptieren«. Statt von vornherein Kritik zu üben, wolle er zu einem »umfassenden Verständnis der westlichen Gesellschaftsordnungen« gelangen. Er gibt indes zu, wie schwer ihm das »Einleben in den Gegenstand« falle. Das Studium von Fachliteratur

65 Vgl. Roger Engelmann/Thomas Großbölting/Hermann Wentker (Hrsg.), Kommunismus in der Krise. Die Entstalinisierung 1956 und die Folgen, Göttingen 2008; Winfried Heinemann/Norbert Wiggershaus (Hrsg.), Das internationale Krisenjahr 1956. Polen, Ungarn, Suez, München 1999; Simon Hall, 1956. Welt im Aufstand, Stuttgart 2016.

66 Horst Mahler, Bericht über das Wintersemester 1956/57 (10. März 1957): Akte Mahler, Dok. II.4.

67 Ders., Bericht über das Sommersemester 1957: 1. Fassung (13. September 1957): Akte Mahler, Dok. II.5.

68 Brief des Referenten Josef Simon an Horst Mahler vom 4. Oktober 1957.

69 Horst Mahler, Bericht über das Sommersemester 1957: 2. Fassung (10. Oktober 1957): Akte Mahler, Dok. II.6.

zum politischen System der USA solle ihm dabei helfen. Das Beispiel der Vereinigten Staaten scheint für seinen Versuchsaufbau, wie er meint, auch insofern sinnvoll gewählt zu sein, »da sie eine kontinuierliche, wirtschaftliche Entwicklung zurückgelegt haben, die nicht wie in Europa durch totale Zusammenbrüche gestört wurde und die ebenso wenig von einer feudalistischen Tradition belastet wie von einer linksrevolutionären Bewegung im Inneren bedroht ist«. Mahler belässt es bei dieser Schilderung, ohne Schlussfolgerungen zu ziehen oder bereits Antworten zu formulieren. Des Weiteren berichtet er vom Besuch verschiedener Vorlesungen und Seminare, die vom Bank- und Börsenrecht über das Völkerrecht bis zum Strafrecht und einer Übung zum Bürgerlichen Gesetzbuch reichen. Erneut treffen aber nicht einzelne Gesetzestexte sein vertieftes Interesse, sondern die hinter ihnen stehenden Normen und Wertentscheidungen oder sogar anthropologischen Strukturen. Wichtig sind für Mahler hier, wie er festhält, die Schriften des Philosophischen Anthropologen Arnold Gehlen und auch von dessen akademischem Schüler Helmut Schelsky. Zudem half Schelskys »Soziologie der Sexualität« Mahler bei der Auseinandersetzung mit der Frage nach der Verfassungsmäßigkeit des § 175 StGB, weil ihm die Studie Anhaltspunkte dafür lieferte, wie überhaupt soziale Beziehungen normiert würden.[70]

Das Sommersemester 1958 ist von »Examensnähe« und der »Durcharbeitung eines Repetitoriums« gekennzeichnet, wie Mahler wenig begeistert in seinem Semesterbericht notiert. Zudem befasst er sich mit dem Wohnraumbewirtschaftungsrecht, nicht um Detailfragen, sondern um daran – wie stets – Grundsatzprobleme der Wirksamkeit von Rechtsschutz im Verwaltungsrecht zu erörtern. Schließlich organisiert er mit Kommilitonen und einem Jesuitenpater einen Diskussionskreis, der sich anhand der Lenin'schen Schrift »Materialismus und Empiriokritizismus« (1908) dem Spannungsverhältnis von geistigen und materiellen Antriebskräften in Geschichte und Gesellschaft auseinandersetzt. Im Folgesemester, kündigt Mahler an, wolle der Zirkel sich intensiv Problemen des Katholizismus zuwenden. Abschließend konstatiert er, die Prüfung zum kleinen Latinum mit »befriedigendem« Erfolg absolviert zu haben.[71]

Der Bericht über das Wintersemester 1958/59 fällt vergleichsweise knapp aus, sei es doch durch »relative Eintönigkeit und Ereignislosigkeit« gekennzeichnet gewesen. So stand es ganz im Zeichen der intensiven Vorbereitung auf die erste juristische Staatsprüfung, deren Klausuren Mahler zwischen dem 9. und 13. März schreibt. Auch in diesem letzten Semesterbericht rekurriert er nochmals auf Karl Marx und unterstreicht, wie sehr der erste Band des »Kapitals« das »Verständnis für die rechtlichen Probleme des Arbeitsverhältnisses« auf ein

70 Ders., Bericht über das Wintersemester 1957/58 (10. März 1958): Akte Mahler, Dok. II.7.; zum Hintergrund: Patrick Wöhrle, Metamorphosen des Mängelwesens. Zu Werk und Wirkung Arnold Gehlens, Frankfurt a. M. 2010; Helmut Schelsky, Soziologie der Sexualität. Über die Beziehungen zwischen Geschlecht, Moral und Gesellschaft, Hamburg 1955; siehe auch: Akte Mahler, Anm. 73.

71 Horst Mahler, Bericht über das Sommersemester 1958 (19. August 1958): Akte Mahler, Dok. II.8.

breiteres Fundament stelle. Mit dem Abschluss der Staatsexamensprüfungen, informiert Mahler die Studienstiftung, rechnet er im Juni 1959.[72] Am 24. Juni 1959 besteht er die erste juristische Staatsprüfung mit voll befriedigendem Ergebnis. Dies teilt er der Stiftung verbunden mit der Bitte mit, ihn noch bis in den Herbst hinein »zur Vorbereitung der Dissertation« zu fördern. Ab Oktober 1959 werde er dann, sofern seine Bewerbung erfolgreich sei, am Kammergericht Berlin in den Vorbereitungsdienst eintreten, schließlich strebe er die »Befähigung zum Richteramt« an. Die Studienstiftung verlängert die Förderung bis zum Beginn der Referendarzeit, so dass Mahler zum 30. September 1959 aus der Studienstiftung ausscheidet.[73] Wichtig für die positive Entscheidung ist die Tatsache, dass Ernst Heinitz sich »ohne die geringsten Bedenken« für Horst Mahler einsetzt und sich bereit erklärt, ihn als Doktoranden zu betreuen.[74]

4. Gudrun Ensslin – Stipendium 1964–1968, Aufnahmeverfahren ab 1960

Bis Gudrun Ensslin (1940–1977)[75] Professor Heinitz als ihren Berliner Vertrauensdozenten kennenlernt, vergeht noch einige Zeit, denn erstens ist die Kandidatin mehrere Jahre jünger als Meinhof und Mahler, zweitens benötigt sie drei Anläufe bis zur Aufnahme in die Studienstiftung. Sie ist 23 Jahre alt, als die Unterlagen für den schließlich erfolgreichen dritten Bewerbungsvorgang 1963/64 in der Studienstiftung eintreffen. Auf dem Foto ist eine junge, aber erwachsene Frau zu sehen, burschikos, androgyn, mit zeittypischer Kurzhaarfrisur. Sie schaut entschlossen in die Kamera, sieht selbstbewusst aus. Das auf den ersten Bewerbungsbogen aufgeklebte Bild der gerade 20-jährigen Gudrun hingegen zeigt eine brave Pfarrerstochter aus der schwäbischen Provinz, ganz so wie man sich eine solche dem Klischee nach vorstellt. Mädchenhaft, verträumt, ja schüchtern schaut sie nach rechts unten blickend an der Linse des Fotografen vorbei.[76] – Die Unterlagen sind mittlerweile unübersichtlich geworden.

Das erste Mal wird Gudrun Ensslin im Jahr 1960 von ihrer Schule, dem Stuttgarter Mädchen-Gymnasium Königin-Katharina-Stift, vorgeschlagen. Die

72 Ders., Bericht über das Wintersemester 1958/59 (14. März 1959): Akte Mahler, Dok. II.9.

73 Vgl. die Briefe Josef Simons an Horst Mahler vom 16. Juni 1959, 14. Juli 1959 sowie 16. September 1959.

74 So dem Brief des Referenten Josef Simon an Ernst Heinitz vom 4. Juni 1959 zu entnehmen.

75 Eine umfassende Ensslin-Biografie fehlt bislang. Fundierte quellengestützte Information, nicht zuletzt auch über die Studienjahre, liefern: Kapellen, Doppelt leben (Anm. 13); Koenen, Vesper, Ensslin, Baader (Anm. 12); weiterführend auch: Bressan/Jander, Gudrun Ensslin (Anm. 13); und der Briefwechsel von Gudrun Ensslin/Bernward Vesper, »Notstandsgesetze von Deiner Hand«. Briefe 1968/1969, hrsg. von Caroline Harmsen, Ulrike Seyer und Johannes Ullmaier. Mit einer Nachbemerkung von Felix Ensslin, Frankfurt a. M. 2009; informativ ist zudem der biografische Überblick bei Peters, Tödlicher Irrtum (Anm. 8), S. 65–77.

76 Siehe die Bewerberbögen vom 19. September 1960 bzw. 6. Dezember 1963: Akte Ensslin, Dok. I.1. und Dok. III.1. Auf dem Bewerberbogen des zweiten Auswahlverfahrens vom 13. November 1961 (Akte Ensslin, Dok. II.1.) ist kein Foto aufgeklebt.

Schulleiterin Klara Stumpff fügt neben der eigenen Begründung noch vier Stellungnahmen von Fachlehrern über Ensslin bei. Dieses gutachtliche Aufgebot hielt die Schule wohl auch deswegen für notwendig, weil das Abiturzeugnis die Kandidatin nicht als potentielle Stipendiatin der Studienstiftung ausweist. Das Notenspektrum ist weit gestreut, reicht von sehr guten Leistungen in Musik bis zu ausreichenden in Physik. Hinzu kommen siebenmal »gut« und fünfmal »befriedigend«.[77] Ihre Lehrer loben Ensslins Fähigkeit zu selbstständigem und klarem Denken, vor allem aber ihren Charakter: Sie sei bescheiden, kameradschaftlich, selbstlos und besitze ein ausgeglichenes, offenes wie fröhliches Wesen. Von ihr könne man »Verantwortungsbewusstsein und wenn nötig Mut im Urteilen und Handeln erwarten«, hält ihre Geschichts- und Gemeinschaftskunde-Lehrerin fest.[78] »Gudrun wusste genau, was sie wollte«, ergänzt die Schulleiterin, »und ließ sich durch nichts davon abbringen, außer durch solche Argumente, die sie wirklich überzeugten.«[79]

Es folgt das Gespräch mit dem Vorprüfer Arno Mulot. Der Gymnasialdirektor und Literaturhistoriker bescheinigt ihr »Verantwortungsbewusstsein«, »Einfühlungsvermögen« und »innerhalb ihrer Erlebniswelt klare Vorstellungen und ein sicheres Urteil«. Stärken erkennt er bei Ensslin im »gefühlsmäßigen Bereich« und lobt ihr »instinktives Reaktionsvermögen«. Unsicher ist er sich dagegen in der Beurteilung ihrer intellektuellen Fähigkeiten und schlägt den Fall daher zur Besprechung vor.[80] Das Auswahlausschussmitglied, der Stuttgarter Oberstudiendirektor am Eberhard-Ludwigs-Gymnasium Walter Haußmann, erhebt ähnliche Zweifel: »Nicht ganz klar bin ich mir über die Fähigkeit der Bewerberin, logisch zu disponieren, philosophisch zu denken, systematisch zu kombinieren […].« Auch teilt er nicht die mehrfach in den Schulgutachten herausgestrichene Auffassung über den Charakterzug einer ausgeprägten Bescheidenheit Ensslins. Sie übt in dem Gespräch gegenüber ihm an Schule und Universität mit einer »rücksichtslosen Offenheit und Unerbittlichkeit in der Sache« derart Kritik, »daß mögliche Konflikte mit Autoritäten recht wahrscheinlich« sein dürften. Der Gutachter votiert für eine Zurückstellung des Falls und bittet den Tübinger Germanistik-Professor Klaus Ziegler um eine zusätzliche Einschätzung über Gudrun Ensslin.[81] Der Fachdozent kennt die Kandidatin aus seinen Veranstaltungen und durch ein intensives persönliches Gespräch. In der Summe wird sein Gutachten von einem positiven Duktus durchzogen, doch

77 Reifezeugnis Gudrun Ensslins, Königin-Katharina-Stift Stuttgart, Gymnasium für Mädchen vom 3. März 1960 (beglaubigte Abschrift). Siehe auch: Akte Ensslin, Anm. 13.

78 Gutachten der Geschichts- und Gemeinschaftskunde-Lehrerin, Studienrätin am Königin-Katharina-Stift, Stuttgart, 28. Juni 1960: Akte Ensslin, Dok. I.2.

79 Gutachten der Deutschlehrerin und Schulleiterin, Oberstudiendirektorin am Königin-Katharina-Stift, Stuttgart, 1. Juli 1960: Akte Ensslin, Dok. I.2.

80 Gutachten des Vorprüfers Arno Mulot (Ende Dezember 1960): Akte Ensslin, Dok. I.4.

81 Gutachten des Auswahlausschussmitglieds Walter Haußmann vom 7. Januar 1961: Akte Ensslin, Dok. I.5. Siehe auch den Brief Walter Haußmanns an Klaus Ziegler vom 7. Januar 1961: Akte Ensslin, Dok. I.6.

erneuert es zugleich die bereits von den anderen beiden Gutachtern geäußerten Bedenken: Ensslin werde von einer »allzu stark gefühlsgebundenen Subjektivität« angetrieben und habe Nachholbedarf »im Bereich der spezifisch wissenschaftlichen Methoden«.[82]

Der Auswahlausschuss folgt auf dieser Grundlage der Empfehlung, die Entscheidung aufzuschieben, Ensslin zurückzustellen und nach einem Jahr erneut zu prüfen. Im Jahr 1962 läuft die zweite Aufnahmerunde für sie an. Die Studienstiftung forderte in der Zwischenzeit weitere Stellungnahmen von Tübinger Dozenten an, die Ensslin selbst benennen sollte. Erneut gutachtet Klaus Ziegler, der zwar »merklich positive Fortschritte« konstatiert, aber empfiehlt, die Entscheidung noch um ein weiteres Semester aufzuschieben. Ungeachtet »ihrer überdurchschnittlichen Begabung und Leistung« könne er sie »gegenwärtig nicht zur höchsten ›Spitzengruppe‹ der Studenten mit wirklich *›hervorragenden‹* Studienleistungen rechnen«. Auch hegt er Zweifel daran, wie gefestigt Ensslins Persönlichkeit sei, vermittle sie ihm doch einen »vielfach noch tastenden und in mancher Hinsicht sogar etwas zur Sprunghaftigkeit neigenden Eindruck«.[83] Eine weitere Stellungnahme aus der Feder Martin Christadlers, Tübinger Assistent für amerikanische Gegenwartsliteratur, setzt ebenfalls ein Fragezeichen hinter Ensslins fachliche Exzellenz, fehle ihr doch ein »ausgeprägtes Gefühl für Problematik« wie auch »geistige Intensität, gerade in literarischen Dingen«.[84]

Das mit dem Verfahren betraute Auswahlausschussmitglied ist wie schon im ersten Aufnahmeprozess Walter Haußmann, der den Fall allerdings in die Hände eines anderen Ausschussangehörigen legt, weil er sich zu vertraut mit Wohl und Wehe der Familie Ensslin sieht.[85] Der Kontakt entstand über den Besuch seines Gymnasiums durch Ensslins jüngeren Bruder Gottfried. Gleichwohl steuert Haußmann auch in der zweiten Runde eine Stellungnahme bei und votiert nun eindeutig positiv. Er spricht »von einer zweifellos intellektuell hochbegabten, selbständigen und ungewöhnlich engagierten jungen Studentin«.[86]

Die an das neue Auswahlausschussmitglied delegierte, inzwischen schon recht umfangreiche Akte wandert zum Vorprüfer Walter A. Müller, einem Chefarzt am Stuttgarter Robert-Bosch-Krankenhaus, der auch – offenbar aus dem Gespräch heraus motiviert – etwaige familiäre Vorbelastungen psychischer Art evaluiert, die er im Falle Gudrun Ensslins aber nicht erkennen kann. Er habe »nicht den Eindruck einer schizoiden Persönlichkeit« gewonnen. Die

82 Gutachten Klaus Zieglers vom 31. Januar 1961: Akte Ensslin, Dok. I.7.

83 Gutachten Klaus Zieglers vom 2. August 1961 (Hervorhebung im Original Unterstreichung): Akte Ensslin, Dok. II.4. Mit den in Anführungszeichen hervorgehobenen Begriffen nimmt Ziegler wörtlich auf Formulierungen aus dem an ihn gerichteten Anforderungsschreiben der Studienstiftung vom 15. Juni 1961 Bezug.

84 Gutachten Martin Christadlers vom 28. Juli 1961: Akte Ensslin, Dok. II.3.

85 Brief des Auswahlausschussmitglieds Walter Haußmann an die Studienstiftung vom 12. Januar 1962: Akte Ensslin, Dok. II.6.

86 Gutachten Walter Haußmanns vom 21. Januar 1962: Akte Ensslin, Dok. II.7.

Kandidatin erscheine ihm »in ihrer Gemütslage ausreichend ausgeglichen, vielleicht ein wenig manisch in ihrem Temperament«. Wie schon anderweitige frühere Einschätzungen macht er die Begabung der Bewerberin eher »in der Lebendigkeit ihrer Interessen, dem Einfallsreichtum ihres Geistes, dem lebendigen Gefühl für das Schöne und Wertvolle als einem eigentlichen wissenschaftlichen Denkvermögen« aus. Wolle die Stiftung nur künftige Forscherfiguren fördern, so müsse sie Ensslin ablehnen. Unterstütze sie hingegen auch solche künftigen Akademiker, die sich anderweitig um die Allgemeinheit verdient machten, so plädiere er eindeutig für die Aufnahme, zumal er Ensslin »charakterlich« als »sehr hoch« einschätzt.[87] Das Auswahlausschussmitglied, der Stuttgarter Arzt und Chemiker Dankwart Stamm, dem zu jener Zeit die Chefredaktion der »Deutschen Medizinischen Wochenschrift« obliegt, würdigt Ensslins Studienleistungen vor allem im Lichte familiärer Belastungen und ihres Einsatzes für den schwer erkrankten Bruder (Depression), die pflegebedürftige Großmutter und den elterlichen Haushalt mit fünf Geschwistern. Unter diesen »widrigen Umständen« seien ihre universitären Leistungen als »fachliche Bewährung« zu werten. Zudem notiert er, dass sich ihm Ensslin als »ein froher, lebhafter junger Mensch mit schnellen, zutreffenden Assoziationen« präsentiert habe.[88] Trotz dieser letzten beiden Ja-Voten spricht sich der Auswahlausschuss mit zwölf Stimmen und einer Enthaltung gegen die Aufnahme Ensslins aus.[89] Ein Grund findet sich nicht ausdrücklich verzeichnet, doch dürften weiterhin Zweifel an ihren Studienleistungen, wie sie insbesondere in den Gutachten ihrer Tübinger Dozenten vom Sommer 1961 zum Ausdruck kamen, bestanden haben.

Ein wenig Pech kommt hinzu, denn ein fachliches Gutachten zu einer mit »sehr gut« bewerteten Proseminar-Arbeit Ensslins über Novalis und ein – mittlerweile uneingeschränkt positives – Gutachten Klaus Zieglers vom April 1962 gelangen nicht mehr rechtzeitig in das zweite Aufnahmeverfahren, bleiben sogar danach am Lehrstuhl des Tübinger Germanistik-Professors liegen und können erst in der dritten Aufnahmerunde von der Studienstiftung beachtet werden. Haußmann beklagt sich bei der Studienstiftung wegen der Ablehnungsentscheidung, die er für nicht gerechtfertigt hält;[90] und auch Ensslin selbst, die kurz vor dem Abschluss der Ersten Dienstprüfung als Volksschullehrerin an der PH Schwäbisch Gmünd steht, spricht im Herbst 1963 gegenüber dem Begabtenförderungswerk ohne Umschweife von der »nicht durch meine Schuld verpaßte[n] Chance, in die Studienstiftung aufgenommen zu werden«. Sie unterstreicht zugleich, ohne Unterstützung der Studienstiftung ihr Univer-

87 Gutachten des Vorprüfers Walter A. Müller vom 29. Januar 1962: Akte Ensslin, Dok. II.8.

88 Gutachten des Auswahlausschussmitglieds Dankwart Stamm vom 20. Februar 1962: Akte Ensslin, Dok. II.9.

89 Einzelprotokoll des Auswahlausschusses der Studienstiftung des deutschen Volkes mit der Entscheidung »Ablehnung«, o. Datum [März 1962].

90 Brief Walter Haußmanns an den Referenten Helmut Arzt vom 29. März 1962: Akte Ensslin, Dok. II.10.

sitätsstudium, das sie während der Zeit an der Pädagogischen Hochschule *ex negativo* besonders schätzengelernt habe, nicht wieder aufnehmen zu können.[91]

In der Stiftung hat man in der Tat ein schlechtes Gewissen und ist bemüht, Ensslin nochmals den Weg für eine Bewerbung zu eröffnen. Von dem Tübinger Vertrauensdozenten und Auswahlausschussmitglied Ernst Zinn über das Gutachten-Malheur vom Frühjahr 1962 in Kenntnis gesetzt, schlägt Ziegler nun selbst Ensslin Anfang Dezember 1963 für eine Förderung der Studienstiftung vor.[92] Schon seit längerem konnte er wahrnehmen, dass sich Ensslin geistig und charakterlich fortentwickelt habe und einen »weitaus profilierteren und ausgereifteren Eindruck als früher« vermittle. Sie wirke »sympathisch und wertvoll durch die phrasenlose Echtheit und das echte Verantwortungsgefühl sowohl ihres eigenen Wesens wie ihres wissenschaftlichen Studiums«. Angesichts dieses positiven Wandlungsprozesses unterstützt er nun eine Förderung Ensslins durch die Studienstiftung eindeutig.[93]

So neu ins Rennen gebracht, gelangen die Unterlagen zur Vorprüferin Annelise Fechner-Mahn, einer in Tübingen ansässigen Psychologin. Nach dem Gespräch mit Ensslin hält sie kritisch deren »auffallend stilisierte ästhetische Prägung« fest, wodurch die dann »im Gespräch deutlich hervortretende Lebendigkeit und Vielseitigkeit ihres Wesens, und die Klugheit ihrer Auffassungen« verdeckt würden. Die Kandidatin sei ein »außergewöhnliches Mädchen mit guter Substanz, Originalität und Schwung«. Gleichwohl stimmt die Vorprüferin einer Aufnahme »nicht vorbehaltlos« zu, erkennt sie doch in manch »extravaganten Vorstellungen und Plänen« Ensslins ein »gewisses Risiko«. Sie bezieht sich dabei auf Ensslins auch finanziell gewagtes Engagement für den gemeinsam mit Bernward Vesper begründeten Verlag »studio neue literatur«, der vorrangig, wie sie Ensslin zitiert, »Zeitkritik von der Literatur ausgehend« üben wolle. Ensslin hat nämlich ihren Wunsch, Lehrerin zu werden, mittlerweile verworfen. Stattdessen möchte sie promovieren und danach im Verlagsgeschäft arbeiten sowie vor allem nach den tieferen Zusammenhängen in den Bereichen der Politik, Literatur und Kunst fragen. Am Ende des Gutachtens Fechner-Mahns stehen daher ein »Ja mit Vorbehalt« und die Empfehlung, »weitere Kontrollen und Beratungen« einzubauen.[94] Das Auswahlausschussmitglied, der schon erwähnte Ernst Zinn, der in Tübingen einen Lehrstuhl für Klassische Philologie und Vergleichende Literaturwissenschaft innehat, empfiehlt, den Fall nochmals zu besprechen, aber das »Risiko der Aufnahme«

91 Brief Gudrun Ensslins an den Referenten Dieter Sauberzweig vom 15. November 1963: Akte Ensslin, Dok. II.11.

92 Hochschulvorschlag Klaus Zieglers vom 1. Dezember 1963: Akte Ensslin, Dok. III.2.

93 Schreiben Klaus Zieglers an den Mitarbeiter der Studienstiftung Hans Gert Hillgruber vom 31. Januar 1964 mit Abschrift seines Gutachtens vom 17. April 1962 sowie der Stellungnahme seines ehemaligen Assistenten Klaus Betzen vom 17. April 1962: Akte Ensslin, Dok. III.7.

94 Gutachten der Vorprüferin Annelise Fechner-Mahn vom 27. Februar 1964: Akte Ensslin, Dok. III.8.; zur Verlagstätigkeit siehe Akte Ensslin, Anm. 124 und 133.

diesmal einzugehen, weil er Ensslins »weitere Entwicklung optimistisch« einschätze. Auch ihm macht die stilisierte »hypermoderne Erscheinung« der Kandidatin zu schaffen, doch gewinnt er während des Gesprächs den Eindruck einer natürlichen und sympathischen Persönlichkeit. Als mittlerweile erwiesen betrachtet er die Tatsache, dass Ensslins »Intelligenz und fachliche Begabung [...] klar über den Durchschnitt« ragen.[95] Der Ausschuss bespricht den Fall erneut und gelangt mit neun Ja-Stimmen bei einer Enthaltung zu einem Aufnahmebeschluss.[96]

Die Förderung beginnt mit dem Sommersemester 1964. Auch nach der Aufnahme erweist sich Ensslin als ein schwieriger Fall für die Stiftung, denn gleich ihre ersten Semesterberichte bleibt sie säumig und liefert diese erst nach mehrfacher Mahnung für den Zeitraum von drei Semestern im August 1965 nach. Darin berichtet sie vom Umzug nach Berlin – »einem Ort, der durch Erlebnisse aus der periodisch katastrophenreichen Familiengeschichte und durch Aufzeichnungen der täglichen Veränderung meiner selbst unsicher gemacht wird«.[97] Sie bekennt offenherzig, nur »unregelmäßig zur Universität« gegangen zu sein. Ihr Rapport ist von literarisch anmutenden Impressionen durchzogen[98] – ein Beispiel: »Ich lief durch Kreuzbergs, Moabits, Schönebergs Straßen; sah Elend und Euphorie, grenzenlose Gleichgültigkeit und fanatischen Einsatz, Verzweiflung und Hoffnung – Millionen sahen es vor mir, und doch waren es meine Augen, hinter denen sich die Bilder sammelten, war es meine Stirn, die oft müde wurde.« Angeregt mag sie zu dieser Art der Darstellung auch von der Bekanntschaft und Diskussionsrunden in Berlin mit Schriftstellern wie Uwe Johnson, Günter Grass oder Peter Härtling worden sein, die sie durch ihre Mitarbeit am »Wahlkontor deutscher Schriftsteller«, das für Willy Brandt und die SPD Wahlreden und -slogans entwarf, kennenlernte. Sie reizt, das Verhältnis des »Geistes zur Macht« näher zu ergründen. Auch schätzt sie Berlin als jene »Stadt der Bundesrepublik, deren Klima am deutlichsten bestimmt wird von der realen politischen Situation«. Im Mittelpunkt des Semesterberichts steht ansonsten der Dichter Hans Henny Jahnn, über dessen umfangreiche Romantrilogie »Fluß ohne Ufer« (1949–1961) Ensslin zu promovieren beabsichtigt.[99] Jahnn ist Ensslin durch seinen öffentlichen Protest gegen Wieder- und später Atombewaffnung auch politisch sympathisch. So gehört er 1963/64 – posthum – zu den Autoren des von Ensslin und Vesper in der Reihe »studio bibliothek«

95 Gutachten des Auswahlausschussmitglieds Ernst Zinn vom 29. Februar 1964: Akte Ensslin, Dok. III.9.

96 Einzelprotokoll des Auswahlausschusses der Studienstiftung des deutschen Volkes mit der Entscheidung »Aufnahme«, o. Datum [März 1964].

97 Gudrun Ensslin, Bericht über Sommersemester 1964 bis Sommersemester 1965 (30. August 1965): Akte Ensslin, Dok. IV.3.

98 Ähnlich im Stil auch ihr Bericht über einen Ferienkurs im französischen Loches vom 23. Mai 1965: Akte Ensslin, Dok. VI.2.

99 Ensslin, Bericht über Sommersemester 1964 bis Sommersemester 1965 (Anm. 97).

herausgebrachten ersten Bandes »Gegen den Tod – Stimmen deutscher Schriftsteller gegen die Atombombe«.[100]

Im geistigen Kampf aber mit Jahnns umfangreichem Werk »Fluß ohne Ufer« sei sie in den zurückliegenden drei Semestern »oft voller Niedergeschlagenheit« gewesen, auch weil es »große Abwehrkräfte gegen die Instrumente der Philologie besitzt, über die ich bislang, nach sechs fleißigen Anfangssemestern voller Akribie in Tübingen, nach zwei unwilligen Semestern an der Päd.[agogischen] Hochschule [Schwäbisch Gmünd], und nach drei Semestern des freiwilligen und unfreiwilligen Schweifens und Suchens in Berlin, verfüge«. Mittlerweile sei sie aufgrund der vielfältigen Eindrücke ein wenig müde, beschließt sie ihre emotional-assoziativen Ausführungen, um einen optimistischen Ausblick anzuschließen: »der Weg durch die Stadt hat zu mir selbst geführt, denke ich, zur endlich disziplinierten Arbeit«.[101]

In der zweiten Jahreshälfte 1965 steht das Verfahren zur endgültigen Aufnahme an. Der gutachtende Fachdozent Charles H. Nichols, Professor für amerikanische Literatur am John-F.-Kennedy Institut der FU Berlin, attestiert Ensslin lediglich oberflächliche Kenntnisse auf dem Gebiet der amerikanischen Literatur. Sie werde »sich dem Studium dieses Faches noch ernsthaft widmen müssen«. Überhaupt könne er verglichen mit anderen Studenten »keine hervorragende Befähigung« in ihrem Fall feststellen. Irritiert zeigt er sich zudem über Kleidung und Benehmen: Beides lasse eine »gewisse Leichtfertigkeit erkennen«.[102] Ensslins Vertrauensdozent Ernst Heinitz gibt indes zu bedenken, dass man sie »leicht falsch beurteilen« könne. Vom »allgemeinen menschlichen Standpunkt« aus plädiert er für eine Aufnahme, in fachlicher Hinsicht müsse er sich eines Urteils enthalten. Er legt der Studienstiftung nahe, die Entscheidung über die endgültige Aufnahme aufzuschieben.[103] Der Auswahlausschuss kommt im Herbst des Jahres diesem Begehren nach und stellt die Entscheidung für zwei Semester zurück. Ensslin werden insbesondere »ungewöhnliche familiäre Belastungen« zugute gehalten. »Schließlich könne man«, wie einer Protokollnotiz des für Ensslin zuständigen Referenten Peter Menck über die Entscheidung des Ausschusses vom Oktober 1965 zu entnehmen ist, »das zeige der Semesterbericht, ihre Persönlichkeit nicht nur mit den Maßstäben messen, die am üblichen Germanistikstudium orientiert sind, man müsse auch solche Kriterien heranziehen, die bei der Auswahl von ›Künstlern‹ maßgeblich sind«.[104]

100 Gudrun Ensslin/Bernward Vesper (Hrsg.), Gegen den Tod. Stimmen deutscher Schriftsteller gegen die Atombombe, Stuttgart 1964; siehe zu Ensslins Engagement für diesen Band auch ihren handschriftlichen Lebenslauf vom 15. Dezember 1963: Akte Ensslin, Dok. III.6.

101 Ensslin, Bericht über Sommersemester 1964 bis Sommersemester 1965 (Anm. 97).

102 Stellungnahme des Fachdozenten Charles H. Nichols vom 10. August 1965: Akte Ensslin, Dok. V.1.

103 Stellungnahme des Vertrauensdozenten Ernst Heinitz vom 31. August 1965: Akte Ensslin, Dok. V.2.

104 Protokollnotiz des Referenten Peter Menck zur Zurückstellung der Entscheidung über die endgültige Aufnahme Gudrun Ensslins vom 21. Dezember 1965: Akte Ensslin, Dok. V.3.

Ensslin bleibt also vorerst in der Förderung. Im Wintersemester 1965/66 widmet sie sich neben der Philosophiegeschichte und literaturwissenschaftlicher Methodik weiter ihrem Promotionsthema über Jahnn. Über eine Beschäftigung mit Grundannahmen der Kritischen Theorie erhofft sie sich, ihr eigenes Thema besser in den Griff zu bekommen. Sie erwähnt in diesem Kontext insbesondere die Lektüre von Herbert Marcuses »Kultur und Gesellschaft I und II« (1965) sowie »Triebstruktur und Gesellschaft« (1965). Zentral für ein besseres Verständnis Jahnns sei auch ein neues Buch des Hamburger Germanisten Hans Wolffheim.[105]

Im Bericht über das Sommersemester 1966 betont sie erneut, wie sie durch die Lektüre des Wolffheim'schen Essay-Bandes »Sicherheit im Umgang mit Jahnns Werk« gewonnen habe. Überhaupt verlaufen die Sommermonate, wie sie gleich zu Beginn des Berichts hervorhebt, »gleichmäßig und – endlich – arbeitsam«. Auch habe sie an der FU mit dem Germanistik-Professor Wilhelm Emrich einen Betreuer gefunden, der wenigstens zwischenzeitlich (»bei der zweiten der insgesamt drei Unterredungen, die ich mit ihm hatte«) dem Dissertationsthema zugestimmt habe. Am Ende des Semesters habe er dann »plötzlich und vehement« davon abgeraten, weil Jahnn ein »Psychopath« gewesen sei und bereits ein anderer Doktorand an diesem Thema fast zugrunde gehe. Ensslin hofft aber weiterhin – auch durch die Teilnahme am Oberseminar im Wintersemester – auf Unterstützung für ihr Thema. Das Jahnn'sche Werk fasziniert sie, weil es, wie sie schreibt, einen »neuen, modernen ›Aufbruchsmythos‹« schaffe, »dessen revolutionäre Moral gegen das idealisierende und verfälschende Menschenbild unserer Gesellschaft steht«.[106]

Nach dem Semester läuft das aufgeschobene Verfahren zur endgültigen Aufnahme wieder an. Als Fachdozent fungiert nun naturgemäß an erster Stelle der (voraussichtliche) Betreuer der Doktorarbeit Emrich. Er gibt an, Ensslin aus eigenen Seminaren gar nicht zu kennen, weshalb er auch nicht beurteilen könne, ob sie zur Promotion befähigt sei. Vorgelegt habe sie ihm lediglich zwei Referate von 1961/62 aus Tübingen, die freilich »Begabung«, einen »klaren methodischen Aufbau« und »sichere Gedankenführung« zeigen. Vom Dissertationsthema Jahnn habe er ihr »dringend« abgeraten – »aus sachlichen und psychologischen Gründen, die sie auch einsah«.[107] Ein weiterer Fachgutachter, der Anglistik-Professor Richard Gerber, gibt ein zurückhaltendes Votum zur endgültigen Aufnahme ab, zumal er die »Kandidatin für eine solche entschiedene Befürwortung zu wenig« kenne. Er lobt ihre »klare, auf Wesentliches gerichtete Denkfähig-

105 Gudrun Ensslin, Bericht über das Wintersemester 1965/66 (Mai 1966): Akte Ensslin, Dok. IV.4; siehe Hans Wolffheim, Hans Henny Jahnn. Der Tragiker der Schöpfung, Frankfurt a. M. 1966.

106 Gudrun Ensslin, Bericht über das Sommersemester (26. September 1966): Akte Ensslin, Dok. IV.5.

107 Stellungnahme des Fachdozenten Wilhelm Emrich vom 14. Juli 1966: Akte Ensslin, Dok. V.4. Siehe auch Akte Ensslin, Anm. 303.

keit«, bewertet indes die ihm bekannte schriftliche Leistung als »gut, aber nicht ausgesprochen überdurchschnittlich«.[108] Voller Anerkennung und Lob ist hingegen erneut die Stellungnahme von Vertrauensdozent Heinitz, der Ensslin als »wirklich begabte Persönlichkeit« charakterisiert, »die nach mancherlei Irrwegen angestrengt arbeitet, um etwas zu erreichen«. Ergänzend verweist er auf weitere Erläuterungen zum Fall Ensslin, die er in einem Schreiben an den für sie zuständigen Referenten Peter Menck gegeben hat.[109] Darin legt er das schwierige Verhältnis Ensslins zu ihrem (potentiellen) Doktorvater dar, das sie nicht zu verantworten habe. Schon wiederholt sei sie im Aufnahmeverfahren von Pech verfolgt worden. Hinzu komme die schwierige familiäre Situation (etwa die klinische Depression und der Selbstmordversuch des Bruders), über die Ensslin Heinitz wiederholt berichtet habe. Resigniert hält er fest: »Mir ist klar, dass sie nun abgelehnt werden wird; gegen meine Stimme; ich werde für endgültige Aufnahme stimmen, da ich keine Zweifel mehr habe, und nehme in Kauf, dass einige Kollegen mich nicht verstehen werden.«[110] Doch entgegen dieser Annahme und wohl auch angesichts der verständnisvollen Vertrautheit des Referenten Peter Menck mit Ensslins Fall beschließt der Ausschuss die endgültige Aufnahme und setzt eine weitere Förderung bis Ende 1968 fest.[111]

Ensslin bleibt auch nach der überraschenden Entscheidung ein Sorgenkind der Stiftung und liefert ihre Semesterberichte regelmäßig zu spät ab. Sie ignoriert entsprechende Mahnungen sogar so lange, bis die Studienstiftung die Zahlung der Stipendienraten aussetzt. Mit reichlicher Verspätung reicht sie ihren letzten Bericht – gebündelt über Sommer- und Wintersemester 1966/67 – im Dezember 1967 ein. Sie teilt der Stiftung mit, mit Eberhard Lämmert einen neuen Doktorvater gefunden und ihr Thema nun sinnvoll eingehegt zu haben. Sie stellt in Aussicht, ihre Dissertation im Laufe des Jahres 1968 zu beenden. Doch nennt sie gleich zwei Gründe, die ihre Arbeitsleistung einschränkten: »Am 13. Mai wurde mein Sohn Felix geboren; ein wenig zu früh, also sehr klein und zart. Jetzt, nach sieben Monaten, ist er ein Riese, dick und stark, größer als Gleichaltrige und schwerer. Außer von Felix waren die Monate seit Juni völlig von den politischen Ereignissen an der Universität und in Westberlin beansprucht. Ich habe aktiv an zahlreichen Aktionen, deren Vorbereitung und Auswertung teilgenommen und bin der Meinung, ich sollte das auch weiter-

108 Stellungnahme des Fachdozenten Richard Gerber vom 20. Juli 1966: Akte Ensslin, Dok. V.5.

109 Stellungnahme des Vertrauensdozenten Ernst Heinitz vom 22. August 1966: Akte Ensslin, Dok. V.6.

110 Brief des Vertrauensdozenten Ernst Heinitz an den Referenten Peter Menck vom 30. Juli 1966: Akte Ensslin, Dok. VI.7.

111 Personalisierter Formbrief des Referenten Peter Menck an Gudrun Ensslin vom 15. Oktober 1966. Schon angesichts des aufgeschobenen Verfahrens zur endgültigen Aufnahme schrieb Ensslin an Menck am 20. Oktober 1965 (Akte Ensslin, Dok. VI.6.): Sie wisse, wem sie »die Großzügigkeit verdanke: Ihnen und Herrn Prof. Heinitz«.

hin tun.«[112] Die weitere Geschichte ist bekannt und endet – vorerst – mit der Verurteilung im Kaufhausbrandprozess. Da Ensslin keine weiteren Semesterberichte abliefert, stellt die Studienstiftung die Stipendienzahlung ab Juli 1968 ein. Nun erfährt das Förderwerk auch von der Festnahme der Stipendiatin. Die zuletzt für Ensslin zuständige Referentin Uta Zuppke beantragt Ende Juli 1968 eine Sprecherlaubnis bei der Frankfurter Staatsanwaltschaft[113] und besucht Ensslin in der Frauen-Haftanstalt Frankfurt-Preungesheim. Die Inhaftierte, für die Ernst Heinitz später noch – ohne Erfolg – ein Gnadengesuch einreicht,[114] ist während des gesamten Jahres 1968 weiter Stipendiatin und scheidet erst am 31. Dezember aus der Studienstiftung aus.[115]

5. Schluss

Widerstehen wir für einen Moment dem Verlangen nach Sensation und Skandal nicht, dann mögen wir im elitären Charakter der Studienstiftung einen Vorboten für den Avantgarde-Anspruch der RAF erkennen. Oder suchen wir nach Versatzstücken in den Akten der Stipendiaten, um daraus die späteren Terroristen *in nuce* herauszupräparieren: Bei Meinhof können wir dann den Halbsatz der einen Gutachterin herausgreifen, dass sie dazu neige, Dinge theologisch zu radikalisieren; bei Ensslin auf die Einschätzung eines weiteren Gutachters rekurrieren, sie werde in Konflikt mit Autoritäten gelangen. Im Falle Mahlers bleiben solche Punktbohrungen ohne Erfolg, es sei denn, die »finstere Reserve«, welche das Auswahlausschussmitglied anfangs in seiner Gegenwart gespürt haben will, ist als dunkle Vorahnung zu werten. Alle drei Akten liefern Informationen über Wahrnehmungsweisen und Diskussionen im studentischen Milieu. Wie gestalteten Meinhof, Mahler, Ensslin ihr Studium, wer waren ihre akademischen Lehrer? Welche Themen verfolgten, welche Autoren lasen, welche Probleme – ob wissenschaftliche, ethische, politische – beschäftigten sie? Die Antworten auf solche und weitere Fragen liefern gleichsam Mosaiksteine, die helfen, das Meinungsklima und den Zeitgeist einer Periode zu rekonstruieren. Der Zeitraum, über den sich die drei Akten von Mitte der 1950er bis ins letzte Drittel der 1960er Jahre erstrecken, mag man in politisch-gesellschaftlicher Hinsicht als Inkubationszeit des dann einsetzenden »roten Jahrzehnts«

112 Gudrun Ensslin, Bericht über Wintersemester 1966/67 und Sommersemester 1967 (Dezember 1967): Akte Ensslin, Dok. IV.6.

113 Antrag der Referentin Uta Zuppke beim Oberstaatsanwalt des Landgerichts Frankfurt a. M. vom 30. Juli 1968: Akte Ensslin, Dok. VI.9. Mit Schreiben vom 5. August 1968 erhielt sie die Sprecherlaubnis.

114 Brief Ernst Heinitz' an den Referenten Hartmut Rahn vom 24. November 1969: Akte Ensslin, Dok. VI.11.

115 So u. a. verzeichnet bei den Angaben auf dem Aktendeckel und auf einem formalen Übersichtsbogen zur Stipendiatin.

bezeichnen.[116] Aus den Unterlagen Meinhofs, Mahlers und Ensslins lassen sich eigenwillige Querköpfe herauslesen und Tendenzen einer linken Politisierung, vereinzelt auch Radikalisierung oder wenigstens gesinnungsethischen Rigorosität[117] erkennen.

Unter dem direkten Eindruck des Kaufhausbrandprozesses und radikalisierter außerparlamentarischer Protestformen äußerte Ernst Heinitz im Oktober 1968 einmal: »Wir in der Studienstiftung sehen nicht ohne Besorgnis, dass die Begabtesten, Sensibelsten und Kritischsten es sind, die sich nicht mit den Verhältnissen abfinden wollen und die auf Abwege kommen.«[118] In jenen Jahren führten die Pfade studentischen Protests gelegentlich »vom Hörsaal auf die Anklagebank«.[119] Aus der unbefangenen Lektüre der Akten Meinhofs, Mahlers und Ensslins lässt sich deren spätere gesellschaftlich-politische Entkopplung und der Gang in den terroristischen Untergrund aber schwerlich erahnen. Eher schon weisen die Unterlagen uns auf Entwicklungsmöglichkeiten und alternative Lebenswege hin – darauf, wie es letztlich nicht gekommen ist.[120] Dabei waren solch ›alternative Lebenswege‹ nach dem Förderende durchaus in Gang gekommen, blickt man auf Meinhofs publizistische und Mahlers anwaltliche Tätigkeit. Beides lässt sich als Fortsetzung dessen interpretieren, was man gemeinhin als bürgerliche Existenz bezeichnet. Es lässt sich freilich ebenso in Kontinuität zur Abkehr davon interpretieren, sobald man die Einbindung in linke Subkulturen und Protestmilieus mit dem Drang nach Radikalveränderungen hinzunimmt.[121] Widersprüchlich wirkt selbst der Fall Gudrun Ensslins,

116 Siehe Koenen, Das rote Jahrzehnt (Anm. 22); sowie das enzyklopädische Mammutwerk von Wolfgang Kraushaar (Hrsg.), Frankfurter Schule und Studentenbewegung. Von der Flaschenpost zum Molotowcocktail 1946–1995, 3 Bde., Hamburg 1998.

117 Als Prototypen der Gesinnungsethik kennzeichnet die westdeutschen Linksterroristen der 1970er Jahre Klaus Wasmund, The Political Socialization of West German Terrorists, in: Peter H. Merkl (Hrsg.), Political Violence and Terror. Motifs and Motivations, Berkeley/California 1986, S. 191–228, zugespitzt: S. 224 f.

118 Ernst Heinitz, wiedergegeben in: Meinhof/Baader – Löwe los, in: Der Spiegel, 9/1971 vom 22. Februar 1971, S. 29; das Zitat auch bei: Willi Winkler, Die Geschichte der RAF, 3. Aufl., Reinbek bei Hamburg 2010, S. 126.

119 Vgl. Sandra Kraft, Vom Hörsaal auf die Anklagebank. Die 68er und das Establishment in Deutschland und den USA, Frankfurt a. M./New York 2010.

120 Als Horst Mahler in einem »Zeit«-Interview mit dem Satz konfrontiert wurde: »Es ist ja auffällig, daß mehrere Studienstiftler des deutschen Volkes bei der RAF waren und sich zur letzten Konsequenz entschlossen haben«, entgegnete er schnoddrig-salopp: »Irgendwann erschien uns das, was als Leben vor uns lag, nicht mehr so arg reizvoll. Man hätte sich damit arrangieren können, man wäre dann vielleicht an Magengeschwüren oder einem Herzinfarkt frühzeitig dahingegangen. Da sagte man, nee, das ist es nicht, wir sehen unsere Lebensaufgabe mal anders, auch mit der Konsequenz, daß es sehr schnell zu Ende sein kann.« Ein ZEIT-Gespräch [Willy Winklers] mit dem Ex-Terroristen Horst Mahler über die Apo, den Weg in den Terror und die Versöhnung mit dem Grundgesetz, in: Die Zeit vom 2. Mai 1997.

121 Diese Ambivalenz arbeitet im Falle Meinhofs mit feinem Spürsinn Joachim Fest heraus, der mit Ulrike Meinhof während der 1960er mehrfach zusammentraf: Ders., Die Verzweiflung

deren Briefe aus der Haft 1968/69 die literaturbegeisterte, gebildete Studentin neben der mit der Zeit an politische Extreme stoßenden politischen Aktivistin noch deutlich erkennen lassen.[122]

So intensiv und ausgiebig sich das biografische Material aus den Studienstiftungsakten präsentiert, ist es doch zugleich Beleg dafür, wie schwer nur sich im Terrorismus endende Biografien prognostizieren lassen. Die Dokumente liefern Puzzleteile zu einer Geschichte – vielleicht auch einer Vorgeschichte –, die aber keine Vorbestimmung war. Verzichten wir auf nachträgliche Projektionen, dann finden wir darin wenig von den sich mit der Zeit im kulturellen Gedächtnis verfestigenden Bildern einer Sphinx Ensslin oder Medea Meinhof. Es ist wichtig, die Jugend- und Studienjahre der drei Protagonisten möglichst unbeeinflusst von dem späteren Wissen oder vielmehr von jenen Bildern, die sich verselbständigt haben, zu rekonstruieren, um den Fallen einer teleologischen Biografik und Geschichtsschreibung zu entgehen. Darauf, dass dies keine leichte Aufgabe ist, hat unter anderem Gerd Koenen hingewiesen: »Alle Reminiszenzen an diese [frühen] Jahre sind [...] überformt oder deformiert durch das Bleigewicht des Wissens über alles, was später geschah.«[123] Gegen die Zwangsläufigkeit nachträglich konstruierter Lebenswege, stattdessen für deren Kontingenz und Offenheit zu argumentieren, das war auch Felix Ensslin wichtig, als er den 2009 veröffentlichten Briefwechsel seiner Eltern aus den Jahren 1968/69 mit einem Nachwort versah.[124] »Ich wollte die unglaubliche Wucht der Unausweichlichkeit aufbrechen«, unterstrich er sein Anliegen im Gespräch mit dem »Spiegel« wenig später einmal, »die im Nachhinein in ihr [Gudrun Ensslins und Bernward Vespers] Leben eingeschrieben worden ist.«[125]

des Gedankens. Extempore über Ulrike Meinhof, in: Ders., Begegnungen. Über nahe und ferne Freunde, 3. Aufl., Reinbek bei Hamburg 2009, S. 249–270.

122 Siehe Ensslin/Vesper, »Notstandsgesetze von Deiner Hand« (Anm. 75). Die widersprüchliche, vielschichtige Persönlichkeit im Kontext der politisch-gesellschaftlichen Zeitumstände arbeitet Ingeborg Gleichauf in ihrer aktuellen Ensslin-Biografie unter dem Titel »Poesie und Gewalt« (Stuttgart 2017) heraus.

123 Koenen, Vesper, Ensslin, Baader (Anm. 12), S. 120. Sein Buch lieferte daneben die Grundlage für Andres Veiels Film »Wer wenn nicht wir« (2011). Dieser Film bildet – wie im übrigen auch Jean-Gabriel Périots dokumentarischer Montage-Film »Une Jeunesse Allemande« von 2015, in dem die Studienstiftungsstipendien Meinhofs und Ensslins ausdrücklich erwähnt werden – gleichsam einen Kontrapunkt zur Geschichte, wie sie im actiongeladenen Streifen »Baader Meinhof Komplex« publikumswirksam inszeniert wurde. Siehe dazu Anm. 23.

124 Vgl. Felix Ensslin, Nachbemerkung, in: Ensslin/Vesper, »Notstandsgesetze von Deiner Hand« (Anm. 75), S. 281–290.

125 »Ihr spinnt, Mutter ist in der Küche«. Spiegel-Gespräch mit Felix Ensslin, in: Der Spiegel vom 28. März 2011, S. 140. In einem weiteren Interview kurz nach der Veröffentlichung der Korrespondenz seiner Eltern betonte Felix Ensslin, dass diese Briefe wichtig für ihn gewesen seien, weil sie ermöglichten, »in eine Zeit, in der eben noch nicht alles entschieden war, Einblick zu nehmen«. So geäußert in: »Widerspruch steckt in der Sache!« Interview mit Felix Ensslin, in: Stuttgarter Zeitung vom 10. Juni 2010.

Wer sich von dieser »Wucht« abschirmt, gleichwohl um sie weiß und die Akten liest, bleibt fast ein wenig ratlos zurück.[126] Es mag die Frage aufkommen, welche Rolle der Examenserfolg oder -misserfolg gespielt hat. Denn Gudrun Ensslin und Ulrike Meinhof schlossen beide ihr Universitätsstudium, das – wie damals durchaus üblich – mit der Direktpromotion enden sollte, nicht ab. Die am Beginn der Förderung formulierten Erwartungen erfüllten sich nicht. Bei einem Kernkriterium der Studienstiftung, nämlich der (Studien-)Leistung, enttäuschten beide Stipendiatinnen am Ende. Einzig im Falle Horst Mahlers deckten sich in dieser Hinsicht Erwartung und Erfahrung, schließlich absolvierte er das erste juristische Staatsexamen mit voll befriedigendem Ergebnis. Sein Fall ist allerdings mindestens ebenso Beleg dafür, wie wenig ein (Prädikats-)Examen vor Extremismus schützt. Mahler war im übrigen der einzige unter den dreien, der bereits das Abitur »mit Auszeichnung« abgelegt hatte, während die Reifezeugnisse Meinhofs und Ensslins weniger eindeutig ausfielen. Dies waren indes keine untypischen Fälle, suchte die Studienstiftung doch mit Hilfe ihres Auswahlprocederes gleich eigenwillige wie leistungsbereite Persönlichkeiten zu fördern. Abschlussnoten spielten eine Rolle, waren aber für die Beurteilung der Stiftung nicht entscheidend. So hieß es in einem Formschreiben, das die frisch Aufgenommenen 1955 mit ihrer ersten Stipendienberechnung erhielten (so Horst Mahler und Ulrike Meinhof), dass sich die Studienstiftung über gute oder sehr gute Examina freue, aber wisse, »daß die spätere Berufs- und Lebensleistung eines Menschen nur bedingt aus den Prüfungsnoten abgelesen werden kann«.[127] Noch zwei Jahrzehnte später berichtete der damalige Bundesinnenminister Werner Maihofer, zwischen 1948 und 1950 Stipendiat und von 1980 bis 1982 Präsident der Studienstiftung, einmal in einer Ansprache zum fünfzigsten Jubiläum des Begabtenförderungswerk, dass ihm unter den Stipendiaten nicht

126 Nicht auf Ensslin, die er als Vertrauensdozent kannte, sondern auf Bernward Vesper bezogen, schrieb Ernst Zinn an die Studienstiftung, von der er sich Vespers Förderakte zwei Jahre nach dessen Suizid im Jahr 1971 einmal hatte zuschicken lassen: »Ich habe die Akte sorgfältig gelesen, der Inhalt hat mich erschüttert. Obwohl sie vom Ausgang der Tragödie noch nicht einmal etwas ahnen lässt, verfolgt man doch schon den Weg bis 1969 mit Kummer. Ich bewahre dem armen Menschen das Andenken an jene Jahre, wo man mit so viel Freude und Hoffnung seine Entfaltung miterlebte.« So der Brief von Ernst Zinn an den stellvertretenden Generalsekretär der Studienstiftung Hans Kessler vom 7. Dezember 1973, vorhanden in: Akte Vesper (Archiv der Studienstiftung).

127 Formbrief des Generalsekretärs der Studienstiftung Heinz Haerten an Horst Mahler bzw. Ulrike Meinhof vom 25. April 1955. Im Falle Ensslins fehlt ein entsprechender Passus in den neu formulierten Schreiben, wie sie 1964 verschickt wurden. An kollektivbiografisch-quantifizierenden Studien über die Zusammensetzung der Stipendiatenschaft der Studienstiftung, die eine Kontextualisierung der drei hier im Zentrum stehenden Personen ermöglichen würde, mangelt es. Punktuelle, nicht-repräsentative »Stichproben« bei Klaus Heinrich Kohrs, Überstehen, Sinnsuche, Kritik. Stipendiaten-Lebensläufe 1952, 1960 und 1968, in: Studienstiftung des deutschen Volkes (Hrsg.), Jahresbericht 2003. Fakten und Analysen, Bonn 2004, S. 21–67.

zuletzt »eigenwillige Gesellen, knorrige Begabungen, versponnene Käuze« begegnet seien.[128]

So wenig notenfixiert die Studienstiftung erschien, mag man gleichwohl insbesondere mit Blick auf Ensslin darüber sinnieren, ob der akademische Misserfolg sie stärker belastet haben könnte. Sie haderte schon in den Semesterberichten am spürbarsten mit den selbst oder an sie gestellten Ansprüchen, denen sie letztlich nicht gerecht wurde. Wiederholt äußerten insbesondere die mit ihren Studienleistungen befassten Gutachter Zweifel an ihrer fachlichen Exzellenz und herausgehobenen Begabung. Die positiven Einschätzungen ihres Charakters und ihrer Persönlichkeit führten hingegen wiederholt zu der – angesichts der Aktenlage nicht immer leicht nachvollziehbaren – Entscheidung einer (Weiter-)Förderung. Ensslins Akte gewinnt angesichts solcher Ambivalenzen indes an Dynamik, präsentieren die Unterlagen sie doch mal als eine sensible und kapriziöse, mal als eine entschiedene und engagierte, mal als eine zaudernde und selbstkritische Persönlichkeit. Ihre Semesterberichte sind Ausdruck ständiger Suche, ob in literarischen, politisch-intellektuellen oder gefühlsmäßigen Fragen. Meinhof haderte gelegentlich mit der Form des Semesterberichts, weil er in einem anhaltenden Findungsprozess von einem verlange, Unfertiges zusammenfassend festzuhalten. Gleichwohl zeigen ihre Ausführungen sie als eine ebenso reflektierte wie beflissene Studentin. Wie Ensslin und Mahler bezog sie auch politisch Stellung; alle drei äußerten gelegentlich deutliche Kritik an der politisch-gesellschaftlichen Entwicklung der Bundesrepublik. Mahler nahm von Anfang an einen marxistischen Standpunkt ein, den er gegenüber der Studienstiftung begründet vortrug – im Ton großer Selbstgewissheit, die dieser sperrige Charakter von Anfang an ausstrahlte.

Grundsätzlich begrüßte die Studienstiftung das – mehr oder weniger offen zum Ausdruck gebrachte – politische und publizistische Engagement der drei Stipendiaten.[129] Im Falle Mahlers war die Skepsis zunächst am größten, ob rechtswissenschaftliches Studium und politische Aktivität einander hemmen oder befruchten würden. Doch letztlich überzeugte er die mit ihm befassten Gutachter und Referenten durch seine Studienresultate ebenso wie durch seine Ausführungen zu ethischen und politischen Fundamenten des Rechts. Im Falle

128 Werner Maihofer, Ansprache Fünfzig Jahre Studienstiftung, Würzburg, 5. Oktober 1975, in: Studienstiftung Jahresbericht 1975, Bonn 1976, S. 15–18, hier S. 16, wiedergegeben nach: Kunze, Die Studienstiftung des deutschen Volkes seit 1925 (Anm. 8), S. 284. Im Mittelpunkt sollte die – freilich schwer taxierbare – ›Gesamtpersönlichkeit‹ stehen. Im Jahr 1963 brachte der Studienstiftungs-Geschäftsführer Heinz Haerten das Anforderungsprofil einmal auf die Formel: »Wissenschaft plus Charakter, aber weder Charakter ohne Wissenschaft noch Wissenschaft ohne Charakter«. Zitiert nach: Ebd., S. 313.

129 Es kann indes nicht weiter verwundern, dass insbesondere Meinhof ihre Mitgliedschaft in der nach 1956 illegalen KPD und die Finanzierung und Anleitung der Zeitschrift »konkret« durch die SED verschwieg. Vgl. auch die Belege bei Röhl, So macht Kommunismus Spaß! (Anm. 11), sowie die Hinweise in: Akte Meinhof, Anm. 225.

Ensslins bestanden vereinzelt Zweifel, ob ihre Verlagsmitbegründung nicht ein großes finanzielles Risiko darstellte. Als Hindernis für eigentliche Studienfortschritte wurde dies von der Stiftung aber nicht gewertet – anders als bei Meinhof. In den Augen des mit ihrem Fall befassten Referenten kollidierte ihre redaktionelle Tätigkeit für »konkret« zunehmend mit der Arbeit an ihrem Dissertationsvorhaben. Gleichwohl blieb Meinhof in der Förderung, weil der zuständige Vertrauensdozent ihr noch eine Art Gnadenfrist einräumen wollte, auch weil er die Tätigkeit für das in seinen Augen nonkonformistische Studentenblatt ungeachtet der ihm nicht zusagenden politischen Ausrichtung prinzipiell guthieß.

Das traf sich in gewisser Weise mit Meinhofs eigener Einschätzung, die sie der Studienstiftung anlässlich einer Befragung zur Situation berufstätiger Frauen später einmal, im Frühjahr 1966, mitteilte. Im Anschreiben an die zuständige Referentin vermutete sie, sie werde wohl als »schwarzes Schaf« in der Kartei der Studienstiftung geführt, um gleich dagegen anzuschreiben: »Bin ich doch – ganz gewiß im Gegensatz zu Ihnen – der Ansicht, dass die Förderung, die mir durch die Studienstiftung zuteil wurde, keine Fehlinvestition war, keine Fehleinschätzung meiner Person, will sagen, daß – obwohl ich keinen Studienabschluss ordentlicher Art gemacht habe – meine heutige Tätigkeit [als Publizistin] die damalige Förderung meines Studiums rechtfertigt […].«[130]

Indizien für eine Misserfolgsbelastung, wie man sie bei Ensslin vermuten mag, die aber keineswegs evident erscheinen, sind in dem Statement jedenfalls nicht zu erkennen. Mit entsprechendem Selbstbewusstsein antwortete auch Horst Mahler der Studienstiftung, als er im November 1967 um einen Rückblick auf seine Studienzeit für eine Ehemaligen-Broschüre gebeten wurde.[131] Einigermaßen schroff ließ er die Stiftung wissen, dass »im Leben nichts unwichtiger« sei »als die Noten in akademischen oder anderen Examen, die meistens doch nicht aussagen, ob sich ein Kandidat in seiner beruflichen oder sozialen Position bewährt«.[132] Dies war eine Haltung, die ohne Studienabschluss gebliebene Stipendiatinnen wie Meinhof und Ensslin gleichsam entlastete. Als Anwalt der beiden Studentinnen jedenfalls hätte er es nicht besser formulieren können.

Bald sollte Mahler tatsächlich als Anwalt in Kontakt mit Gudrun Ensslin gelangen, denn er war einer der Verteidiger im Frankfurter Kaufhausbrandprozess (für Andreas Baader).[133] Gleichsam hinzu trat Ulrike Meinhof, die als Publizistin für »konkret« über das Gerichtsverfahren berichtete und es mit

130 Brief Ulrike Marie Röhls, geb. Meinhof, an die Referentin Marianne v. Lieres vom 2. April 1966: Akte Meinhof, Dok. IV.15.

131 Personalisierter Formbrief der Referentin Ingrid Czolbe an Horst Mahler vom 10. Januar 1968 (ursprünglich am 9. November 1967 an eine veraltete Adresse gesandt).

132 Brief Horst Mahlers an Ingrid Czolbe vom 18. Januar 1968: Akte Mahler, Dok. IV.2.

133 Bereits zwei Tage nach ihrer Verhaftung am 4. April 1968 schrieb Gudrun Ensslin in einem Brief an Bernward Vesper vom 6. April 1968, in: Ensslin/Vesper, »Notstandsgesetze von Deiner Hand« (Anm. 75), S. 24: »Dank Dir sehr sehr, daß Du gleich Schily angerufen hast! Er + Mahler waren heute hier.«

deutlichen Worten kommentierte.[134] Ob sie von der gemeinsamen Vergangenheit als Stipendiaten der Studienstiftung des deutschen Volkes gewusst haben? Selbst wenn dies der Fall gewesen sein sollte, dürften sie dieser biografischen Parallele kaum Bedeutung beigemessen haben. Ab den Jahren 1967/68 nahm der Grad der politischen Radikalisierung stark zu, und die Geschichte, wie sie die Akten erzählen, rückt zunehmend in die Ferne. Mit ihrem Sprung aus dem Fenster im Zuge der gewaltsamen Baader-Befreiung, an deren Planung Horst Mahler maßgeblich beteiligt war und die als Geburtsstunde der Rote Armee Fraktion gilt, wählte auch Meinhof den Weg in den Untergrund. Davon berichtet ihre Studienstiftungsakte nur indirekt im Pressespiegel. Denn darin eingeheftet ist am Ende ein Artikel aus der damals populären Illustrierten »Jasmin« vom 9. August 1970, der mit einem Abdruck des berühmten Fahndungsplakats »Mordversuch in Berlin« einsetzt und sich im Untertitel »Ein Bericht über die Wandlung der Ulrike Meinhof von einer liebevollen Mutter zur haßerfüllten Anarchistin« nennt.[135] Auf einer Veranstaltung oder Sommerakademie der Studienstiftung[136] sind Ulrike Meinhof, Horst Mahler und Gudrun Ensslin nie zusammengetroffen. Den Sommer 1970 aber sollten sie und weitere RAF-Mitstreiter gemeinsam verbringen: in einem militärischen Ausbildungscamp der Al Fatah in Jordanien.

134 Ulrike Meinhof, Warenhausbrandstiftung, in: konkret, Nr. 14 vom 4. November 1968, wiederabgedruckt in: Dies., Die Würde des Menschen ist antastbar. Aufsätze und Polemiken. Mit einem Nachwort von Klaus Wagenbach, Neuausg., Berlin 1992, S. 153–156. Meinhof besuchte Ensslin während des »Brandstifter«-Prozesses in der zweiten Oktoberhälfte in der Haftanstalt, ohne in »konkret« über das Gespräch zu berichten. Vgl. Aust, Der Baader-Meinhof-Komplex (Anm. 23), S. 77. Bernward Vesper hatte am 21. oder 28. Juli 1968 an Gudrun Ensslin geschrieben, in: Ensslin/Vesper, »Notstandsgesetze von Deiner Hand« (Anm. 75), S. 121: »Wir waren bei Meinhof gestern (einer wunderbaren Frau, die jetzt, nach ihrer Scheidung von Röhl, mit ihren Kindern, sechsjährigen Zwillingen, noch einmal ganz von vorn anfängt; schon altgealtert, aber, so in ihrer Biografie, von einer unerbittlichen Konsequenz) […].« Dies deutet indirekt darauf hin, dass Ensslin Meinhof bis dahin nicht persönlich kennengelernt hatte. Meinhof und Mahler dürften sich bereits im Zuge der Berliner Protestszenerie der Jahre 1967/68 begegnet sein. Es ist unklar, wann Meinhof, Mahler und Ensslin erstmals als Trio zusammengetroffen sind. Als konstituierend für die erste RAF-Generation rückt u.a. Peters, Tödlicher Irrtum (Anm. 8), S. 143–168, die Treffen Baaders, Meinhofs, Ensslins und Mahlers (»Die vier Köpfe finden sich«) in der Kufsteiner Straße 12, Meinhofs Berliner Wohnung, während des Frühjahrs 1970 in den Fokus.

135 Will Tremper, Ulrike Meinhof: Auf Bullen darf geschossen werden. Ein Bericht über die Wandlung der Ulrike Meinhof von einer liebevollen Mutter zur haßerfüllten Anarchistin, in: Jasmin Nr. 16 vom 9. August 1970, S. 44–50.

136 Die Sommerakademien als fester Bestandteil im wissenschaftlichen Programm der Studienstiftung wurden im übrigen erst am Ende der 1960er Jahre etabliert. Vgl. Kunze, Die Studienstiftung des deutschen Volkes seit 1925 (Anm. 8), S. 68. Ferienkurse in nennenswerter Form entstanden im Laufe der 1960er Jahre, ein – strukturierte Formen annehmendes – Akademieprogramm wurde »seit 1966 entwickelt, erprobt und erweitert«. So Die Studienstiftung, Januar 1971 (Anm. 9), S. 24. Eine Begegnungsmöglichkeit für Meinhof, Mahler und Ensslin auf einem solchen Forum ideeller Förderung bestand mithin nicht.

Editorische Notiz und Dank

Diese Edition beruht auf den Akten der drei ehemaligen Stipendiaten[1] der Studienstiftung des deutschen Volkes Ulrike Meinhof, Horst Mahler und Gudrun Ensslin, die als Originale im Archiv des Begabtenförderungswerks in Bonn-Bad Godesberg aufbewahrt werden. Der Band präsentiert den weitaus größten Teil der Unterlagen erstmals – in transkribierter und kommentierter Form. Er beginnt mit Ulrike Meinhof, der ältesten Kandidatin, die fast zeitgleich mit dem ein gutes Jahr jüngeren Horst Mahler für ein Stipendium der Studienstiftung ausgewählt wurde. Seine Akte steht an zweiter Stelle, bevor die Unterlagen der rund fünf Jahre jüngeren Gudrun Ensslin folgen, die erst neun Jahre nach Meinhof und Mahler in den Kreis der Stipendiaten Einlass erhielt. In die Edition aufgenommen wurden: erstens die Bewerbungsunterlagen samt Personalbogen, Lebenslauf, Unterstützungsgutachten der Schule oder Hochschule sowie der gutachtlichen Stellungnahmen jeweils eines »Vorprüfers« und des »Auswahlausschussmitglieds« (in Ensslins Verfahren zudem weitere Stellungnahmen)[2]; zweitens die Semesterberichte, in denen die drei Stipendiaten (bzw. im Falle zweier Studiensemester Ensslins: die Zurückgestellte) Einblicke in ihr Studium und sonstige Erfahrungen während der je zurückliegenden Semesterzeit ermöglichen; drittens die Gutachten des Vertrauensdozenten sowie des oder der Fachgutachter(s), die Empfehlungen zur »endgültigen Aufnahme« nach drei »Vorsemestern« abgaben. Darüber hinaus finden sich verschiedene Korrespondenzen, vorwiegend zwischen den Stipendiaten und Studienstiftungsreferenten oder Vertrauensdozenten, und sonstige Unterlagen wie Verlängerungsanträge zur Förderung oder der Bericht über einen von der Studienstiftung geförderten Auslandsaufenthalt.

Die Ablage in den Akten erfolgte – neben dem Aktendeckel, der den zeitlichen Bearbeitungsgang vom Auswahlverfahren bis zum Ausscheiden aus der Stiftung sowie die Namen von Vorprüfer, Auswahlausschussmitglied und zuständigem Referenten in der Geschäftsstelle verzeichnete – nach dem (durch bedruckte Zwischenblätter gekennzeichneten) Ordnungssystem: Personalbogen, »Lebenslauf«, »Reifezeugnis«, »Hochschulzeugnisse«, »Vorschlag«, »Schulgutachten«, »Hochschulgutachten«, »Vertrauensdozent« oder »Gutachten Vertrauensdozent«, »Vorprüfer« oder »Gutachten Vorprüfer«, »Auswahlausschußmitglied« oder »Gutachten Auswahlausschußmitglied«, »Persönliche Referenzen«, »Semesterberichte«, »Endgült. Aufnahme«[3], »Korrespondenz«.[4] Nicht zuletzt in

1 Sofern nicht spezifisch zugeordnet, umfasst das generische Maskulinum – hier wie in der Einführung und den Kommentierungen – sowohl Männer als auch Frauen,

2 Zur näheren Erläuterung des Auswahlverfahrens siehe die Einführung zu diesem Band.

3 In Mahlers Akte fehlt diese Kategorie. Die Dokumente zur endgültigen Aufnahme sind in seinem Fall unter »Korrespondenz« abgelegt.

4 Den Akten beigefügt wurde nach Abschluss der Förderung eine Handkarteikarte, die sich zuvor bei den jeweils betreuenden Referenten befand und handschriftliche Notizen u.a.

Ensslins Fall, die drei Anläufe benötigte, bis sie als Stipendiatin in die Studienstiftung aufgenommen wurde, ist aus der so strukturierten Akte das damalige Verfahren recht schwer nachzuvollziehen. Die Edition modifiziert das Ablagesystem und wählt folgende Ordnung, die den zeitlich-logischen Ablauf von Auswahl und Förderung besser verstehen lässt und auch der Lesereihenfolge der damaligen Bearbeiter besser gerecht werden dürfte als die Aktenheftung:

I. Auswahlverfahren (in Ensslins Fall: I.–III. erstes bis drittes Auswahlverfahren)
II. Semesterberichte (in Ensslins Fall: IV.)
III. Endgültige Aufnahme (in Ensslins Fall: V.)
IV. Korrespondenz und sonstige Unterlagen (in Ensslins Fall: VI.)

Teile der Korrespondenz, die unmittelbar auf den Gang des Auswahlverfahrens oder der endgültigen Aufnahme Bezug nahmen, sind dort der Chronologie folgend direkt eingeordnet. Schulzeugnisse und Hochschulzeugnisse (nur in Ensslins Fall liegen solche vor) finden sich an relevanten Stellen in den Fußnoten mit der für den Zusammenhang wichtigen Information dokumentiert. Für Schreiben zur Stipendienberechnung und Formschreiben der Studienstiftung (so zum Auswahlverfahren, zum Vorgang der endgültigen Aufnahme oder Mahnschreiben) gilt das ebenso. Mit Briefen technischer Natur, die sich auf die Mitteilung von Bankverbindungen, Anschriften o.ä. beschränken, wird ähnlich verfahren. Wenn sie für das Verständnis des Kontexts von Belang sind, werden sie an entsprechender Stelle in den Anmerkungen dokumentiert. Alle in den Fußnoten genannten unveröffentlichten Quellen liegen – sofern nicht anders ausgewiesen – im Archiv der Studienstiftung des deutschen Volkes (Bonn-Bad Godesberg).

Der wissenschaftliche Apparat verweist auf Verknüpfungen innerhalb der Akte, auch hält er Lesespuren fest, die in der Regel nicht einer Person klar zugewiesen werden können, mit großer Wahrscheinlichkeit aber vom Vertrauensdozenten oder betreuenden Referenten stammen. Anstriche und Kommentare am Rand sind in den Fußnoten verzeichnet, Unterstreichungen im Text, die nicht vom Autor des Dokuments vorgenommen wurden, mit aufrechten Strichen (»| … |«) vom Anfang bis zum Ende der jeweiligen Unterstreichung kenntlich gemacht. Die nachträgliche handschriftliche Einklammerung eines Absatzes ist mit einem Doppelstrich (»|| … ||«) an Anfang und Schluss markiert. Zudem werden Stempelaufdrucke dokumentiert: Eingangsstempel, Stempel »Zweitbewerbung« und der Stempel »betrifft: Endg. Aufnahme«. Gerade letzte-

zum Geburtsjahrgang, Aufnahmedatum, Studienort, zu den Studienfächern und zur Förderhöhe sowie zum Berufswunsch der Geförderten enthielt. Verzeichnet wurden zudem Stichpunkte zu den diversen Gutachten (Vorschlag, Vorprüfer, Auswahlausschussmitglied, endgültige Aufnahme), den vorgelegten Semesterberichten sowie knapp Gesprächseindrücke nach Treffen zwischen Stipendiaten und Referenten.

rer kennzeichnete solche Blätter der Akte, die der Studienstiftung zur Beurteilung der jeweiligen Stipendiaten als besonders aussagekräftig erschienen.

Grundsätzlich wurde die Originalschreibweise belassen. Jeweils im Kopf des Dokuments ist neben dem möglichst genauen Erstellungsdatum der Autor und ggf. Adressat benannt, zudem ob es ursprünglich per Hand oder Schreibmaschine verfasst wurde und ob es sich um Original oder Durchschlag handelt. Offensichtliche Flüchtigkeitsfehler sind in der Edition stillschweigend korrigiert, andere in eckigen Klammern ausgebessert oder durch ein Ausrufungszeichen »[!]« markiert. Solche Hinweise dienen lediglich der Klarstellung und sollen nicht als besserwisserischer Fingerzeig verstanden werden. Hervorhebungen im Original sind beibehalten worden: so Unterstreichungen und Sperrschrift (diese in der Edition allerdings durch Kursivschrift ohne Sperrung ersetzt). Die konsequente Verwendung von »ss« statt gegebenfalls korrektem »ß« wurde bei Verwendung von Schreibmaschinenschrift nicht besonders gekennzeichnet.

Die Kommentare erläutern erwähnte Personen, an erster Stelle Referenten der Studienstiftung, Dozenten und Professoren, die mit den Bewerbern oder Stipendiaten direkt befasst waren oder bei denen diese Veranstaltungen besuchten. Es stehen also solche Personen im Vordergrund, über die sich Berührungspunkte zu den drei Hauptfiguren (und auch ihren Studienthemen) ergaben bzw. solche, die in den zeitgeschichtlichen Zusammenhang eingebunden waren. Darüber hinaus werden weitere in den Akten erwähnte Personen – mit wenigen Ausnahmen – kurz skizziert, wiederholt angeführte Namen nur an einer Stelle (in der Regel bei erster Nennung) näher erläutert. Unstrittige biografische Basisinformationen, wie sie u.a. aus der Neuen Deutschen Biographie, der Deutschen Biographischen Enzyklopädie oder den versammelten Angaben des World Biographical Information System (WBIS) stammen, werden nicht im einzelnen nachgewiesen; ansonsten finden sich Verweise auf entsprechende Spezialliteratur. Die biografische Angabe lässt sich über das Personenregister ermitteln, in dem die entsprechende Seitenzahl hervorgehoben ist. Des Weiteren werden Angaben zu Meinhof, Mahler und Ensslin mit vorhandener (auto-)biografischer wie sonstiger einschlägiger Forschungsliteratur rückgekoppelt und Zusammenhänge/Sachverhalte knapp erläutert, die sich durch die Aktenlektüre allein nicht verstehen lassen. Mehr oder weniger präzise Literaturangaben zu Werken in den Semesterberichten wurden überprüft und in den Fußnoten verzeichnet. Die Querverweise galt es auf Wesentliches zu begrenzen, um den Anmerkungsapparat nicht weiter zu vergrößern, der ohnehin keine Geschichte erzählen kann, sondern lediglich zur punktuellen Beleuchtung der einen oder anderen Episode beitragen mag.

Der Herausgeber konnte diese Edition nicht ohne die Unterstützung einer Reihe von Institutionen und Personen bewerkstelligen. An erster Stelle steht der Dank gegenüber der Studienstiftung des deutschen Volkes, deren Vorstand und deren ehemaliger Generalsekretär Dr. Gerhard Teufel mir erstmals die Einsicht in die bislang unter Verschluss gehaltenen Stipendiaten-Akten gewährten und grundsätzlich ›grünes Licht‹ für eine Veröffentlichung gaben. Im weiteren Verlauf haben mit Dr. Annette Julius und Prof. Dr. Dr. h. c. mult. Reinhard Zimmermann Generalsekretärin und Präsident der Studienstiftung den Entstehungsprozess der Aktenpublikation so tatkräftig wie kooperativ und verantwortungsvoll begleitet.

Diese Edition wäre indes nicht möglich gewesen ohne die Zustimmung der jeweiligen Rechteinhaber zur namentlichen Veröffentlichung der verschiedenen Schriftstücke: Der Abdruck der Dokumente aus der Feder von Ulrike Meinhof erfolgt mit freundlicher Genehmigung von Bettina Röhl und Dr. Regine Röhl. Im Falle Gudrun Ensslins stimmte ihr Sohn Prof. Dr. Felix Ensslin der Publikation zu.[5] Horst Mahler schließlich gab ebenfalls das Einverständnis zur Veröffentlichung seiner Akte. An den Verfahren beteiligte Studienstiftungsmitarbeiter wie Gutachter und – dem Gang der Zeit geschuldet – noch häufiger deren Nachkommen/Erben räumten nicht nur persönlichkeits- und urheberrechtliche Bedenken aus dem Weg, sondern lieferten auch manch wertvolle Auskunft, die sich aus den schriftlichen Quellen nicht gewinnen ließ. Ich danke im einzelnen insbesondere: Dr. Gisela Babel, Balthasar Benz, Dr. Klaus Betzen, Kathrin Borsche, Prof. Dr. Martin Christadler, Prof. Dr. Hinderk Emrich, Prof. Dr. Frank Fechner, Franziska Haug, Martin Haußmann, Wolfgang Herms-Gantenberg, Prof. Dr. Adalbert Kerber, Prof. Dr. Hanna Koenigs-Philipp, Dr. Sibylle Mulot, Bodo H. Oehler, Katharina Orgaß, Dr. Katharina Pörschke, Dagmar Sauberzweig, Ruth Sieveking, Prof. Dr. Thomas Sieverts, Gertraud Stamm und Wiltrud Vogel. Ein großer Dank gilt den ehemaligen Referenten der Studienstiftung Uta Gagnér und Prof. Dr. Peter Menck sowie dem langjährigen Generalsekretär der Studienstiftung Dr. Hartmut Rahn (der ein wandelndes Lexikon der Studienstiftungsgeschichte ist), mit denen ich erkenntnisreiche Gespräche führen durfte. Überhaupt war es ein beglückender Moment zu erfahren, wie im Kontakt mit Zeitzeugen und Beteiligten geschichtliche Entwicklungen und persönliche Reminiszenzen in großer Lebendigkeit zueinander gelangten. Trotz großen Rechercheeinsatzes konnten in vereinzelten Fällen die Urheber oder deren Erben nicht ausfindig gemacht werden (diese mögen sich gegebenenfalls bitte an den Verlag wenden). Weiterführend waren im übrigen die ebenso raschen wie genauen Auskünfte (teilweise auch Abdruckprüfungen) relevanter Universitäten und von deren Archiven (FU Berlin, Gießen, Marburg, Tübingen, Wuppertal, Brown University), des Robert-Bosch-Krankenhauses Stuttgart, des Archivs des Münchner Max-Planck-Instituts für Psychiatrie, des in Berlin ansässigen Deutschen Instituts für Internationale Pädagogische For-

5 Bettina Röhl und Felix Ensslin beteiligten sich auch selbst mit wertvollen Publikationen an der Aufarbeitung der (frühen) Biografien ihrer Eltern. Vgl. Bettina Röhl, So macht Kommunismus Spaß! Ulrike Meinhof, Klaus Rainer Röhl und die Akte KONKRET, Hamburg 2006; Gudrun Ensslin/Bernward Vesper, »Notstandsgesetze von Deiner Hand«. Briefe 1968/1969, hrsg. von Caroline Harmsen, Ulrike Seyer und Johannes Ullmaier. Mit einer Nachbemerkung von Felix Ensslin, Frankfurt a. M. 2009.

schung, des Archivs des Hamburger Instituts für Sozialforschung sowie des Hessischen Hauptstaatsarchivs. Darüber hinaus bin ich für einzelne Hinweise Dr. Ingeborg Gleichauf und Dr. Wolfgang Kraushaar dankbar.

Von Anfang an mit großer Energie und Expertise beratend tätig waren Dr. Jörn Weingärtner, der als zeithistorischer Ansprechpartner im Haus der Studienstiftung früh an dem Projekt teilhatte und dessen Rat stets wertvoll war, sowie Dr. Thomas Ludwig, der – als Kenner der Studienstiftungsgeschichte und mit dem unschätzbaren editorischen Sachverstand eines gelernten Mediävisten – das gesamte Vorhaben bis zum Schluss so kompetent wie intensiv unterstützte. Mit ihrem feinen Augenmerk haben beide geholfen, die Zahl der Fehler zu minimieren. Frau Iris Treutler ist für die konzentriert-zuverlässige Transkription der Originaltexte zu danken. In routinierter Manier unterstützten mich zudem meine (ehemaligen) wissenschaftlichen Hilfskräfte Laura Stellbrink, Robert Steudtner und Tony Strunz. Schließlich weiß ich mich Dr. Martina Kayser und Daniel Sander für die erfreuliche verlegerische Betreuung der Edition verbunden.

Manche Frage, mancher Zusammenhang ließ sich gleichwohl nicht zweifelsfrei ermitteln oder rekonstruieren. Das liegt nicht zuletzt auch daran, dass es über die frühen Jahre Meinhofs, Mahlers und Ensslins vergleichsweise wenige verlässliche Parallelüberlieferungen gibt. Die Kehrseite dieses Mangels ist zugleich der Wert dieser Edition. Mögen künftige Forschungen aus den hier präsentierten Quellen Nutzen ziehen.

Akte Meinhof

I. Auswahlverfahren 1954/55

1. Bewerberbogen vom 8. Dezember 1954 (unterschrieben von Ulrike Meinhof am 12. Dezember 1954)[1]

Bewerbung um Aufnahme in die Studienstiftung des deutschen Volkes

Nichtzutreffendes bitte streichen.

A) Personalien

Anschrift der ~~Eltern~~/Ferienanschrift: Weilburg/Lahn, Frankfurter Str.4o

Semesteranschrift:

Familienname: Meinhof

Vorname: Ulrike Röhl gesch.

Bewerbungs-Nr.: 541/55

Hochschule:

Hochschulort:

Fakultät:

Datum: 8.12.1954

geboren am: 7.10.34 Staatsangehörigkeit: deutsch

in: Oldenburg i.O.

Geburtsland: Oldenburg Jetz. Heimatland: Hessen
(z. B. Bayern, Schlesien)

Konfession: ev. ledig/~~verheiratet~~ Anzahl der Kinder:

Gelernter Beruf des Vaters: Kunsthistoriker (Museumsdirektor)

z. Zt. ausgeübter Beruf des Vaters: Eltern beide verstorben
(falls verstorben, der Mutter)

Sind Sie schon früher einmal zur Aufnahme in die Studienstiftung vorgeschlagen worden: ~~Ja~~/ nein Wann? –

B) Schulbildung

4 1/2 Jahre Volksschule 9 Jahre Höhere Schule

Reifeprüfung 1955 am Gymnasium Philippinum
Name der Schule

in Weilburg

Schultyp: ~~Human. Gymnasium~~ – Realgymnasium – ~~Oberschule~~

~~Reifezeugnis~~ – Letztes Schulzeugnis

Religion:	2	Deutsch:	1	Geschichte:	2	~~Philosophie~~ Sozialkunde:	2
Erdkunde:	4	Latein:	4	Griechisch	–	Englisch:	1
Französisch:	3	Mathematik:	3	Physik:	3	Chemie:	4
Biologie:	3	Musik:	2	Kunsterz.:	2	Turnen:	3

Gesamturteil:

Zensurensystem: ~~1–5~~/ 1–6 / ~~1–20~~ /

Nur von der Geschäftsstelle auszufüllen!

1. Wirtschaftliche Lage (a) b / c
2. Vorprüfer: Dabelow — Votum: (I) B / Z / N; Votum: I / B / Z / N
3. Mitgl. d. Ausw.-Aussch.: Gantenberg — Votum: (I) B / Z / N; Votum: I / B / Z / N
4. Gesch.-Führg.: Sauberzweig — Votum: (I) B / Z / N; Votum: I / B / Z / N

Begründung:

1 Die Personenangaben auf dem vierten Blatt sind aus datenschutzrechtlichen Gründen unkenntlich gemacht worden.

C) Studium

1. **Von allen Bewerbern auszufüllen:**

Berufsziel: Lehrtätigkeit an pädagogischen Bildungsstätten(Kindergartenseminar ,Pädagogisches Institut etc.) nach vorangegangener Schulpraxis.-

Studienziel: Diplomexamen und Promotion

Staatsexamen, Diplomexamen, Promotion

Studienabschluß geplant nach dem W/S-Semester 19 59 d. h. nach insgesamt 8 Studiensemestern Fachsemestern

2. **Von Studierenden an wissenschaftlichen Hochschulen auszufüllen:**

Jetziges Studium an der im Semester

Hochschule

Fakultät: Studienfächer:

Hauptfach unterstreichen

Bereits abgelegte Examina:

Name, Zeitpunkt, Prädikat (Zeugnisabschriften bitte beifügen)

Fakultätswechsel: Zu Beginn des S/W-Semesters 19 von der zur Fakultät

Arbeit an einer Dissertation mit dem Thema:

seit bei

Fachdozent

3. **Von Studierenden an Kunst- und Musikhochschulen auszufüllen:**

Jetziges Studium an der im Semester

Fach: Abitur: Ja/nein

Auszeichnungen und Preise:

4. **Von allen bereits Immatrikulierten auszufüllen:**

(Nur bereits beendete Hochschulsemester aufführen)

1. S/W-Semester 19 an der in
2. S/W-Semester 19 an der in
3. S/W-Semester 19 an der in
4. S/W-Semester 19 an der in
5. S/W-Semester 19 an der in
6. S/W-Semester 19 an der in
7. S/W-Semester 19 an der in
8. S/W-Semester 19 an der in
9. S/W-Semester 19 an der in
10. S/W-Semester 19 an der in
11. S/W-Semester 19 an der in
12. S/W-Semester 19 an der in

Das Studium wurde vom bis unterbrochen, weil

Veröffentlichungen aller Art (Thema, Verlag, Rundfunkgesellschaft, Jahr). Wissenschaftliche Preise und Auszeichnungen:

5. **Von Abiturienten auszufüllen:**

Beabsichtigtes Studium an der Universität Marburg
Hochschule

Fakultät: phil. Fächer: Psychologie, Pädagogik, Deutsch
Hauptfach unterstreichen

Zur Bestreitung des Lebensunterhalts war während der Schulzeit / nach dem Abitur Werkarbeit in Form von
-----
notwendig

D) Einkommen (im Monat oder auf den Monat umgerechnet)

Ich bin Vollwaise, bekomme keine Rente und habe keine Einkünfte (s. Lebenslauf)

Der Eltern: DM (Ost / West)

Brutto-Einkommen (Gehalt, Lohn, Pension, Rente, Zinsen, Dividenden, Pacht, Soforthilfe etc.) . . . . [ ]

Netto-Einkommen (abzüglich gesetzliche Abgaben) . [ ] DM (Ost / West)

E) Der Bewerber hat 1 **Geschwister**

Davon noch nicht schulpflichtig:

in der Schulausbildung:

in Berufsausbildung:

im Studium: 1

F) Das Studium wurde in den letzten beiden Semestern (ohne Ferien) finanziert durch:

	Vorletztes Semester: DM	Letztes Semester: DM
Zuwendungen der Eltern		
Zuwendungen anderer Privatpersonen		
Einkünfte aus eigenem Vermögen		
Bezüge als Hilfsassistent, wissenschaftliche Hilfskraft etc.		
Gesetzliche Beihilfen (wie Mittel aus dem Lastenausgleich, K.-B.-Rente, Waisengeld, Kinderbeihilfe etc.)		
Werkarbeit im Semester		
Werkarbeit in den Ferien		
Stipendien / Darlehen		
Gesamtsumme		
geteilt durch Zahl der Semestermonate:		

Gebührenerlaß: ja / nein, ... % ja / nein, ... %

Freitisch: ja / nein ja / nein

G) Nur von Verheirateten auszufüllen:

1. Einkommen der Ehefrau . . . . monatlich DM ________

2. Wer sorgt für Unterhalt der Frau und der Kinder?

H) Personen, die über den Bewerber Auskunft geben können (mit Adresse):

[redacted]

Die Richtigkeit der Angaben versichert:

Weilburg , den 12.12. 19 54 Ulrike Meinhof

Ort Unterschrift des Bewerbers

Einzusenden an die

Geschäftsführung der Studienstiftung des deutschen Volkes

Bad Godesberg/Rhein, Plittersdorfer Straße 72

bis zum 18. Dez. 1954

Beizufügen sind:

1. ein ausführlicher, handgeschriebener Lebenslauf
(Format DIN A 4 = 21,0 × 29,7 cm. Bitte auf jeder Seite rechts **und** links 3 cm Rand lassen)

2. eine Photographie (bitte auf der ersten Seite einkleben)

3. beglaubigte Abschrift des Abiturzeugnisses
bzw. Verlusterklärung (durch Zeugen bestätigt)
bzw. (bei Schülern) letztes Schulzeugnis

4. Beglaubigte Abschrift von Hochschulzeugnissen
(Keine Fleißzeugnisse und Seminarscheine)

Da alle eingesandten Unterlagen bei den Akten der Studienstiftung verbleiben müssen, bitte keine Originalzeugnisse einsenden.

Bitte die Unterlagen **vollständig** einsenden. Nachsendungen verzögern die Bearbeitung.

2. Vorschlag zur Förderung vom 27. November 1954 (eine Seite, Schreibmaschine)

DER DIREKTOR
DES GYMNASIUM PHILIPPINUM[2]
(Realgymnasium und Gymnasium)

WEILBURG, den 27. November 1954
Mauerstraße 1–2 – Fernsprecher 584

An die
Studienstiftung des deutschen Volkes

Bad Godesberg
Büchelstr. 55

Als Bewerber für die Studienstiftung des deutschen Volkes benenne ich die Schüler der Oberprima meiner Anstalt

Ulrike *Meinhof*, geb. 7.10.34
[weiterer Fördervorschlag][3]

Sie werden zu Ostern 1955 die Reifeprüfung ablegen.
Die Unterlagen folgen in den nächsten Tagen.

I. A.
[Unterschrift][4]
Oberstudienrat

3. Gutachten des Klassenleiters vom 30. November 1954 (zwei Seiten, Schreibmaschine)

Gutachten des Klassenleiters.

Ulrike Maria [!] *Meinhof* ist die Tochter eines Kunsthistorikers in Oldenburg, der zuletzt Direktor des Stadtmuseums in Jena war.[5] 1940, in ihrem 6. Lebensjahr, stirbt ihr Vater an Krebs. Ihre Mutter beginnt daraufhin in Jena Philologie zu studieren, um ihren beiden Töchtern das Zuhause in seinem ursprünglichen Geiste zu erhalten, promoviert 1943 und beendet erfolgreich das Studium.[6] Im Jahre 1945 flieht die Familie vor dem Einmarsch der Sowjets ins Fichtelgebirge,

2 Das Philippinum in der ehemaligen Residenzstadt Weilburg ist eines der ältesten hessischen Gymnasien.

3 Anonymisiert.

4 Anonymisiert.

5 Werner Meinhof (1901–1940), promovierter Kunsthistoriker, ab 1936 Leiter des Stadtmuseums in Jena und der NSDAP-Kreiskulturstelle, zudem Dozent für Kunstgeschichte in Weimar; vgl. Werner Meinhof, Lebendige Anschauung. Aufsätze und Vorträge, Jena 1941.

6 Ingeborg Meinhof (1909–1949), ab 1940 Studium in Jena, 1943 Promotion zum Dr. phil. mit der Arbeit »Mittelalterliche und neuzeitliche Gestaltung in der bildenden Kunst«. Gemeinsam mit ihrer Freundin Renate Riemeck (zur Person: Anm. 8) zeitweilig Assistentin an Johann von Leers' Lehrstuhl für »Deutsche Rechts-, Wirtschafts- und politische Geschichte auf rassischer Grundlage«. Vgl. Dominik Rigoll, Staatsschutz in Westdeutschland. Von der Entnazifizierung zur Extremistenabwehr, 2. Aufl., Göttingen 2013, S. 158.

wo die Mutter als Volksschullehrerin eine Beschäftigung findet; im Frühjahr 1946 zieht die Familie nach Oldenburg; die Mutter tritt als Referendarin an einer Mädchenoberschule ein, und Ulrike wird in einem katholischen Schwestern-Lyzeum eingeschult.[7]

1949 stirbt ihre Mutter an einer schweren Grippe; sie und ihre um drei Jahre ältere Schwester werden von einer Freundin ihrer Mutter, der derzeitigen Frau Prof. Dr. Renate Riemeck[8] am Pädagogischen Institut Weilburg, aufgenommen, mit der Ulrike im Herbst 1952 nach Weilburg zieht. Am 13. Oktober 1952 tritt sie in die Obersekunda des Gymnasium[s] Philippinum ein. Seit Ostern 1954 ist sie Schülerin der Oberprima.[9] Sie ist ihrem Vormund eine tatkräftige Stütze im Haushalt, und dadurch ist ihre Freizeit sehr eingeengt.

Ulrike ist überragend begabt in den deutschkundlichen und neusprachlichen Fächern, weniger in den exakt-wissenschaftlichen; in diesen sind ihre Leistungen auch durch wiederholten Schulwechsel beeinträchtigt, sie ist aber ernsthaft bemüht, die vorhandenen Lücken auszugleichen.[10] Sie besitzt ein zuverlässiges

7 Ulrike Meinhof besuchte die 1888 gegründete Liebfrauenschule, die 1938 zwangsgeschlossen und 1946 wiedereröffnet wurde, während ihre Schwester Wienke auf das staatliche Mädchengymnasium Cäcilienschule kam, an der auch Ingeborg Meinhof und Renate Riemeck unterrichteten. Siehe u.a. Jutta Ditfurth, Ulrike Meinhof. Die Biografie, Berlin 2009, S. 54.

8 Renate Riemeck (1920–2003), Historikerin, Pädagogin und Publizistin, später Mitbegründerin der von der SED infiltrierten und geförderten Deutschen Friedensunion (DFU). Sie erhielt zu Beginn ihrer wissenschaftlichen Karriere im April 1948 eine Anstellung als Dozentin für Geschichte an der Pädagogischen Hochschule in Oldenburg und hatte von 1951 an verschiedene Professuren in Braunschweig, Weilburg und Wuppertal bis 1960 inne, als sie auch aufgrund ihrer DFU-Tätigkeit aus dem Staatsdienst – allerdings letztlich freiwillig – ausschied. Sie protestierte damit gleichwohl gegen den Entzug des Prüfungsrechts, den der nordrhein-westfälische Kultusminister Werner Schütz (CDU) angeordnet hatte. Riemeck war ab dem Zeitpunkt des Todes Ingeborg Meinhofs im Jahr 1949 Ulrike Meinhofs Pflegemutter und zugleich ihre wichtigste Bezugsperson. Sie bestimmte durch ihr pazifistisches Engagement gegen die Wiederbewaffnung und ihren Kampf gegen Atombewaffnung Meinhofs politische Prägung entscheidend mit. Siehe auch die Autobiografie von Renate Riemeck, Ich bin ein Mensch für mich. Aus einem unbequemen Leben, Stuttgart 1992. Weiterführend zu Riemeck, ihrer »Ersatzpapa«-Rolle und dem politischen Einfluss »dieser energischen und sendungsbewussten Frau« auf Meinhof auch Jürgen Seifert, Ulrike Meinhof, in: Wolfgang Kraushaar (Hrsg.), Die RAF und der linke Terrorismus, 2 Bde., Hamburg 2006, Bd. 1, S. 350–371, insbes. S. 351–353, 360, Zitat: S. 351. Seifert berichtet darin (S. 351) auch über Riemecks erst später bekannt gewordene Mitgliedschaft im »Bund Deutscher Mädel« (ab 1932) und in der NSDAP (1941–1943). Ausführlich, auch zum Austritt aus der Partei 1943, vgl. Kristin Wesemann, Ulrike Meinhof. Kommunistin, Journalistin, Terroristin – eine politische Biografie, Baden-Baden 2007, S. 53–56; zu Riemeck und ihrem Umgang mit der eigenen NS-Vergangenheit siehe auch Rigoll, Staatsschutz (Anm. 6), S. 155–159, insbes. S. 158.

9 Obersekunda: Jahrgang 11; Oberprima: Jahrgang 13.

10 In der Akte befindet sich eine beglaubigte Abschrift des Reifezeugnisses des Weilburger Gymnasiums Philippinum vom 1. März 1955. Die Noten im einzelnen: Religionslehre – sehr gut; Sozialkunde – gut; Deutsch – sehr gut; Geschichte – sehr gut; Erdkunde – befriedigend; Englisch – sehr gut; Französisch – befriedigend; Lateinisch – ausreichend; Mathematik – befriedigend; Physik – befriedigend; Chemie – ausreichend; Biologie – befriedigend; Kunsterziehung – gut; Musik – gut; Leibesübungen – befriedigend.

Gedächtnis und gute Konzentrationsfähigkeit, hat einen Blick für das Wesentliche und versucht, im Neugewonnenen überschaubare Verhältnisse zu schaffen, dabei hat sie einen Blick für das Künstlerische. Ihre Leistungen entsprechen ihrer fachlichen Begabung. Sie ist ein sehr klarer und sachlicher Mensch, ihr Urteil ist sicher begründet, in einwandfreier Form der Darstellung; jedes Gespräch lenkt sie ins Ernsthafte und fühlt eine tiefe Verantwortung für die geistige und moralische Ausrichtung ihrer Mitschüler, die sie auf gemeinsamen Fahrten, wo sie sich körperlich sehr widerstandsfähig erwies, mütterlich betreut. An geistiger und menschlicher Reife ist sie ihren Klassenkameraden infolge ihrer sehr harten Jugend bei weitem überlegen, menschlich unkompliziert, offen, ehrlich und schlicht. Die Klasse hat ihr daher bald Vertrauen geschenkt. Sie spielt Geige und ist eine wesentliche Stütze des Schulorchesters. In Zusammenarbeit mit einem Mitschüler hat sie die Schulzeitung begründet und herausgegeben und dadurch für das Leben der Schule einen schätzenswerten Beitrag geleistet.[11] Auch bei der Gestaltung von Schulfeiern ist sie eine verantwortungsfreudige Helferin, den Lehrern eine zuverlässige Stütze bei der Arbeit mit der Klasse. Ihre geistigen Fähigkeiten berechtigen zu großen Hoffnungen.

Weilburg, den 30. November 1954 [Unterschrift][12]
Studienrat

4. Lebenslauf, undatiert (Dezember 1954; drei Seiten, handschriftlich)

Ulrike Marie Meinhof
Weilburg/Lahn
Frankfurterstr. 40.

Lebenslauf.

Am 7.10.1934 wurde ich, Ulrike Meinhof, als Tochter Dr. Werner Meinhofs, Assistent für Kunstgeschichte am Landesmuseum Oldenburg, und seiner Ehefrau Ingeborg Meinhof, geb. Guthardt, in Oldenburg i.O. [in Oldenburg] gebo-

11 Ulrike Meinhof gründete zusammen mit ihrem damaligen Klassenkameraden und Freund Werner Link (*1934), später Professor für Politikwissenschaft in Trier und Köln, die Schülerzeitung »Spektrum«, die sich vorrangig Themen der Kunst und Malerei widmete.

12 Anonymisiert. – Außerdem findet sich ein weiteres Gutachten über die Schülerin vom 25. November 1954 in den Akten der Studienstiftung, dessen Abdruck die Erben des Autors verweigerten. Die Stellungnahme zielt in dieselbe Richtung wie jene des Klassenleiters: Auch dieser Pädagoge zeigt sich weit überdurchschnittlich beeindruckt sowohl vom Charakter als auch von der intellektuellen Leistungsfähigkeit seiner ehemaligen Schülerin, die in bester Weise alle Voraussetzungen für eine Aufnahme in die Studienstiftung erfülle. Er traut ihr Herausragendes auf dem Gebiet der Wissenschaft zu und bittet, auch unter Verweis darauf, dass Ulrike Meinhof Vollwaise ist, mit Nachdruck darum, ihr durch die Aufnahme in die Studienstiftung das Studium zu ermöglichen.

ren. Dort wurde ich evangelisch lutherisch getauft. 1936 wurde mein Vater Direktor des Stadtmuseums in Jena, wohin wir im gleichen Jahr verzogen. 1940 starb mein Vater an einer Krebserkrankung. Da er nicht beamtet war, mußte meine Mutter, (die sehr jung geheiratet hatte), sich noch einer Berufsausbildung unterziehen, um sich und ihre Kinder ernähren zu können. Sie erhielt ein Stipendium der Stadt Jena, um an der dortigen Universität studieren zu können. – Im Herbst 1941 wurde ich in die Volksschule eingeschult. 1945 verließen wir Jena, wegen der drohenden russischen Besatzung, und meine Mutter, die 1943 promoviert [worden war] und 1944 das Staatsexamen für das Lehramt an höheren Schulen abgelegt hatte, ging bis zur Wiedereröffnung der höheren Schulen an die Volksschule in Berneck im Fichtelgebirge. 1946 kehrten wir nach Oldenburg i. O. zurück, wo meine Mutter in den höheren Schuldienst eintrat. Sie starb 1949 infolge einer Grippe. – Meine drei Jahre ältere Schwester[13] und ich fanden Aufnahme bei Frau Prof. Dr. Renate Riemeck, die seit einigen Jahren als Freundin meiner Mutter in unserem Haushalt wohnte. Meine Schwester ging 1950 in die Säuglingsschwesternausbildung und studiert seit 1953 als Werkstudentin an der Pädagogischen Hochschule in Oldenburg. – Ich besuche seit zwei Jahren das Gymnasium Philippinum in Weilburg/Lahn, wo Frau Prof. Riemeck 1952 eine Professur für Schulpädagogik am Pädagogischen Institut übernahm. Im Frühjahr 1955 hoffe ich hier meine Schulzeit mit der Reifeprüfung abzuschließen.

Mein bisheriges Leben wurde entscheidend bestimmt durch den Tod meines Vaters, als ich fünf Jahre alt war[,] und durch die Kriegsjahre, die meine Mutter mit uns Kindern durchstand, während sie selber in der Ausbildung war. Ich war vierzehnjährig, als sie starb, und als meine Schwester und ich Zuflucht fanden bei Frau Prof. Riemeck.

Ich beabsichtige Pädagogik, Psychologie und Germanistik zu studieren. Zur Begründung dieses Studiums möchte ich sagen, daß ich in Oldenburg eine katholische Schwesternschule besuchte, da die städtische Mädchenoberschule bei meinem Eintritt in die höhere Schule, Ostern 1946, bereits überfüllt war, und daß ich im Winter 1950/51 die Rudolf-Steiner-Schule in Wuppertal[14] besuchte. Beide Schulen haben mich durch die Eigenwilligkeit ihrer Erziehungsform aufmerksam gemacht auf die Wichtigkeit der Erziehungsfragen überhaupt. Entscheidend wurden mir jedoch die sachlichen Gespräche, die ich im Hause von Frau Prof. Riemeck hörte und die mir die Problematik der modernen Pädago-

13 Wienke Meinhof (verh. Zitzlaff; *1931), später Lehrerin und Direktorin einer Schule für Behinderte; sie organisierte 1976 die Beerdigung ihrer drei Jahre jüngeren Schwester, über die sie sich lange Zeit nicht öffentlich äußerte. Siehe nun Sibylle Plogstedt, Meine Schwester Ulrike [Radio-Feature vom 28. September 2014], unter: http://www.wdr5.de/sendungen/erlebtegeschichten/wienkezitzlaff100.html (2. Mai 2015).

14 Bereits 1946 gegründete Waldorfschule. In einem Lebenslauf aus derselben Zeit für ihre Weilburger Schule betonte sie, dass insbesondere die »anthroposophische Art der Kunstbetrachtung« wichtig für sie gewesen sei, sie sich aber »noch nicht eingehender mit der Anthroposophie beschäftigen« konnte. So Ulrike Meinhof, Mein Lebenslauf. Geschrieben in Weilburg im November 1954, in: Mitteilungsblatt für die Mitglieder der Wilinaburgia, 69 (1994), Nr. 195, S. 653.

gik nahebrachten. Es ist mein Wunsch, diesen Problemen tiefer nachzugehen[,] und ich möchte es zu meiner Lebensaufgabe machen, zu ihrer Lösung beizutragen. – Ich glaube, daß ein fruchtbares Studium der Pädagogik nur möglich ist, wenn man es auf der Grundlage der Erkenntnisse der Psychologie aufbaut. – Für das Germanistik-Studium interessiere ich mich, da ich durch mein Elternhaus und später durch Frau Prof. Riemeck in einer Welt gelebt habe, die den geistigen Werten offen war. Mein Vater war Kunsthistoriker; meine Mutter hatte in Kunstgeschichte promoviert und in Deutsch, Geschichte und Erdkunde Staatsexamen gemacht. Außerdem glaube ich, daß die Fragen der Erziehung und Menschenbildung nicht zu trennen sind von ihren geistesgeschichtlichen Herkünften und Zusammenhängen.

Ulrike Marie Meinhof

5. Gutachten des Vorprüfers Adolf Dabelow vom Februar 1955 (eine Seite, handschriftlich)

Vorprüfung zur Aufnahme in die Studienstiftung. Februar 1955. (Dabelow)[15]

Meinhof, Ulrike.

Unterhaltung über ihre Erfahrungen beim Besuch dreier verschiedener Schultypen: Waldorffschule [!], Klosterschule, reguläre Oberschule. Motivierung ihrer Absichten, Pädagogik und Psychologie zu studieren, dann Volksschullehrerin zu werden, und schließlich wieder zu Pädagogik und Psychologie zurückzukehren. Anthroposophie.

Der persönliche Eindruck und das Ergebnis der Unterhaltung stehen im Niveau weit über dem, was das Abiturzeugnis erwarten lässt. Klar im Denken, schnelle logische Ordnung komplizierter Gedankengänge, gute Disposition an sich ungeordneter Komplexe des Unterhaltungsthemas.

In sich geschlossene, harmonisch gewachsene, kluge und offenbar menschlich sehr schätzenswerte Persönlichkeit. Kluge, ruhig bescheidene, aber feste Entschiedenheit in ihrem Urteil. Vertritt eigene Meinung taktvoll und bestimmt.

Offenbar unbedingt zu empfehlen für die Aufnahme in die Studienstiftung.

Dabelow.

15 Das Gutachten war auf einem Blankobogen ohne Briefkopf geschrieben, und der Vorname des Vorprüfers fand keine Erwähnung. Wiltrud Vogel bestätigte, dass es sich eindeutig um die Handschrift ihres Vaters Adolf Dabelow (1899–1984) handelte. Der Mediziner war zwischen 1946 und 1967 Professor für Anatomie an der Universität Mainz, 1952/53 auch deren Rektor. Vgl. den Eintrag zu Adolf Dabelow, in: Gutenberg Biographics. Verzeichnis der Professorinnen und Professoren der Universität Mainz 1946–1973 (Online-Publikation, unter: http://gutenberg-biographics.ub.uni-mainz.de/personen/register/eintrag/d/adolf-dabelow.html [2. Mai 2016]). Siehe auch den Eintrag im Catalogus Professorum der Universität Leipzig, an der Dabelow während der letzten vier Jahre des »Dritten Reichs« gelehrt hatte: http://www.uni-leipzig.de/unigeschichte/professorenkatalog/leipzig/Dabelow_597 (8. Mai 2016).

6. Gutachten des Auswahlausschussmitglieds Mathilde Gantenberg, undatiert (Februar 1955; eine Seite, Schreibmaschine)

M. Gantenberg[16]

Ulrike *Meinhof*

Ich schreibe dieses Gutachten unter dem unmittelbaren Eindruck einer ernsten und anregenden Unterhaltung mit Fräulein Meinhof nieder. Wir sprachen vorwiegend über Probleme der Schule, über das Verhältnis von Unterricht und Erziehung in der Schule, über Koedukation und vor allem über die Aufgabe und die tatsächliche und die wünschenswerte Organisation der Lehrerbildung. Sie ist in diese Probleme eingedrungen durch das Zusammensein mit der Freundin ihrer verstorbenen Mutter, die Lehrerbildnerin ist.[17] Ich habe bei dieser Unterhaltung fast vergessen, daß ich eine Abiturientin vor mir hatte. So reif und bedacht war das Urteil, so besonnen das Abwägen der verschiedenen Gesichtspunkte. Dabei ist sie in keiner Weise altklug, aber klug, sicher weit über dem Durchschnitt begabt, selbständig und klar. Ich empfehle Fräulein Meinhof vorbehaltlos für die Studienstiftung.

M. Gantenberg[18]

16 Mathilde Gantenberg (1899–1975), promovierte Germanistin, Lehrerin/Schulleiterin und Politikerin; zur Zeit der Weimarer Republik Mitglied des Zentrums; 1933 aus politischen Gründen Entlassung aus dem Schuldienst; verschiedene Tätigkeiten zur Existenzsicherung, so ab 1940 als Buchhändlerin; 1945 Wiedereintritt in den Schuldienst; nach dem Ende des Zweiten Weltkrieges Mitbegründerin der CDU (CDP) in Trier; 1947–1957 Mitglied des Landtages von Rheinland-Pfalz, 1948–1951 zudem Staatsekretärin im Kultusministerium; 1956–1961 Mitglied des Bundestages; ab Anfang der 1950er Jahre Mitglied, später Ehrenmitglied des Kuratoriums der Studienstiftung des deutschen Volkes. Die Tätigkeit für die Studienstiftung und die Gespräche mit jungen Menschen habe Mathilde Gantenberg stets als ihre »schönste Aufgabe« bezeichnet (so die Aussage ihres Neffen Wolfgang Herms-Gantenberg vom 3. Mai 2016). Siehe zu ihrer Biografie u.a. Artikel »Gantenberg, Mathilde«, in: Rudolf Vierhaus (Hrsg.), Biographisches Handbuch der Mitglieder des Deutschen Bundestages 1949–2002, Bd. 1, München 2002, S. 243; Hedwig Brüchert, Rheinland-Pfälzerinnen. Frauen in Politik, Gesellschaft, Wirtschaft und Kultur in den Anfangsjahren des Landes Rheinland-Pfalz, Mainz 2001, S. 143; Denise Lindsay, »Mathilde Gantenberg«, in: Konrad-Adenauer-Stiftung (Hrsg.), Geschichte der CDU – Personen (Online-Publikation, unter: http://www.kas.de/wf/de/37.8112/ [2. Mai 2016]); Traueranzeige der Familie, in: Rheinischer Merkur vom 31. Oktober 1975.

17 Damit ist Renate Riemeck gemeint.

18 Name als Unterschrift.

Wie dem Aktendeckel zu entnehmen ist, gelangte die am 8. Januar 1955 an das Auswahlauschussmitglied gesandte Akte am 21. Februar 1955 an die Studienstiftung zurück. Diese wurde am 15. März 1955 bearbeitet (so Aktendeckel), und der zuständige Referent Dieter Sauberzweig (zur Person: Anm. 295) votierte wie Vorprüfer und Auswahlausschussmitglied für die Aufnahme Meinhofs (so verzeichnet auf dem Bewerberbogen). Die Studienstiftung teilte mittels eines an Meinhof adressierten Formbriefs vom 1. April 1955 mit, dass die Kandidatin für zunächst drei »Vorsemester« bis zur Prüfung der endgültigen Aufnahme in die Förderung gelangt sei und diese

II. Semesterberichte

1. Sommersemester 1955, undatiert (September 1955; sechs Seiten, handschriftlich)[19]

Ulrike Meinhof

Semesterbericht.
(SS 1955; 1. Fachsemester)

Das Sommersemester 1955 war mein erstes Studiensemester. So war es meine erste Begegnung mit der Universität, ebenso wie der Anfang meines Studiums, und der Beginn der Auseinandersetzung nicht nur mit den Problemen der Psychologie und Pädagogik, sondern auch mit dem dazugehörigen Wissensstoff. Ich erwähne diese Unterscheidung von Problem und Wissensstoff, da ja ersteres, wenn auch selbstverständlich nur in allgemeiner Form, mich zur Wahl dieser Fächer veranlasste. –

Belegt und gehört habe ich in diesem Semester in Pädagogik: Frau Prof. Blochmann[20]: »Pädagogik des 19. und 20. Jahrhunderts«, (Vorlesung); »Pestalozzi« (Proseminar); Dr. Furck[21]: »Die Entwicklung der Volksschule«, (Übung

ab dem 1. Mai 1955 beginne. Das Aufnahmeschreiben unterzeichnete in jenen Jahren Dr. Heinz Haerten (1908–2001), ein Bad Godesberger Studienrat (Fächer: Deutsch und Geschichte), bevor ihm von 1948–1970 die Leitung der Geschäftsführung des Sekretariats der Studienstiftung oblag. Haerten veröffentlichte: Vondel und der deutsche Barock, Nijmegen 1934. Siehe auch Rolf-Ulrich Kunze, Nachruf Dr. Heinz Haerten, in: Studienstiftung des deutschen Volkes (Hrsg.), Jahresbericht 2001. Fakten und Analysen, Bonn 2002, S. 7–9. – Während ihrer ersten beiden Studiensemester erhielt Meinhof von der Studienstiftung 120 DM monatlich; ab dem 3. Studiensemester stieg die Ratenhöhe auf 170 DM, dann auf 195, 200 und schließlich 230 DM.

19 Eingangsstempel vom 1. Oktober 1955 mit verzeichnetem Absender »Wendt«. Das könnte der Name eines Mitarbeiters am Lehrstuhl Ernst Benz (oder derjenige eines weiteren Marburger Vertrauensdozenten) gewesen sein. Die Semesterberichte wurden zu jener Zeit grundsätzlich zunächst dem Vertrauensdozenten eingereicht, der sie dann an die Studienstiftung weitersandte. Ernst Benz (1907–1978), ev. Theologe und Kirchenhistoriker; 1937–1973 Professor für Kirchen- und Dogmengeschichte in Marburg; nach 1945 Mitbegründer und Direktor des dortigen Ökumenischen Seminars; Vertrauensdozent der Studienstiftung; ab 1948 Mitherausgeber der »Zeitschrift für Religions- und Geistesgeschichte«; siehe u.a. Ernst Benz, Adam, der Mythus vom Urmenschen, München-Planegg 1955; ders., Geist und Leben der Ostkirche, Hamburg 1957 (in der populären Reihe »rowohlts deutsche enzyklopädie«, die er wissenschaftlich beriet).

20 Elisabeth Blochmann (1892–1972), Pädagogin und ev. Theologin; 1926–1930 Studienleiterin und Dozentin am Pestalozzi-Fröbel-Haus in Berlin; 1930–1933 Professorin an der Pädagogischen Akademie in Halle a.d. Saale; danach Emigration nach England und 1934–1951 Dozentin am College Lady Margaret Hall der Universität Oxford; 1952–1960 erste Professorin für Pädagogik an der Universität Marburg. Sie stand in gutem Kontakt zu Renate Riemeck. Es kam zu ersten Absprachen über eine mögliche Promotion Meinhofs bei Blochmann. Siehe dazu den Semesterbericht über das WS 1956/57: Akte Meinhof, Dok. II.4. Vgl. auch Wesemann, Ulrike Meinhof (Anm. 8), S. 62 f. Hier findet sich indes die unzutreffende Information, Meinhof hätte sich vor Studienbeginn schon einmal erfolglos um ein Stipendium der Studienstiftung bemüht.

21 Carl-Ludwig Furck (1923–2011), Erziehungswissenschaftler; wissenschaftlicher Assistent in Marburg; später Professor in Hamburg und Berlin.

für Anfänger). In Psychologie: Prof. Düker[22]: »Kinder- und Jugendpsychologie«, (Vorlesung); »Übungen über pädagogische Psychologie«; »Übungen über Intelligenztestverfahren«; Dr. Fuchs[23]: »Charakterologie und Persönlichkeitskunde«, (Vorlesung). Germanistik: Prof. Sengle[24]: »Hölderlin, Jean Paul, Kleist«, (Vorlesung); Englisch: »T. S. Eliot. Selected Prose«, (Proseminar) bei Dr. Rückriegel[25]. Nebenbei hörte ich in Gießen eine Vorlesung in Kunstgeschichte »die gotischen Kathedralen des Mittelalters«, von Herrn Prof. Kerber.[26] – Zu Beginn der Ferien, vom 29. Juli bis 10. August nahm ich weiter an einem Praktikum über psychologische Statistik für Anfänger teil, das mit einer Klausur abgeschlossen wurde.

Über meine erste Begegnung mit der Universität oder dem Universitätsbetrieb kann ich nur wenig sagen. Man hat zwar auch schon als Erstes Semester den sicheren Eindruck, daß sehr viel Kritik, wie sie heute geübt wird, unmittelbar einsichtig ist, andererseits tun sich einem, wenn man von der höheren Schule kommt, gerade beispielsweise durch die Unpersönlichkeit des Systems, viel reichere Möglichkeiten, ich möchte sagen, zu fruchtbarem Lernen auf, als eben auf der Schule, so, wie sie heute ist. – Ich möchte dies nicht weiter begründen, weil es ja nur eine ganz subjektive Anschauung ist; sie besagt, daß ich gerne

22 Heinrich Düker (1898–1986), Psychologe; 1946–1967 Professor für Psychologie in Marburg; Mitglied der SPD; 1961 Parteiausschluss wegen Unterstützung des SDS. Düker soll Meinhofs Interesse am Marxismus mit geweckt haben. Vgl. Sara Hakemi/Thomas Hecken, Ulrike Meinhof, Berlin 2010, S. 18; Ditfurth, Ulrike Meinhof (Anm. 7), S. 91 f.

23 Rainer Fuchs (1915–2014), Psychologe, Mathematiker und Physiker; 1941 Promotion; 1946–1953 wiss. Assistent am Psychologischen Institut der Universität Marburg; 1953 Habilitation ebendort, venia legendi für Psychologie; Lehre als Privatdozent; zudem ab 1954 Vorbereitungsdienst und Schuldienst; diverse Beurlaubungen an der Marburger Universität; nach 1961 Professuren in Kiel und für Pädagogik und Pädagogische Soziologie an der TU München. Vgl. Artikel »Rainer Fuchs«, in: Catalogus professorum academiae Marburgensis. Die akademischen Lehrer der Philipps-Universität Marburg. Zweiter Band: Von 1911 bis 1971, bearbeitet von Inge Auerbach, Marburg 1979, S. 806; Traueranzeige der TU München, in: Süddeutsche Zeitung vom 21. Juni 2014.

24 Friedrich Sengle (1909–1994), Germanist; 1952–1959 ordentlicher Professor für neuere deutsche Litertaturgeschichte an der Universität Marburg; später in Heidelberg und München.

25 Helmut Rückriegel (1925–2016), Germanist und Anglist; 1954 Promotion in Marburg, wiss. Assistent am Englischen Seminar der Universität mit Lehraufträgen in Englischer Philologie vom Sommersemester 1954 bis zum Wintersemester 1956/57. Vgl. Artikel »Helmut Rückriegel«, in: Catalogus professorum academiae Marburgensis (Anm. 23), S. 730 f.; später im Auswärtigen Dienst, Botschafter a.D.

26 Ottmar Kerber (1902–1986), Kunsthistoriker; Promotion 1936, Habilitation 1939, jeweils in München; 1939–1943 Vertretungsauftrag in Jena, dort Doktorvater Ingeborg Meinhofs und akademischer Lehrer Renate Riemecks; ab 1952 außerordentlicher Professor in Gießen; siehe auch Ottmar Kerber, Die Kunst im Wandel der Zeitalter. Die Gesetzlichkeit ihrer Entfaltung, Stuttgart 1949. – Der bei Bettina Röhl, So macht Kommunismus Spaß! Ulrike Meinhof, Klaus Rainer Röhl und die Akte KONKRET, Hamburg 2006, S. 184 f., ebenfalls auszugsweise wiedergegebene Semesterbericht weicht in Nuancen von dem in den Studienstiftungsakten enthaltenen Original ab.

studiere, und dies scheint mir als Voraussetzung für meinen ersten Semesterbericht wichtig; weil ja auch dies eigentlich meine erste und wichtigste Erfahrung war.

Ich möchte im Folgenden lediglich im Sinne eines Erfahrungsberichtes dartun, welche Probleme mir für den Fortgang meines Studiums entstanden sind, und dabei auch die – wenn man so will – Vielseitigkeit meines Stundenplanes begründen. –

Durch zwei Referate, die ich in der Übung für Anfänger: »Die Entwicklung der Volksschule« über Berthold Otto[27] und über »die Pädagogische Bewegung in Deutschland«, nach dem gleichnamigen Buch von Hermann Nohl[28], hielt, und außerdem durch das Proseminar über Pestalozzi war es möglich, etwas von der Problemstellung und auch der Methode der Pädagogik, so wie sie an der Universität vertreten wird, zu verstehen. Und zwar in ihrer allgemeinen geisteswissentschaftlichen [!] Ausrichtung und ihrem speziellen Selbstverständnis unter dem Gedanken der Eigenständigkeit der Erziehung, die Sinn und Maßstäbe aus sich selbst begreift und erklärt. Also Hermann Nohls Gedanke von der Autonomie der Pädagogik, der besonders in Dr. Furcks Übung zum Ausdruck kam. – In gleichem Maße reich an Einblicksmöglichkeiten waren die Übungen über Intelligenztestverfahren, die Vorlesung über Charakterologie und Persönlichkeitskunde und das Praktikum über psychologische Statistik. Und zwar hier die rein naturwissentschaftliche [!] Ausrichtung, wo das Experiment die Grundlage ist, und wo die Maßstäbe in Zahlen dargetan werden mit dem gleichzeitigen Verzicht auf jegliche ethische Wertung. – Mein persönlicher Eindruck, mit dem ich natürlich nicht den Anspruch auf Gültigkeit stellen möchte, ist nun der: Die Pädagogik und die Psychologie haben als Objekt und Inhalt den Menschen, das ist das für ein gleichzeitiges Studium der beiden Fächer Verbindende. In ihrer Betrachtungsweise aber, so, wie sie hier in Marburg vertreten werden, sind sie so verschieden, daß sich sachlich keine Berührungspunkte ergeben und also nur im ganz Grundsätzlichen eine gegenseitige Ergänzung möglich ist, die für das Studium, solange es sich um Lernen, das auf Wissensgebiete gerichtet ist, handelt, nicht ins Gewicht fällt, obwohl es natürlich von Bedeutung ist. –

Ursprünglich war mein Studienplan derart, daß ich – nicht formal, aber von meinem Interesse und eigentlich auch von meinem Anliegen aus – Pädagogik im Hauptfach studieren wollte, und Psychologie und Germanistik als Ergänzungsfächer von der naturwissentschaftlichen [!] und geisteswissentschaftlichen [!] Seite her, wobei ich allerdings von vornherein beabsichtigte, das Psychologie-

27 Berthold Otto (1859–1933), führender Vertreter der »Reformpädagogischen Bewegung«.

28 Herman (eigentl. Hermann Julius) Nohl (1879–1960), Pädagoge und Philosoph; ein Hauptvertreter der geisteswissenschaftlichen Pädagogik und zugleich einer der bedeutendsten Schüler Wilhelm Diltheys. Der Reformpädagoge Nohl nahm übrigens auf die Ausgestaltung der 1925 gegründeten Studienstiftung Einfluss und wirkte u. a. als Vertrauensdozent in Göttingen. Siehe Rolf-Ulrich Kunze, Die Studienstiftung des deutschen Volkes seit 1925. Zur Geschichte der Hochbegabtenförderung in Deutschland, Berlin 2001, u. a. S. 54.

studium als Hauptfachstudium durchzuführen. Diese meine persönliche Rangordnung ist nun faktisch unmöglich geworden. Das Studium von Pädagogik und Psychologie läuft völlig parallel[,] und eine gegenseitige Befruchtung kann eigentlich nur im Studierenden selbst stattfinden, solange er nicht als Lehrer oder Psychologe praktisch tätig ist. – So möchte ich von der Pädagogik her mein Psychologiestudium so begründen: erstens: ich glaube, man kann, wenn es einem um Erziehung geht, gar nicht genug wissen und begriffen haben von der Spannung zwischen Natur- und Geisteswissentschaft [!]; weil man vielleicht von da her einem der großen Schwierigkeiten bzw. Probleme unserer Zeit nahe kommen kann und somit dem Menschen, der in diesen Spannungen lebt. Dies nur als Andeutung. Zum anderen natürlich versteht es sich von selbst, daß psychologische Kenntnisse in der Pädagogik notwendig sind. Praktisch wurde dies deutlich in Professor Dükers Vorlesung über Kinder- und Jugendpsychologie.

Daß ich auch noch Deutsch, Englisch und Kunstgeschichte in diesem Semester hörte, war in erster Linie mein persönliches Interesse. Das gilt für Deutsch[,] so wie ich es oben zu erklären versuchte, für Kunstgeschichte ganz allgemein und für Englisch speziell: der Dichter T. S. Eliot. Darüber hinaus aber wurde mir eigentlich auch klar, daß zum Verständnis von Charakter und Persönlichkeit in der Psychologie es notwendig ist, wenn auch nicht unerläßlich, daß man außerordentlich weitgehend, in diesem zweckgebundenen Falle muß ich wohl sagen: »kulturell orientiert« ist. –

Es ist mir klar, daß ich mit diesem Semesterbericht keinen Bericht über die »Entwicklung meiner Arbeit« in diesem Halbjahr gebe. Aber das schien mir nicht möglich, da ja die beiden Fächer Pädagogik und Psychologie für mich im Grunde völlig neuartig waren, sodaß ich eigentlich erst jetzt, nach diesem Semester[,] sehe, wo mit einer sich entwickelnden Arbeit anzusetzen ist[,] und sagen muß, daß alles Bisherige mehr Grundsuchen als Grundfassen war. – Ich habe hier versucht, in etwa aufzuzeigen, welche neuen Gesichtspunkte für mich aufgetaucht sind, allerdings ohne sie in klar abgegrenzter Form darstellen zu können, und auch ohne hinreichende Begründungen, die ich jedenfalls weitgehend nur andeutete. Aber ich glaube, daß einem mehr zu sagen, nach dem ersten Semester, nicht zusteht. Und ich hoffe, daß mir die Unklarheiten dieses Berichtes im Laufe des Studiums klar werden, d. h. daß mir klar werde, was hier noch nur als Unklares und Ungeklärtes zum Ausdruck kommen sollte.

Ulrike Meinhof

2. Wintersemester 1955/56, undatiert (Mitte März 1956; sieben Seiten, handschriftlich)

Ulrike Meinhof
Marburg/L.
Gutenbergstr. 15 ½

Semesterbericht
(WS 1955/56; 2. Fachsemester)[29]

Im Wintersemester 1955/56, meinem zweiten Studiensemester, habe ich an folgenden Vorlesungen und Seminaren teilgenommen:

In Pädagogik: Frau Prof. Blochmann: Friedrich Fröbel und Maria Montessori; (Proseminar; zweistündig). Dr. Furck: Das pädagogische Problem der Strafe; (Übung; zweistündig).

In Psychologie: Prof. Düker: Pädagogische Psychologie; (Vorlesung; einstündig). Einführung in die psychologische Diagnostik und Schulleistungsuntersuchungen; (Übung; zweistündig). Psychologisches Praktikum I (Wahrnehmung und Vorstellung); (vierstündig). Grundbegriffe der Psychologie; (Übung; zweistündig). Dr. Tausch[30]: Anpassung und Lernen im menschlichen Verhalten; (Vorlesung; zweistündig). Dr. Scharmann[31]: Sozialpsychologie I; (Vorlesung; einstündig). Dr. Rollhäuser[32]: Anatomie des Nervensystems für Psychologen; (Vorlesung; zweistündig).

In Geschichte: Prof. Büttner[33]: Einführung in das Studium der mittelalterlichen Geschichte; (Vorlesung; einstündig). Proseminar; (zweistündig). Dr. Rhode[34]: Deutschland und der Osten im Mittelalter; (Vorlesung; zweistündig).

Ich habe in diesem Semester an Stelle von Germanistik Geschichte gehört[,] und ich möchte Geschichte als Nebenfach beibehalten.[35] Eine Begründung für diesen Wechsel kann ich nur schwer geben. Es handelt sich dabei mehr um eine allgemeine Neigung als um eine sachliche Entscheidung, da ich in meinem ersten Semester ja auch nur eine dreistündige Vorlesung in Germanistik hörte und nicht eigentlich in diesem Gebiet gearbeitet habe. Was mich dazu bewogen hat, war der Eindruck, daß Geschichte – jedenfalls für den Studenten – |eine

29 Eingangsstempel vom 23. März 1956; Absender: Wendt/Benz.

30 Reinhard Tausch (1921–2013), Psychologe; ab 1953 wissenschaftlicher Assistent Heinrich Dükers am Institut für Psychologie der Universität Marburg; später Professor in Köln und Hamburg.

31 Theodor Scharmann (1907–1986), Sozial-, Berufs- und Wirtschaftspsychologe; 1955 Habilitation im Fach Soziologie in Marburg; später Professor in Erlangen-Nürnberg und Linz.

32 Heinz Rollhäuser (1919–2003), Mediziner; 1949–1958 wissenschaftlicher (Ober-)Assistent am Anatomischen Institut der Universität Marburg; später Professor in Gießen und Münster.

33 Heinrich Büttner (1908–1970), Historiker; 1949–1962 ordentlicher Professor für Mittelalterliche Geschichte in Marburg; später in Köln.

34 Gotthold Rhode (1916–1990), Historiker; nach Habilitation 1952 in Hamburg Referent für osteuropäische Geschichte am Johann Gottfried Herder-Institut in Marburg; Umhabilitation an die Universität Marburg 1954; später Professor in Mainz.

35 Links neben dem Satz Anstrich.

methodisch strengere Wissentschaft [!] ist, als Germanistik|[36] und daß sie mir dadurch ein bedeutsameres Gegengewicht gegen bzw. für meine zwei Hauptfächer gibt. Vielleicht auch, weil ihre Inhalte umfassender sind als die der Germanistik, was mir für das Mittelalter zumindest für [!] richtig erscheint, weniger fragwürdig jedenfalls als für die Neuzeit. Ausreichend ist diese Begründung freilich nicht, auch ihre Richtigkeit kann ich im Grunde selber noch nicht beurteilen; als Andeutung aber wollte ich diese Erwägungen doch angeben. – Die Schwierigkeit ist nur die, daß man dem Geschichtsstudium gegenüber zunächst das Gefühl hat, daß es in keinem Falle zu bewältigen ist. Daß dieses Gefühl einen jedoch eher ermutigen als entmutigen solle, das war der Inhalt von Prof. Büttners abschließenden Worten zum Proseminar. Und auch wenn dies etwas sehr einfallslos und in gewissem Sinne oberflächlich klingt, möchte ich doch nicht mehr dazu sagen.

In Frau Prof. Blochmanns Proseminar hielt ich ein Referat über den »Gesamtunterricht bei Berthold Otto und seine Anfänge bei Friedrich Fröbel«, auf Grund von Fröbels »Menschenerziehung« (1826)[37]. Durch das Referat über Berthold Otto, das ich im vorigen Semester in Dr. Furcks Übung für Anfänger »Entwicklung der Volksschule« gehalten hatte, war mir der Anknüpfungspunkt zu diesem Referat gegeben, dessen Thema sich erst während der Lektüre von Fröbels »Menschenerziehung« im Proseminar ergab. Außerdem hatte ich gleich zu Beginn des Semesters das Referat über Maria Montessoris Alterswerk »Kinder sind anders« (Stuttgart 1952)[38] übernommen. – Dieses Buch und der Inhalt des Referats, das ich in Dr. Furcks Übung »das pädagogische Problem der Strafe« übernahm, über das »Problem der Erziehungsstrafe auf Grund der Ergebnisse der Forschung der |Psychoanalyse|[39]«, ergänzten sich in besonderer Weise. Maria Montessori, die in diesem ihrem letzten Buch ihre Erziehungstheorie ansatzweise in den Bereich der Psychoanalyse stellt, vom Standpunkt des Pädagogen aus, und auf der anderen Seite die Psychoanalytiker (ich möchte hier nur A. Aichhorn[40], C. G. Jung[41],

36 Unterstreichung in Akte; links daneben Anstrich.

37 Friedrich Fröbel, Die Menschenerziehung. Die Erziehungs-, Unterrichts- und Lehrkunst, angestrebt in der Allgemeinen Deutschen Erziehungsanstalt zu Keilhau. Bd. 1: Bis zum begonnenen Knabenalter, Keilhau 1826. Friedrich Fröbel (1782–1852), Pädagoge; Schüler Johann Heinrich Pestalozzis und Pionier der Kindergartenerziehung.

38 Maria Montessori, Kinder sind anders, Stuttgart 1952. Maria Montessori (1870–1952), italienische Ärztin und Reformpädagogin; Begründerin der nach ihr benannten Montessori-Pädagogik, die mittels offener Unterrichtsformen und Freiarbeit die Selbstentfaltung von Kindern und Heranwachsenden in den Mittelpunkt stellt.

39 Unterstreichung in Akte.

40 August Aichhorn (1878–1949), österreichischer Pädagoge und Psychoanalytiker; Vorreiter einer gewaltfreien Erziehung von dissozialen Jugendlichen; Hauptwerk: Verwahrloste Jugend. Die Psychoanalyse in der Fürsorgeerziehung. Mit einem Geleitwort von Sigmund Freud, Wien 1925.

41 Carl Gustav Jung (1875–1961), Schweizer Psychoanalytiker; Begründer der Analytischen Psychologie.

N. Wolffheim[42] und H. Zulliger[43] als Anhaltspunkte nennen), wie sie ihre Theorie in den Raum der Pädagogik einführen, gaben mir die Möglichkeit, Ansatzpunkte zur Weiterarbeit, über den engen Rahmen der Referate hinaus, zu finden. – Mir persönlich sehr wesentlich war aber noch ein anderer Gesichtspunkt, auf den ich bei der Arbeit über M. Montessori stieß. Ich möchte dies hier der Vollständigkeit halber erwähnen, auch wenn es für mich selbst mehr von Belang sein mag, als für mein wissentschaftliches [!] Studium. Andererseits sind diese beiden Dinge in den ersten Semestern wohl kaum zu trennen. – Durch den Versuch[,] M. Montessori zu verstehen[,] aber auch kritisch zu begreifen, fand ich |Martin Bubers[44] Abhandlung|[45] »Ich und Du«, (Leipzig 1923)[46], wo er die Wortpaare »Ich-Du« und »Ich-Es« als die beiden Grundworte setzt, die die Haltung des Menschen beschreiben. Er sagt: »Die Welt als Erfahrung gehört dem Grundwort Ich-Es zu. Das Grundwort Ich-Du stiftet die Welt der Beziehung.« (S. 12). Von hier aus ergab sich eine |Kritik an M. Montessoris Erziehungstheorie|[47] derart, daß sie im Grunde für das Kind nur die Welt als Erfahrung, also die des »Ich-Es« sieht. Dies ist nur eine Andeutung, deren Richtigkeit erst bewiesen werden müßte, aber sie zeigte mir von Neuem, wie weitgehend und wie tief die Probleme der Erziehung zu verstehen sind und wie sehr sie den, der sich mit ihnen auseinanderzusetzen versucht, in seiner gesamten menschlichen Haltung einbeziehen in ihre Problematik. Ich glaube von da her – dies war wohl die für mich wichtigste Einsicht dieses Semesters –[,] daß die Pädagogik mehr als Psychologie und Geschichte eine Stellungnahme verlangt, die für den, der sie vollzieht, selber wesentlich ist und in seiner Gesamthaltung zentral liegen muß. Ich meine so: man kann Psychologie studieren, ohne z. B. zu dem Leib-Seele-Problem eine für einen selbst verbindliche Stellung zu beziehen, (wissentschaftlich [!] ist es ja tatsächlich nicht zu lösen), aber man kann nicht auf ebenso unverbindliche Art zu den Fragen der Pädagogik stehen, wenn man Pädagogik studiert. Hierbei soll gerade das Beispiel: Leib-Seele-

42 Nelly Wolffheim (1879–1965), Pädagogin; Gründerin eines Kindergartens auf psychoanalytischer Grundlage; Hauptwerk: Psychoanalyse und Kindergarten, Leipzig 1930.

43 Hans Zulliger (1893–1965), Schweizer Kinderpsychologe und Schriftsteller; Vertreter der psychoanalytischen Pädagogik und Erziehungsberatung.

44 Martin Buber (1878–1965), deutsch-österreichischer, später im Zuge der Emigration israelischer Sozial- und Religionsphilosoph; bedeutender und bis heute einflussreicher Schriftsteller, Denker und Politiker der deutsch-jüdischen Kultur- und Geisteswelt. Siehe u. a. Michael Zank, New Perspectives on Martin Buber, Tübingen 2006.

45 Unterstreichung in Akte.

46 Martin Buber, Ich und Du, Leipzig 1923; zum »dialogischen Prinzip« bei Buber u. a. Bernhard Casper, Das dialogische Denken. Franz Rosenzweig, Ferdinand Ebner und Martin Buber, Neuaufl., Freiburg 2002 (zuerst 1967); als Überblick zu dieser in der Zwischen- und Nachkriegszeit einflussreichen philosophisch-weltanschaulichen Strömung auch: C. F. G. [Carl F. Gethmann], Philosophie, dialogische, in: Jürgen Mittelstraß (Hrsg.), Enzyklopädie Philosophie und Wissenschaftstheorie, Bd. 3, Stuttgart/Weimar 2004, S. 160 f.

47 Unterstreichung in Akte.

Problem[48] zeigen, daß ich damit nicht etwa irgendetwas über die Objektivität der Wissentschaft [!] sagen will, sondern vielmehr – wenn man so sagen darf – die Bedeutung der pädagogischen Fragestellung für den, der sich überhaupt damit befasst, meine.

Die Arbeit in Psychologie war ganz anderer Natur. Für das Praktikum über Wahrnehmung und Vorstellung war jede Woche ein Protokoll anzufertigen, das eine Beschreibung der Versuche, die gemacht wurden, ihre statistische Auswertung, eine Interpretation der Auswertungen und ihre Theorien beinhaltete. Dazu gehörten natürlich auch die Angaben von Fragestellung und Methode der Versuche bzw. Versuchsreihen. – Die Übung zur Einführung in die psychologische Diagnostik und Schulleistungsuntersuchungen war im Grunde eine Erweiterung der Übung des vorigen Semesters über Intelligenztestverfahren. Sie wurde für die Hauptfachpsychologen, die einen Schein darüber brauchen, mit einem Kolloquium abgeschlossen. –

Für das Proseminar in Geschichte bei Prof. Büttner war an sich eine schriftliche Hausarbeit abzugeben, über den Erzbischof Liutbert von Köln oder über Ludwig den Jüngeren nach den Annales Fuldenses.[49] Außerdem fand am Ende des Semesters eine mündliche Prüfung statt. Ich habe mich an keinem von beiden beteiligt. Tatsächlich hatte ich mir für dies Semester zu viel vorgenommen, und wollte deshalb dieses Proseminar später wiederholen. Dank des Entgegenkommens von Herrn Prof. Büttner kann ich aber die Arbeit zu Beginn des Sommersemesters abgeben und dann auch noch die Prüfung machen. Auf diese Weise kann ich aber über meine Arbeit in Geschichte kaum etwas sagen. Es sind im Anfang ja in der Hauptsache die Schwierigkeiten des Mittellateins zu überwinden[,] und man lernt die Grundbegriffe einer richtigen Textinterpretation und erste Ansätze der Methode der Wissentschaft [!].

Vom 28. Februar bis 17. März nehme ich an einer Studienreise des Oberseminars des Pädagogischen Seminars nach |England|[50] teil.

Das Bild, das ich in diesem Semesterbericht gebe[,] ist nicht ganz klar, denn über mein Psychologiestudium kann ich eigentlich nichts sagen. Ich sehe tatsächlich keinen rechten Ansatzpunkt, mich darüber zu äußern. Die Dinge haben Klarheit und Unklarheit, wie |in jeder anderen Naturwissentschaft [!]|.[51] Man kann sie aber nicht eigentlich diskutieren, bzw. keine Gesichtspunkte her-

48 Das Leib-Seele-Problem beschäftigt sich mit dem Zusammenhang zwischen mentalen und physischen Zuständen und gehört spätestens seit René Descartes (1596–1650) zu den Kernanliegen der europäischen Geistesgeschichte. Vgl. J.M. [Jürgen Mittelstraß], Leib-Seele-Problem, in: Ders., Enzyklopädie Philosophie (Anm. 46), Bd. 2, S. 581–584.

49 Die Annales Fuldenses stellen eine der wichtigsten Quellen zur Geschichte des Ostfränkischen Reichs im 9. Jahrhundert dar; an dessen Spitze stand 876–882 Ludwig der Jüngere (ca. 835–882). Liutbert von Köln (793–871) war 842 erwählter Erzbischof von Köln und 849–870 vierter Bischof von Münster.

50 Unterstreichung in Akte. Siehe dazu das Gutachten Elisabeth Blochmanns vom 4. Juli 1956: Akte Meinhof, Dok. III.2.

51 Unterstreichung in Akte.

antragen, die es einem erlauben, sie zu diskutieren. Wollte man es ernstlich versuchen, so – fürchte ich – würde man zu leicht mehr sagen, als man tatsächlich kann, nach den Grenzen, die ein Überblick in diesem Gebiet für den Anfänger noch haben muß. Ich hoffe aber, im kommenden Semester meine Semesterarbeit zu schreiben, von welcher es dann möglich sein wird, einen Arbeitsbericht zu geben.

Neben meinem Fachstudium habe ich in diesem Semester lediglich an einem Arbeitskreis der evangelischen Studentengemeinde, dem |»Berneuchner Kleinkreis«|,[52] teilgenommen, der sich in diesem Semester das |Problem der Meditation, praktisch und theoretisch|,[53] gestellt hatte.

Abschließend zu diesem Semester möchte ich sagen, daß ich zwar sehr viel gelernt habe[,] mir andererseits aber etwas zu viel vorgenommen hatte, um – es klingt paradox – wirklich studieren zu können. Den rechten, d.h. sinnvollen Mittelweg hoffe ich im nächsten Semester zu finden.[54]

3. Sommersemester 1956, undatiert (August 1956; neun Seiten ohne Deckblatt,[55] handschriftlich)

Ulrike Meinhof
Marburg/L.
Barfüßertor 26
Ab 1.9.: Steinweg 14

Semesterbericht. SS 1956

Das Sommersemester 1956 war mein bisher schönstes Semester. Vielleicht war es nicht das »erfolgreichste«, insofern, als ich weniger umfangreiche Referate hielt, eine kleinere Anzahl von Scheinen am Ende des Semesters »einsammelte« und nicht zuletzt weniger Nächte durcharbeiten mußte, was mir in den beiden vorangegangenen Semestern, wohl aus Mangel an Planmäßigkeit, passierte. Aber aus all diesen Gründen war es eben, so denke ich jetzt darüber und so war mir während des Semesters zumute, das erste Semester, in dem ich studierte und

52 Unterstreichung in Akte. Der »Berneuchner Kleinkreis«, der u.a. ein regelmäßiges Mittagsgebet organisierte, war Teil der Marburger Studentengemeinde und »fragte nach Formen der Meditation und der Liturgie«, so: Heinz-Werner Kubitza, Geschichte der Evangelischen Studentengemeinde Marburg, Marburg 1992, S. 218; siehe auch Alois Prinz, Lieber wütend als traurig. Die Lebensgeschichte der Ulrike Marie Meinhof, Weinheim/Basel 2007, S. 84f.

53 Unterstreichung in Akte.

54 Der Semesterbericht trägt keine Unterschrift. Von Vertrauensdozent Ernst Benz handschriftlich hinzugefügt: »ges. Benz 21.3.56«.

55 Neben Meinhofs Anschrift und der Bezeichnung Semesterbericht SS 1956 findet sich darauf der Eingangsstempel vom 30. August 1956 (Absender: Wendt), außerdem der Aufdruck »betrifft: Endg. Aufnahme«. Handschriflich hinzugesetzt wurde zudem: »*1934, 3. Sem. Pädagogik, Psychol., Kunstgeschichte«.

nicht nur arbeitete.[56] Dazu gehörte – und mir scheint, daß dies das Entscheidende ist, solange man nicht unter irgendeinem Examensdruck steht –[,] daß mir alles, was ich tat, eine fruchtbare Arbeit war. D. h. daß man in dem, was man tut, einen Weg sieht zur Klärung der Dinge, die einem selber wesentlich sind und sich so gewissermaßen mit seiner Arbeit identifizieren kann[57]; daß man – ohne anmaßend zu sein – sagen darf, man habe nicht nur sehr viel gelernt, sondern auch manches begriffen.

Belegt und gehört habe ich in diesem Semester: In Pädagogik: Frau Prof. Blochmann: Die Pädagogik des 17. und 18. Jahrhundert (Vorlesung); Rousseau (Proseminar); Dr. Furck: Hermann Nohl: Theorie der Bildung (Seminar). In Psychologie: Prof. Düker: Allgemeine Psychologie (Vorlesung); Pädagogische Psychologie (Übung); Psychologische Diagnostik: Persönlichkeitskunde (Übung); Dr. Tausch: Kinderpsychotherapie (Vorlesung). In Kunstgeschichte: Prof. Hamann-Mac Lean[58]: El Greco, Velasquez, Goya, Picasso (Vorlesung); Prof. Goldammer[59]: Das Bild des Menschen und der Welt in der christlichen Kunst (Vorlesung); Prof. Matz[60]: Hellenistische Plastik (Übung). Studium Generale: Pater Dr. Koch[61]: Christliche Sozialethik (Vorlesung); Kreuz und Auferstehung als Heilsgeschehen (Übung). – Ich nahm an einer |Exkursion zur Etrusker-Ausstellung|[62] nach Köln unter Leitung von Herrn Prof. Matz teil und nach Frankfurt zu den Mosaiken aus Ravenna[63] unter der Leitung von Herrn Prof. Kerber (Gießen). – Gearbeitet habe ich in diesem Semester in der Hauptsache [über] Rousseau, Nohl: Theorie der Bildung, Persönlichkeitskunde und für Kunstgeschichte: süddeutschen und österreichischen Barock in der Baukunst. Letzteres war gedacht für eine Prüfung bei Herrn Prof. Kerber, dem Kunsthistoriker in Gießen (früher Jena), der mir daraufhin ein Gutachten für die

56 Links Anstrich neben letztem Halbsatz.

57 Links Anstrich neben letztem Halbsatz.

58 Richard Hamann-Mac Lean (1908–2000), Kunsthistoriker; ab 1949 außerplanmäßiger Professor in Marburg; 1964 Ernennung zum Wissenschaftlichen Rat am Kunstgeschichtlichen Seminar der Universität Marburg, 1967–1973 ordentlicher Professor in Mainz; Kritiker der Westbindung, einer möglichen Atombewaffnung in Deutschland und der Notstandsgesetzgebung.

59 Kurt Goldammer (1916–1997), ev. Theologe und Religionswissenschaftler; ab 1947 außerplanmäßiger Professor für Religionsgeschichte und Geschichte der religiösen Kunst in Marburg.

60 Friedrich Matz (1890–1974), klassischer Archäologe; 1941–1958 ordentlicher Professor für Klassische Archäologie in Marburg, spezialisiert auf das hellenistisch-römische und kretisch-mykenische Gebiet; 1946/47 auch Rektor der Universität.

61 Pater Dr. Gerhard Koch (1905–1986) war damals Studentenpfarrer in Marburg; später Professor an der Theologischen Hochschule Hochschule Fulda. Vgl. http://www.con-spiration.de/syre/files/rothe-tb/koch.html (4. Mai 2015).

62 Unterstreichung in Akte; links Anstrich. Bis Mitte Juli 1956 war die Etrusker-Ausstellung in Köln zu besichtigen. Vgl. Eduard Trier, Die Etrusker in Köln, in: Die Zeit vom 14. Juni 1956.

63 Diese Ausstellung fand im Juni 1956 in der Frankfurter Paulskirche statt. Siehe auch Giuseppe Bovini, Mosaiken aus Ravenna. Ausstellung von Originalen und werkgerechten Nachbildungen 2. Juni bis 1. Juli 1956, Paulskirche, Frankfurt a. M. 1956.

endgültige Aufnahme in die Studienstiftung schreiben sollte.[64] Diese Prüfung konnte nicht stattfinden, da er – unvorhergesehenerweise – schon am 20. Juli zu einer Spanischexkursion abreiste und keine Zeit mehr hatte, mich zu prüfen. Da er mich aber von Exkursionen kennt, ich ihn auch während des Sommers mehrfach in Gießen besuchte – ich hörte seine Vorlesung über Niederländische Malerei –[,] wird er das Gutachten trotzdem schreiben.

In folgender Weise habe ich in diesem Semester meinen Studienplan verändert: Ich habe das zweite Hauptfach: Psychologie ins Nebenfach genommen und an Stelle von Geschichte Kunstgeschichte gehört. Der primäre Grund für beide Veränderungen war der, daß ich mit Psychologie als Hauptfach und mit Geschichte neben meinem eigentlichen Hauptfach Pädagogik – sowohl als Studienfach als auch meinem Hauptanliegen – zu stark in Anspruch genommen bin und dadurch viel arbeite[,] aber nicht mehr fruchtbar studiere. Für Geschichte fehlen mir außerdem die nötigen Nebenfächer, wie Deutsch (Mittelhochdeutsch) und Kunstgeschichte. Beides spielt wohl in einem Nebenfachexamen keine große Rolle, aber zum eigentlichen Verständnis der Sache, d.h. eben für ein sinnvolles Studium der Geschichte möchte ich nicht auf diese Dinge verzichten und mich damit von vornherein mit einem Mangel abfinden müssen. – Das Hauptfachstudium in Psychologie bedeutet, daß ich nach dem 5. Semester das Vordiplom mache und während der Ferien drei mindestens acht-wöchige Praktika; außerdem muß ich eine Summe von Nebenfächern studieren, die für die Pädagogik keine Bedeutung haben. Im Nebenfachstudium der Psychologie kann ich mich auf die für die Pädagogik wichtigen Gebiete beschränken, diese auch intensiver betreiben und gewinne Zeit für andere Fächer, die der Pädagogik nahe stehen und mir selbst wesentlich erscheinen. So war es mir durch die Einschränkung in Psychologie in diesem Semester möglich, an der Vorlesung und Übung von Pater Dr. Koch teilzunehmen.

Zum Thema Psychologie möchte ich noch eines hinzufügen, was mir im Laufe der ersten drei Semester immer deutlicher wurde. Ich habe zu diesem Wissensgebiet keine echte innere Beziehung. Ausgedrückt fand ich meine Skepsis gegenüber diesem Fach bei Max Scheler[65], der in seiner Abhandlung »Bildung und Wissen« (3. Auflage Frankfurt/M. 1947)[66] sagt: »Auch dem Wissen muß, wie allem, was wir lieben und suchen, ein Wert und ein finaler ontischer Sinn zukommen«. (S. 25). Er gibt dann die Unterscheidung von Leistungs-, Bildungs- und Erlösungswissen.[67] Ich möchte mich [!] hier nicht anmaßen, das Für und Wider, welches zu diesen Aussagen bei Max Scheler auftaucht, zu erwägen, aber eines wurde mir deutlich, daß die Psychologie, solange sie naturwissentschaftlich [!]

64 Siehe Kerbers Stellungnahme in Briefform vom 3. Oktober 1956: Akte Meinhof, Dok. III. 4.

65 Max Scheler (1874–1928), Philosoph, Anthropologe und Soziologe; Begründer der »materiellen Wertethik« und bedeutender Vertreter der Philosophischen Anthropologie sowie der Erkenntnistheorie. Vgl. Wolfhart Henckmann, Max Scheler, München 1998.

66 Max Scheler, Bildung und Wissen, 3. Aufl., Frankfurt a.M. 1947.

67 Links Anstrich neben den letzten drei Sätzen.

arbeitet – eine Methode, die ich schwer – soweit ich es übersehe – für die einzig adäquate halte – nicht mehr als »Leistungswissen« sein kann, |das der Frage nach dem Menschen entbehrt|[68], obwohl der Mensch Gegenstand dieser Wissentschaft [!] ist. Psychologisches Wissen ist wohl nützlich, deshalb studiere ich es, aber es kann, meines Erachtens[,] nicht geistiges Eigentum werden; es hat, soweit ich Max Scheler recht verstehe, keinen »Wert«. (Ich brauche, glaube ich, nicht ausführlich erwähnen, daß Max Schelers Ausführungen allgemeiner Art sind und er sich nicht auf die Psychologie bezieht). Es ist in einem relativ kleinen Ausschnitt zweckhaft und insofern auch zweckmäßig, aber darüber hinaus ist es »Wissen um des Wissens willen«, das, wie Max Scheler sagt – und ich fand dort die Formulierung für das, was mich seit langem beschäftigte – »genauso eitel und albern (ist) wie das l'art pour l'art des Ästheten«. (S. 25/26). All dies wurde mir insbesondere deutlich an Hubert Rohrachers[69] Buch »Persönlichkeit und Schicksal« (Wien und Leipzig 1926)[70], wo die Weite wie auch die Bedingtheit der Grenzen der Psychologie aufgezeigt werden. Es gibt in der Psychologie nur Wissen, aber nicht das, was Dilthey[71] und heute Bollnow[72] »Verstehen« nennen.[73]

Die Rousseau-Arbeit hatte eine Summe von Anknüpfungspunkten zu den vorherigen Semestern. Pestalozzi, Fröbel, Maria Montessori, das pädagogische Problem der Strafe, überall waren Verbindungen gegeben, z. T. direkt, z. T. indirekt. – Ich nahm an einer Arbeitsgemeinschaft für das Referat über das vierte Buch des Emile[74] (Pubertätsalter) teil und hatte dort die Sonderaufgabe, das theoretische Menschenbild Rousseaus, aufgrund des vierten Buches, zusammenfassend darzustellen. In dem betreffenden Referat hatten diese Überlegungen letztlich keinen Raum, aber es lag mir daran, diese Dinge einmal zusammenzufassen. Ich hatte in den Ferien und zu Beginn des Semesters |Martin Buber|[75] gelesen, was ich in diesen Ferien fortsetzen will, und von diesem An-

68 Unterstreichung in Akte; links Anstrich.

69 Hubert Rohracher (1903–1972), österreichischer Psychologe; promovierter Philosoph und Jurist; entwickelte sich später aber zum Vertreter einer naturwissenschaftlichen Richtung innerhalb der Psychologie mit besonderem Interesse an hirnphysiologischen Zusammenhängen, mithin einer Ausrichtung, welche Meinhof kritisierte.

70 Hubert Rohracher, Persönlichkeit und Schicksal. Grundlegung zu einer Wissenschaft und Philosophie der Persönlichkeit, Wien 1926.

71 Wilhelm Dilthey (1833–1911), Theologe, Philosoph, Psychologe und Pädagoge; wichtiger Begründer einer modernen Theorie der Geisteswissenschaften sowie deren Methodik, der hermeneutischen »Verstehenslehre«.

72 Otto Friedrich Bollnow (1903–1991), Philosoph und Pädagoge; beeinflusst von Dilthey-Schule; spezielles Interesse an philosophischen und anthropologischen Grundlagen der Pädagogik; ab 1946 ordentlicher Professor in Mainz, dann 1953–1970 in Tübingen.

73 Rechts Anstrich neben diesem Satz.

74 Jean-Jacques Rousseaus pädagogisches Hauptwerk »Émile ou De l'éducation« erschien erstmals 1762.

75 Unterstreichung in Akte; rechts Anstrich etwa bis zum Satzende.

satz aus drängt sich einem immer wieder die Frage auf, ob der Mensch auf sein Selbstsein als Einzelner oder auf den dialogischen Bezug hin zu sehen und schließlich zu erziehen ist. Eine Frage freilich, die ich noch einige Zeit werde zurückstellen müssen, die mir aber sehr wichtig ist. Ich habe all dies noch längst nicht zu Ende durchgedacht und möchte deshalb hier nur diesen Ansatz erwähnen. Ohne die Frage zweckhaft zu stellen[,] kommt man aber doch – auch schon in oberflächigerer Ebene[,] als Buber zu verstehen ist – nie aus dem Bereich mitmenschlicher Verantwortung heraus, wenn man überhaupt versucht, einen wesenhaften Gesichtspunkt überordnend zu finden.

Das Seminar von Dr. Furck über H. Nohl: Theorie der Bildung war außerordentlich wichtig. Gleichsam die gesamten Grundlagen der pädagogischen Theorie wurden hier zumindest durchgesprochen; die Durcharbeitung ist bei so umfassendem Thema ja nur in einer Nachbereitung möglich. Das Referat, das ich zu diesem Seminarthema abgab über Franz Zeugner: »Das Problem der Gewöhnung in der Erziehung« (Langensalza 1929)[76] war nur ein kleiner Beitrag. Zeugner bespricht in dieser Arbeit lediglich die formalen Grundlagen der Gewöhnung, wo die psychologischen Grundlagen heute wohl z. T. anders gesehen werden müßten und für die eigentlich pädagogischen Fragen hier nur die Voraussetzungen gegeben wurden. – Aber beide Seminare, Rousseau und Hermann Nohl: Theorie der Bildung[,] gaben Grundlagen, sowohl für die Geschichte der Pädagogik als auch für ihr heutiges Selbstverständnis.

Daß ich in diesem Semester [über den] |Barock|[77] arbeiten konnte, war mir eine große Freude. Ich hatte zum Abitur – so, wie man das als Abiturient, gemäß den Anforderungen, noch wagt – deutsche Barocklyrik als Thema angegeben, im wesentlichen aufgrund von Herbert Cysarz'[78] Buch »Deutscher Barock in der Lyrik«,[79] und ich hatte in meinen ersten Semesterferien von Ottmar Kerber »Von Bramante bis Lukas van Hildebrandt« (Stuttgart 1947)[80] durchgearbeitet. So war es für mich naheliegend, daß ich die erste Gelegenheit wahrnahm, in diesem Gebiet gründlicher weiterzuarbeiten. Daß ich damit nicht wartete, bis mir eine Vorlesung oder ein Seminar den Leitfaden geben würde, hat zwei Gründe: Erstens ist die Mitarbeit in einem Seminar bei weitem fruchtbarer,

76 Franz Zeugner, Das Problem der Gewöhnung in der Erziehung, Langensalza 1929. Zeugner war ein Sozialpädagoge aus Stollberg im Erzgebirge. Später veröffentlichte er auch als Bd. 1 der u.a. von Elisabeth Blochmann und Herman Nohl herausgebenen Reihe »Kleine Pädagogische Texte«: Pestalozzis Gedanken zur Kriminalpädagogik. Eingeleitet von Franz Zeugner, Weinheim 1962.

77 Unterstreichung in Akte.

78 Herbert Cysarz (1896–1985), Germanist; Professor für Literaturgeschichte, 1928–1938 in Prag, danach in München; Emeritierung 1950, aber aufgrund seines politischen Engagements im »Dritten Reich« nach 1945 kein Lehrauftrag mehr.

79 Herbert Cysarz, Deutsches Barock in der Lyrik, Leipzig 1936. Die deutsche Barockliteratur stellte Cysarz' Hauptarbeitsgebiet dar.

80 Ottmar Kerber, Von Bramante zu Lucas von Hildebrandt, Stuttgart 1947.

wenn man sich in das Gebiet bereits etwas eingearbeitet hat, und zum anderen besteht ja die Skepsis gegen die Kunsthistoriker, d. h. gegen ihre Undiszipliniertheit in der Sache nicht zu Unrecht[,] und daß ich Kunstgeschichte studiere[,] hat eigentlich das Trotzdem, gegenüber der vielen Unklarheit, im Hintergrund.[81] So will ich versuchen[,] möglichst schnell zu einer relativen Selbständigkeit in der Arbeit zu kommen.

Wenn ich sagen soll, was mich am Barock so beschäftigt, so würde ich das Wort von Cysarz für den Inhalt nennen mögen: »Barock ist Todesfurcht und Schäferliebe«,[82] für die Gestaltung aber, in der Architektur, ist es diese Verquickung von Zucht und Unbändigkeit, so wie Fischer von Erlach[83] z. B. Landschaft, Fassaden und Baukörper – angefangen bei seinem Entwurf zum Schloß Schönbrunn bis hin zur Wiener Hofbibliothek – tektonisch durchdringt und die Baumassen in wachsender Steigerung ihrer körperhaften Wirkung in Bewegung bringt. Oder wenn [man] an Prandtauers[84] Stiftskirche in Melk denkt, wo das Hauptgesims im Inneren mit den Emporen und der Decke zu einer einzigen Bewegung zusammengefaßt sind, ohne die Klarheit des Grundrisses zu verwischen. Man braucht sicherlich nicht pathetisch zu sein, wenn man hier einen Formwillen begreift, der mehr ist als das, was landläufig unter barockem Pomp und Überladung meines Erachtens mißverstanden wird. Freilich ist auch der Barock »eine Blütezeit der Hochstapler und Glücksritter« (Werner Hager: Die Bauten des deutschen Barock 1690–1770, Jena 1942, S. 29)[85], zu dieser »Fülle des Lebens« mag auch das Wort Talleyrands »wer nicht vor 1789 gelebt hat, weiß nicht, was leben heißt«[86] gehören, aber diese Worte sprachen eher für den Formwillen dieser Zeit als gegen ihn und gegen seine absolute Beherrschtheit.

[Ich glaube, durch die Kunst kann man Menschen etwas mitteilbar machen, was man »lebendige Anschauung« nennt. Daher glaube ich auch, daß ich für den späteren Lehrberuf hier auf dem richtigen Wege bin. Hier habe ich allerdings auch ein Vorbild,][87] daß [!] mir, trotz der Skepsis gegen viele Kunsthistoriker, Mut machte zu diesem Studium, das ist |mein Vater|.[88] Er war mehr Museumsmann als nur Kunstwissentschaftler [!] und an seinen Vorträgen (sie sind

81 Rechts Anstrich neben letztem Halbsatz.

82 Cysarz, Deutsches Barock (Anm. 79), S. 43.

83 Johann Bernhard Fischer von Erlach (1656–1723), österreichischer Architekt; Begründer der spätbarocken deutschen Architektur.

84 Jakob Prandtauer (1660–1726), österreichischer Architekt; bedeutender Barockbaumeister.

85 Werner Hager, Die Bauten des deutschen Barocks 1690–1770, Jena 1942.

86 Das von dem französischen Historiker François Guizot überlieferte Talleyrand-Diktum soll gelautet haben: »Wer nicht in den Jahren unmittelbar vor 1789 gelebt hat, der weiß nicht, welche Bewandtnis es mit dem *plaisir de* vivre hat«. So wird der Talleyrand zugeschriebene Satz, der in verschiedenen Variationen als geflügeltes Wort fortlebte, wiedergegeben von Johannes Willms, Talleyrand. Virtuose der Macht 1754–1838, München 2013, S. 30.

87 Eckige Klammern in Akte hinzugesetzt; links Anstrich.

88 Unterstreichung in Akte.

1941 bei Eugen Diederichs in Jena unter dem Titel »Lebendige Anschauung«[89] erschienen) habe ich es eigentlich am deutlichsten gemerkt – man findet dies wohl sehr selten bei Kunsthistorikern –[,] daß Kunst wahrhaftig nicht ein Privileg der oberen Zehntausend ist, und daß auch hier ein Weg ist, über die eigene »Wohnkultur« hinaus, Menschen zu bilden. – Freilich, man kann es nur hoffen, daß man später einmal fähig ist, die schwierigen Dinge der Wissentschaft [!] einfach auszudrücken. Aber welche Weiten menschlichen Denkens und Wollens und Selbstverständnisses sind gegeben in einem einzigen Werk wie dem Genter Altar. Flächig und in Schichten hinter- bzw. über- und nebeneinandergereiht die Teile des Hubert van Eyck und die perspektivisch begriffene Malerei des Jan, wo der Durchbruch des anthropozentrischen Denkens der Neuzeit stattgefunden hat. (Hierzu die Literaturangabe: Prof. Kerbers Vorlesung über Niederländische Malerei und sein Buch: Hubert van Eyck.)[90] – ||Aber es ist auch eine Gefahr, sich all dieser Möglichkeiten des Kunstgeschichtsstudiums bewußt zu sein. Eigentlich dürfte dieses Wissen nicht am Anfang stehen, sondern müßte letztes und schönstes Ergebnis sein. Es ist die Gefahr, daß man sich den Weg zur echten Begegnung verbaut, weil man bereits ein eigenes Konzept, wie man die Dinge verstehen möchte, hat; es hindert einen, eine Sache, die man grundsätzlich ablehnt, mit all ihren positiven Möglichkeiten durchzudenken, weil man eigenes zwischen sich und die Sache gestellt hat. Ich glaube, daß nur die wirkliche Bereitschaft zum Schülersein – was oftmals eine Frage der Zucht ist – einem die echte Erfahrung der Dinge geben kann. Man denkt viel zu gerne seine eigenen Überlegungen weiter, aber man geht auch leicht zu weit, bevor man ganz zugehört hat. Deshalb machte es mir einerseits Spaß, diesen |Semesterbericht|[91] zu schreiben[,] und andererseits empfindet man gegenüber der Nötigung, etwas Zusammenfassendes zu sagen, die Schwierigkeit, immer nur Unfertiges sagen zu dürfen, um nicht über sich selbst hinwegzureden, was vielleicht gut »klänge«, aber keine Substanz und keinen Grund mehr hätte.||[92]

Aber dies will ich noch einmal wiederholen: das Sommersemester 1956 war mein bisher schönstes Studiensemester.[93]

89 Meinhof, Lebendige Anschauung (Anm. 5); zur Geschichte des Eugen Diederichs Verlags vgl. Florian Triebel, Der Eugen Diederichs Verlag 1930–1949. Ein Unternehmen zwischen Kultur und Kalkül, München 2004; Gangolf Hübinger (Hrsg.), Versammlungsort moderner Geister – der Eugen-Diederichs-Verlag. Aufbruch ins Jahrhundert der Extreme, München 1996.

90 Ottmar Kerber, Hubert van Eyck. Die Verwandlung der mittelalterlichen in die neuzeitliche Gestaltung, Frankfurt a.M. 1937. Die Mitwirkung Hubert van Eycks neben seinem Bruder Jan an der Schaffung des Genter Flügelaltars ist mittlerweile in Frage gestellt worden. Vgl. Nils Büttner, Johannes arte secundus? Wer signierte den Genter Altar?, in: Thomas Schilp (Hrsg.), Dortmund und Conrad von Soest im spätmittelalterlichen Europa, Bielefeld 2004, S. 179–200.

91 Unterstreichung in Akte.

92 Gesamter Bereich durch handschriftliche Markierung hervorgehoben; außerdem rechts Anstrich über die Länge der letzten zwei Sätze.

93 Der Semesterbericht trägt keine Unterschrift. Von Vertrauensdozent Ernst Benz handschriftlich hinzugefügt: »ges. Benz 19.8.56«.

4. Wintersemester 1956/57, undatiert (Mai 1957; sechs Seiten, handschriftlich)[94]

Ulrike Meinhof
Marburg/L.
Steinweg 14

Semesterbericht. (WS 1956/57)

Das Winter-Semester 1956/57 war mein 4. Studiensemester. Folgende Vorlesungen und Seminare habe ich in diesem Semester gehört: Pädagogik: Prof. Blochmann: »Das Problem der Bildung von Rousseau bis Schleiermacher« (Vorl.); »Probleme der Sowjet-Pädagogik« (Seminar); Dr. Scheibe[95]: »Die Reformpädagogik Friedrich Wilhelm Foersters« (Übung). Kunstgeschichte: Prof. Usener[96]: »Die Malerei des französischen Impressionismus« (Vorl.); Dr. Rössler[97]: »Die Malerei der 2. Hälfte des 14. Jahrhunderts« (Proseminar); Prof. Laag[98]: »Kirchenbau und kirchliche Kunst der Gegenwart« (Vorl.); Prof. Hamann: »Ästhetik« (Vorl.); Theologie: Pater Koch S.J.: »Der Katholizismus« (Vorl.); Prof. Surkau[99] (ev.): »Liturgik I.« (Vorl.).

Gearbeitet habe ich in diesem Semester in der Hauptsache für das Seminar über Probleme der Sowjet-Pädagogik und für die Übung über F.W. Foersters »Reformpädagogik«.[100]

Der leitende Gesichtspunkt für das Seminar über Probleme der Sowjet-Pädagogik war der Begriff der »Challenge«, wie ihn Toynbee[101] gibt, in dem Sinne,

94 Eingangsstempel vom 13. Mai 1957 (Absender: Benz).

95 Wolfgang Scheibe (1906–1993), Pädagoge; 1954–1959 Lehrbeauftragter für Pädagogik in Marburg, siehe auch das spätere Werk von Wolfgang Scheibe, Die reformpädagogische Bewegung 1900–1932, Weinheim 1969.

96 Karl Hermann Usener (1905–1970), ab 1953 ordentlicher Professor für Kunstgeschichte in Marburg.

97 Irmgard Rößler, Kunsthistorikerin (1899–1998), 1951–1963 Lehrbeauftragte für Kunstgeschichte in Marburg; dort 1939 promoviert mit der Arbeit: Die hessische Buchbinder-Familie Merz. Ein Beitrag zur Einbandkunst um 1800, Gießen 1939.

98 Heinrich Laag (1892–1972), ev. Theologe und Archäologe; ab 1950 Lehrbeauftragter, dann Honorarprofessor in Marburg; 1956 wesentliche Beteiligung an der Gründung des dortigen Instituts für Kirchenbau und kirchliche Kunst der Gegenwart.

99 Hans-Werner Surkau (1910–1993), ev. Theologe; 1954–1961 Lehrbeauftragter für Praktische Theologie in Marburg; 1961 ordentlicher Professor in Bonn; 1964–1978 ordentlicher Professor für Praktische Theologie mit dem Schwerpunkt Religionspädagogik in Marburg.

100 Friedrich Wilhelm Foerster (1869–1966), Philosoph, Pädagoge und Pazifist; Repräsentant eines unbedingten ethischen Pazifismus und einer auf einer katholisch-christlichen Sittenlehre beruhenden Pädagogik. Zu Meinhofs Studienzeit war aktuell erschienen: Joseph Antz/Franz Pöggeler (Hrsg.), Friedrich Wilhelm Foerster und seine Bedeutung für die Pädagogik der Gegenwart. Festschrift zur Vollendung des 85. Lebensjahres von Prof. Dr. phil. Dr. theol. h.c. Friedrich Wilhelm Foerster am 2. Juni 1954, Ratingen 1955.

101 Zur »Challenge-Response«-Hypothese des britischen Kulturtheoretikers und Geschichtsphilosophen Arnold J. Toynbee (1889–1975) siehe in dessen Hauptwerk: A Study of History. Abridgement of Volumes I-VI by D.C. Somervell, Oxford 1987 (1946), Kapitel V; vgl. H.F. Kearney, Arnold Toynbee: Challenge and Response, in: University Review, 1 (1955), Heft 4, S. 33–41.

daß die Auseinandersetzung mit der »totalitären Erziehung«, wie sie in der S. U. [Sowjetunion], den Ostblockstaaten und insbesondere der SBZ vertreten und praktiziert wird, für uns eine Mahnung ist, unsere Grundlagen immer neu zu durchdenken und die Frage nach der Allgemeingültigkeit unserer Pädagogik immer neu zu stellen. Zugleich ging es uns darum, die Dinge, die in der SBZ geschehen, besser zu verstehen, zu durchschauen und uns in gewissem Sinne zu rüsten für das Gespräch, das in dem Augenblick der Wiedervereinigung zur Notwendigkeit wird.[102] – Die heutige Erscheinungsform der sowjetischen Pädagogik und ihre Geschichte seit 1917 weist auf zwei Quellen zurück: auf Tolstoi[103], der als der bedeutendste Vertreter der Pädagogik des 19. Jh. in Rußland zu bezeichnen ist und auf die sowjet-russische Ideologie, die im Bereich der Erziehung durch A. S. Makarenko[104] vertreten ist. Dazwischen liegen die Schulentwürfe und das pädagogische Gedankengut von Krupskaja[105] und Lunatscharskij[106] (1917–28 Volksbildungskommissar), die eine Verknüpfung von Tolstois Pädagogik, westlicher Reformpädagogik und dem Marxismus-Leninismus versuchten. Meine Aufgabe in diesem Seminar war es, die theoretischen Grundlagen von Makarenkos Pädagogik aufzuzeigen; eine Arbeit, die zentral an das Problem der modernen sowjetischen Pädagogik heranführte. Zudem nahm das Seminar im Januar an einer einwöchigen Tagung über Makarenko im »Gesamteuropäischen Studienwerk« Vlotho/Weser[107] teil, auf der auch Frau Dr. E. Heimpel[108]

102 Die »deutsche Frage« und eine linksnational-neutralistische Antwort darauf standen später am Anfang des publizistischen Engagements Ulrike Meinhofs. Vgl. knapp Hakemi/Hecken, Ulrike Meinhof (Anm. 22), S. 60–67.

103 Zur Rolle des russischen Schriftstellers Lew Tolstoi (1828–1910) für die Pädagogik vgl. dessen Werk: Pädagogische Schriften, 2 Bde., München 1994.

104 Anton Semjonowitsch Makarenko (1888–1939), russisch-sowjetischer Pädagoge und Schriftsteller. Er gilt als der bedeutendste Pädagoge der Sowjetunion. Vgl. Karl Kobelt, Anton Makarenko – ein stalinistischer Pädagoge. Interpretationen auf dem Hintergrund der russisch-sowjetischen Bildungspolitik, Frankfurt a. M. 1996.

105 Nadeschda Konstantinowna Krupskaja (1869–1939), russische Politikerin und Pädagogin; die Ehefrau Wladimir Iljitsch Lenins baute nach 1917 das sozialistische Schulwesen und Erziehungssystem in Sowjetrussland auf.

106 Anatoli Wassiljewitsch Lunatscharski (1875–1933), 1917–1929 Volkskommissar für das Bildungswesen im nachrevolutionären Russland.

107 Das Gesamteuropäische Studienwerk Vlotho wurde 1954 wesentlich auf Initiative von Prof. Dr. Walter Hildebrandt (1912–2007), Soziologe und Osteuropaforscher, begründet und von ihm geleitet. Diese Akademie war eine Stätte politischer Bildung in der frühen Bundesrepublik, die sich insbesondere Problemen des Ost-West-Konflikts und der »deutschen Frage« widmete. Vgl. zu Studienwerk und Hildebrandt: Gudrun Hentges, Staat und Politische Bildung. Von der »Zentrale für Heimatdienst« zur »Bundeszentrale für politische Bildung«, Wiesbaden 2013, S. 183.

108 Elisabeth Heimpel (1902–1972), Pädagogin; Autorin und Mitherausgeberin der pädagogischen Fachzeitschrift »Die Sammlung« von Herman Nohl; regte 1957 mit zur »Göttinger Erklärung« an und war Initiatorin der Unterschriftenaktion »Erklärung der Frauen gegen Atomwaffen«, die auch von Elisabeth Blochmann unterzeichnet wurde; befasste sich mit Makarenkos sozialpädogischen Ideen und veröffentlichte u. a.: Das Jugendkollektiv A. S. Makarenkos, Würzburg 1956. Meinhof blieb auch später (zwischen 1958 und 1960), als sie sich in der Bewegung

und Dr. L. Froese[109] sprachen, die in Westdeutschland wohl die besten Kenner Makarenkos sind. – Eine sehr fruchtbare Ergänzung zu diesem Thema war für mich der Versuch, aus K. Marx' Frühschriften einige seiner Gesichtspunkte zu einer Anthropologie herauszustellen, soweit das für den Nicht-Fachmann überhaupt möglich ist, d.h. der Ausgangspunkt mußte die Frage nach einer erzieherischen Verwertbarkeit der Marx'schen Thesen (ein von Marx aus gesehen völlig willkürlicher, sachfremder Ausgangspunkt) sein[,] und die Aussagen, die sich auf das Verhältnis des Menschen im und zum Produktionsprozeß beziehen, mußten ausgelassen werden. Die Verknüpfung zu Makarenko ist insofern klar, als dieser sich auf die Schriften Marx' und Lenins[110] beruft, derart, daß er sein Kollektiv (es waren zwei Jugendkolonien für jugendliche Rechtsverletzer) nach den dort geforderten Gesichtspunkten aufgebaut habe. Es wäre außerordentlich lohnend, die Herkünfte Makarenkos bei Marx und Lenin einmal zum Gegenstand einer wissentschaftlichen [!] Arbeit zu machen. (Leider kommt das für mich nicht in Frage, da ich kein Russisch kann.) Als ich am Ende des Semesters einem Arbeitskreis der Hessischen Stipendiatenanstalt,[111] der sich in diesem Winter mit Fragen des Ostens beschäftigte, einiges über Makarenko erzählte, versuchte ich in diesem Sinne zu zeigen, wie auf dem Boden der sowjetischen Ideologie eine genuin pädagogische Erziehungslehre entstanden ist; eine Arbeit, die mir selber ein gut Stück Klarheit vermittelte über die politische Bedeutung Makarenkos. – Die andere Herkunft Makarenkos ist allerdings Maxim Gorki, mit einem zwar nüchternen aber zugleich doch enthusiastisch optimistischen Glauben an den Menschen.[112] Dies nur, um den Rahmen dieser Arbeit in etwa anzudeuten. – Inwiefern diese Auseinandersetzung mit Makarenko im Zusammenhang steht mit meinem bisherigen Pädagogik-Studium, kann ich in dieser Kürze kaum sagen. Ich müßte hinweisen auf Pestalozzi einerseits, auf Nohl und die Autonomie der Pädagogik andererseits, weiter auf die Arbeitsschule[113], auf

gegen Atombewaffnung engagierte, in Kontakt mit Heimpel. Siehe Röhl, So macht Kommunismus Spaß! (Anm. 26), S. 134, 317.

109 Leonhard Froese (1924–1994), Erziehungswissenschaftler; ab 1960 ordentlicher Professor in Marburg. Er veröffentlichte u.a.: Das Pädagogische Kultursystem der mennonitischen Siedlungsgruppe in Russland, Göttingen 1949; Ideengeschichtliche Triebkräfte der russischen und sowjetischen Pädagogik, Heidelberg 1956.

110 Siehe als Beleg Anton S. Makarenko, Ausgewählte pädagogische Schriften, 2. Aufl., Berlin 1953; Ekkehard Sauermann, Makarenko und Marx. Praktisches und Theoretisches über die Erziehung der Arbeiterjugend, Berlin 1987.

111 Die Hessische Stipendiatenanstalt ist eine seit 1529 existierende Einrichtung an der Marburger Universität zur Förderung begabter und finanziell bedürftiger Studenten.

112 Alexei Maximowitsch Peschkow (»Maxim Gorki«) (1866–1936), russischer Schriftsteller. Zum Verhältnis Makarenko-Gorki siehe Lotte Adolphs, A.S. Makarenko. Erzieher im Dienste der Revolution. Versuch einer Interpretation, Bonn/Bad Godesberg 1962, S. 96ff.

113 Arbeitsschule bezeichnete ein unterschiedlich ausgeformtes und interpretiertes, auf die selbständige Arbeitsweise der Schüler abzielendes Schulprojekt der Reformpädagogik am Beginn des 20. Jahrhunderts und insbesondere in der Weimarer Republik. Vgl. Georg Kerschensteiner/Philipp Gonon (Hrsg.), Der Begriff der Arbeitsschule, Darmstadt 2002.

M. Montessori, auf M. Buber u.s.w. Eines allerdings müßte hervorgehoben werden: die Andersartigkeit Makarenkos, als einem Russen, einem »Kommunisten« u.s.w. zwang dazu, auf Kategorien westlicher Pädagogik zu verzichten und ihn – wie Frau Dr. Heimpel in Vlotho sagte – von innen her, aus ihm selbst zu verstehen. Aber – auch dies »ist ein weites Feld.«

Außerordentlich wichtig war mir die Übung über Friedrich Wilhelm Foerster. Das Referat über die »Pädagogische Bewegung in Deutschland« – es fiel mir zu, da ich der einzige Hauptfachpädagoge in dem Seminar war – nach dem gleichnamigen Buch von H. Nohl zeigte von vornherein deutlich, daß Foerster mit dem Terminus »Reformpädagoge« nicht gefasst werden kann. Er steht unabhängig von allen pädagogischen Reformbewegungen des 20. Jahrhunderts und beruft sich nicht auf sie. Er steht auch nicht im Raum der wissentschaftlichen [!] Pädagogik, wie sie von Dilthey und Nohl herkommt. Wollte man eine geistesgeschichtliche Linie bei ihnen suchen, so ginge diese – einsetzend mit Plato – von Augustin aus, über Pascal, Kierkegaard, K. Barth, aber auch Schopenhauer und Nietzsche, also nicht über den deutschen Neuhumanismus und Idealismus. Foerster ist Christ, ohne daß man ihn konfessionell festlegen könnte, und – wollte man sein zentrales Anliegen in einem Satz aussprechen, müßte man sagen: er geht aus vom Menschen, wie er ist, er geht also den psychologischen Weg und stellt diesem Menschen eine Ethik, die aus dem Christentum erkannt und begründet ist, gegenüber, mit der Intention[,] eine »Verknüpfung des alltäglichen Lebens mit der höchsten Wahrheit« zu schaffen. In diesem Sinne ist Foerster »zutiefst Humanist[,] und ein humanistisches Menschenbild ist sein Ausgang und Ziel« (H. M. Görgen in: F. W. Foerster, das Gewissen einer Generation, Recklinghausen 1953 S. 43)[114], wobei der Humanismus Foersters allerdings von einem Realismus und einer Klarheit ist, wie sie – wie mir scheint – einzigartig in unserer Zeit steht. Er lebt heute als Siebenundachtzigjähriger in New York, nachdem er aus Deutschland 1933 ausgewiesen wurde. Damals waren seine Bücher in mehr als einer halben Million Exemplaren in Deutschland verbreitet. Die außerordentliche Bedeutung Foersters, der große Radius seiner schriftstellerischen Tätigkeit auf moral-, religions- und sexualpädagogischem Gebiet, zudem im politischen und ethischen Raum, veranlasst mich, hier nicht mehr über ihn zu sagen, es ginge zu weit über den Rahmen des Semesterberichts hinaus. Ich hoffe aber, meine Dissertation über ihn schreiben zu können (unter dem Gesichtspunkt der Moralpädagogik),[115] worüber Frau Prof. Blochmann aber noch nicht endgültig entschieden hat. In der Übung hielt ich das Referat über Foersters religionspädagogische Schriften. –

114 Friedrich Wilhelm Foerster, Das Gewissen einer Generation, Recklinghausen 1953. Hermann Mathias Görgen (1908–1994), Wirtschaftshistoriker und Politiker; bis 1935 Assistent Foersters in Bonn; Emigration unter den Nationalsozialisten, lehrte u.a. in Brasilien, nach Rückkehr nach Deutschland 1957–1961 Bundestagsabgeordneter für die CSU; wissenschaftliche Arbeiten über Foerster und Briefkontakt mit diesem.

115 Links Anstrich neben diesem Halbsatz.

In Kunstgeschichte habe ich mich – in Fortsetzung zu der Gießener Vorlesung von Prof. Kerber über die Niederländische Malerei im SS 1956 – noch etwas mit dem Genter Altar beschäftigt. Der Schwerpunkt dieses Semesters lag aber auf der sowjetpädagogischen Arbeit und der Auseinandersetzung mit F. W. Foerster.

Zum Sommersemester 1957 werde ich nun nach Wuppertal an die Pädagogische Akademie gehen, insbesondere wegen Prof. Hammelsbeck[116], der auf dem Boden der christlichen Pädagogik steht, darüber hinaus aber – soweit ich sehe – Martin Buber gut kennt, sodaß ich für meine beiden Hauptanliegen: M. Buber und – seit diesem Semester – F. W. Foerster auf ein – allein schon in diesem Rahmen – fruchtbares Semester hoffe.

Ulrike Meinhof.[117]

5. Sommersemester 1957, undatiert (Oktober 1957; zehn Seiten ohne Deckblatt, handschriftlich)[118]

Ulrike Meinhof
Marburg/Lahn
Steinweg 14

Semesterbericht. (SS 1957)

Das Sommersemester 1957 war mein fünftes Semester, ich studierte es an der Pädagogischen Akademie Wuppertal.[119] An folgenden Vorlesungen und Übungen habe ich teilgenommen: Pädagogik: Prof. Dr. Hammelsbeck: Große Erzieher und ihre pädagogischen Anschauungen (Vorl.); Empfehlungen und Gutachten des deutschen Ausschusses für das Erziehungs- und Bildungswesen zur Volksschulgestaltung (W. S.[1)]); das Problem der musischen Bildung (erzie-

1) WS = Wahlfreier Sonderkreis, wahlfreie Sonderveranstaltung in der Art einer Übung.

116 Die Pädagogische Akademie – ab 1965: Pädagogische Hochschule – Wuppertal bestand von 1946 bis 1972; danach Eingliederung in die Gesamthochschule – heute: Bergische Universität – Wuppertal. Ihren Aufbau leistete wesentlich Oskar Hammelsbeck (1899–1975), der sie bis 1959 auch als Direktor leitete; 1958–1961 war er zudem Vorsitzender und Präsident des Pädagogischen Hochschultags; 1949–1965 Herausgeber der Zeitschrift »Der Evangelische Erzieher«; 1950 Mitbegründer der »Gemeinschaft Evangelischer Erzieher« im Rheinland; Vertreter der auf Karl Barth und Friedrich Gogarten zurückgehenden dialektischen Theologie. Hammelsbeck veröffentlichte u. a.: Der kirchliche Unterricht. Aufgabe, Umfang, Einheit, München 1939; Evangelische Lehre von der Erziehung, München 1950. Vgl. Karl-Hermann Beeck, Die Evangelische Pädagogische Akademie Wuppertal 1946 bis 1959. Die Aera Hammelsbeck, Wuppertal 2000.

117 Von Vertrauensdozent Ernst Benz handschriftlich hinzugefügt: »ges. Benz 5.5.57«.

118 Auf Deckblatt Eingangsstempel vom 1. November 1957.

119 Siehe zur Pädagogischen Akademie Anm. 116.

hungswissentschaftliches [!] Seminar); Frau Dr. Apelt[120]: der Jenaplan (Übung W. S.); Frau Prof. Dr. Riemeck; Schulpraktikum (Hospitationen an einem Vormittag der Woche); Dr. Viebig[121]: Kinder und Jugendliche im deutschen Recht (WS). Psychologie: Dr. Dahms[122]: Allgemeine Psychologie (Vorl.); Ausgewählte Fragen der Sozialpsychologie (W. A.[2)]). Philosophie: Dr. Dahms: die Philosophie von Kant bis Nietzsche (Vorl.); Prof. Collatz[123]: Philosophie und Ästhetik (Vorl.); weiter: Prof. Dr. Hammelsbeck: Mensch, Welt und Bibel (theol. Vorl.); Esken[124]: Die Botschaft vom Bund Gottes mit den Menschen. A.[ltes] T.[estament] (Vorl.); Prof. Dr. Riemeck: Entstehung und Entwicklung der West-Ostspannung (Vorl.); Prof. Collatz: Heinrich Heine in der deutschen Literaturgeschichte; weltanschauliche, kulturelle und politische Wurzeln des Antisemitismus. (WS) – Überdies nahm ich auf Einladung von Prof. Hammelsbeck an einem Arbeitskreis früherer Studenten der Akademie (Lehrer und Rektoren) teil, in dem Fragen der Pädagogik besprochen wurden. Es ging in diesem SS um das, was »Aufenthalt« ist, als einer pädagogischen Kategorie. Für mich war diese Arbeitsgruppe sehr wesentlich, weil es dort die echte Möglichkeit des Gesprächs gab, aus dem, daß man dort miteinander philosophierte; und es scheint mir ohne Zweifel zu sein, daß auch das Philosophieren[,] etwa im Sinne Jaspers', eine Form ist, die Fragen der Pädagogik anzugehen. Im Einzelnen etwas darüber zu sagen, ist nicht möglich. Es ging nicht darum, irgendein gesetztes Pensum durchzusprechen. Grundlage der einzelnen Abende war jeweils ein Text von Herrn Prof. Hammelsbeck zu dem schon vor zwei Jahren im Chr. Kaiser Verlag München angekündigten Buch über den »Aufenthalt«.[125]

2) WA = Wahlfreie Arbeitsgemeinschaft. Jeder Student hat ein wissentschaftl. [!] Wahlfach. Die WA ist für ihn dann obligatorisch. Sie ist einem Seminar vergleichbar.

120 Elisabeth Apelt (Jg. 1910), Schülerin und Doktorandin Peter Petersens (zur Person und Jenaplan-Pädagogik: Anm. 138); 1948 wurde sie mit der Arbeit »Englisch als Pflichtfremdsprache in der Grundschule im Sinne eines ganzheitlichen Unterrichts« in Jena promoviert (darin Lebenslauf enthalten bis 1947); richtete 1949 Jenaplan-Gruppen an einer Braunschweiger Volksschule ein. Das reformpädagogische Schulentwicklungskonzept Jenaplan geht auf Petersen zurück.

121 Dr. Helmut Viebig, Staatsanwalt; Jugendrecht, Wuppertal-Barmen, so in der Liste Dozentenkollegium, in: Vorlesungsverzeichnis Sommersemester 1957, S. 1. Promoviert wurde er an der Universität Leipzig mit der Arbeit »Das Surrogationsprinzip und unser Bürgerliches Gesetzbuch« (Buchholz i.Sa. 1933).

122 Dr. Kurt Dahms, Philosoph und Psychologe, Dozent Wuppertal-Barmen, so in der Liste Dozentenkollegium (Anm. 121), S. 1.

123 Fritz Collatz (1907–1967), 1947–1967 Professor für deutsche Sprache an der Pädagogischen Akademie Wuppertal.

124 Walter Esken (1896–1989), früherer Lehrer und Lektor der Bekennenden Kirche, 1947–1960/61 Professor für ev. Theologie in Wuppertal.

125 Oskar Hammelsbecks »Aufenthalt«-Buch ist nie vollendet worden. Vgl. Briefwechsel Karl Jaspers – Oskar Hammelsbeck 1919–1969, hrsg. von Hermann Horn, Frankfurt a. M. 1986, S. 89, 149.

Ich muß diesem Semesterbericht voraus sagen, daß das vergangene Semester für mich in besonderem Sinne unfertig verlief. Ich sehe darin keineswegs einen Mangel, vielmehr trat so viel Neues, Unerwartetes auf mich zu, daß es gar nicht anders denkbar und möglich war, zumal das Sommersemester ja immer zu kurz ist. Insofern kann ich aber in diesem Bericht nicht von etwas Abgeschlossenem sprechen, sondern kann nur versuchen, die neuen Ansätze in etwa zu beschreiben.

Im Mittelpunkt des Semesters stand für mich das Seminar von Prof. Hammelsbeck zum Problem der musischen Bildung. Deutlich, wenn auch nicht als Teilung vorgesehen, standen hierzu zwei Themenkreise offen: Der eine, der die Frage nach den Inhalten der musischen Bildung stellt (Musen, Mythos, Kunst, Ästhetik, Spiel u.s.w.)[,] und der andere, der nach der erzieherischen Bedeutung musischer Bildung fragt, wobei oberhalb der erzieherischen Bedeutung die nach dem Menschen in seinem Verhältnis zum Musischen gesehen werden muß, d.h. der Mensch insbesondere in seinem Verhältnis zu den Quellen seines möglichen »schöpferischen« Tuns. (Die deutliche Lossage [!] von den Musen bei modernen Dichtern – Valéry, T.S. Eliot u.a. – darf dabei ja nicht übersehen werden). In den zweiten Themenkreis gehörten Autoren wie Buber, Flitner[126], Haase[127], Pöggeler[128] u.a., in den ersten: Auerbach[129], Gebser[130], Holthusen[131],

126 Wilhelm Flitner (1889–1990), Pädagoge; Vertreter der geisteswissenschaftlichen Pädagogik und ein führender Reformpädagoge in der Weimarer Republik und der frühen Bundesrepublik. Er veröffentlichte u.a.: Grund- und Zeitfragen der Erziehung und Bildung, Stuttgart 1954; Das Selbstverständnis der Erziehungswissenschaft in der Gegenwart, Heidelberg 1957.

127 Otto Haase (1893–1961), Pädagoge; Vertreter der Reformpädagogik; nach dem Zweiten Weltkrieg als leitender Beamter im niedersächsischen Kultusministerium wesentlich beteiligt am Wiederaufbau des Schulwesens und der Schaffung Pädagogischer Hochschulen in Niedersachsen. Er veröffentlichte u.a.: Pennäler, Pauker und Pachanten. 11 Geschichten aus dem Leben des Schulmeisters Otto Dietrich, Hannover 1953.

128 Franz Pöggeler (1926–2009), Pädagoge; bedeutender Vertreter auf den Gebieten der Erwachsenen- sowie der Erlebnispädagogik. Er veröffentlichte u.a.: Die Verwirklichung politischer Lebensformen in der Erziehungswissenschaft. Eine kritische Bestandsaufnahme moderner Schulversuche, Ratingen 1954; zus. mit Antz, Friedrich Wilhelm Foerster (Anm. 100); Einführung in die Andragogik. Grundfragen der Erwachsenenbildung, Ratingen 1957; Die Pädagogik Friedrich Wilhelm Foersters. Eine systematische Darstellung, Freiburg i.Br. 1957.

129 Es dürfte der deutsche Literaturwissenschaftler und Romanist Erich Auerbach (1892–1957) gemeint sein, dessen Hauptwerk »Mimesis. Dargestellte Wirklichkeit in der abendländischen Literatur« erstmals 1946 erschien.

130 Jean Gebser (1905–1973), Philosoph, Psychologe und Schriftsteller; in den 1950er Jahren viel diskutierter Kulturphilosoph.

131 Hans Egon Holthusen (1913–1997), Autor und Literaturwissenschaftler; das ehemalige SS- und NSDAP-Mitglied war ein einflussreicher Publizist der Nachkriegszeit; veröffentlichte u.a. in Kulturzeitschriften wie »Die Wandlung« und »Merkur«; ab 1959 Gastprofessor an verschiedenen US-Universitäten; 1968–1974 Präsident der Bayerischen Akademie der Schönen Künste; seine gesammelten Essays unter dem Titel »Der unbehauste Mensch« (Untertitel »Motive und Probleme der modernen Literatur«, München 1951) avancierten zur Chiffre für das Lebensgefühl der Kriegsgeneration im ersten Nachkriegsjahrzehnt.

Huizinga[132], W.F. Otto[133] u.a., dem vorgängig: Schiller, Goethe; Jean Paul, Nietzsche u.a. Es ist klar, daß dies alles in einem Semester nicht durchzusprechen ist, weshalb das Seminar im WS fortgesetzt werden wird. Erst dann werde ich auch das Referat, das ich übernahm, halten können. Grundlage meines Referates ist das zweibändige Werk von Jean Gebser: »Ursprung und Gegenwart« (Bd. I Stuttgart 1949 Bd. II 1953)[134]. Es gehört für das Seminar in den Bereich der Inhalte musischer Bildung, wird aber manches aus dem zweiten Themenkreis stützen können. Ich denke, daß ich in dem Semesterbericht vom Wintersemester darauf zurückkommen kann, da die Dinge bis jetzt noch zu schwierig vor mir stehen, als daß ich mich in der geforderten Kürze klar darüber äußern könnte.

Sehr wesentlich standen für mich auch die beiden Vorlesungen von Prof. Hammelsbeck über »Große Erzieher und ihre pädagogischen Anschauungen« und »Mensch, Welt und Bibel«. Die erstere war eigentlich nichts anderes als eine Vorlesung zur Geschichte der Pädagogik. Einsetzend bei Pythagoras, ionischer und spartanischer Erziehung bis zu Comenius. Die Fragestellung ging aber nicht auf das rein Geschichtliche, den Anfang und weiter die Entwicklung, sondern auf den Ursprung. Das Bewußtsein des Ursprungs setzt wohl die Kenntnis des Vorhergewesenen voraus. Aber der Versuch, hinter den überkommenen Formen, die Tiefe des Ursprungs zu erkennen, geht über das Geschichtliche hinaus. Die Verantwortung, die wir in der Erziehung spüren, kann letztlich nie die gegenüber der Vergangenheit sein, sondern, wenn rückwärtsgewandt, dann ist es wohl die, die wir gegenüber dem Ursprung haben als dem, was immer und zu jeder Zeit gegenwärtig ist. Von daher, glaube ich, gibt es auch in der Pädagogik geschichtliche Verantwortung. Von dort her rührt wohl auch das Unbehagen gegenüber allen heutigen »Erziehungssystemen«, deren Urheber glauben, daß erst mit ihnen das Eigentliche der Erziehung erkannt sei, wie es beispielsweise in der sowjetischen Pädagogik manchmal den Anschein hat. Ich möchte damit weniger eine abfällige Bemerkung über dieses oder jenes System machen – so einfach möchte ich da nicht urteilen –, ich sehe es als den Versuch einer Begründung für dieses Unbehagen. –

Indem wir in der Pädagogik geschichtlich fragen, treten wir ein in den Wirkbereich dessen, was über Jahrtausende Erziehung war, tätig und fragend stehen wir mitten drin. Da ist die Frage nach dem Anfang immer eine Reduktion der Gegenwart und vor allem: ein Abwenden von der Gegenwart. Die Frage nach dem Ursprung meint immer das Ganze, ist Gegenwärtigung. – So betrachtet,

132 Johan Huizinga (1872–1945), niederländischer Kulturhistoriker; wichtige Werke »Herbst des Mittelalters« (deutsch zuerst: München 1924; 1953 in 7. Aufl.), »Homo Ludens« (deutsch zuerst: Basel 1938; 1956 Neuauflage in der weit verbreiteten Reihe »rowohlts deutsche enzyklopädie«).

133 Walter Friedrich Otto (1874–1958), klassischer Philologe; insbesondere Studien zur Bedeutung und Wirkung der griechischen und römischen Religion und Mythologie.

134 Jean Gebser, Ursprung und Gegenwart, Bd. 1: Die Fundamente der aperspektivischen Welt, Stuttgart 1949; Bd. 2: Die Manifestationen der aperspektivischen Welt, Stuttgart 1953.

stand diese Vorlesung ihrem – ich möchte ungenau sagen: Charakter nach, dem Seminar über musische Bildung sehr nahe. So tauchen die Dinge bei Gebser auf, (was ja schon dem Titel nach deutlich ist), und in diesem Sinne war das Seminar nicht geschichtlich aufgebaut.

In der theologischen Vorlesung über »Mensch, Welt und Bibel« wurde die Schöpfungsgeschichte interpretiert (ungeachtet der Naturwissentschaft [!] und Aufklärung). – Wenn man von einem »christlichen« Menschenbild sprechen will, so muß man zweifellos bei einer Exegese des Schöpfungsberichtes einsetzen, weshalb man schließlich auch anstatt »christlich« lieber »biblisch« sagen sollte. Ich möchte hier nicht herumspekulieren um das, was auch hier nicht geschichtlich (anfänglich), sondern ursprunghaft gemeint ist. Der Zusammenhang zumindest ist deutlich. – Den anderen Punkt möchte ich herausheben: das, was im WS 1956/57 durch die Übung über F.W. Foerster auf mich zukam. Im Semesterbericht schrieb ich etwa so, daß Foerster vom Menschen ausginge, wie er ist[,] und diesem Menschen eine aus dem Christentum erkannte Ethik gegenüberstelle.[135] Die Frage bleibt, ob Foersters Gegenüberstellung von Mensch und Ethik – um es auf diese Formel zu bringen – biblisch ist, vom Evangelium her, oder ob Ethik bei ihm nicht die Antwort des Menschen »auf die Frage nach der Würde, Richtigkeit und Güte des menschlichen Handelns« ist (K. Barth),[136] zwar abgeleitet aus den göttlichen Geboten, aber doch in der Immanenz verhaftet, wenn er nicht deutlich genug über seine Ethik hinausweist, gewissermaßen zurück zu ihrer Herkunft. Diese Frage scheint mir auch in dem im April d.J. bei Herder erschienenen Buch von Franz Pöggeler: »die Pädagogik Friedrich Wilhelm Foersters«[137] nicht gültig beantwortet. – Ich erwähne sie hier, weil mir durch die Begegnung mit Prof. Hammelsbeck sehr viel in dieser Richtung klar wurde, insbesondere durch einige seiner Schriften, die ausführlicher das dartun, was in seinen Vorlesungen angesprochen wurde.

Frau Dr. Apelts Übung über den Jenaplan muß ich auch noch erwähnen. Leider fehlte es mir an Zeit, eingehender mitzuarbeiten, d.h. über den Jenaplan hinaus P. Petersens[138] Schriften zu lesen. Ich möchte nur einige Grundgedanken hervorheben, die die Sache aber doch, wie ich glaube, treffen: hier ist echte erzieherische Autonomie; Erziehung, die sich nicht relativ zu einer »ob-

135 Siehe den Bericht über das Wintersemester 1956/57: Akte Meinhof, Dok. II. 4.

136 Zitat aus Karl Barths »Ethik« überprüft nach: Christian Walther, Theologie und Gesellschaft. Ortsbestimmung der theologischen Sozialethik, Zürich 1967, S. 167.

137 Pöggeler, Die Pädagogik Friedrich Wilhelm Foersters (Anm. 128).

138 Peter Petersen (1884–1952), Pädagoge; Professor in Jena; wichtiger Vertreter der Reformpädagogik; Begründer der Jenaplan-Pädagogik, die Schule als Lebensgemeinschaft verstand und auf gegenseitige, auch altersübergreifende Selbsterziehung setzte. Dazu veröffentlichte Petersen u.a.: Schulleben und Unterricht einer freien allgemeinen Volksschule nach den Grundsätzen Neuer Erziehung, Weimar 1930; (als Hrsg.) Die Praxis der Schulen nach dem Jena-Plan, Weimar 1934; Der kleine Jena-Plan, 26./27. Aufl., Braunschweig 1957. Kritisch zur NS-Vergangenheit Petersens: Risse im Denkmal. Zur gegenwärtigen Kontroverse um Peter Petersen, hrsg. vom Landesinstitut für Lehrerbildung und Schulentwicklung, Hamburg 2009.

jektiven Macht« versteht und zu der die »objektiven Mächte« selbst nicht relativ werden; es ist die Stelle, wo ich den Gedanken der Autonomie ganz bejahe. Hier findet wohl auch recht verstandene Pädagogik »vom Kinde aus« statt. Dort, wo der Erzieher »vom Kinde aus« denkt, ohne sich selbst »überflüssig« zu machen. »Umfangung«, wie Martin Buber es nennt (Reden über Erziehung Heidelberg 1956)[139]. Der pädagogische Bezug wird in tiefem Sinne dialogisch begriffen. Ich freue mich darauf, Zeit zu finden, dem weiter nachzugehen. – Während des Semesters hatten wir Gelegenheit in einer ein-klassigen Landschule, die sehr viel vom Jenaplan übernommen hatte, zu hospitieren.

Das sozialpsychologische Seminar bei Dr. Dahms war interessant und gab mir das Handwerkszeug, alleine weiterzuarbeiten.

Zu meinem großen Bedauern wurde an der Akademie keine Kunstgeschichte gelesen. So lag dies Gebiet im Sommer für mich brach, abgesehen von einer Exkursion nach Kaiserswerth (Kaiserpfalz)[140] und dem Besuch der Nolde-Ausstellung in Essen.[141]

Daß ich die Gelegenheit in Wuppertal nutzen konnte, wieder etwas Deutsch, Geschichte, Philosophie und Theologie zu hören, lag nahe und war mir willkommen.

Das Besondere des Studiums an einer Pädagogischen Akademie schien mir dies, daß dort – W. A. und W. S. ausgenommen[142] – das gesamte Studium im Blick auf die pädagogische Praxis eingerichtet ist; daß auch zugleich Studenten vom ersten Semester an durch Schulpraktika (hospitieren und unterrichten) für sich die Verbindung zwischen Theorie und Praxis herstellen können. Theoretisches Lehren und Lernen steht besonders in der Pädagogik immer leicht in der Gefährdung, an der realen Verantwortung vorbeizuspekulieren und die Probleme einseitig zu werten. Der Blick auf die Praxis kann freilich auch – besonders wenn das Studium zu kurz ist – die eigentliche Besinnung einschränken und hemmen, dem ist aber sicher zu einem gut Teil [dadurch] abgeholfen, daß ab Ostern 1958 auch in NRW das sechs-semestrige Studium für die Volksschullehrerbildung eingeführt ist.[143] – Es ist ganz einfach so, daß, wenn man gleichzeitig mit dem theoretischen Studium auch die Praxis kennenlernt, zumindest dort[144] etwas Einblick hat, das Studium größere Einsicht und klarere Erkenntnis der entscheidenden Dinge ermöglicht. Wenn man beispielsweise gesehen hat, was Gruppenunterricht ist, dann kann man sich eine Fülle von

139 Martin Buber, Reden über Erziehung, Heidelberg 1956 (verschiedene Neuaufl.). Siehe auch die Hinweise in Anm. 44 und 46.

140 Kaiserswerth – mit Ruine der Kaiserpfalz – ist eine ehemalige Reichsstadt, die 1929 nach Düsseldorf eingemeindet wurde.

141 Im Essener Museum Folkwang fand im Juli und August 1957 eine vom Hamburger Kunstverein veranstaltete und zuvor in der Hansestadt zu sehende Nolde-Gedächtnisausstellung statt.

142 Siehe dazu Meinhofs Hinweis am Beginn dieses Semesterberichts.

143 Bis dahin war es viersemestrig.

144 Eventuell heißt es auch »doch«. Handschrift schwer eindeutig zu lesen.

Skepsis und In-Frage-stellen ersparen und hat in tieferem Sinne die Möglichkeit, die eigentliche Problematik zu sehen. Ich meine, gegenüber dieser großen und besonderen Chance des Akademiestudiums sollte man zunächst die Einwände, die von seiten eines Gedankens an freie geistige Arbeit kommen könnten, weit zurückstellen. Durch die Andersartigkeit des Akademiestudiums könnte eine solche Kritik, herkommend von den Gegebenheiten und Möglichkeiten der Universität, die Sache selbst zu leicht mißverstehen.

An der Wuppertaler Akademie war – dies möchte ich noch im Besonderen erwähnen – das, was man gemeinhin studentisches Leben nennt, in besonderer Weise als Problem gelöst: Die Studenten sind in sogen. »Gruppen« eingeteilt, und was in einem Semester an Pflichtveranstaltungen angesetzt war, dem wurden die Studenten gruppenweise zugeordnet. In den elf Jahren, seit dem Bestehen der Wuppertaler Akademie, hat sich dies nicht nur als technisch gute Einrichtung erwiesen. Jede Gruppe (20–30 Studenten) hat ihren eigenen Raum, in dem sich die Studenten in ihrer freien Zeit aufhalten konnten. Man kann dies Gruppensystem nicht mit einem Klassensystem vergleichen, weil die wahlfreien Sonderkreise ja allen Studenten offen standen. Auch konnte von einer Gruppe zur andern übergewechselt werden; im Allgemeinen aber hielten sich diese Gruppen durch das ganze Studium. Diese Einrichtung wurde von den Studenten außerordentlich geschätzt[,] und ich habe den Eindruck, als wäre damit tatsächlich eines der wirklich schwierigsten Probleme des Studentenlebens an einer Hochschule gelöst. An der Universität begegnet es einem erschreckend oft, daß Studenten, aber vor allem Studentinnen jahrelang ohne Kontakt zu ihren Kommilitonen und Kommilitoninnen studieren, woraus dann viel menschliche Not geworden ist. In den Gruppen kann man in dieser Form nicht aneinander vorüber gehen. Bei allem Vorbehalt gegen die studentischen Verbindungen muß man ja immer wieder zugeben, daß dort eine Möglichkeit studentischen Zusammenlebens besteht, die es sonst – außer in den beiden Studentengemeinden[145] – nicht gibt. Sicher steht es im Zusammenhang mit den Verbindungen, daß man die Not des Alleinseins bei Studentinnen öfter findet als bei Studenten. Der Gedanke seitens der Verbindungen und ihrer Alten Herren[,] auch an der Wuppertaler Akademie derartiges einzurichten, scheiterte an diesem Gruppensystem. Meines Wissens gibt es dies in NRW allerdings nur in Wuppertal. – Ich erzähle hier so ausführlich davon, weil ich meine, daß es gut ist – angesichts der Not, die einem an der Universität begegnet –[,] von diesen Dingen Kenntnis zu nehmen, auch wenn dabei an eine parallele Einrichtung an der Universität, glaube ich, nicht zu denken ist. Aber es mag gut sein, zu sehen, daß man andernorts die Frage lösen konnte.

Abschließend möchte ich sagen, daß mir das Wuppertaler Semester sehr viel Neues und Fruchtbares brachte und daß ich nachträglich sehr froh bin, daß ich mir diesen Exkurs in meinem Studium erlauben durfte.[146]

145 Vgl. Kubitza, Geschichte der Evangelischen Studentengemeinde (Anm. 52)

146 Der Semesterbericht trägt keine Unterschrift.

6. Wintersemester 1957/58, undatiert (März 1958; sieben Seiten, handschriftlich)[147]

Ulrike Meinhof
z. Zt. Marburg/L.
Mainzergasse 28

Semesterbericht. (WS 1957/58)

Das Winter-Semester 1957/58 war mein 6. Studiensemester. Es war mein erstes Semester an der Westfälischen Wilhelms-Universität Münster. An folgenden Vorlesungen und Seminaren habe ich teilgenommen:

Pädagogik: Prof. Lichtenstein[148]: Grundfragen der Erziehungswissentschaft [!] (Vorl.); Seminar zur Vorlesung; Kolloquium zur Theorie der Bildungsideale.
Prof. Döpp-Vorwald[149]: Geschichte der Pädagogik der Neuzeit: Rationalismus und Aufklärung (Vorl.)

Philosophie: Prof. Ritter[150]: Geschichtsphilosophie (Vorl.);
Prof. Hochstetter[151]: Leibniz und seine Zeit (Vorl.); Schopenhauer: die Welt als Wille und Vorstellung (Sem.).
Dr. v. Bredow[152]: Griechische Philosophie (Vorl.).

147 Eingangsstempel vom 2. April 1958 (Absender: Mertner); außerdem handschriftlich hinzugesetzt: »gesehen und weitergeleitet Mertner«. Edgar Mertner (1907–1999); Anglist; 1951–1976 ordentlicher Professor für englische Philologie in Münster und der für Meinhof dort zuständige Vertrauensdozent.

148 Ilse Lichtenstein-Rother (1917–1991), Grundschulpädagogin; 1957–1964 Professorin für Schulpädagogik an den Pädagogischen Hochschulen in Bielefeld und Münster; 1964–1973 an der PH Westfalen-Lippe, Abt. Münster; 1972–1974 auch Leiterin des Internats Schloss Salem.

149 Heinrich Döpp-Vorwald (1902–1977), Erziehungswissenschaftler und Philosoph; ab 1949 außerplanmäßiger Professor für Erziehungswissenschaft und Philosophie; 1964–1970 ordentlicher Professor für Pädagogik in Münster. Er veröffentlichte u. a.: Erziehungswissenschaft und Philosophie der Erziehung, Berlin 1941; Die Erziehungslehre Peter Petersens, Ratingen 1960. Er war der – in den Akten der Studienstiftung mehrfach erwähnte – Betreuer von Meinhofs letztlich unvollendet gebliebenen Promotionsvorhaben.

150 Joachim Ritter (1903–1974), Philosoph; 1946–1968 ordentlicher Professor für Philosophie in Münster; Begründer der sog. Ritter-Schule mit Schülern wie Ernst-Wolfgang Böckenförde, Martin Kriele, Hermann Lübbe und Odo Marquard. Vgl. ausführlich: Jens Hacke, Philosophie der Bürgerlichkeit. Die liberal-konservative Begründung der Bundesrepublik, Göttingen 2006. Später war Ritter Begründer und Herausgeber des Historischen Wörterbuchs der Philosophie, Basel 1971 ff.; zu Meinhofs Studienzeit in Münster war erschienen: Joachim Ritter, Hegel und die französische Revolution, Köln/Opladen 1957.

151 Erich Hochstetter (1888–1968), Philosoph; ab 1950 außerplanmäßiger Professor für Philosophie in Münster und Begründer der dort 1956 eingerichteten Leibniz-Forschungsstelle.

152 Gerda v. Bredow (1914–2005), Philosophin; 1953 Habilitation, ab 1961 außerplanmäßige Professorin der Philosophie in Münster. Sie veröffentlichte u. a.: Platonismus im Mittelalter. Eine Einführung, Freiburg i. Br. 1972.

	Prof. Pieper[153]: Thomas von Aquin (Vorl.); der Begriff des Bösen (Interpretation von Thomas-Texten) (Sem.).
Kunstgeschichte:	Prof. Hager[154]: Französische Malerei im 19. Jahrhundert (Vorl.); Malerei des Quattrocento in Florenz und Mittelitalien (Sem.).
Psychologie:	Prof. Metzger[155]: Übungen zur Ausdruckskunde.

Dieser Vorlesungsplan zeigt schon, in welcher Weise ich in Münster meinem Studium einen neuen Ansatz geben mußte, insofern ich möglichst viel Philosophie hörte und überhaupt mehr Stunden belegte, als in einem sechsten Semester normalerweise sinnvoll sein mag.[156] Der Universitätswechsel machte mir zudem – eigentlich überraschend – deutlich, wie sehr wohl jede Universität ihren eigentümlichen Charakter hat, und es schien mir sinnvoll und auch notwendig, mich zunächst etwas umzuhören, – mehr, als ich es in meinem ersten Semester in Marburg tat –, um die neuen Verhältnisse kennenzulernen. So habe ich dies sechste Semester behandelt wie ein erstes,[157] indem ich an Vorlesungen und Seminaren teilnahm, |zu|[158] denen ich doch nicht zugleich mitarbeiten konnte. So blieb vieles ungelesen und undurchdacht liegen[,] und andererseits fand ich in einigen Gebieten eine Orientierung, die wohl unbefriedigend ist und für sich selbst genommen wertlos, notwendig aber, um mit eigenen tieferen Ansätzen nicht schmalspurig steckenzubleiben. Zu diesem Umhören zählen insbesondere die Vorlesungen in Philosophie von Prof. Ritter und Prof. Hochstetter.

Sehr gerne hörte ich die systematische Vorlesung von Prof. Lichtenstein, die in einem großen Aufriß die wohl brennendsten und zugleich grundlegenden Fragen von Erziehung als zwischenmenschlichem Geschehen ansprach und z. T. ausbreitete; so das Verhältnis von Erziehungswissentschaft [!] und Philosophie, von Erziehung und Sprache, von Bildsamkeit, von Verantwortung, von dem erzieherischen Verhältnis als einem dialogischen u.s.w. Das Seminar brachte dann eine nähere Auseinandersetzung mit Dilthey, Frischeisen-Köhler[159], Natorp[160],

153 Josef Pieper (1904–1997), Philosoph und kath. Theologe; 1946–1959 Professor für Philosophie an der Pädagogischen Akademie in Essen; 1950–1959 zudem außerplanmäßiger Professor in Münster; 1959–1972 dort Ordinarius für philosophische Anthropologie; veröffentlichte u. a.: Hinführung zu Thomas von Aquin. Zwölf Vorlesungen, München 1958.

154 Werner Hager (1900–1997), Kunsthistoriker; 1950–1965 ordentlicher Professor für Kunstgeschichte in Münster.

155 Wolfgang Metzger (1899–1979), Psychologe und Pädagoge; 1942–1968 ordentlicher Professor für Psychologie und Pädagogik in Münster; Aufbau und Leitung des dortigen Psychologischen Instituts; 1962–1964 erster Vorsitzender der Deutschen Gesellschaft für Psychologie; er veröffentlichte u. a.: Frühkindlicher Trotz, Basel/New York 1956.

156 Links doppelter Anstrich neben diesem Halbsatz.

157 Rechts Anstrich neben diesem Halbsatz.

158 Unterkringelt in Akte.

159 Max Frischeisen-Köhler (1878–1923), Philosoph, Psychologe und Pädagoge; Vertreter der geisteswissenschaftlichen Pädagogik.

160 Paul Natorp (1854–1924), Philosoph und Pädagoge; Mitbegründer der Marburger Schule des Neukantianismus.

Hönigswald[161], H. Nohl, Litt[162], Buber, Wilh. Flitner u.a. Ich selbst hatte das Referat über Otto Friedrich Bollnows Begegnungsbegriff[163] übernommen. Im Kern steht hier wohl die Frage dahinter, ob existenzphilosophisches Denken – insbesondere in seiner Ausprägung bei Jaspers[164] – für Erziehung und das Verständnis von Erziehung fruchtbar sein kann. So faßt Bollnow »Begegnung« als eine existentielle Kategorie im Gegensatz zu Bildung und Erlebnis in ihrer formalen Bestimmung bei Wilh. von Humboldt[165] und Dilthey und kommt im existenzphilosophischen Verständnis zu der Aussage, daß der Mensch nur in der Begegnung er selbst werden kann – oder mit anderen Worten: Existenz gewinnen und ergreifen kann. So ist mit Bollnows Entfaltung des Begegnungsbegriffes ein Anfang für ein Verständnis von unstetigen Formen der Erziehung gegenüber den stetigen gegeben, die Bollnow als mitgedachte Voraussetzung aller Erziehung, die sich als Werden aufgrund von Bildsamkeit (Herbart[166]) versteht, ansieht. Entscheidend scheint mir bei Bollnow die Übertragung eines existentiellen Geschehens zwischen zwei Menschen (Kommunikation bei Jaspers) auf ein Geschehen zwischen einem Menschen und einem Gehalt der Geistesgeschichte [zu sein][167], wie er sie etwas ausführlicher als in seinen Aufsätzen über Begegnung in Bezug auf Erziehung in: »Die Methode der Geisteswissentschaften [!]« (Mainz 1950)[168] für das geisteswissentschaftliche [!] Verstehen herausstellt. – Weiter ergeben sich hier Fragen, die – wie mir scheint – für pädagogisches Denken grundlegend sind und immer wieder neu bedacht werden müssen, wo es um neue Inhalte geht. Es ist zunächst die Frage, ob das, was für den erwachsenen Menschen wahr ist, auch für das Kind oder den Jugendlichen

161 Richard Hönigswald (1875–1947), Philosoph; 1919–1933 ordentlicher Professor für Philosophie in Breslau und München; 1933 Entlassung aufgrund »jüdischer Abstammung«; 1939 Flucht in die Schweiz, dann Emigration in die USA; Vertreter eines realistischen Kritizismus innerhalb des Neukantianismus.

162 Theodor Litt (1880–1962), Philosoph und Pädagoge; nach 1945 bedeutender Bildungsreformer. Er veröffentlichte u.a.: Technisches Denken und menschliche Bildung, Heidelberg 1957; Wissenschaft und Menschenbildung im Lichte des West-Ost-Gegensatzes, Heidelberg 1958.

163 Vgl. Romano Guardini/Otto Friedrich Bollnow, Begegnung und Bildung, Würzburg 1956. Siehe auch: www.otto-friedrich-bollnow.de/doc/Begegnung.pdf (14. März 2015).

164 Zur existenzphilosophischen Ausrichtung von Karl Jaspers (1883–1969) siehe angesichts der umfangreichen Literatur nur knapp: www.jaspers-stiftung.ch/karl-jaspers/werk/existenzphilosophie/ (14. März 2015), sowie den Überblick von H.-L. N. [Heinz-Ludwig Nastansky], Existenzphilosophie, in: Mittelstraß, Enzyklopädie Philosophie (Anm. 46), Bd. 1, S. 620f. Vgl. zeitgenössisch: Johannes Pfeiffer, Existenzphilosophie. Eine Einführung in Heidegger und Jaspers, 3. Aufl., Hamburg 1953, sowie speziell zur Verknüpfung von Existenzphilosophie und Erziehung: Otto Friedrich Bollnow, Existenzphilosophie und Pädagogik. Versuch über unstete Formen der Erziehung, Stuttgart 1959.

165 Vgl. Dietrich Benner, Wilhelm von Humboldts Bildungstheorie, 3. Aufl., Weinheim 2003.

166 Johann Friedrich Herbart (1776–1841), Philosoph, Psychologe und Pädagoge; ein Klassiker der Pädagogik und Begründer des nach ihm benannten Herbartianismus, der u.a. wichtigen Anteil an der Etablierung der Pädagogik an Universitäten hatte.

167 »zu sein« ergänzt; Stelle unterkringelt, links ein Fragezeichen gesetzt.

168 Otto Friedrich Bollnow, Die Methode der Geisteswissenschaften, Mainz 1950.

wahr ist, und weiter: ob da, wo der Erwachsene in seinem Leben wagen darf und vielleicht wagen muß, auch in der Erziehung gewagt werden darf. Das heißt hier konkret: 1. Ist es auch für das Kind überhaupt angemessen[,] von Eigentlichkeit und Uneigentlichkeit des Daseins (Heidegger) zu sprechen?[169] 2. Wenn der Mensch sein Selbst in der Begegnung aufs Spiel setzt, um es zu gewinnen oder zu verlieren (denn dies ist eine der Komponenten in Bollnows Begegnungsbegriff), ist dann dies Wagnis in seiner Härte – sofern es in der Erziehung überhaupt möglich ist – erlaubt, oder muß es nicht eher verhütet werden als gar gewünscht? – Die erste Frage zielt im Grunde auf das Problem der pädagogischen Autonomie und das Verhältnis von Erziehungswissentschaft [!] und Philosophie, die zweite auf den Bereich erzieherischer Verantwortung. – Ich habe in dem Referat versucht, diese Fragen deutlich werden zu lassen, insbesondere an einem Vergleich mit Jaspers' Verständnis von Kommunikation und dem »liebenden Kampf« in Kommunikation.[170] Ich habe hier auf Martin Buber verweisen können, der in seiner Rede über Erziehung von 1923 (in: Reden über das Erzieherische, Heidelberg 1956)[171] den Raum erkannt hat, in dem allein ich der Kategorie der Begegnung in der Erziehung ein Recht zusprechen kann, nämlich dort, wo das erzieherische Verhältnis ein dialogisches ist, Umfassung ist und für beides: den Urhebertrieb und den Trieb nach Verbundenheit einzustehen bereit ist, vom Erzieher her. – Ich deute diese Zusammenhänge hier nur an, aber sie zeigen wohl, wie diese Arbeit frühere Ansätze aufnahm. Daß es auch hier wieder Martin Buber ist, dem ich in der Arbeit schließlich notwendig begegnete, zeigt, wie umfassend Bubers anthropologische und pädagogische Aussagen sind. Daß ich zugeben muß, mich hier etwas »engagiert« zu haben, empfinde ich nicht als Einseitigkeit, vielmehr als große Hilfe. Leider ist in Münster bereits eine Dissertation über Martin Buber in Arbeit,[172] sonst hätte ich sie bei

169 Siehe später Adornos scharfe Kritik am »Jargon der Eigentlichkeit«, worin er u.a. auf den Nationalsozialismus zurückweisende Sprachformen und Denkweisen bei Martin Heidegger (1889–1976) und noch mehr bei Bollnow ausmachte: Theodor W. Adorno, Jargon der Eigentlichkeit. Zur deutschen Ideologie, Frankfurt a. M. 1964. Siehe zu Bollnows »lebensphilosophisch überhöhendem Jargon« auch Axel Schildt, Moderne Zeiten. Freizeit, Massenmedien und »Zeitgeist« in der Bundesrepublik der 50er Jahre, Hamburg 1995, S. 326.

170 Siehe Karl Jaspers, Philosophie, 3 Bde., München/Zürich 1994 (1932), Bd. 2, S. 65–67; zu Jaspers' Kommunikationsbegriff, der zum Verständnis seiner gesamten Philosophie von großer Bedeutung ist, weil menschliche Existenz erst in Bezug auf den Anderen über Kommunikation bestimmt werde, vgl. Bernd Weidmann (Hrsg.), Existenz in Kommunikation. Zur philosophischen Ethik von Karl Jaspers, Würzburg 2004; Genoveva Teoharova, Karl Jaspers' Philosophie auf dem Weg zur Weltphilosophie, Würzburg 2005; zum zeithistorischen Kontext siehe auch: Nina Verheyen, Diskussionslust. Eine Kulturgeschichte des »besseren Arguments« in Westdeutschland, Göttingen 2010, S. 151 f.

171 Gemeint ist der 1953 erstmals erschienene Band: Buber, Reden über Erziehung (Anm. 139). Darin enthalten ist seine »Rede über das Erzieherische«.

172 Eventuell ist damit Franz Frhr. v. Hammerstein, Das Messiasproblem bei Martin Buber, Stuttgart 1958, gemeint. Die Dissertation an der Münsteraner ev.-theologischen Fakultät stammte allerdings bereits aus dem Sommer 1957.

Prof. Döpp-Vorwald machen können. So kam es zu einer Vereinbarung über ein anderes Thema, worüber ich erst später berichten möchte.

Für mein Kunstgeschichtsstudium war das Seminar bei Prof. Hager über Quattrocentomalerei in Florenz und Mittelitalien sehr wichtig. Im Vordergrund stand das Problem des Raumes (insbesondere bei Masaccio, Fra Filippo, Piero dele [!] Francesca[173])[,] der Bildvorstellung und des Realismus im entwicklungsgeschichtlichen Zusammenhang, sowohl innerhalb der Renaissance als auch bezüglich der Antike.

Berichten möchte ich hier noch in Ergänzung zu meinem Semesterbericht vom SS 1957, daß ich im Januar an der Pädagogischen Akademie in Wuppertal in dem Seminar über das Problem der Musischen Bildung bei Prof. Hammelsbeck das Referat über Jean Gebsers Buch »Ursprung und Gegenwart« (Stuttgart Bd. I 1949 Bd. II 1952)[174] hielt. Gebser schreibt mit diesem Buch eine – wie er sagt – Geschichte der Bewußtwerdung des Menschen und geht davon aus, daß sich das Bewußtsein des Menschen mutativ, d.h. in Sprüngen, also nicht kontinuierlich entfaltet und geweitet hat, und zwar immer dann, wenn die bisherige Bewußtseinshaltung Ansprüchen, die von außen an den Menschen herantraten, nicht mehr entsprechen konnte. Auf dem Hintergrund einer wohl umfassenden Analyse der »magischen«, »mythischen« und »mentalen« Ebene (im 2. Bd. spricht Gebser genauer von Bewußtseinsstruktur) versucht er, Ansätze einer neuen Ebene aufzuzeigen (der »integralen«), wie sie in den Manifestationen der Dichtung, Musik, bildendenden Künste, Philosophie, Naturwissentschaft [!] u.s.w. unserer Zeit abzulesen sind. Für das Thema »Musische Bildung« ergab sich hier, daß das, was im Menschen durch das Musische angesprochen wird, im wesentlichen der magischen und mythischen Ebene zuzuordnen ist, die jeweils in uns konstitutiv sind und sich nur in einem falschen Vorherrschen deffizient [!] äußern. Zugleich aber bedeutet die Aufnahme von mentalen Vorgängen in das Musische eine Verkürzung derselben. Das wurde in dem an das Referat anschließenden Gespräch verdeutlicht an dem Passionslied von Paul Gerhard[t] »O Haupt voll Blut und Wunden«.[175] Sicher gehört das N.[eue] T.[estament] und somit jede Verkündigung des Wortes in die mentale Ebene, aber erst eigentlich durch das Musische wird es dem Menschen überhaupt erträglich, diese Dinge – hier: die Passion Christi – im Hören und Aufnehmen zu ertragen. Man singt – und damit nimmt man dem Eigentlichen seine letzte Härte, man verkürzt –, was man |gesprochen|[176] nicht mehr auszuhalten vermöchte. – Hiermit ist aber – wie mir scheint – Rang und Maß musi-

173 Tommaso di Ser Cassai, genannt Masaccio (1401–1428), Filippo Tommaso Lippi, auch: Fra Lippo Lippi (1406–1469) und Piero della Francesca, eigentlich: Pietro di Benedetto dei Franceschi (1420–1492), waren wichtige italienische Maler der Frührenaissance.

174 Gebser, Ursprung und Gegenwart (Anm. 134).

175 Paul Gerhardt (1607–1676), ev.-lutherischer Theologe; bedeutender deutschsprachiger Kirchenlieddichter. Zu seinen wichtigsten musikalischen Werken gehört u.a. das Kirchenlied »O Haupt voll Blut und Wunden«.

176 Das Wort ist unterkringelt, ein Fragezeichen am rechten Rand gesetzt.

scher Bildung, die aus der Erziehung nicht weggenommen werden darf, wenn es um den ganzen Menschen geht, an seiner tiefsten Stelle angesprochen. Das Beispiel ist sehr einfach, aber ich glaube[,] es zeigt, was gemeint ist. – Es war für mich schon im Sommer ein Erlebnis[,] und als ich jetzt wieder in Wuppertal war, begegnete mir dort wieder diese offene Form des Philosophierens, die eine Seminarsitzung unbefriedigend macht, wenn man feste und abgeschlossene Ergebnisse sucht, und die doch wesentlichere und oft verantwortlichere Erkenntnis möglich macht, als eine streng geführte Diskussion. Es gibt dort das, was Jaspers »kommunikative Gewißheit«[177] nennt, die immer nur dem Gespräch entspringen kann und nicht eigentlich der Diskussion, wobei diese Unterscheidung wohl verständlich ist, ohne daß ich es hier näher beschreibe. – Was aber darüber hinaus diesen Abend in Wuppertal so wichtig machte, wie das ganze Sommer-Semester dort, ist, daß Prof. Hammelsbeck bei aller Reinheit des Philosophierens und der wissentschaftlichen [!] Arbeit, ein Stück von Guardinis[178] Wort aus der »Grundlegung der Bildungslehre« (Würzburg 1953) wirklich macht, der sagt: »Wenn es einen lebendigen Gott gibt, dann gibt es ihn auch für die Bildung«.[179] Das soll freilich nichts mit Dogmatismus zu tun haben (auch würde ich dies Wort Guardinis nicht unbefragt etwa als »Kampfparole« akzeptieren wollen), vielmehr liegt es in jener Ebene, daß man sich nicht zu scheuen braucht, nach dem Letzten zu fragen, wenn es notwendig ist, auch wenn Vorletztes noch nicht gültig durchdacht ist. Das irritierte mich in dem Seminar bei Prof. Pieper über den Begriff des Bösen bei Thomas [von Aquin]. Freilich liegt hier eine Spannung, und man muß sorgfältig unterscheiden, wann man »schon« und wann »noch nicht« mit Theologie sprechen darf und muß. – Dies ist eine der Fragen, die – wie das dialogische Prinzip Martin Bubers[180] – in meinem Studium im Vordergrund stehen. Deshalb erwähne ich sie, auch wenn es hier nur in allgemeinen Worten und nur formal möglich ist. Aber es gehört halt zum Semesterbericht, daß es einem jedes Mal mehr Mühe macht, in Kürze und ohne Ausbreitung der eigentlichen Auseinandersetzungen, zu berichten. –

Ich denke, daß ich für mein weiteres Studium in Münster bleiben werde.

Ulrike Meinhof.

177 Siehe zu Jaspers' Kommunikationsbegriff Anm. 170.

178 Romano Guardini (1885–1968), kath. Theologe und Religionsphilosoph; einer der wichtigsten katholischen Denker des 20. Jahrhunderts.

179 Romano Guardini, Grundlegung der Bildungslehre. Versuch einer Bestimmung des Pädagogisch-Eigentlichen, Würzburg 1953, S. 17.

180 Martin Buber, Die Schriften über das dialogische Prinzip, Heidelberg 1954.

7. Sommersemester 1958, undatiert (August 1958; vier Seiten, handschriftlich)[181]

Ulrike Meinhof
Münster/Westf.
Steinfurter Str. 36

Semesterbericht. (SS 1958)

Das Sommer-Semester 1958 war mein siebentes Studiensemester. An folgenden Vorlesungen und Seminaren habe ich teilgenommen:

Pädagogik:	Prof. Döpp-Vorwald: Die Bildungslehren der deutschen Klassik und Romantik (Vorl. u. Sem.); Prof. Lichtenstein: Europäischer Humanismus (Sem.)[,] Doktorandenkolloquium von Prof. Döpp-Vorwald.
Philosophie:	Prof. Ritter: Kant – Kritik der reinen Vernunft (Vorl.); Dr. Marquard[182]: Auguste Comte: Reden über den Positivismus (Sem.)
Kunstgeschichte:	Prof. Fiensch[183]: Hans Baldung Grien (Sem.); Dr. Imdahl[184]: Übungen für Anfänger.

Das Seminar über den Europäischen Humanismus ebenso wie das Seminar über die Bildungslehren der deutschen Klassik stellten innerhalb meines Studiums von Neuem die Frage nach Bildung überhaupt, z. T. in Fortsetzung des Kolloquiums im WS bei Prof. Lichtenstein über »das Problem der Bildungsideale« und das Seminar über »Grundfragen der Erziehungswissenschaft« (ebenfalls im WS bei Prof. Lichtenstein).[185] Es ist der Bereich, der in meinem Studium durch Martin Buber, Eberhard Grisebach[186], Peter Petersen, durch das Semester in Wuppertal bei Prof. Hammelsbeck und durch die Marburger Zeit bei Frau Prof. Blochmann eine besondere Rolle spielt.

181 Eingangsstempel vom 28. August 1958; außerdem handschriftlich hinzugesetzt: »gesehen Mertner 26.8.58«. Der Semesterbericht blieb ohne Unterschrift.

182 Odo Marquard (1928–2015), Philosoph; nach der Promotion 1954 in Freiburg 1955–1963 wissenschaftlicher Assistent bei Joachim Ritter in Münster, dort Habilitation 1963; 1965–1993 ordentlicher Professor für Philosophie in Gießen; er veröffentlichte damals: Skeptische Methode im Blick auf Kant, Freiburg i. Br./München 1958.

183 Günther Fiensch (1910–1997), Kunsthistoriker; 1937 Promotion, 1950 Habilitation in Münster; ab 1950 Hochschuldozent, 1958 außerplanmäßiger Professor ebendort; 1965–1980 ordentlicher Professor für Kunstgeschichte in Gießen.

184 Max Imdahl (1925–1988), Kunsthistoriker; Assistent bei Werner Hager in Münster; Habilitation dort 1961; 1968 bis zum Tod ordentlicher Professor für Kunstgeschichte in Bochum. Er veröffentlichte gemeinsam mit Hager und Fiensch: Studien zur Kunstform, Münster/Köln 1955.

185 Siehe den Bericht über das Wintersemester 1957/58: Akte Meinhof, Dok. II. 6.

186 Eberhard Grisebach (1880–1945), Philosoph; 1931 bis zum Tod ordentlicher Professor für Philosophie und Pädagogik in Zürich; Mitbegründer der dialogischen »Ich-Du-Philosophie« und der dialektischen Theologie eines Karl Barth und Friedrich Gogarten nahestehend.

Von besonderem Interesse war mir das Seminar bei Dr. Imdahl, das die Probleme des Seminars bei Prof. Hager vom vergangenen WS weitgehend wieder aufnahm,[187] insofern es die grundsätzliche Frage nach der antiken, mittelalterlichen und neuzeitlichen Bildgestaltung stellte; allerdings nicht vom Raum her, sondern von der simultanen Überschaubarkeit des Bildes her, von der Bedeutung des »Zwischenraumes« und von der Koinzidenz von Klarheit des Bildgegenstandes und Schönheit der Linearität, die diesen Gegenstand definiert. Verdeutlicht wurden diese und andere Grundfragen vorwiegend am Beispiel des Egbert-Codex (um 1000) und einiger seiner stilistischen Vorlagen (karolingischer und byzanthinischer [!].)[188]

Die Arbeit an meiner Doktorarbeit – Eberhard Grisebach betreffend –, die ich in den vergangenen Ferien begann, werde ich in den jetzt laufenden Ferien fortsetzen können.[189]

Nicht unbeeinträchtigt blieb die Arbeit dieses Semesters von meiner Tätigkeit im »Studentischen Arbeitskreis für ein kernwaffenfreies Deutschland« Münster, den ich zusammen mit einigen Kommilitonen zu Beginn des Semesters ins Leben rief.[190] Wir veranstalteten im Mai einen Schweigemarsch und brachten ab Mitte Juni zweimal wöchentlich ein Flugblatt unter dem Titel »argument« heraus, in dem wir versuchten, die einzelnen Punkte der Auseinandersetzung durchzudiskutieren.[191] Ende Juli errichteten wir dann noch eine »Mahnwache« und veranstalteten gleichzeitig eine Unterschriftensammlung. Diese unsere Tätigkeit entspricht in etwa dem, was auch an fast allen anderen Universitäten auf Initiative entsprechender Arbeitskreise sich ereignete. Der

187 Siehe den Bericht über das Wintersemester 1957/58: Akte Meinhof, Dok. II. 6.

188 Der Codex Egberti ist ein zwischen 980 und 993 entstandenes Werk der ottonischen Buchmalerei.

189 In den Biografien zu Meinhof ist die Rede davon, dass sie zuerst beabsichtigte bei Elisabeth Blochmann zu promovieren und dann in Münster mit Friedrich Siegmund-Schultze einen Doktorvater fand, unter dessen Betreuung sie eine Dissertation über Pestalozzi anfertigen wollte. Vgl. Hakemi/Hecken, Ulrike Meinhof (Anm. 22), S. 20 f.; Wesemann, Ulrike Meinhof (Anm. 8), S. 80. In den Studienstiftungsakten findet sich von letztgenanntem Vorhaben keine Spur. Eine in Aussicht genommene Dissertation über Foerster erwähnt Meinhof in ihrem Bericht über das Wintersemester 1956/57: Akte Meinhof, Dok. II.4. Ab dem Wintersemester 1957/58 (ebd., Dok. II.6.) wird Professor Döpp-Vorwald als Disserationsbetreuer genannt. Siehe auch Meinhofs Brief und Verlängerungsantrag auf Förderung vom 15. Dezember 1959: Akte Meinhof, Dok. IV.4.

190 Meinhofs politisches Engagement in Münster und speziell im »Studentischen Arbeitskreis für ein kernwaffenfreies Deutschland« sowie im SDS ist wiederholt in den biografischen Studien dargelegt worden. Siehe u. a. Hakemi/Hecken, Ulrike Meinhof (Anm. 22), S. 22–31; Wesemann, Ulrike Meinhof (Anm. 8), S. 80 ff.; Ditfurth, Ulrike Meinhof (Anm. 7), S. 103–117; Alois Prinz, Lieber wütend als traurig. Die Lebensgeschichte der Ulrike Marie Meinhof, Weinheim/Basel 2007, S. 82 ff.; sowie den autobiografisch kolorierten Bericht von Seifert, Ulrike Meinhof (Anm. 9), S. 354–357.

191 Zur Flugblattserie »argument« vgl. ebd., S. 354 f., 357; Röhl, So macht Kommunismus Spaß (Anm. 26), S. 199–204; Wesemann, Ulrike Meinhof (Anm. 8), S. 105 f.

Kontakt dieser Arbeitskreise untereinander war gewährleistet durch eine Informations- und Koordinierungszentrale in Frankfurt/M., wo außerdem drei Delegierten-Konferenzen im Mai, Juni und Juli stattfanden, zum Austausch von Erfahrungen und zur Planung gemeinsamer Aktionen. Auf der letzten Konferenz begannen wir mit der Vorbereitung des für Anfang November vorgesehenen studentischen Kongresses in Berlin, unter dem Thema: Atomare Aufrüstung und politisches Bewußtsein.[192]

Im Zusammenhang mit den studentischen Aktionen gegen die Atomaufrüstung steht mir selber immer wieder das Beispiel der Bücherverbrennung von Mai 1933 vor Augen, wo es schon vier Monate nach Hitlers Machtübernahme möglich war, daß die nationalsozialistischen Studentengruppen den größeren Teil der Studentenschaft einfach überrumpelten, weil dieser in seiner politischen Indifferenz nicht zu Widerstand und Gegenaktion fähig war. Es geht mir dabei nicht um ein Urteil über die Studenten von 1933, sondern um die dort hervorgetretene Problematik, die uns heutige Studenten u. U. aufmerksam machen kann auf heute gegebene Aufgaben innerhalb unseres Bereiches. Denn wie immer man die gegenwärtigen Verhältnisse in der B[undes]R[epublik] beurteilen mag, die Sorge um die innere Festigkeit unserer Demokratie ist zweifellos nicht ganz unberechtigt. Besonders der Kampf gegen die Atomaufrüstung hat manches hervortreten lassen, das auf ein mehr oder weniger latentes Vorhandensein totalitärer Strebungen schließen lässt. Es ist das in der CDU und wohl von dort her auch im RCDS[193] z. T. sehr starke Einheits- und »Wir«-Denken, das die politische und menschliche Lauterkeit des Andersdenkenden diffamierend in Frage stellt und den aufgebrochenen Widerspruch als solchen suspekt macht, ohne sich der sachlichen Diskussion zu stellen. – Ich glaube, daß man solchen Strukturen des Denkens und Handelns, wo immer sie in Erscheinung treten, widerstehen muß, ehe sie die Überhand gewinnen [!]. Ein Verlust der Demokratie hat – m. E. – seine Ursache auch je und je in einem Versagen der Opposition. Die Aufgabe der Opposition – ob parlamentarisch oder außerparlamentarisch – liegt aber zweifellos in der gegenwärtigen Situation nicht nur in der Vertretung ihrer Sache und im Schutz ihrer selbst, sondern auch darin, die »Indifferenten« zu politischem Denken anzuregen und aufzufordern, nicht, um diese unbedingt für eine oppositionelle Parteinahme zu gewinnen, sondern um sie zu einer »Wachsamkeit« aufzufordern, die verantwortlich genannt werden darf, auch wenn sie in bewusster Neutralität ihren Ausdruck findet. Diesergestalt »Unruhe

192 Der gesamte Absatz ist bereits mit unwesentlichen Abweichungen wiedergegeben bei Röhl, So macht Kommunismus Spaß (Anm. 26), S. 188.

193 Der Ring Christlich-Demokratischer Studenten (RCDS) ist der der CDU/CSU nahestehende Bundesverband christlich-demokratischer Studentenvereine. Vgl. Anna von der Goltz, Eine Gegen-Generation von 1968? Politische Polarisierung und konservative Mobilisierung an westdeutschen Universitäten, in: Massimiliano Livi u.a. (Hrsg.), Die 1970er Jahre als schwarzes Jahrzehnt. Politisierung und Mobilisierung zwischen christlicher Demokratie und extremer Rechter, Frankfurt a. M./New York 2010, S. 73–89.

in die Studentenschaft«1) zu tragen, war das Anliegen des studentischen Arbeitskreises. Der Kampf gegen die atomare Aufrüstung hat heute dazu geführt, daß viele Studenten beginnen, ihren politisch-gesellschaftlichen Ort wieder zu reflektieren. Es wird die Aufgabe der politischen Hochschulgruppen sein, in diese – an einem einzelnen Problem nunmehr entstandene – Unruhe jene Inhalte hineinzutragen, die bewußtes demokratisches Denken auf die Dauer möglich und sinnvoll machen.

Die Ablehnung der westdeutschen Rüstungspolitik und die Sorge um die innere Festigkeit unserer formal intakten Demokratie schienen mir den Einsatz an Zeit und Kraft wert, die ich in diesem Semester durch meine Tätigkeit im studentischen Arbeitskreis für ein kernwaffenfreies Deutschland von meinem Studium abzweigte.

1) »Unruhe in der Studentenschaft« nannten Jürgen Seifert – ein Kommilitone aus dem Münsterer [!] Arbeitskreis – und ich einen Aufsatz, in dem wir in den »Blättern für deutsche und internationale Politik« von der Arbeit der studentischen Atomausschüsse berichteten.[194]

8. Wintersemester 1958/59, undatiert (März/April 1959; sechs Seiten, Schreibmaschine)[195]

Ulrike Meinhof
Münster/Westf.
Steinfurterstr. 36

Semesterbericht. (WS 1958/59)

Das Winter-Semester 1958/59 war mein achtes Studiensemester. An folgenden Vorlesungen und Seminaren habe ich teilgenommen:

PÄDAGOGIK: Prof. Döpp-Vorwald – Grundlegung und Systementfaltung der Erziehungswissenschaft; (Vorl.).

194 Ulrike Meinhof/Jürgen Seifert, Unruhe in der Studentenschaft, in: Blätter für deutsche und internationale Politik, 3 (1958), Heft 7, S. 524–526. Diese Zeitschrift wurde 1956 gegründet, stand zunächst der DFU (bzw. deren Vorläufer »Deutscher Klub 1954«) nahe und war von der SED finanziert und beeinflusst, so Udo Baron, Kalter Krieg und heißer Frieden. Der Einfluss der SED und ihrer westdeutschen Verbündeten auf die Partei »Die Grünen«, Münster 2003, S. 58. Siehe auch Alexander Gallus, Die Neutralisten. Verfechter eines vereinten Deutschland zwischen Ost und West 1945–1990, 2. Aufl., Düsseldorf 2006, S. 281 f. Renate Riemeck veröffentlichte damals regelmäßig in den »Blättern«, etwa: Wohin geht der Weg?, in: Blätter für deutsche und internationale Politik, 3 (1958), Heft 6, S. 390–396. Jürgen Seifert (1928–2005), Politikwissenschaftler; der Studienfreund und damalige politische Mitstreiter Meinhofs war Mitglied im Bundesvorstand des Sozialistischen Deutschen Studentenbundes (SDS); 1961 Ausschluss aus der SPD aufgrund des Unvereinbarkeitsbeschlusses (mit SDS-Mitgliedschaft); 1971–1994 Professor für Politikwissenschaft in Hannover; siehe Jürgen Seifert, Vom 58er zum 68er. Ein biographischer Rückblick, in: Vorgänge, 32 (1993), Heft 4 (Nr. 124), S. 1–6; ders., Ulrike Meinhof (Anm. 8).

195 Eingangsstempel vom 8. April 1959; außerdem handschriftlich hinzugesetzt: »ges. Mertner 6.4.59«.

	Prof. Döpp-Vorwald – Gemeinschaft und Gesellschaft als Erziehungsmächte; (Sem.)
	Prof. Döpp-Vorwald – Doktorandenkolloquium.
PHILOSOPHIE:	Prof. Ritter – Griechische Philosophie; (V.)
	Prof. Ritter – Zur Grundlegung der Ethik bei Aristoteles; (Sem.)
	Dr. Lübbe[196] – Deutsche Philosophie von Hegels Tod bis zum Ende des Ersten Weltkrieges; (Vorl.)
	Dr. Marquard: Interpretationsübungen zu Heideggers Sein und Zeit, (Prosem.).
KUNSTGESCHICHTE:	Prof. Fiensch – Deutsche Malerei von 1350 bis 1450; (Vorl.).
	Dr. Imdahl – Holbein der Jüngere; (Übung).
GESCHICHTE:	Prof. Gollwitzer[197] – Allgemeine Geschichte 1933–1945, mit besonderer Berücksichtigung des Nationalsozialismus. (Vorl.).

Im Mittelpunkt meiner Semesterarbeit stand das Seminar von Prof. Döpp-Vorwald: »Gesellschaft und Gemeinschaft als Erziehungsmächte«. Seit Tönnies (»Gemeinschaft und Gesellschaft« 1887)[198] steht dieses Thema nahezu bei allen Erziehern und Erziehungswissenschaftlern, die das Ungenügen des blossen Rückzugs in »Pädagogische Provinzen« spüren, im Vordergrund. In einer Zeit[,] in der der Mensch von kaum mehr übersehbaren Mächten okkupiert wird – spricht man doch heute vielfach von »Konsumterror« und der »Degradierung des Menschen zum Verbraucher«[199] –[,] stellt sich die Frage, ob es überhaupt noch einen Bereich gibt, in dem der Mensch sich in seinem Personsein

196 Hermann Lübbe (*1926), Philosoph; nach der Habilitation 1956 in Erlangen lehrte der Privatdozent 1958 Philosophie an seinem früheren Studienort in Münster; 1963–1969 ordentlicher Professor für Philosophie in Bochum; 1966–1970 Staatssekretär im nordrhein-westfälischen Kultusministerium; 1971–1991 ordentlicher Professor für Philosophie und politische Theorie in Zürich; danach Honorarprofessor dort; er veröffentlichte damals: Bibliographie der Heidegger-Literatur 1917–1955, Meisenheim a.Gl. 1957; Politische Philosophie in Deutschland. Studien zu ihrer Geschichte, Basel/Stuttgart 1963.

197 Heinz Gollwitzer (1917–1999), Historiker; 1957–1982 ordentlicher Professor für Neuere und Neueste Geschichte in Münster; er veröffentlichte u. a.: Europabild und Europagedanke. Beiträge zur deutschen Geistesgeschichte des 18. und 19. Jahrhunderts, München 1951; Die Standesherren. Die politische und gesellschaftliche Stellung der Mediatisierten 1815–1918. Ein Beitrag zur deutschen Sozialgeschichte, Stuttgart 1957.

198 Ferdinand Tönnies, Gemeinschaft und Gesellschaft. Abhandlung des Communismus und des Socialismus als empirischer Culturformen, Leipzig 1887; Ferdinand Tönnies (1855–1936) gehörte nicht zuletzt auch mit diesem Werk zu den Begründern der Soziologie in Deutschland.

199 Zu Konsum und Konsumkritik als damals sichtbar werdendes Zeitsignum siehe grundlegend Detlef Siegfried, Time Is on My Side. Konsum und Politik in der westdeutschen Jugendkultur der 60er Jahre, Göttingen 2006.

entfalten kann, und wie solche Bereiche beschaffen sein müssen, um dem Einzelnen und der Gruppe den nötigen Schutz für sein (ihr) Eigensein zu gewähren. Dabei ist man leicht geneigt, den postulierten Gegensatz von Gesellschaft und Gemeinschaft für einen unüberwindbaren zu halten und ihn damit seiner historischen Bedingtheit in der Betrachtung zu entziehen. Während jedoch die Infragestellung dieses Gegensatzes eher einer Disziplin wie der Soziologie zukommt, hat pädagogisches Denken doch immer primär mit der – ich möchte sagen – Nächstenhilfe zu tun, die je und je dem jungen Menschen gegeben werden muss; auch dann, wenn die Struktur der bestehenden Gesellschaft inhuman ist, sodass dem Zwang zur Inhumanität durch Erziehung kaum mehr widerstanden werden kann. Das heisst: auch die historische Bedingtheit des Gegensatzes von Gesellschaft und Gemeinschaft, auch die möglicherweise gesellschaftspolitische Notwendigkeit seiner Überwindung, erspart es dem Erzieher nicht, sich mit diesem Phänomen auseinanderzusetzen. Ist doch für ihn die Aufforderung unabweisbar, hier und jetzt seine pädagogische Aufgabe zu erfüllen – hic Rhodos! Hic salta![200]

Nun ist es außerordentlich schwer, die verschiedenen Autoren, die versucht haben, dieses Phänomen zu analysieren, auch nur methodisch auf einen gemeinsamen Nenner zu bringen. So kann man auch weder im Ansatz noch in den Ergebnissen unbedingte Übereinstimmung finden. Es gibt keine verbindliche Definition von Gemeinschaft, es gibt überhaupt keine Einigkeit über das, was Gesellschaft ist. Man wird freilich mit Recht sagen dürfen, dass historische Erscheinungen überhaupt nicht definiert, sondern immer nur dialektisch begriffen werden können, – aber gerade diese Betrachtungsweise ist am wenigsten zu finden. Während Petersen den Versuch macht[,] die Unterschiede zwischen Gesellschaft-Masse-Menge und Gemeinschaft zu registrieren,[201] sieht Pieper die Unterscheidung geistig-anthropologisch bedingt,[202] glaubt Krie[c]k[203] sie biologisch-blutsmässig überwinden zu können, indem er schließlich von »Volksgemeinschaft« und ähnlichem spricht. (Dies nur als angedeutete Beispiele).[204]

200 Aus dem Lateinischen: wörtlich »Hier ist Rhodos, hier springe!«; bedeutet: Beweise, was du kannst.

201 Zu Petersen Anm. 138; siehe insbesondere Petersen, Der kleine Jena-Plan (Anm. 138); ders., Gemeinschaft und freies Menschentum. Die Zielforderungen der neuen Schule. Eine Kritik der Begabungsschulen, Gotha 1919. Zur Einordnung: Ehrenhard Skiera, Reformpädagogik in Geschichte und Gegenwart. Eine kritische Einführung, 2. Aufl., München 2010, S. 290 ff.

202 Siehe zu Pieper Anm. 153; vgl. auch Josef Pieper, Grundformen sozialer Spielregeln, 3. Aufl., Frankfurt a. M. 1955; ders., Frühe soziologische Schriften (Werke, Ergänzungsbd. 1), hrsg. von Berthold Wald, Hamburg 2004.

203 Ernst Krieck (1882–1947), Erziehungswissenschaftler; führender NS-Pädagoge; u. a. Gaudozentenführer im NS-Dozentenbund; 1933–1944 Herausgeber der Zeitschrift »Volk im Werden«; er veröffentlichte u. a.: Völkisch-politische Anthropologie, 3 Bde., Leipzig 1936–1938.

204 Den Klammersatz hat Meinhof handschriftlich hinzugefügt.

Pädagogisches Denken aber ist – so scheint mir – immer zugleich politisches Denken, denn die Option für den Einzelnen kann die Sorge um das Ganze nicht ausschliessen und die Frage nach der Gegenwart des Einzelnen oder der Gruppe enthält immer schon die Frage nach seiner (ihrer) Zukunft, wenn der Mensch – der etwaigen Geborgenheit von Elternhaus und Schule entwachsen – den gesellschaftlichen Mächten in erhöhtem Maße ausgeliefert ist. So genügt es – scheint mir – nicht, die Gesellschaft nur als eine Form organisierten menschlichen Zusammenlebens in ihrer Erscheinung zu beschreiben oder ihre anthropologischen Grundlagen zu erforschen. Vielmehr bedarf es der Frage nach den Prinzipien, die sie in ihrer heutigen Gestalt konstituieren und bestimmen, wie: Arbeitsteilung, Privateigentum, Freier Wettbewerb u.s.w. Auch bedarf es einer Analyse der Herrschaftsformen und Machtsphären innerhalb der »Gesellschaft[«] – besser: »Bürgerlichen Gesellschaft« –[,] will man den Gegensatz von Gesellschaft und Gemeinschaft wirklich bestimmen und ihm begegnen können.

Ich selbst habe in diesem Semester eine Arbeit übernommen zu dem Thema: »Gesellschaft und Gemeinschaft als Erziehungsmächte im Denken Johann Heinrich Pestalozzis«.[205] Das Thema erwies sich im Laufe der Arbeit als nahezu unübersehbar, sodass ich im Augenblick noch damit beschäftigt bin, es in seinen Ergebnissen zuende zu formulieren.

Da zur Zeit Pestalozzis von dem im Thema angenommenen Gegensatz noch keine Rede war, musste die Gegenüberstellung umbenannt werden, wobei ich für »Gesellschaft« »bürgerliche Gesellschaft« sagen konnte (ein Begriff, mit dem sich P. sehr intensiv auseinandersetzt hat); für Gemeinschaft setzte ich das Wort »kleiner Kreis«, als der wesentlich durch personale Beziehung gestifteten Gruppe, wie sie für Pestalozzi in der Familie repräsentiert wird. Zuzuordnen sind hier die geläufigeren Begriffe (geläufig in der Pestalozzi-Forschung): »Wohnstube«, »Wohnstubenglück«, »Häuslichkeit« etc. Pestalozzi hat wie kaum einer seiner Zeitgenossen die Bedrohung des Vierten Standes durch das Bürgertum erkannt und die damit verbundene Beschlagnahmung des Menschlichen durch das wohl entscheidende Konstituens der bürgerlichen Gesellschaft: den Profit.[206] Eine Vermittlung zwischen »Kleinem Kreis« – wo Menschlichkeit *ist* und *wächst* – und der in den Augen Pestalozzis zutiefst antihumanen Gesellschaft suchte er durch die Entwicklung eines Begriffes der autonomen Sittlichkeit und damit der Freiheit, die dem Menschen eine – modern gesprochen – Vermenschlichung der Gesellschaft ermöglicht, trotz der Verführung durch

205 Zur Einordnung siehe Rebekka Horlacher, Gemeinschaft und Gesellschaft. Das Verhältnis von Sozialphilosophie und Pädagogik bei Johann Heinrich Pestalozzi, in: Pädagogische Rundschau, 55 (2001), S. 21–38. Heinrich Pestalozzi (1746–1827), Schweizer Pädagoge; bedeutender Schul- und Sozialreformer und Impulsgeber für spätere reformpädagogische Strömungen.

206 Meinhof stützte sich auf die marxistische Auffassung, dass Ergebnis und Ziel der kapitalistischen Produktionsweise der Profit sei.

den Besitz von Macht in den oberen Ständen, trotz der Unterdrückung durch Armut und Beherrschung in den unteren Ständen.

Es scheint mir in diesem Rahmen nicht möglich, näher auf diese Zusammenhänge einzugehen, eines jedoch mag zu sagen noch erlaubt sein: Wir werden eines Tages – so jedenfalls hoffe ich – nicht mehr umhin können, Pestalozzi ganz neu zu lesen und dann vielleicht weniger mit dem noch heute so sehr verbreiteten »Sogar« und »Schon« bezüglich seines »Durchbruchs« (!) zur autonomen Sittlichkeit, sondern mehr im Blick auf die historische Bedeutung dieses Mannes, dem die Sorgen um das »Volk« wichtiger waren als die Sorgen seiner gebannt auf Königsberg[207] blickenden Freunde und Feinde. Er hatte nicht nur ein unbestechliches Herz, er hatte auch einen ungemein klaren Blick für reale Verhältnisse. Zu dem Wissen, dass pädagogisches Denken immer auch politisches Denken ist, könnte Pestalozzi nocheinmal in spezifischer Weise einen wesentlichen Anstoß geben.

Zu berichten bleibt mir nun noch von dem Seminar bei Dr. *Imdahl*, das als Übung für Anfänger angekündigt war, Holbein den Jüngeren[208] zum Thema hatte und – wie immer – eines der lehrreichsten kunsthistorischen Seminare war, an denen ich teilnehmen konnte. Auch hier kann ich freilich nur mit einigen Begriffen den Rahmen des Themas umschreiben. Holbein war Zeitgenosse von Dürer ebenso wie von den italienischen Manieristen Pontormo, Bronzino und Parmigianino.[209] Letzteren aber steht er unendlich näher, und es ist nicht zufällig, dass Pinder sooft betont hat, Holbein sei kein Manierist, ohne den Beweis für diese Behauptung antreten zu können.[210] Hier setzt auch der Streit ein, ob Manierismus und Klassik *die* Gegensätze schlechthin seien oder ob nicht vielmehr das Klassische eine Sonderform des Manieristischen ist, der Gegensatz aber bei dem Primitiven (von primitif) zu suchen sei. Die Komplikation liegt hier im Manierismusbegriff selbst, der einerseits eine bestimmte Stilepoche zwischen Renaissance und Barock bezeichnet, andererseits aber ein schwer zu definierendes – mit Vorbehalt sei gesagt – Missverhältnis von formalen und gegenständlichen Komponenten im Kunstwerk meint, das im Grunde einen klaren Begriff des Klassischen voraussetzt. Eine Ausführung dieser Fragenkomplexe würde hier zu weit führen. – Die Analyse zahlloser Bilder konnte diese Fragen auch für Holbein nicht lösen. Hier stösst man an die Grenze der Kunstwissenschaft in ihrem heutigen Stand überhaupt. Auch die Thesen von Hocke –

207 Damit ist Immanuel Kant gemeint. Das Verhältnis zu Pestalozzi taxierend: siehe Karl Binneberg, Kant und Pestalozzi über das Problem der moralischen Erziehung und Bildung, in: Pädagogische Rundschau, 53 (1999), S. 553–561.

208 Hans Holbein der Jüngere (1497 oder 1498–1543), bedeutender Renaissance-Maler.

209 Jacopo da Pontormo (1494–1557), Agnolo Bronzino (1503–1572) und Parmigianino, eigentlich Girolamo Francesco Maria Mazzola (1503–1540), Hauptvertreter des Manierismus.

210 Wilhelm Pinder (1878–1947), Kunsthistoriker; siehe insbesondere dessen Werk: Vom Wesen und Werden deutscher Formen. Bd. 4: Holbein der Jüngere und das Ende der altdeutschen Kunst, Köln 1951.

dessen Manierismusbuch kürzlich in Rowohlts Enzyklopädie erschien, bleiben anfechtbar.[211]

Im kommenden Sommersemester werde ich mich besonders meiner Dissertation und einigen philosophischen Seminaren zuwenden.

Ulrike Meinhof[212]

9. Sommersemester 1959, undatiert (Juli 1959; zwei Seiten, Schreibmaschine)[213]

Ulrike Meinhof
Münster/Westf.
Steinfurterstr. 36

Semesterbericht. (Sommer-Semester 1959).

Das Sommer-Semester 1959 war mein neuntes Studiensemester. An folgenden Vorlesungen und Seminaren habe ich teilgenommen.

Pädagogik:	Prof. Döpp-Vorwald: Die deutsche Pädagogik im nachklassischen neunzehnten Jahrhundert (Vorl.), Allgemeine Unterrichtslehre: das Problem des erziehenden Unterrichts (Sem.).
Philosophie:	Prof. Most[214]: Nietzsches Frühschriften (Sem.).
Kunstgeschichte:	Prof. Hager: Baukunst der Renaissance in Italien (Vorl.), Gian Lorenzo Bernini (Sem.), Dr. Imdahl: Übung für Anfänger.

In dem Oberseminar von Prof. Hager habe ich ein Referat über die vier Nischenfiguren von Bernini[215] in den Capella Chigi in S. Maria del Popolo, Rom und im Dom von Siena (Daniel und Habakuk, Maria Magdalena und der Heilige Hieronymus) gehalten. Es ging dabei nicht nur darum, Berninis skulpturale Behandlung der Figuren zu erkennen, sondern vor allem das Verhältnis von Skulptur und Nische, d.h. – weiter gefaßt – das Verhältnis von Skulptur und Architektur in ihrer Verklammerung miteinander und in ihrer Bedeutung füreinander einsichtig zu machen. Ohne gleichzeitig das zugrundeliegende Bildmaterial vorzuführen, ist es nicht möglich, hier im Einzelnen über diese Arbeit zu berichten.

211 Gustav René Hocke (1908–1985), Publizist, Kulturhistoriker und -journalist; Meinhof bezieht sich auf sein Werk: Manierismus in der Literatur. Sprach-Alchemie und esoterische Kombinationskunst, Hamburg 1959.

212 Name als Unterschrift.

213 Eingangsstempel vom 31. Juli 1959; außerdem handschriftlich hinzugesetzt: »ges. Mertner 25.7.59«.

214 Otto Most (1904–1968), Philosoph; ab 1948 ordentlicher Professor für Philosophie in Münster; veröffentlichte u.a.: Die Determinanten des seelischen Lebens: 1. Grenzen der kausalen Betrachtungsweise, Breslau 1939.

215 Gian Lorenzo Bernini (1598–1680), bedeutender italienischer Bildhauer und Architekt des Barock.

Neben der abzuschließenden Arbeit über Pestalozzi[216], die mich – wider Erwarten – noch einige Zeit dieses Semesters kostete, habe ich an meiner Dissertation (Erhard Weigel – ein Pädagoge des 17. Jahrhunderts) gearbeitet, sodaß die Vorarbeiten für ein Studium der Quellen in Jenaer Archiven nahezu abgeschlossen sind.[217] Ich beabsichtige, die Arbeit in den nächsten Monaten so weit voranzutreiben, daß ich den Abschluß meines Studiums durch die Promotion für das nächste Jahr ins Auge fassen kann.

Über meine Pläne für den Winter werde ich der Studienstiftung auf brieflichem Wege Mitteilung machen.

Ulrike Meinhof.[218]

216 Siehe den Bericht über das Wintersemester 1958/59: Akte Meinhof, Dok. II.8.; vgl. auch Röhl, So macht Kommunismus Spaß! (Anm. 26), S. 312 f.

217 Erhard Weigel (1625–1699), Mathematiker, Astronom, Pädagoge und Philosoph; war ab 1653 Inhaber des Lehrstuhls für Mathematik in Jena und suchte nach mathematischen Grundlagen für die Theologie und Philosophie; auch entwickelte er Reformideen im Bereich der Erziehung und Pädagogik. Vgl. die kurze Erwähnung bei Wesemann, Ulrike Meinhof (Anm. 8), S. 158; Ditfurth, Ulrike Meinhof (Anm. 7), S. 144 f., nennt das Dissertationsvorhaben wie die Jena-Reise ebenfalls. Die Arbeit an der Dissertation hätte als »offizielle Version« (S. 145) für die Jena-Reise, die Meinhof ab dem 27. August 1959 unternahm, herhalten müssen. Denn mittlerweile war Meinhof Ende 1958 Mitglied der in der Bundesrepublik illegalen KPD geworden und arbeitete als Journalistin für die Zeitschrift »konkret«. Siehe auch Anm. 225.

218 Name als Unterschrift.

10. Wintersemester 1959/60, undatiert (März/April 1960; eine Seite, Schreibmaschine)[219]

Ulrike Meinhof
Hamburg 36
Kaiser-Wilhelmstr. 82

Semesterbericht. (WS 1959/60)

Das Wintersemester 1959/60 war mein zehntes Studien- und Fachsemester. Folgende Vorlesungen und Seminare hatte ich belegt: Pädagogik: Prof. Wenke[220]: Europäische Bildungsgeschichte der Neuzeit (Vorl.), Philosophie: Prof. Weizsäcker[221]: Logik (Vorl.), Prof. Blumenberg[222]: Husserl: Cartesianische Meditationen (Sem.), Kunstgeschichte: Prof. Schöne[223]: Die Architektur der karolingischen und romanischen Epoche (Vorl.).

Studienmäßig widmete ich mich in diesem Semester überwiegend meiner Dissertation (»Erhard Weigel, ein Pädagoge des 17. Jahrhunderts«). Nachdem ich in den vergangenen Sommerferien die wichtigsten der meiner Arbeit zugrundeliegenden Quellen in Jena, Weimar und Gotha einsehen konnte, war es nun auch möglich, das Literaturstudium systematisch weiterzufüh-

219 Eingangsstempel vom 8. April 1960 (Absender: Sieverts); außerdem handschriftlich hinzugesetzt: »ges. Sieverts«. Rudolf Sieverts (1903–1980), Jurist; 1934–1971 Inhaber des Lehrstuhls für Strafrecht, Kriminologie, Jugendrecht und -fürsorge sowie für Rechtsvergleichung in Hamburg; der für Ulrike Meinhof dort zuständige Vertrauensdozent; 1952–1969 Vorsitzender der Deutschen Vereinigung für Jugendgerichte und Jugendgerichtshilfen; 1961–1963 Rektor der Universität Hamburg; 1964–1967 Präsident der Westdeutschen Rektorenkonferenz; 1967–1979 Stiftungspräsident und in dieser Funktion zugleich Vorsitzender des Kuratoriums der Studienstiftung des deutschen Volkes; Mitherausgeber der Neuauflage des »Handwörterbuchs der Kriminologie« (Berlin 1969–1975). In einer von dem Hamburger Professor für Sozialpsychologie Peter R. Hofstätter losgetretenen, öffentlich in der »Zeit« geführten Debatte zur »Vergangenheitsbewältigung« bezog Sieverts, der erst spät ab 1940 der NSDAP angehört und nach dem Zweiten Weltkrieg kurzzeitig im britischen Internierungslager Neuengamme eingesessen hatte, 1963 klar gegen eine Generalamnestie für NS-Gewaltverbrecher Stellung. Vgl. AHö [Andrea Höft], Fall Hofstätter, in: Torben Fischer/Matthias N. Lorenz (Hrsg.), Lexikon der »Vergangenheitsbewältigung« in Deutschland. Debatten- und Diskursgeschichte des Nationalsozialismus nach 1945, 2. Aufl., Bielefeld 2009, S. 165 f.

220 Hans Wenke (1903–1971), Erziehungswissenschaftler und Bildungspolitiker; 1953 Rektor der Universität Tübingen; 1954–1957 Senator für Schul- und Hochschulwesen in Hamburg; 1958–1967 ordentlicher Professor für Erziehungswissenschaft in Hamburg; zudem 1963–1965 Gründungsrektor der Universität Bochum.

221 Carl Friedrich von Weizsäcker (1912–2007), Physiker und Philosoph; 1957–1969 ordentlicher Professor für Philosophie in Hamburg; zuvor in Göttingen und 1957 beteiligt am Manifest der Göttinger Achtzehn.

222 Hans Blumenberg (1920–1996), Philosoph; lehrte 1958–1960 als außerordentlicher Professor Philosophie in Hamburg; später Ordinariate in Gießen, Bochum und Münster; Habilitation in Kiel 1950 zum Thema »Die ontologische Distanz. Eine Untersuchung über die Krisis der Phänomenologie Husserls«.

223 Wolfgang Schöne (1910–1989), Kunsthistoriker; ab 1947 ordentlicher Professor für Kunstgeschichte in Hamburg.

ren.[224] Besondere Schwierigkeiten werden sich noch bei der Entzifferung von handschriftlichen Briefen ergeben, die mir – da sich die Originale in Leningrad befinden – nur in Form von Mikrofilmen zugänglich sind und in neuerer Zeit noch nicht gelesen wurden. – Es scheint mir nicht sinnvoll, inhaltlich auf die Arbeit einzugehen, es würde allzuweit und damit über die Grenzen des Semesterberichtes hinausführen müssen.

Nebenbei war ich in der Redaktion der Studentenzeitung »Konkret«[225] tätig, verantwortlich für Fragen der Außenpolitik und der Bildenden Kunst. Von dieser Arbeit bin ich jetzt während der Ferien ganz entlastet, sodaß ich mich meiner Dissertation ausschließlich zuwenden kann.

Ulrike Meinhof[226]

224 Siehe zu den DDR-Reisen die Hinweise in Anm. 217; zu ihrer Einbindung in die Westpolitik der SED auch Seifert, Ulrike Meinhof (Anm. 8), S. 357–361.

225 Im Jahr 1959 stieß Ulrike Meinhof zum Kreis der Zeitschrift »konkret«, dem damals am weitesten verbreiteten Studentenblatt in der Bundesrepublik. Zwischen 1961 und 1964 leitete sie die Zeitschrift als Chefredakteurin (im Impressum so ab Mai 1961 verzeichnet). In den Jahren 1964 bis 1968/69 wirkte sie als Kolumnistin für »konkret«, danach endete die Zusammenarbeit. Eine Auswahl von Artikeln versammeln: Ulrike Meinhof, Dokumente einer Rebellion. 10 Jahre »konkret«-Kolumnen, Hamburg 1972, sowie Peter Brückner, Ulrike Marie Meinhof und die deutschen Verhältnisse. Mit Texten von Ulrike Marie Meinhof, einem Vorwort von Ulrich K. Preuß und einem Nachwort von Klaus Wagenbach, 4. Aufl., Berlin 2006 (zuerst 1976). Zwischen 1961 und 1968 war Meinhof mit »konkret«-Herausgeber Klaus Rainer Röhl (*1928), Journalist und Historiker, verheiratet (Ende 1961, nach Verlobung im Jahr 1960). Sie hatte ihn im Sommer 1958 kennengelernt, als sie ihn noch als »fies« empfand. Siehe dessen autobiografisches Zeugnis: Fünf Finger sind keine Faust. Eine Abrechnung, 3. Aufl., München 1998 (zuerst: Köln 1974). Material- und detailreich dokumentiert diese Geschichte später Bettina Röhl, So macht Kommunismus Spaß! (Anm. 26); siehe auch ihren Dokumentarfilm: So macht Kommunismus Spaß! Ulrike Meinhof, Klaus Rainer Röhl und die Akte Konkret, »Spiegel-TV«, 2007; vgl. zur Geschichte der Zeitschrift und ihrer Unterstützung sowie Anleitung durch SED/KPD bis 1964: Alexander Gallus, Zeitschriftenporträt »konkret«, in: Jahrbuch Extremismus und Demokratie, 13 (2001), S. 227–249; auch: Frederik Obermaier, Sex, Kommerz und Revolution. Vom Aufstieg und Untergang der Zeitschrift »konkret« (1957–1973), Marburg 2011; ders., Zwischen links und Porno. 50 Jahre *konkret*, in: Klaus-Dieter Altmeppen/Regina Greck (Hrsg.), Facetten des Journalismus. Theoretische Analysen und empirische Studien, Wiesbaden 2012, S. 317–341, insbes. S. 324–328; zur politisch-kulturellen Bedeutung von »konkret«: Siegfried, Time Is on My Side (Anm. 199), S. 294–310, 529–540; wertvolle Quellenzeugnisse zur Hamburger Intellektuellenszene rund um »konkret« auch in: Peter Schütt (Hrsg.), Zwischen den Kriegen. Werner Riegel, Klaus Rainer Röhl und Peter Rühmkorf – Briefwechsel mit Kurt Hiller 1953–1971, München 2009.

226 Name als Unterschrift.

III. Endgültige Aufnahme

1. Brief Ulrike Meinhofs an den Referenten Ernst Berger vom 6. Juni 1956 (drei Seiten, handschriftlich)[227]

Ulrike Meinhof
Marburg/Lahn
Gutenbergstr. 15 ½ Marburg, den 6. Juni 1956

Sehr geehrter Herr Dr. Berger[228],

zur Erläuterung des von mir ausgefüllten Formulars als Antrag auf endgültige Aufnahme in die Studienstiftung möchte ich zu meiner Fächerwahl noch etwas hinzufügen, da die Angabe auf dem Formular[229] nicht recht eindeutig ist und auch mit meinem Semesterbericht vom vergangenen Wintersemester nicht ganz übereinstimmt. – Ich hatte als Nebenfach neben den Hauptfächern Pädagogik und Psychologie im vorigen Wintersemester Geschichte genommen. Mir wurde aber am Ende des Wintersemesters und stärker noch bei Aufstellung meines Stundenplans für dies laufende Semester klar, daß ich mir mit zwei Hauptfächern und dem Nebenfach Geschichte zu viel vorgenommen habe. Zumal auch ein Fach wie Geschichte, wenn man es sinnvoll studieren will, ich möchte sagen: dem eigenen Anliegen und Interesse entsprechend und nicht unter dem Gesichtspunkt des Nebenfaches im Examen, außerordentlich umfangreich ist. Hinzu kommt, auch dies ist freilich kein Examensgrund, daß mir die Ergänzungsfächer: Deutsch und Kunstgeschichte fehlen, die zu einem rechten Ver-

227 Stempel »betrifft: Endg. Aufnahme«.

228 Dr. Ernst Berger (Jg. 1915), promovierter Psychologe, war zwischen 1951 und 1956 Referent der Studienstiftung. An ihn hatte sich Meinhof schon wiederholt brieflich gewandt, u. a. am 14. Mai 1955, als sie ihm eine Abschrift des Reifezeugnisses übersandte, am 11. August 1955, um Adress- und Kontoänderungen mitzuteilen, und am 7. April 1956 mit der Erkundigung nach einer Erhöhung des Stipendiensatzes mit Ablauf des zweiten Semesters. Am 16. April 1956 informierte sie Berger über die planmäßige Erhöhung ab dem dritten Semester, bat aber noch um ein wenig Geduld. Am 30. April 1956 bestätigte die Studienstiftung förmlich die Stipendienerhöhung. Am 3. Mai 1956 bedankte Meinhof sich bei Berger und fragte ihn, ob das Gehalt ihrer Schwester, die nun als Junglehrerin an der Stadtschule Wetzlar arbeite, für die Stipendienberechnung von Belang sei. Auf dem Brief wurde handschriftlich vermerkt: »Vollwaise: Gehalt der Schwester hat keinen Einfluss auf Raten«. Siehe auch Anm. 18.

229 Das Formular mit der Bitte um endgültige Aufnahme unterzeichnete Ulrike Meinhof ebenfalls am 6. Juni 1956 und ließ es – dem üblichen Verfahren gemäß – über ihren Vertrauensdozenten (in Marburg: Ernst Benz) der Studienstiftung zukommen. Der Eingangsstempel dort hält den 18. Juli 1956 fest. In das Formular hat Meinhof ihre Studienfächer, das vorgesehene Abschlussexamen (Promotion), als Berufsziel – ähnlich wie bereits im Personalbogen vom 8. Dezember 1954 (Akte Meinhof, Dok. I.1.) – »nach längerer Volksschulpraxis: Lehrerbildung« und die gewünschte Dauer der Weiterförderung (Dezember 1959) eingetragen. Außerdem gab sie für ihre drei Studienfächer je eine Auskunftsperson an: Prof. Dr. Elisabeth Blochmann (Pädagogik), Prof. Dr. Heinrich Düker (Psychologie) und Prof. Dr. Ottmar Kerber (Kunstgeschichte).

ständnis in der Geschichte meines Erachtens aber notwendig sind, soweit mir die Dinge nach diesem einen Wintersemester einsichtig wurden. – Aus all diesen Gründen habe ich in diesem Semester mit |Kunstgeschichte|[230] angefangen, ohne diese Änderung aber schon prinzipiell entscheiden zu wollen. Außerdem habe ich mich entschlossen, Psychologie nur noch im Nebenfach zu studieren, also von einem abschließenden Diplom abzusehen und damit auch von dem nach dem fünften Semester liegenden Vordiplom. Das bedeutet, daß ich Gebiete und Gegenstände der Psychologie, die für die Pädagogik nicht von Bedeutung sind, auslassen kann und damit Zeit gewinne für Gebiete, die dem Pädagogikstudium näher stehen und mir persönlich als solche sehr wichtig sind, wie – allgemein ausgedrückt – Philosophie und Theologie. – Hinzufügen möchte ich noch, daß ich all diese Schwierigkeiten ausführlich mit Frau Prof. Blochmann besprochen habe und von ihr hierin beraten wurde.

Bitte entschuldigen Sie, daß ich Ihre Korrespondenz noch mit diesem Brief belaste; aber ich glaubte, es sei notwendig, daß ich die Nicht-Übereinstimmung meines Semesterberichtes mit den Angaben in dem Formular erklärte.

Mit ergebenen Grüßen bin ich
Ihre
Ulrike Meinhof

2. Gutachten Elisabeth Blochmanns vom 4. Juli 1956 (eine Seite, Schreibmaschine)[231]

Pädagogisches Seminar
der Philipps-Universität
Direktorin: Professor Dr. E. Blochmann M. A.

Marburg/Lahn, den 4.7.1956
Gutenbergstraße 18
Telefon: 4545 App. 1631

Fräulein Ulrike Meinhof hat in den letzten Semestern den Schwerpunkt ihrer erziehungswissenschaftlichen Studien in die Pädagogik verlegt. Bei mir selber hat sie sich an zwei Proseminaren beteiligt. Sie fiel unter der großen Zahl der Teilnehmer durch ihr immer waches Interesse, ihre klugen immer auf das Ganze des Problemkreises gerichteten Fragen oder Bemerkungen auf. Sie hat nicht nur das eine Semesterreferat gehalten, sondern zusätzliche Arbeit freudig übernommen. Die drei Referate, die mir vorgelegen haben, waren für ein junges Semester durchaus ungewöhnlich. Sie denkt genuin wissenschaftlich und arbeitet methodisch exakt. Was einem an diesem jungen Menschen am meisten auffällt, ist[,] was man vielleicht als ihren existentiellen Ernst bezeichnen könnte. Hier liegt allerdings auch eine Gefahr für sie. Sie neigt dazu, Probleme theologisch zu radikalisieren, und ich habe den Eindruck, daß sie in letzter Zeit in eine gewisse geistige Krise geraten ist. Aber solche Erfahrungen sind bei ern-

230 Unterstreichung in Akte.
231 Stempel »betrifft: Endg. Aufnahme«.

sten Menschen unvermeidlich[,] und sie können als eine Bestätigung ihrer geistigen und menschlichen Qualität angesehen werden. Bei Fräulein Meinhof sind sie für mich eine solche Bestätigung. Ich habe auch keine Sorge, daß sie die Krise überwinden wird. Sie hat im März an der Englandfahrt meines Seminars[232] teilgenommen, und ich habe sie da in ihrer natürlichen Frische, ihrer intensiven Freude an den neuen Erfahrungen, ihrer heiteren Kameradschaftlichkeit kennen und auch von der Seite schätzen gelernt. Es besteht für mich kein Zweifel, daß Fräulein Meinhof zu den besten Studentinnen gehört, und daß sie eine der meistversprechenden ist und jede Förderung verdient. Ich bitte, sie endgültig in die Studienstiftung aufzunehmen.

EBlochmann[233]

3. Stellungnahme des Vertrauensdozenten Ernst Benz vom 6. Juli 1956 (eine Seite, Schreibmaschine)

Stellungnahme des Vertrauensdozenten

Die endgültige Aufnahme von Fräulein Ulrike Meinhof in die Studienstiftung kann ich aufs dringendste empfehlen. Fräulein Meinhof hat sich mit grossem Ernst und einem ungewöhnlichen Verständnis in ihr Studium eingearbeitet. Da sie an die pädagogischen und psychologischen Probleme von einer betont religiösen christlichen Einstellung herantritt, die mit einer eigenen erlebnishaft begründeten religiösen Erfahrung zusammenhängt, stand sie von Anfang an auch ihren akademischen Lehrern mit einer grossen inneren Freiheit gegenüber. Dies ist auch der Grund, weswegen sie sich von der Psychologie abgewandt hat, da sie in der hier in Marburg gebotenen Form einer reinen Experimental- und Testpsychologie die Bezugnahme auf religiöse Probleme, wie überhaupt die Bemühung um ein Verständnis des Gesamtbereichs des Seelischen einschliesslich des Religiösen vermisste.

In der Gemeinschaft der Studienstiftler fällt Fräulein Meinhof durch ihre anregende Kameradschaftlichkeit und durch ihr reges, verständiges Interesse vor allem an psychologischen, geistesgeschichtlichen und künstlerischen Problemen auf. Ihre endgültige Aufnahme in die Studienstiftung wird dringend empfohlen.

Ernst Benz
6.7.56[234]

232 Siehe Meinhofs Bericht über das Wintersemester 1955/56: Akte Meinhof, Dok. II.2.
233 Name als Unterschrift.
234 Name als Unterschrift; Datum handschriftlich hinzugesetzt.

4. Brief Ottmar Kerbers an den Referenten Hubert Ohl vom 3. Oktober 1956 (zwei Seiten, handschriftlich)[235]

Steinheim/Main, 3.10.56
Hanauer Landstr. 14

Studienstiftung des deutschen Volkes
Bad Godesberg
Plittersdorfer Str. 72

Sehr geehrter Herr Doktor,

für Ihren Brief vom 19. September danke ich Ihnen sehr herzlich.[236] Um so mehr bedauere ich, dass ich zunächst mit Studenten in Spanien, Portugal und anschliessend wegen eigener dringlicher Arbeiten unterwegs war und dass dadurch meine Empfehlungen für Fräulein Ulrike Meinhof, Marburg etwas spät kommen.

So viel an mir liegt, will ich ihr für die Aufnahme in die Studienstiftung jede Unterstützung zukommen lassen,– über diesen in Eile geschriebenen Brief hinaus.

Persönlich darf ich vorausschicken, dass ich durch meinen Vertretungsauftrag in Jena zu Beginn des letzten Krieges die Familie nach dem tragischen Tod des Vaters kennen lernte. – Frau Dr. Meinhof baute sich damals eine neue Existenz auf. Sie unterzog sich der Staatsprüfung und promovierte bei mir. – Sie starb, nachdem sie vor den Russen Jena verlassen und sich im Westen in schwieriger Zeit abermals in bewundernswerter Tapferkeit eine neue wirtschaftliche Grundlage für sich und ihre Kinder geschaffen hatte.[237]

Ihre Tochter Ulrike kenne ich gut. Sie hört meine Vorlesungen in Giessen und hat sich an meinen Exkursionen beteiligt. Sie ist überdurchschnittlich begabt und beschäftigt sich mit Kunstgeschichte nicht nur aus Neigung[,] sondern auch mit einer ungewöhnlichen inneren Beteiligung. Sie hat beträchtliche

235 Eingangsstempel vom 5. Oktober 1956; außerdem Stempelaufdruck »betrifft: Endg. Aufnahme«. Ottmar Kerbers Stellungnahme vom 3. Oktober 1956 dürfte also noch Berücksichtigung im Verfahren gefunden haben, auch wenn das Schreiben innerhalb der Akte nicht unter der Kategorie »Endgült. Aufnahme«, sondern unter »Korrespondenz« abgeheftet wurde.

236 Der Brief war an den Referenten der Studienstiftung Hubert Ohl gerichtet, der Ottmar Kerber am 19. September 1956 nochmals um eine Einschätzung zu Ulrike Meinhof bat, zumal Kerber sie »schon seit längerer Zeit« kenne und so einen guten Eindruck von ihrer »Gesamtpersönlichkeit« vermitteln könne. Hubert Ohl (1927–2013), Germanist, Philosoph und Kunsthistoriker; Promotion 1955 in Frankfurt a.M., 1967 Habilitation in Mainz; 1968–1976 ordentlicher Professor in Freiburg i.Br.; 1976–1993 ordentlicher Professor für Neuere deutsche Literaturgeschichte in Münster. Er veröffentlichte damals: Der reisende Enthusiast. Studien zur Haltung des Erzählers in den »Fantasiestücken« E.T.A. Hoffmanns, o.O. 1955.

237 Siehe Anm. 6; vgl. zur Flucht nach Westen und zu Ingeborg Meinhofs Tod auch Röhl, So macht Kommunismus Spaß! (Anm. 26), S. 150–156.

Kenntnisse und verfügt über ein selbständiges, abgewogenes Urteil. Ich schätze ihre Teilnahme an den Exkursionen um so mehr, als sie durch ihre Aufgeschlossenheit, durch den Ernst, mit dem sie an jede Sache herangeht, zu einem anregenden Gesprächspartner für alle anderen zu werden vermag.

Umfassende Kenntnisse und ein für ihr Alter bemerkenswertes selbständiges Denken zeichnen Fräulein Ulrike Meinhof aus. Das ist – soviel ich sehe – kein überschwengliches[,] sondern ein objektives Urteil. Ich glaube, sie verdient die Unterstützung der Studienstiftung in jeder Hinsicht.

Mit den besten Empfehlung
Ihr sehr ergebener
Kerber[238]

238 Mit einem an Ulrike Meinhof adressierten, von Hubert Ohl unterzeichneten Formbrief teilte die Studienstiftung ihr am 8. Oktober 1956 die erfolgreiche endgültige Aufnahme mit. Sie bedankte sich dafür in einem Brief an Ohl vom 13. Oktober 1956: »nun hat mich die Studienstiftung also endgültig aufgenommen. Freilich, ich hatte es gehofft und – wenn ich ehrlich sein soll – ich hatte auch etwas mit dieser Möglichkeit gerechnet. Daß es nun aber wirklich ›geklappt‹ hat, das geht dann eben doch über alles Erhoffte hinaus. Ich glaube, Sie können sich nicht vorstellen, wie froh ich darüber bin. Nun kann ich weiterhin studieren, so unabhängig, wie ich es bisher tat und kann mich weiterhin dem widmen, was zu tun immer mein Wunsch war, und was ich – da ich es so gern tue – gar nicht einmal ›Arbeit‹ nennen mag. Ich bin für all das sehr dankbar.«

IV. Korrespondenz und sonstige Unterlagen

1. Brief Elisabeth Blochmanns an den Referenten Hubert Ohl vom 7. Februar 1957 (eine Seite, Schreibmaschine)[239]

Pädagogisches Seminar
der Philipps-Universität
Direktorin: Professor Dr. E. Blochmann M. A.[240]

Marburg/Lahn, den 7.2.1957
Gutenbergstraße 18
Telefon: 4545 App. 1631

Herrn
Dr. *Ohl*
Geschäftsstelle der Studienstiftung
des Deutschen Volkes
Bad *Godesberg*
Plittersdorfer Str. 72

Betr.: Antrag von Fräulein stud. phil. Ulrike Meinhoff [!],[241] ein Semester ihres Studiums an der Pädagogischen Hochschule Wuppertal verbringen zu dürfen.

Sehr geehrter Herr Dr. Ohl,

wie ich von Fräulein |Ulrike Meinhoff|[242] [!] erfahre, besteht ein Zweifel, ob ihr Plan, ein Semester an der Pädagogischen Hochschule in Wuppertal zu studieren, als von ihrem Universitätsstudium aus berechtigt anzusehen ist, und ob die Studienstiftung auch dieses Semester unterstützen kann.

Ich möchte dazu sagen, |daß ich|[243] gerade auch in Hinsicht auf eine Promotion in Pädagogik ihren sehr lebhaften Wunsch, ihre pädagogischen Studien durch ein Semester in Wuppertal zu ergänzen, sehr |begrüße|.[244] Es gibt ihr die von ihr ersehnte Gelegenheit, sich mit der religiös fundierten Pädagogik von Professor Hammelsbeck im persönlichen Kontakt auseinanderzusetzen, und es gibt ihr die Möglichkeit einer ersten gelenkten pädagogischen Praxis, die von großem Gewinn für sie sein wird.

Formal wird auf Grund unserer |Promotionsordnung|[245] das |Semester|[246] auf der |Pädagogischen Hochschule für das Fach Pädagogik angerechnet|.[247]

239 Eingangsstempel vom 8. Februar 1957.
240 »M. A.« war handschriftlich hinzugefügt.
241 Das zweite »f« war – wie auch bei den folgenden Nennungen des Namens im Brief – handschriftlich ergänzt worden.
242 Unterstreichung in Akte.
243 Unterstreichung in Akte.
244 Unterstreichung in Akte.
245 Unterstreichung in Akte.
246 Unterstreichung in Akte.
247 Unterstreichung in Akte.

So glaube ich also |empfehlen zu können|,[248] auch von der Studienstiftung aus Fräulein Meinhoff [!] zu |gestatten|,[249] das kommende Semester ihres Studiums in |Wuppertal zu verbringen|.[250]

Mit besten Grüßen
Ihre EBlochmann[251]

2. Brief Ulrike Meinhofs an den Referenten Hubert Ohl vom 4. Dezember 1957 (zwei Seiten, handschriftlich)[252]

Ulrike Meinhof
Münster/Westf.
Steinfurterstr. 36 Münster, den 4.12.1957

Sehr geehrter Herr Dr. Ohl!

Für Ihren Brief vom 13. November möchte ich mich sehr herzlich bedanken[253][,] und da ich nun – wenigstens vorerst – aus Ihrem [Marburger] Korrespondenzbereich ausgeschieden bin, möchte ich mich auch für die 2 ½ jährige Betreuung bedanken. Die Großzügigkeit, mit der sich die Studienstiftung ihren Stipendiaten gegenüber verhält, habe ich ja insbesondere durch Sie kennengelernt[,] und da ist mehr zu danken, als es durch einen Brief möglich ist.

248 Unterstreichung in Akte.
249 Unterstreichung in Akte.
250 Unterstreichung in Akte.
251 Gruß und Name handschriftlich.
Am 18. Februar 1957 informierte Ohl Meinhof, dass – nicht zuletzt dank der Befürwortung Blochmanns – einem Studiensemester in Wuppertal nichts mehr entgegenstehe. Durchschläge dieses Schreibens gingen an Elisabeth Blochmann sowie Vertrauensdozent Ernst Benz. Siehe Meinhofs Bericht über das Sommersemester 1957 in Wuppertal: Akte Meinhof, Dok. II.5.
252 Eingangsstempel vom 6. Dezember 1957.
253 Bereits in einem Brief vom 25. Oktober an Ohl hatte Meinhof ihren Wechsel nach Münster angekündigt. Als Grund nannte sie die Nähe zu Wuppertal, weil sie gerne noch eine Veranstaltung bei Professor Hammelsbeck besuchen wolle. Auch reize sie die in Münster durch die Professoren Ilse Lichtenstein-Rother und Heinrich Döpp-Vorwald vertretene »Erziehungswissentschaft« [!] sowie der Kontakt zu dem Kunsthistoriker Professor Werner Hager. Ohl antwortete ihr am 13. November 1957 und wünschte ihr alles Gute für das weitere Studium am neuen Ort. Er nannte ihr die nun für sie zuständige Referentin Dr. Jutta Weyh (siehe Anm. 254) sowie als Vertrauensdozenten Professor Emil Lehnartz, der einen Durchschlag des Schreibens erhielt. Auch fragte Ohl Meinhof, ob sie eine spätere Rückkehr nach Marburg beabsichtige. Emil Lehnartz (1898–1979), Physiologe, war von 1946 bis 1966 ordentlicher Professor und Direktor des Instituts für Physiologische Chemie in Münster, 1946–1949 dort auch Rektor. Er dürfte federführender Vertrauensdozent in Münster gewesen sein und Meinhofs Fall an Edgar Mertner delegiert haben. Siehe Anm. 147 und 280.

Wann bzw. ob ich nach Marburg zurück gehe, das habe ich noch offen gelassen. Der Wechsel nach Münster hat mich mit meinem Studium vor eine ganz neue Situation gestellt, wie ich es nicht erwartet hatte. Hier hat – in ganz anderem Sinne als in Marburg – die Philosophie das Primat an der Philosophischen Fakultät, was auch für die Arbeit in der Pädagogik ganz andere Möglichkeiten eröffnet, sodaß ganz andere Ansprüche gestellt werden können und auch werden. Damit meine ich nicht das Niveau – damit Sie es nicht mißverstehen –[,] sondern eben die Andersartigkeit. Andererseits stehe ich mit meinem Nebenfach – der Psychologie – hier quasi am Anfang. Wenn ich also hier bleibe, so muss ich ein gutes Stück Arbeit leisten, um den Anschluß zu finden. Aber ich habe den Eindruck, daß es sich ungemein lohnt – zumindest mit Philosophie und Pädagogik, sodaß ich erst einmal in Ruhe das Semester hier vergehen lassen will, bis ich mich weiter entscheide. Nach dem ersten Eindruck hier bin ich jedenfalls sehr erfreut über den Wechsel. – Sicherlich besteht Ihrerseits die Frage, was denn aus meiner Doktorarbeit wird, jedenfalls den entstehenden Plänen. Darüber kann ich mich vielleicht einmal mit Fräulein Dr. Weyh[254], wenn sie hierherkommt, unterhalten, da ich das brieflich nicht ausbreiten möchte.

So danke ich Ihnen sehr herzlich für Ihre Betreuung und verabschiede mich vorläufig von Ihnen.

Mit freundlichen Grüßen bin ich
Ihre
Ulrike Meinhof.

254 Jutta Weyh (1926–2012) war Referentin der Studienstiftung. Sie wurde 1956 in München mit der Arbeit »Studien zum Persönlichkeitsbild der Frau in der lateinischen Geschichtsschreibung des mittelalterlichen England« promoviert. Die Briefe Meinhofs an Weyh beschränkten sich zunächst im Wesentlichen auf die Mitteilung von Adress- und Kontoänderungen sowie die Ratenberechnung, zumal als eine Rate ausblieb, die noch auf ein altes Konto Meinhofs in Marburg gegangen war und deren Rückbuchung in der Studienstiftung nicht richtig verzeichnet wurde. Dafür entschuldigte sich Weyh bei Meinhof am 14. Februar 1958. Meinhof dankte ihr am 5. März 1958 und betonte, dass eine Entschuldigung nicht nötig war.

3. Brief Ulrike Meinhofs an die Referentin Jutta Weyh vom 6. Mai 1958 (zwei Seiten, handschriftlich)[255]

Ulrike Meinhof
Münster/Westf.
Steinfurterstr. 36

Münster, den 6.5.1958

Sehr verehrtes Fräulein Dr. Weyh!

Für Ihren Brief auf unsere Anfrage hin und Ihre Karte zu meiner Verlobung möchte ich Ihnen sehr herzlich danken.[256] Ihr Brief hat uns freilich etwas enttäuscht, aber andererseits war es klar, daß wir diese, Ihre Überlegungen anerkennen. Es ist halt etwas deprimierend, daß man bei uns auf Schritt und Tritt über Satzungen stolpert, die zur Wahrung der Demokratie gedacht sind und einen nun an demokratischem Verhalten hindern. – Was Sie über ein Hervortreten der Studienstiftler schreiben – daß es ein Argument sei, dieses Gewicht in die Wagschale werfen zu wollen –[,] das entspricht ganz dem, wie wir es meinten. Ich hatte mich darüber in meinem Brief – wie ich erst hinterher feststellte – genau verkehrt bzw. mißverständlich ausgedrückt.

Daß Sie so offen und ausführlich unsere Anfrage beantworteten, dafür waren wir Ihnen besonders dankbar. Und ich möchte wirklich hervorheben, daß wir Ihre Bedenken nicht »zähneknirschend geschluckt«, sondern ganz ehrlich eingesehen haben. Ich hoffe, daß Sie nicht ärgerlich waren über die Mühe, die wir Ihnen gemacht haben.

Mit dankbaren Grüßen bin ich
Ihre
Ulrike Meinhof.

255 Eingangsstempel vom 7. Mai 1958.

256 Sowohl die erwähnte Anfrage als auch Weyhs Antwort finden sich nicht in der Akte. Allerdings ist darin die Verlobungsanzeige Ulrike Meinhofs mit Lothar Wallek (Ostern 1958) abgeheftet. Es ist ein Eingangstempel vom 9. April 1958 verzeichnet, außerdem: »am 11.4.58 handschr. Gruß. W[ey]h«. Aufgrund dieser Lücke lassen sich die Zusammenhänge des Briefs nicht klären. Im Herbst 1958 löste Meinhof die Verlobung mit dem Physikstudenten Wallek, der 1966 über ein Thema der Atomphysik in Münster promoviert werden sollte, wieder. Vgl. Röhl, So macht Kommunismus Spaß! (Anm. 26), S. 174 f., 240.

4. Brief Ulrike Meinhofs an den Referenten Hartmut Rahn vom 15. Dezember 1959 mit beigefügter Abschrift ihres »Antrags auf Verlängerung der Förderung« (vier Seiten, Schreibmaschine)

Ulrike Meinhof

Hamburg 36, den 15.12.1959
Kaiser-Wilhelmstrasse [!] 82

Sehr geehrter Herr Rahn![257]

Für Ihren Brief vom 9. November will ich mich als erstes sehr bedanken.[258] Die Antwort nun wird recht ausführlich werden müssen. Ihr Inhalt ist mir selbst nicht behaglich, dennoch hoffe ich auf Verständnis und Nachsicht.

Zuerst dieses: Längst hätte ich Ihnen schreiben müssen. Ich bitte wegen dieses Versäumnisses sehr um Entschuldigung. – Ich bin – wie Sie aus dem Absender ersehen – jetzt in Hamburg. Die Entscheidung für diesen Umzug faßte ich sehr kurzfristig. Krankheit und arbeitsmäßige Überlastung hinderten mich daran, eher, d. h. termingerecht darüber Bericht zu erstatten.[259]

Die Gründe, die mich zu diesem Ortswechsel veranlaßten, sind folgende: Erstens: Studiumsmäßig bin ich jetzt nur noch mit meiner Dissertation beschäftigt. Das bedeutet, dass [!] es gleichgültig ist, an welchem Ort ich mich befinde. Mit meinem Doktorvater, Herrn Prof. Döpp-Vorwald, habe ich meinen Hamburger Aufenthalt besprochen und sein Einverständnis gefunden. Ich will hier meine Arbeit fertig stellen und im Verlauf des nächsten Jahres in Münster promovieren. Nebenbei höre ich hier noch einige Kollegs, insbesondere in Kunstgeschichte bei Herrn Prof. Schöne. – Es schien mir sinnvoll, die Gelegenheit, während meines Studiums noch mal den Hochschulort zu wechseln, da dies ohne Benachteiligung meiner Arbeit möglich war, wahrzunehmen.

Der eigentliche, drängende Anlaß aber war noch ein anderer: Sie wissen – wie ich annehme –, daß ich mich in Münster in den letzten anderthalb Jahren an der studentischen Bewegung gegen die atomare Aufrüstung der Bundesrepublik aktiv beteiligte. Ich glaube, daß wir Studenten damit eine Aufgabe

257 Hartmut Rahn (*1930), Anglist, Amerikanist, Germanist; Studium in Marburg, Reading, Amherst und Frankfurt a. M.; Promotion 1962 in Frankfurt a. M. mit der Arbeit »The Atlantic Monthly. Geschichte und Bedeutung einer Zeitschrift. 1857–1881«; ab 1959 Referent der Studienstiftung; 1965–1970 kommissarischer Leiter der Geschäftsführung; 1970–1995 Generalsekretär der Studienstiftung. Er war der damals für Meinhof zuständige Referent, solange sie zur Stipendiatengruppe in Münster zählte.

258 Hartmut Rahn erinnerte in seinem Brief vom 9. November Ulrike Meinhof an das anstehende Förderende vom 31. Dezember 1959. Da bis dahin seines Erachtens ihr Promotionsvorhaben nicht fertiggestellt sein dürfte, empfahl er Meinhof, einen Verlängerungsantrag zu stellen. Für die Verzögerung müssten allerdings »triftige Gründe« ins Feld geführt werden, ließ Rahn die Stipendiatin wissen. Auch bedürfe es für die ausnahmsweise Weiterförderung unterstützender Voten des Fach- wie des Vertrauensdozenten.

259 Links neben diesen Absatz schrieb Rahn »fauler Zauber«.

wahrgenommen haben, die uns zukommt und deren Vernachlässigung angesichts der politischen Entwicklung der Bundesrepublik nicht verantwortbar ist. Ich betrachte diese Tätigkeit deshalb auch nicht als eine ausserstudiumsmäßige [!], vielmehr als unbedingt dazugehörig. Daß sie mir zusätzlich Einsichten vermittelte, die meinem Fachstudium sehr förderlich sind und waren, habe ich begrüßt, auch wenn darin nicht die eigentliche Begründung für diese Arbeit liegen kann. Um nun den Arbeitsaufwand in diesem Bereich – ich möchte sagen –: zweckmäßig und – zeitmäßig – ökonomisch einzubauen, bin ich der Aufforderung nachgekommen, an der Hamburger Studentenzeitung KONKRET mitzuarbeiten.[260] Diese Tätigkeit erfolgt unentgeldlich [!]. Sie war es, die das »Projekt Hamburg« an mich herantrug – die Vereinbarkeit mit meinem Studium gab meiner Zusage den Ausschlag.

Die Anfangsschwierigkeiten der Einarbeitung brachten nun einen Pferdefuß mit sich, der inzwischen überwunden ist, den ich aber – ehrlicherweise – erwähnen muß: Die ersten sechs Wochen hier haben mich derartig beansprucht, daß Ihr Brief – obwohl zu meinem Schaden – solange liegen blieb. Ich kann Sie nur sehr bitten, dies Versäumnis zu entschuldigen.

Nun stehe ich vor einer Schwierigkeit, für deren Lösung ich Sie um Rat bitten möchte. Ich möchte eine Verlängerung meines Stipendiums um ein Jahr beantragen (Herr Dr. Ohl sagte mir vor einigen Jahren in Marburg, daß ich ruhig auf eine Verlängerung hoffen könne, da eine Promotion Verlängerungen normalerweise mit sich brächte – damals freilich war ich noch optimistischer). Andererseits habe ich mich hier in Hamburg noch nicht bei meinem Vertrauensdozenten vorgestellt – selbst dann würde er mich ja auch für eine Begutachtung noch nicht hinlänglich kennen –. Wen soll ich nun um ein Gutachten bitten, einen Hamburger Dozenten oder Herrn Prof. Mertner[261] in Münster? Ich wäre Ihnen sehr dankbar, wenn Sie mich in dieser Frage beraten könnten. Meinen Antrag auf Verlängerung schicke ich Ihnen schon heute zur Kenntnisnahme mit, d.h. eine Abschrift, damit sie meinen »Fall« in etwa übersehen können.

Ich hoffe sehr, daß all meine Verspätungen eine Verlängerung doch noch nicht unmöglich gemacht haben. Für eine baldige Antwort wäre ich Ihnen sehr dankbar.

Mit ergebenen Grüßen verbleibe ich
Ihre
Ulrike Meinhof[262]

260 Links neben den letzten Halbsatz ist ein Ausrufungszeichen gesetzt.
261 Mertner war der in Münster für Meinhof zuständige Vertrauensdozent (siehe Anm. 147).
262 Name als Unterschrift, »Ihre« handschriftlich.

Abschrift.

Antrag auf Verlängerung der Förderung

Name: Ulrike-Marie [!] *Meinhof*
Anschrift: Hamburg 36, Kaiser-Wilhelmstraße 82

An die STUDIENSTIFTUNG DES DEUTSCHEN VOLKES, BAD GODESBERG

Meine Zugehörigkeit zur Studienstiftung war bis zum 31. Dezember 1959 vorgesehen.
Das S-Semester 1959 war mein neuntes Fachsemester.
Ich bitte um Verlängerung der Förderung bis zum 31. Dezember 1960.

Begründung: Eine Verzögerung meines Studienabschlusses durch die Promotion über den anfänglich vorgesehenen Termin hinaus hat sich aus Schwierigkeiten ergeben, die ich zunächst bei der Wahl meines Dissertationsthemas hatte, später bei der Bearbeitung des Themas selbst.

Als mir Frau Prof. Blochmann (Marburg) im WS 1956/57 – meinem vierten Fachsemester – anbot, bei ihr zu promovieren, kam es – aus Gründen, die ich hier um der Kürze willen nicht ausführen möchte – nicht zu einer Einigung über ein Thema, sodaß ich mich entschloß, zum WS 1957/58 zu Herrn Prof. Döpp-Vorwald nach Münster zu gehen, um dort – mit seinem Einverständnis – über Martin Buber zu arbeiten.[263] Diese Absicht zerschlug sich, da in Münster bereits – wie sich erst herausstellte, als ich bereits begonnen hatte – eine pädagogische Dissertation über Buber in Arbeit war. Das Thema, für das ich mich dann entschied – »das dialogische Prinzip bei Griesebach [!] und Gogarten«[264] – habe ich nach einem dreiviertel Jahr zurückgegeben, da es sich als unfruchtbar erwies. Seit Ende des WS's 1958/59 beschäftige ich mich nun mit Ehrhard [!] Weigel[265], einem Wissenschaftler und Pädagogen des 17. Jahrhunderts. Das Quellenmaterial über Weigel liegt aber in der DDR – in Jena, Weimar und Gotha –[,] und es gelang mir in den Frühjahrsferien dieses Jahres noch nicht, eine Aufenthaltsgenehmigung für Jena zu bekommen, sodaß ich erst im September mit dem Quellenstudium beginnen konnte. – Die dieserart bedingten Verzögerungen meines Studiums veranlassen mich nun, um eine Verlängerung meines Stipendiums um ein Jahr zu bitten. Ich wäre sehr dankbar, wenn diesem Antrag stattgegeben werden könnte.

Ulrike Meinhof.[266]

263 Zum Wandel der Dissertationsthemen siehe insbesondere die Berichte ab dem Wintersemester 1956/57: Akte Meinhof, Dok. II.4. ff.

264 Friedrich Gogarten (1887–1967), lutherischer Theologe; Mitbegründer der »dialektischen Theologie« im Deutschland des frühen 20. Jahrhunderts. Er veröffentlichte u. a.: Die Kirche in der Welt, Heidelberg 1948; Der Mensch zwischen Gott und Welt, Heidelberg 1952.

265 Siehe den Bericht zum Sommersemester 1959: Akte Meinhof, Dok. II.9.

266 Name als Unterschrift.

5. Brief des Referenten Hartmut Rahn an Ulrike Meinhof vom 9. Januar 1960 (eine Seite, Schreibmaschine, Durchschlag)

Fräulein
Ulrike *Meinhof*
HAMBURG 36
Kaiser Wilhelm-Strasse 82.

9. Januar 1960
RaàB[267]

Liebes Fräulein Meinhof,

Ihr Brief vom 15. Dezember hat mich nicht nur ausserordentlich überrascht, sondern uns hier in Godesberg auch einiges Kopfzerbrechen bereitet. Nachdem ich Ihnen am 6. November[268] einen Brief mit der Frage geschrieben hatte, wie es um das Ende Ihrer Förderung bestellt sei, kam weder der Brief noch eine Antwort von Ihnen zu uns zurück, so dass wir uns bereits sehr wunderten. Vor meinem Besuch in Münster vom 14. bis 18. Dezember lud ich Sie dann zu einem persönlichen Gespräch ein, musste jedoch eine volle Stunde vergeblich warten, da wiederum weder Sie selbst, noch mein[269] Brief, noch irgendein Lebenszeichen von Ihnen gekommen waren. Sie werden sicher verstehen können, dass Ihre Mitteilung, Sie hätten kurz vor dem Abschluss Ihrer Dissertation ohne jede Nachricht an uns die Universität gewechselt, die Sache nicht gerade erleichtert hat. Ich muss Ihnen offen sagen, dass wir unter den augenblicklichen Umständen kaum eine Möglichkeit sehen, Ihre Förderung zu verlängern.

Neben den oben geschilderten Versäumnissen, die eine mögliche Aussprache über Ihre Pläne vereitelt haben, ist es vor allem Ihr Universitätswechsel und die Mitarbeit an einer studentischen Zeitschrift[270] im gegenwärtigen Moment, die uns höchst problematisch erscheinen. Die Zeit der Fertigstellung einer Dissertation sollte eine Zeit des Sichzurückziehens sein, eine Konzentration aller Kräfte auf diese eine Aufgabe. Wie man ausserdem noch verantwortlich in der Redaktion einer Zeitschrift arbeiten kann, ist uns nicht klar. Wenn wir daher die Frage einer Verlängerung zuerst einmal von der Aufgabe Ihrer Arbeit in der Redaktion abhängig machen müssen, so sehen Sie darin bitte keine Forderung, die sich gegen die Zeitschrift richtet, sondern ausschliesslich gegen eine viel Zeit und Kraft erfordernde Arbeit in einem Moment, in dem alle Energie dem Studium zukommen sollte.

267 Bürokürzel, die auf den Namen des Referenten und die zuständige Schreibkraft bei der Studienstiftung verweisen, werden nicht erläutert.

268 Gemeint ist Rahns Brief vom 9. November: siehe Anm. 258.

269 Es müsste wohl »ein« heißen.

270 Zu Meinhofs Tätigkeit für »konkret« siehe Anm. 225.

Als zweites möchte ich Sie bitten, Herrn Professor Sieverts[271] (Hamburg 13, Moorweidenstraße 18/I) bald einen Besuch zu machen, da wir die Entscheidung über Ihre Verlängerung weitgehend von seiner Stellungnahme abhängig machen müssen. Es wäre ausserdem erforderlich, dass Sie eine detaillierte Darstellung über den Stand Ihrer Arbeit und eine ausführliche Stellungnahme Ihres Doktorvaters sowohl Herrn Professor Sieverts als auch uns schickten. Am besten wäre es wohl, wenn Sie uns einen Durchschlag der bisher vorliegenden Teile Ihrer Arbeit senden, den wir Ihnen selbstverständlich wieder zurückgäben.

Ich wäre Ihnen dankbar, wenn Sie alle diese Schritte recht bald unternehmen könnten, damit wir die Frage Ihrer Verlängerung rasch klären können.

Mit freundlichem Gruss
Ihr
Ra.[272]
(Hartmut Rahn)

6. Brief des Referenten Hartmut Rahn an Vertrauensdozent Rudolf Sieverts vom 9. Januar 1960 (eine Seite, Schreibmaschine, Durchschlag)

Herrn
Professor Dr. Rudolf Sieverts
HAMBURG 13
Moorweidenstrasse 18/I.

9. Januar 1960
RaàB

Sehr verehrter Herr Professor Sieverts,

darf ich Sie heute in einer recht schwierigen Angelegenheit um Ihren Rat und Ihre Hilfe bitten? Fräulein Ulrike Meinhof, die bisher in Münster studiert hat, hat vor einigen Wochen (den genauen Termin wissen wir nicht) überraschend die Universität gewechselt, um neben der Arbeit an ihrer Dissertation in der Redaktion der Zeitschrift »Konkret«[273] zu arbeiten. Aus dem beiliegenden Durchdruck meines Briefes an Fräulein Meinhof geht hervor, dass sie uns über ihre Schritte völlig im Unklaren gelassen hat, bis sie uns vor vollendete Tatsachen stellen konnte. Ich habe den starken Eindruck, als stecke hinter dem ständigen Ausweichen vor einer persönlichen Aussprache eine Absicht; in jedem Falle ist

271 Vertrauensdozent Sieverts erhielt einen Durchschlag dieses Schreibens. Siehe zur Person: Anm. 219.

272 Handschriftliche Paraphe.

273 Siehe Anm. 225.

es jedoch untragbar, dass Fräulein Meinhof so kurz vor dem Abschluss ihrer Dissertation noch mit der Arbeit in einer Redaktion beginnt.

Ich habe Fräulein Meinhof gebeten, sich bei Ihnen vorzustellen, und wäre Ihnen sehr dankbar, wenn Sie uns Ihren Eindruck von ihr schildern könnten.

Wir möchten auf jeden Fall verhindern, dass Fräulein Meinhof die Förderung durch die Studienstiftung dazu benutzt, um alle möglichen andere[n] Dinge statt ihrer Dissertation zu betreiben.

Für Ihre freundliche Hilfe darf ich Ihnen schon heute sehr herzlich danken und bin mit den besten Grüssen

Ihr sehr ergebener
Ra.[274]
(Hartmut Rahn)

Anlage![275]

7. Brief Ulrike Meinhofs an den Referenten Hartmut Rahn vom 13. Januar 1960 (eine Seite, handschriftlich)

Ulrike Meinhof

Hamburg 36, d. 13.1.60[276]
Kaiser-Wilhelm-Str. 82

Sehr geehrter Herr Rahn!

Ihr Brief vom 9. Januar,[277] den ich vorgestern erhielt, hat mich sehr betroffen gemacht. Ich habe nun mit Herrn Professor Sieverts für den nächsten Montag (18.1.) einen Termin vereinbaren können, an dem ich den ganzen Fragenkomplex mit ihm besprechen möchte. Ich möchte mir erlauben, erst nach diesem Gespräch Ihren Brief im einzelnen zu beantworten.

Ihre Einladung zu einem Gespräch in Münster erhielt ich erst, – obwohl der Brief mir sofort nachgesandt worden war –[,] als der angegebene Termin bereits vorüber war, sodaß es mir nicht möglich war, Ihnen rechtzeitig zu antworten. Ich muß Sie deshalb nachträglich noch sehr um Entschuldigung bitten. Es tut mir sehr leid, daß Sie vergeblich und unbenachrichtigt warten mußten.

Ich bin über den jetzigen Stand der Dinge sehr bestürzt. Eben deshalb aber möchte ich vor allem andern mit Herrn Professor Sieverts sprechen, weil sich

274 Handschriftliche Paraphe.

275 Was dem Brief genau beilag, ist nicht zu rekonstruieren; mindestens aber ein Durchschlag des Schreibens an Meinhof vom 9. Januar 1960: siehe Akte Meinhof, Dok. IV.5.

276 Eingangsstempel vom 19. Januar 1960.

277 Siehe Akte Meinhof, Dok. IV.5.

mündlich vieles vielleicht doch einfacher klären läßt. Ich werde Ihnen dann in der nächsten Woche baldmöglichst schreiben.[278]

Mit ergebenen Grüßen bin ich
Ihre
Ulrike Meinhof.

8. Brief des Vertrauensdozenten Rudolf Sieverts an den Referenten Hartmut Rahn vom 18. Januar 1960 (drei Seiten, Schreibmaschine)

Universität Hamburg
Der geschäftsführende Vertrauensdozent[280]
der Studienstiftung des Deutschen Volkes
Professor Dr. Sieverts

Hamburg 13, den 18. Januar 1960[279]
Moorweidenstraße 18
Fernruf 44 10 71, App. 615

An die
Studienstiftung des Deutschen Volkes
zu Händen von Herrn Dr. Rahn
Bad *Godesberg*
Koblenzer Strasse 77

Lieber Herr Dr. Rahn!

Ich hatte heute eine längere Unterhaltung mit Fräulein Ulrike Meinhof wegen der Situation ihres Studienabschlusses.

Diese Unterredung verlief doch recht erfreulich. Fräulein Meinhof zeigte von sich aus volle Einsicht, dass sie sich gegenüber der Geschäftsführung der Studienstiftung nicht korrekt verhalten habe, indem sie – ohne es anzukündigen – ihren Studienort von Münster nach Hamburg verlegte und ferner nur sehr vage Auskunft über den Abschluss ihrer Promotion gegeben hätte. Sie fand daher Ihre Briefe nicht nur sehr begreiflich, sondern auch berechtigt. Sie hat ganz offensichtlich den Wunsch, die dadurch entstandene Trübung ihres Verhältnisses zur Geschäftsführung der Studienstiftung möglichst rasch wieder zu bereinigen.

Fräulein Meinhof schilderte mir von sich aus und veranlasst durch meine entsprechenden Fragen den Stand ihrer Promotion wie folgt:

Nachdem sie mir beschrieben hatte, wie sie von Frau Professor Blochmann, Marburg, weggegangen und zu Herrn Professor Döpp-Vorwald, Münster, ge-

278 Ein solcher Brief findet sich nicht in der Akte, ist wahrscheinlich nicht geschrieben worden. Siehe die weiteren Dokumente.

279 Eingangsstempel vom 20. Januar 1960.

280 An Universitäten mit großer Stipendiatenzahl gab es »geschäftsführende« oder »federführende« Vertrauensdozenten, die für die Verteilung der Stipendiaten auf eine Reihe von betreuenden Vertrauensdozenten am jeweiligen Hochschulort verantwortlich waren.

gangen sei, wie sie bei ihm zunächst eine Dissertation über die Bedeutung Martin Bubers für die Pädagogik habe bearbeiten wollen, bis sich herausstellte, dass dieses Thema bereits von einem anderen Doktoranden in Münster bearbeitet wurde, und wie sie schliesslich bei dem jetzigen Thema über Weigel[281], den Lehrer Pufendorf's [!][282], gelandet sei, berichtete sie, dass ihr Doktorvater für ihren vorübergehenden Weggang durchaus Verständnis gezeigt habe unter der Voraussetzung, dass die Fertigstellung der Dissertation darunter nicht leide. Sie wissen, dass sie nach Hamburg gegangen ist, um in der Redaktion der Studentenzeitung »Konkret«[283] mitzuhelfen. Diese Studentenzeitung und ihr Herausgeber Röhl ist mir zufällig sehr gut bekannt, weil Herr Röhl wegen einiger Aufsätze in seiner Zeitung einmal vor dem Hamburgischen Disziplinargericht gestanden hat, das ich seit Jahren leite. Ich habe seit dieser Zeit für Herrn Röhl etwas übrig, der sich bei dieser Verhandlung menschlich tadellos benahm.[284] Seine Zeitung ist keineswegs in allen Teilen ihres Inhaltes mein Fall. Immerhin ist sie eine geistig rege Angelegenheit[,] und ich habe Sinn für ihre oft provozierende Art, die der konformistischen Haltung eines grossen Teils unserer Studentenschaft nur gut tut.

Über ihre Dissertation hat mir Fräulein Meinhof berichtet, dass sie während eines Aufenthaltes im letzten September in der Sowjetzone (Jena, Weimar, Leipzig, Dresden) das wesentliche Quellenmaterial für ihre Arbeit gefunden habe. Sie warte noch auf einiges andere Material, was sehr langsam und kleckerweise ebenfalls aus der Sowjetzone im Leihverkehr eintreffe. Immerhin habe sie jetzt so viel zusammen, dass sie täglich an der Arbeit schreibe. Sie habe soeben Herrn Professor Döpp-Vorwald mitgeteilt, dass sie in der zweiten Februar-Hälfte ihm den ersten Entwurf vorlegen werde.

Auf meine Frage, ob sie diesen Termin angesichts ihrer Mitarbeit bei der Zeitschrift »Konkret« einhalten könne, legte sie mir dar, dass sie jetzt, nachdem sie sich eingearbeitet habe, nur noch wenige Stunden in der Woche an dem Kunstfeuilleton dieser Zeitschrift mitarbeite[285] und ausserdem mit dem Schriftleiter Röhl vereinbart habe, dass sie im Februar, März, April ganz freigestellt werde, um völlig unbelastet ihre Dissertation zügig zu Ende zu führen.

281 Zum Wandel des Dissertationsvorhabens siehe Anm. 189 und 217 sowie die Berichte ab dem Wintersemester 1956/57: Akte Meinhof, Dok. II.4. ff.

282 Samuel von Pufendorf (1632–1994), bedeutender Naturrechtsphilosoph, Historiker sowie Natur- und Völkerrechtslehrer in der Frühzeit der europäischen Aufklärung.

283 Vgl. Anm. 225.

284 Im autobiografischen Rückblick von Röhl, Fünf Finger (Anm. 225), wird weder Sieverts noch der Prozess erwähnt. Hinweise auf diverse Gerichtsprozesse gegen »konkret« bei Siegfried, Time is on My Side (Anm. 199), S. 303.

285 Die biografischen Studien zu Meinhof bestätigen eine solche Pause nicht. Auch in einem späteren Fragebogen für die Studienstiftung aus dem Jahr 1966 ist keine Auszeit eingetragen: Siehe Akte Meinhof, Dok. IV.15.

Ich hatte aus dem ganzen Gespräch den Eindruck, dass Fräulein Meinhof den Ernst der Situation durchaus erfasst hat und bereits alle Maßnahmen einleitete, ihren Arbeitsschwerpunkt völlig auf die Dissertation zu verlegen.

Ich möchte unter diesen Umständen vorschlagen, dass ihre Förderung zunächst einmal bis zum |31. März|[286] verlängert wird. Bis dahin wird sie den Dissertationsentwurf Herrn Kollegen Döpp-Vorwald vorgelegt und diesen in den Stand gesetzt haben, ein Gutachten über diesen Entwurf an die Studienstiftung abzugeben. Ich habe Fräulein Meinhof gesagt, dass ich in diesem Sinne mich bei Ihnen für sie einsetzen werde, dass sie aber nicht mehr mit meiner Unterstützung rechnen könne, wenn es ihr nicht gelinge, bis zu dem von ihr selbst genannten Datum den Dissertationsentwurf in Münster vorzulegen.

Ich glaube, dass man ihr auf diese Weise einerseits helfen kann, ohne ihr eine radikale Trennung von der ihr sehr lieb gewordenen Mitarbeit in der Zeitschrift »Konkret« zuzumuten, andererseits sie aber nun unter Druck setzt, den von ihr selbst genannten Termin einzuhalten.

Ich werde noch in diesen Tagen mit Herrn Röhl telefonieren, um ihm auch meinerseits klarzumachen, dass die Redaktion eine Verantwortung für Fräulein Meinhof in der genannten Richtung hat. Zur Bedingung zu machen, mit der Redaktion »Konkret« völlig zu brechen, scheint mir deshalb gefährlich, weil Fräulein Meinhof offenbar von einer politisch-sittlichen Verpflichtung zu dieser Mitarbeit getrieben wird. Ihnen wird bekannt sein, dass ihr Vormund, Frau Professor Riemeck in Wuppertal, ja aktiv in der Anti-Atom-Bewegung tätig ist. Von daher ist wohl manches in der politischen Aktivität von Fräulein Meinhof zu klären.

Mit den besten Grüssen
Ihr
Sieverts[287]

286 Unterstreichung in Akte. Linker Anstrich über die Länge der ersten beiden Sätze des Absatzes.

287 Name als Unterschrift.

9. Brief des Referenten Hartmut Rahn an Ulrike Meinhof vom 28. Januar 1960 (eine Seite, Schreibmaschine, Durchschlag)[288]

Fräulein
Ulrike Meinhof
HAMBURG 36
Kaiser Wilhelm-Strasse 82.

28. Januar 1960
RaàB

Liebes Fräulein Meinhof,

vielen Dank für Ihren letzten Brief,[289] den ich bei der Rückkehr von einer Dienstreise hier vorfand. Inzwischen hat uns auch Herr Professor Sieverts geschrieben, mit dem Sie sich in Hamburg wohl längere Zeit unterhalten haben.[290] Nach der Darstellung Herrn Professor Sieverts['] sieht die Sache nun nicht gar so grimmig aus, wie ich vor meinem letzten Brief an Sie befürchtet hatte. Da die Beanspruchung durch Ihre Mitarbeit an »konkret« Sie wohl doch nicht so stark in Anspruch nimmt, wie wir ursprünglich gedacht hatten, und da Herr Röhl Ihnen zugesagt hat, Sie im Februar, März und April ganz freizustellen, kann die Studienstiftung nun auf ihre Forderung verzichten, dass Sie Ihre Mitarbeit in der Redaktion aufgeben.[291] Herr Professor Sieverts hat Ihnen wohl bereits eine Regelung angedeutet, der sich die Studienstiftung voll und ganz anschliesst. Danach verlängern wir Ihre Förderung zunächst einmal bis zum 31. März 1960. Bis zu diesem Datum müssten Sie Ihren Dissertationsentwurf Herrn Professor Döpp-Vorwald vorgelegt und diesen in den Stand gesetzt haben, ein Gutachten über Ihren Entwurf an uns abzugeben. Erst danach könnten wir über eine weitere Verlängerung und über ein neu festzusetzendes Enddatum korrespondieren. Ich habe heute einen entsprechenden Vermerk gemacht[292] und wäre Ihnen dankbar, wenn Sie mir möglichst bald mitteilen würden, wann Sie Ihren Dissertationsentwurf bei Herrn Professor Döpp-Vorwald werden einreichen können.

Zum Schluss noch eine mehr technische Frage: mir ist nicht ganz klar, ob Sie nun eigentlich noch zur Universität Münster oder schon zur Universität Hamburg gehören. Bitte schreiben Sie mir doch auch, ob Sie in Münster oder Ham-

288 Ein Durchschlag dieses Briefs ging an Rudolf Sieverts.

289 Brief Meinhofs an Rahn vom 13. Januar 1960: Akte Meinhof Dok. IV.7.

290 Brief Sieverts an Rahn vom 18. Januar 1960: Akte Meinhof Dok. IV.8.

291 Zur Tätigkeit für »konkret« siehe Anm. 225 sowie den Fragebogen aus dem Jahr 1966: Akte Meinhof, Dok. IV.15.

292 Eingetragen von Rahn am 27. Januar 1960 in Stipendiatenblatt zur Verlängerung der Förderung bis zum 31. März 1960.

burg immatrikuliert sind,[293] damit wir Sie auf eine der beiden Studienstiftlerlisten setzen können.

Ich hoffe, dass wir recht bald wieder von Ihnen hören, und bin

mit freundlichem Gruss
Ihr
Ra.[294]
(Hartmut Rahn)

10. Brief Ulrike Meinhofs an den Referenten Hartmut Rahn vom 7. Februar 1960 (zwei Seiten, handschriftlich).

Ulrike Meinhof

Hamburg 36, den 7.2.60[295]
Kaiser-Wilhelmstr. 82.

Sehr geehrter Herr Rahn!

Für Ihren freundlichen Brief vom 28. Januar[296] möchte ich Ihnen zunächst sehr herzlich danken. Ich bin sehr froh und auch erleichtert, daß Sie so großes Verständnis für meine Situation haben.

Meine eigene Terminplanung sieht nun folgendermaßen aus: Ich werde Mitte Februar aus der Redaktionsarbeit für einige Monate aussteigen – vorläufig bis Ende April –, werde dann zunächst etwas Ferien machen, was ich seit Jahren nicht richtig tat und was sich allmählich auf hinderliche Weise bemerkbar macht[,] und werde in der zweiten Märzhälfte Herrn Prof. Döpp-Vorwald meinen Dissertationsentwurf vorlegen.[297]

Wir hoffen, daß im Mai eine frühere Mitarbeiterin unserer Zeitung promoviert hat, sodaß sie an meiner Stelle vertretungsweise in der Redaktion tätig wer-

293 Siehe dazu den Brief Meinhofs an Rahn vom 7. Februar 1960: Akte Meinhof, Dok. IV.10.

294 Handschriftliche Paraphe.

295 Eingangsstempel vom 9. Februar; sowohl die Paraphen Rahns (Rh) als auch Sauberzweigs (Sg) finden sich auf dem Blatt. Sauberzweig, der in Hamburg für Meinhof als Referent zuständig wurde, hat auch die früheren Unterlagen zum Verlängerungsvorgang mit seinem Kürzel versehen und so seine Lektüre vermerkt. Dieter Sauberzweig (1925–2005), Historiker; ab 1953 Referent und stellvertretender Geschäftsführer bei der Studienstiftung des deutschen Volkes; 1954 Promotion in Hamburg; 1959–1966 Vorstandsmitglied und in demselben Zeitraum »dem Hauptgf. [Hauptgeschäftsführer] koordiniert« (so Heinz Haerten, Die Studienstiftung des deutschen Volkes 1925 bis 1970, masch.-schriftl. Ms. [vorhanden im Archiv der Studienstiftung], o. O. u. J. [Bonn 1973], S. 212); 1977–1981 als SPD-Mitglied Berliner Senator für Kulturelle Angelegenheiten; 1981–1991 Leitung des Deutschen Instituts für Urbanistik in Berlin.

296 Brief Rahns an Meinhof vom 28. Januar 1960: Akte Meinhof, Dok. IV.9.

297 In dem 1966 von Meinhof ausgefüllten Fragebogen zur Situation berufstätiger Frauen ist für diesen Zeitraum im Jahr 1960 keinerlei Unterbrechung oder Einschränkung der Redaktionstätigkeit für »konkret« eingetragen. Siehe Akte Meinhof, Dok. IV. 15.

den kann und ich weiterhin freigestellt bleibe.[298] Andernfalls würde ich dann noch einmal vorübergehend dort tätig sein.[299]

Ich habe mich, um in Hamburg ungehinderten Zugang zu Seminaren und Bibliotheken zu haben, hier immatrikuliert.

Noch einmal: Herzlichen Dank!

Mit ergebenen Grüßen bin ich
Ihre
Ulrike Meinhof.[300]

11. Brief Ulrike Meinhof an den Referenten Dieter Sauberzweig vom 4. April 1960 (eine Seite, Schreibmaschine)

Ulrike Meinhof
Hamburg 36
Kaiser-Wilhelmstr. 82

Hamburg, den 4. April 1960[301]

Sehr geehrter Herr Dr. Sauberzweig!

Sicherlich darf ich annehmen, dass Sie meinen »Fall« kennen, sodaß ich gleich zur Sache selbst, die nunmehr anliegt, kommen kann.

Es ist mir nicht gelungen, den Termin: 31. März 60 für die Beschaffung von Gutachten über meine Dissertation einzuhalten. So kann ich auch nicht eine weitere Verlängerung meines Stipendiums beantragen. Ich bedaure dies sehr.

Was mir zu tun bleibt, ist dies: mich hiermit bei der Studienstiftung zu bedanken – sehr herzlich und sehr ehrlich – für die jahrelange Förderung, durch die mir mein Studium bis zu seinem heutigen Stand ermöglicht wurde. Ich hoffe, es trotz

298 Es war die Journalistin und Schriftstellerin Erika Runge (*1939) gemeint, die aber erst Anfang 1963 in München mit der Arbeit »Vom Wesen des Expressionismus im Drama und auf der Bühne« promoviert wurde, letztlich im besagten Zeitraum nicht zu »konkret« kam und so auch nicht zu Meinhofs Entlastung beitragen konnte. Runge war bereits zuvor für »konkret« tätig und ab dem Jahreswechsel 1959/60 für den Studententeil des Blattes zuständig gewesen (so Röhl, Fünf Finger [Anm. 225], S. 117). Vgl. Ditfurth, Ulrike Meinhof (Anm. 7), S. 157; siehe zu Runge, die über ihre Mitwirkung an den Atomausschüssen in München zur »konkret«-Fraktion stieß und mit der sich Meinhof anfreundete: Röhl, So macht Kommunismus Spaß! (Anm. 26), u. a. S. 230 ff. Runge war Anfang der 1960er Jahre ebenfalls Mitglied der illegalen KPD. Vgl. Siegfried, Time is on My Side (Anm. 199), S. 300.

299 Zum Verbleib Meinhofs bei »konkret«, nicht zuletzt als Chefredakteurin siehe Anm. 225.

300 Hartmut Rahn schrieb Ulrike Meinhof am 9. Februar 1960, dass durch ihre Immatrikulation an der Hamburger Universität nun der Referent Dieter Sauberzweig für sie zuständig sei. Noch einmal erinnerte er Meinhof zudem daran, vor dem 31. März 1960 einen Verlängerungsantrag samt der vereinbarten Unterlagen einzureichen, da die Förderung ansonsten automatisch endete.

301 Eingangsstempel vom 6. April 1960.

der nun entstehenden Schwierigkeiten in absehbarer Zeit abschließen zu können. – Hinzufügen möchte ich eins: Obwohl Ihre Entscheidung für mich persönlich hart ist, verstehe ich sie doch und sehe die Gründe, die Sie dazu veranlaßten, durchaus ein. Ich sage dies, um meinem Dank jede Zwielichtigkeit zu nehmen.

Bitte wollen Sie so freundlich sein und Fräulein Dr. Weyh, Herrn Dr. Ohl – falls er noch in Godesberg ist –, Herrn Dr. Haerting[302] und Herrn Rahn meine Grüße sagen und auch ihnen meinen Dank für die Mühen der »Betreuung«, die sie hatten.

Daß ich Ihnen den Abschluß meines Studiums und sein Ergebnis mitteilen werde, versteht sich – wie ich meine – von selbst, da ich annehme, daß Sie daran interessiert sein werden.

Mit ergebenen und dankbaren Grüßen
verbleibe ich
Ihre
Ulrike Meinhof.[303]

12. Brief des Referenten Dieter Sauberzweig an Ulrike Meinhof vom 9. April 1960 (eine Seite Schreibmaschine, Durchschlag)

Fräulein
Ulrike *Meinhof*
Hamburg 36
Kaiser-Wilhelmstraße 82

9. April 1960
Sgsch

Liebes Fräulein Meinhof,

für Ihren Brief vom 4. April danke ich Ihnen herzlich. Auch ich bedauere es, daß es Ihnen nicht gelungen ist, bis Ende März ein Gutachten über Ihre Dissertation zu erhalten. Leider schreiben Sie nichts über die Gründe, die nun zu der für Sie schwierigen Situation geführt haben. Daß die Studienstiftung Ihnen, wenn Sie die Verabredung mit Herrn Professor Sieverts eingehalten hätten, soweit wie möglich entgegengekommen wäre, werden Sie mir gewiß glauben.[304] Jetzt aber bleibt wirklich nichts anderes übrig, als die Förderung zunächst einmal einzustellen. Ich möchte Ihnen jedoch folgenden Vorschlag machen: Sollten Sie während der kommenden Monate mit Ihrer Dissertation gut vorankommen

302 Gemeint ist der leitende Geschäftsführer der Studienstiftung Heinz Haerten.

303 Name als Unterschrift.

304 Einem auf den 8. April 1960 datierten Brief an Rudolf Sieverts fügte Sauberzweig einen Durchschlag des Briefs an Meinhofs bei.

und vor allem während der Abschlußarbeiten, für die doch besonders Konzentration und Ruhe erforderlich sind, in größere finanzielle Schwierigkeiten geraten, so stelle ich Ihnen anheim, sich noch einmal mit Herrn Professor Sieverts bzw. der Studienstiftung wegen einer Übergangsbeihilfe in Verbindung zu setzen. Außerdem hielte ich es für gut, wenn wir uns bei meinem nächsten Besuch in Hamburg während des Sommersemesters einmal sehen und sprechen könnten. Ich werde versuchen, Ihnen rechtzeitig Nachricht zu geben.

Vorerst wünsche ich Ihnen alles Gute und bin mit herzlichen Grüßen – auch im Namen von Herrn Ohl –

Ihr
Sg[305]
(Dr. Sauberzweig)

13. Aktenvermerk Dieter Sauberzweigs vom 8. Juni 1960 (eine Seite, Schreibmaschine)

AKTENVERMERK

Betr.: Ulrike *Meinhof*

Am 1. Juni 1960 besuchte mich Fräulein Meinhof in Hamburg in der Sprechstunde.[306] Bei dieser Gelegenheit unterhielten wir uns ausführlich über ihre weiteren Pläne und die Fortsetzung ihres Studiums. Fräulein Meinhof hat die feste Absicht, ihre Mitarbeit bei der Hamburger Studentenzeitschrift »Konkret« im Herbst aufzugeben und dann nach Münster zurückzukehren, wo sie sich ausschließlich mit ihrer Dissertation befassen will. Sie sieht ein, daß sie diesen Weg einschlagen muß, wenn sie nicht den Sinn ihres ganzen bisherigen Studiums in Frage stellen und sich zukünftiger Berufsmöglichkeiten begeben will. Ich hatte den Eindruck, daß es Fräulein Meinhof mit diesem Vorsatz ernst ist. Unter Voraussetzung, daß sie sich strikt an diesen Plan hält, habe ich ihr eine Wiederaufnahme der Förderung zum Beginn des Wintersemesters in Aussicht gestellt. Fräulein Meinhof wird sich noch rechtzeitig in dieser Sache an uns wenden.

Der persönliche Eindruck, den ich bei diesem Gespräch von Fräulein Meinhof gewonnen habe, war ausgezeichnet. Bei allem Idealismus, mit dem sie für ihre politischen Überzeugungen eintritt, ist ihre Persönlichkeit von einer ruhigen Sachlichkeit und Klugheit geprägt.

Bad Godesberg, den 8. Juni 1960
Sgsch

Sauberzweig[307]
(Dr. Sauberzweig)

305 Handschriftliche Paraphe.

306 Am 7. Mai 1960 hatte Sauberzweig Meinhof über seinen nächsten Hamburg-Besuch informiert und ihr empfohlen, in seine Sprechstunde zu kommen.

307 Name als Unterschrift.

14. Brief des Referenten Hartmut Rahn an Ulrike Meinhof vom 11. November 1960 (eine Seite Schreibmaschine, Durchschlag)

Fräulein
Ulrike Meinhof
Wuppertal-Elberfeld
Am Wasserturm 41

11. November 1960
rahe

Liebes Fräulein Meinhof,

heute muß ich Ihnen wegen zweierlei Dingen schreiben, die mir in den letzten Tagen großes Kopfzerbrechen bereitet haben: Im Juni dieses Jahres sagten Sie Herrn Dr. Sauberzweig, daß Sie fest vorhätten, im Wintersemester wieder nach Münster zurückzukehren, um dort Ihre Arbeit zu beenden. Leider aber haben wir seither nichts mehr von Ihnen gehört, so daß wir vollkommen im Dunkeln tappen, und nicht wissen, wo Sie sind, und ob Sie Ihre Pläne verwirklicht haben.[308]

Der zweite Punkt ist sogar noch unangenehmer: Am 16. Juli hatten Sie Herrn Dr. Simon für die Einladung zur Tagung auf der Burg Liebenzell gedankt und geschrieben, daß Sie gerne an der Tagung teilnehmen würden.[309] Leider sind Sie aber in Liebenzell dann nicht aufgetaucht, ohne uns Ihr Fernbleiben anzukündigen. Sie können sich sicherlich denken, daß dadurch der Studienstiftung nicht nur höhere Unkosten entstanden sind, sondern daß es uns bei der beschränkten Teilnehmerzahl besonders unangenehm war, einen Teilnehmerplatz unbesetzt zu lassen. Ich wäre Ihnen dankbar, wenn Sie mir in den nächsten Tagen noch einmal schreiben könnten, warum Sie zur Tagung in Liebenzell nicht gekommen sind, und wo Sie sich im Augenblick befinden.[310]

Mit freundlichem Gruß
Ihr
Ra.
(Hartmut Rahn)

308 Siehe den Aktenvermerk vom 8. Juni 1960: Akte Meinhof Dok. IV.13. Der Brief war an die Wuppertaler Anschrift von Meinhofs »Ziehmutter« Renate Riemeck adressiert. Vgl. auch Ditfurth, Ulrike Meinhof (Anm. 7), S. 106.

309 Referent Josef Simon hatte Ulrike Meinhof am 7. Juli 1960 mit einem an sie adressierten Formbrief zur Teilnahme an der Tagung »Das Menschenbild in den Sozialwissenschaften« für Oktober auf Burg Liebenzell eingeladen. Meinhof schrieb ihm am 16. Juli 1960, dass sie »gerne« teilnehmen werde. Josef Simon (1930–2016), Philosoph; 1957–1960 Referent bei der Studienstiftung; 1971–1995 ordentlicher Professor für Philosophie in Tübingen und Bonn.

310 Eine Antwort darauf findet sich nicht in der Akte. Als nächstes ist dort der Artikel »Konkret: Himmel und Dreck« aus dem Spiegel Nr. 13/1962 vom 28. März 1962, S. 37–39, sowie ein darauf bezogener Leserbrief Ulrike Marie Röhls, in: Spiegel Nr. 15/1962 vom 11. April 1962, S. 10 und 12, abgeheftet.

15. Brief Ulrike Meinhofs an die Referentin Marianne v. Lieres vom 2. April 1966 (eine Seite, Schreibmaschine) mit Fragebogen als Anhang (fünf Seiten, teils mit Schreibmaschine, teils handschriftlich ausgefüllt)

Ulrike Marie Röhl[311]
geb. Meinhof

2 Hamburg 53
Sprützmoor 104
Tel. 83 44 21

Frau
Dr. Marianne v. Lieres
532 Bad Godesberg
Koblenzerstraße 77

2.4.66[312]

Sehr geehrte Frau Dr. v. Lieres,[313]

natürlich ist Ihre Untersuchung abgeschlossen und die Anlage ein nutzloser Nachklapp. Mein Gewissen kann ich durch diese späte Antwort nur noch pro forma entlasten. Tatsächlich kam Ihre Anfrage damals bei mir in eine Situation, in der ich zwischen Haus und Beruf zwar nicht ratlos[,] aber doch etwas hilflos war, wozu ein absoluter Zeitmangel gehörte, mich außerdem aber die Fragestellung Ihres Fragebogens genau auf dem Nerv traf, der ohnehin fast durchgetreten war. Schließlich zeichnete sich damals gerade der wirtschaftliche Tiefstand von konkret ab,[314] aufgrund dessen ich die Zeitschrift dann verließ, ich wußte aber noch nicht, ob und wie ich meine beruflichen Pläne würde realisieren können. Das alles waren auf meiner Seite gravierende Gründe, den Fragebogen nicht auszufüllen, obwohl das, was dabei herausgekommen wäre[,] wahrscheinlich für die Situation der berufstätigen Frau typischer wäre als die jetzt etwas sichereren Antworten.

Der zweite Grund, den Fragebogen abzusenden ist der, daß ich mich wiedereinmal melden möchte, um mein Bild als schwarzes Schaf in Ihrer Kartei ein wenig aufzuhellen. Bin ich doch – ganz gewiß im Gegensatz zu Ihnen – der Ansicht, daß die Förderung, die mir durch die Studienstiftung zuteil wurde, keine Fehlinvestition war, keine Fehleinschätzung meiner Person, will sagen, daß –

311 Ulrike Meinhof heiratete am 27. Dezember 1961 den Herausgeber der Zeitschrift »konkret« Klaus Rainer Röhl. Die Scheidung wurde Anfang 1968 vollzogen. Mittlerweile war Ulrike Meinhof nach Berlin gezogen. Eine von ihr organisierte Protestaktion gegen Klaus Rainer Röhl und seine »konkret«-Führung im Mai 1969 scheiterte letztlich. Dazu knapp Hakemi/Hecken, Ulrike Meinhof (Anm. 22), S. 43.

312 Eingangsstempel vom 6. April 1966.

313 Marianne v. Lieres (Jg. 1930; später verh. Kreutzer) war zwischen 1961 und 1966 Referentin der Studienstiftung; Promotion 1965 in München mit der Arbeit »Sprachformeln in der mittelhochdeutschen Lyrik bis zu Walther von der Vogelweide«.

314 1964 geriet »konkret« finanziell in die Krise, weil die DDR ihre Subventionierung der Zeitschrift einstellte.

obwohl ich keinen Studienabschluß ordentlicher Art gemacht habe – meine heutige Tätigkeit die damalige Förderung meines Studiums rechtfertigt, ich dafür nach wie vor – trotz jahrelangen Schweigens – sehr sehr dankbar bin.

Es gibt einen dritten Grund: Ich mache für den Hessischen Rundfunk gerade eine Feature-Serie – zwei oder drei einstündige Sendungen – über die Situation der Frau (beginnend mit einem Feature über die Lohnarbeiterin in der Industrie),[315] wofür ich an den Ergebnissen Ihrer Erhebung, falls sie veröffentlicht sind, aber auch, wenn nicht, interessiert wäre. Dieser dritte Grund ist nicht der einzige meines Schreibens, was Sie mir glauben werden.

Mit ergebenen Grüßen
bin ich Ihre[316]
Ulrike Marie Röhl[317]

315 Siehe zu Meinhofs freien Mitarbeit bei Rundfunk und Fernsehen sowie speziell beim Hessischen Rundfunk: Seifert, Ulrike Meinhof (Anm. 8), S. 364f.

316 Zeile handschriftlich.

317 Name als Unterschrift.

Marianne Kreutzer (geb. v. Lieres) antwortete Ulrike Röhl (geb. Meinhof) am 5. Mai 1966: »wenn auch der Fragebogen tatsächlich zu spät kam, so haben wir uns doch sehr gefreut, durch die pro forma-Entlastung Ihres Gewissens wieder ein Lebenszeichen von Ihnen erhalten zu haben, zumal Ihre letzte hier vermerkte Äußerung gegenüber der Studienstiftung an die sechs Jahre zurückliegt. Aber durch Ihre publizistische Tätigkeit war uns Ihre Spur ja nicht völlig abhanden gekommen, ganz im Gegensatz übrigens zu vielen früheren Studienstiftlern, zu denen die Verbindung über die Jahre hin abgerissen ist und von denen wir nicht einmal mehr die Anschrift kennen.« Kreutzer verwies auf die Ergebnisse der Befragung, die Dr. Hansgert Peisert vom Soziologischen Seminar der Universität Tübingen bearbeitet hatte. Einen hektografierten Vortrag, den er auf der Sitzung der Vertrauensdozenten im Herbst 1964 gehalten hatte, fügte Kreutzer dem Schreiben an Röhl bei. Wolle sie etwas für ihre Vorhaben verwenden, so möge sie deswegen mit Peisert in Kontakt treten, der mit seinem Chef Professor Ralf Dahrendorf nach Konstanz übergesiedelt sein dürfte (kurze Erwähnung der bildungssoziologischen Studie auch bei Kunze, Die Studienstiftung des deutschen Volkes seit 1925 [Anm. 28], S. 298). Schließlich regte Kreutzer an, dass Ulrike Röhl einmal im Haus der Studienstiftung vorbeischaute, sollte sie in der Gegend sein. Am 17. Mai 1966 dankte sie Kreutzer mit einer Postkarte für die Unterlagen. Auch hieß es: »Wenn ich mal in der Bonner Gegend bin und etwas Zeit habe, schaue ich bei Ihnen herein. Wann[,] weiß ich nicht, aber ich tue es gerne.«

Name ULRIKE MARIE RÖHL geb. MEINHOF

Ausführungen zu Frage 5 »Berufstätikeit«. – Welche Tätigkeiten wurden bisher ausgeübt. Welche Berufsstellungen dabei durchlaufen. Wie lange waren Sie in den einzelnen Stellungen und an welchem Ort war das; auch die Unterbrechungen angeben und aus welchen Gründen. Welches waren die jeweiligen Veränderungsgründe. – Bitte das folgende Schema benutzen.[318]

ZEITDAUER	*TÄTIGKEIT/ORT*	*STELLUNG IM BERUF*	*VERÄNDERUNGSGRUND*
Beispiel: *Mai 60–Febr. 61*	*Gerichtsbericht-erstatterin (Hamburg)*	*freiberuflich für mehrere Zeitungen*	*Vertragsangebot einer großen Tageszeitung.*
März 61–Dez. 61	*Redaktionsarbeit (Hamburg)*	*Angestellt als Stell-vertreterin des Lokal-redakteurs*	*Übergang in die Feuilleton-redaktion, meinem eigent-lichen Berufsziel.*
Okt. 1959–April 61	Redakteurin der Monatszeit-schrift konkret (Hamburg)	Ressort: Ausland; bildende Kunst	
Mai 61–Juli 64	Chefredakteurin ebenda	Ressort: Deutsche Politik (Chefred.)	Angebot des Heraus-gebers
Aug. 64–heute	Journalistin (Hamburg	freiberuflich für Funk, Fernsehen gelegentlich Zeitun-gen Kolumnistin einer Monatszeitung	Wirtschaftliche Lage von konkret + eigenem Wunsch, mehr schrift-stellerisch tätig zu sein
Sept. 62–Dez. 62	Unterbrechung wegen Geburt der Zwillinge und eigener Er-krankung[319]		

Nachname: RÖHL *Vorname:* ULRIKE-MARIE [!]
Geburtsname: MEINHOF
Anschrift: 2 HAMBURG-LURUP SPRÜTZMOOR 104
Familienstand: (unterstreichen): Ledig – verheiratet – geschieden – verwitwet
Heiratsdatum: 27.12.61

318 Kursiv gesetzt und in kleinerer Schrifttype sind die Vorgaben des Fragebogens.

319 Die Zwillinge Bettina und Regine Röhl wurden am 21. September 1962 geboren. Vier Wochen darauf unterzog sich Ulrike Meinhof einer Gehirnoperation, durch die ihr ein gutartiger Tumor entfernt wurde. Nicht zuletzt aufgrund starker Kopfschmerzen war sie in jener Zeit kaum arbeitsfähig.

Kinder (nur Alter einsetzen): 1. (3 ½) *2.* (3½) *3. ( ) 4. ( ) 5. ( )*
Ehegatte; Beruf: JOURNALIST und Verleger
Stellung im Beruf: SELBSTÄNDIG
Ausbildung: STUDIUM MIT STAATSEXAMEN IN GERMANISTIK + GESCHICHTE
Wie groß ist Ihr Haushalt (nur Anzahl einsetzen, einschl. Ihrer Person): 5[320]
Ihr eigenes Hauptstudienfach: PÄDAGOGIK
Nebenfächer: *KUNSTGESCHICHTE* + ~~PSYC~~ PHILOSOPHIE
Studienabschluß; Termin:
Art (unterstreichen): <u>*ohne*</u>[321] *– Staatsex., Diplom – Magister – Promotion*
Note:

1. Welche Licht- und welche Schattenseiten würden Sie heute, rückblickend Ihrem Studium abgewinnen?

Lichtseiten: Zeit, sich mit dem zu beschäftigen, was mich interessierte; Gelegenheit zur Auseinandersetzung mit Professoren und Studienkollegen
Gelegenheit zu gründlicher Arbeit ohne erheblichen Zeitdruck.
u.a.
Schattenseiten: Sowohl fachliche als allgemeine Weltfremdheit auf meiner Seite. Sonst keine.

2. Können Sie sich noch an Bedenken gegenüber dem Studium erinnern, die Sie zu Beginn Ihres Studiums hegten? Ja – Nein
Wenn ja, welcher Art waren diese Bedenken?

Leider hatte ich keine Bedenken
Mir kamen mit der Zeit Bedenken gegenüber der von mir gewählten Fachrichtung.

(noch Frage 2) Wie beurteilen Sie heute diese Bedenken?

Die Bedenken, die mir kamen, finde ich heute noch berechtigt.

3. Nehmen Sie bitte einmal an, Sie würden mit Ihren heutigen Erfahrungen noch einmal in der Abitursituation stehen. – Schildern Sie bitte, welchen Ausbildungsweg Sie heute einschlagen würden.

Ich würde Soziologie in Frankfurt oder Marburg studieren in der Absicht, zu promovieren, mit dem Ziel, eben das zu tun, was ich heute tue. Im Nebenfach würde ich u.a. Englisch studieren.

4. In Myrdal/Kleins Buch »Womens two Roles«, heißt es u.a.: »Die Studentin, die in der Welt vorankommen und ihr Leben erfolgreich gestalten will, hat das Gefühl, gleichzeitig zwei Rennen zu laufen, wobei sie nie genau weiß, ob ihr Vorsprung auf dem einen Gebiet (Beruf) nicht ein Handicap auf dem anderen (Familie) bedeutet.« – Haben Sie persönlich diese Zweigleisigkeit während Ihres Studiums auch empfunden? ~~Ja~~ – Nein

320 Zunächst war dort eine durchstrichene »4« angegeben, weil Meinhof die weiter unten im Fragebogen erwähnte Hausangestellte nicht mitgezählt hatte.

321 Bis hierhin handschriftlich ausgefüllt, danach mit Schreibmaschine.

Wenn ja, welche Auswirkungen hatte dieser Interessenszwiespalt für Sie?

Ich habe ihn nicht empfunden, da ich immer entschlossen war, eine Familiengründung nicht auf Kosten meiner beruflichen Tätigkeit gehen zu lassen.

5. Waren Sie seit dem Studium einmal berufstätig? Ja – ~~Nein~~

6. Gehen Sie unabhängig von einer Berufstätigkeit noch anderen berufsähnlichen Tätigkeiten ständig nach? (private Studien, politische oder kulturelle Arbeitskreise, Vereinsaktivität etc.): ~~Ja~~ Nein
Wenn ja, welchen und mit welchem zeitlichen Aufwand?

7. Werden in Ihrem jetzigen Beruf – bzw. in dem zuletzt ausgeübten – Frauen oder Männer bevorzugt?

Bevorzugungen dieser Art spielen in meinem Beruf keine merkliche Rolle[.]

Wer wird benachteiligt und aus welchen Gründen?

8. Welche beruflichen Pläne – u. U. weitere Ausbildungspläne – haben Sie persönlich? (Bitte auch die jeweiligen Zeit- und Terminvorstellungen angeben.)

Ich habe keine beruflichen Pläne, lediglich Arbeitsvorhaben, die über meine jetzige Tätigkeit hinausgehen. Richtung: Hörspiel, Fernsehspiel. Termine: Winter 66/67.

9. (Wenn jetzt berufstätig) Wie lassen sich Ihre beruflichen Pflichten mit den häuslichen vereinbaren?

1. durch eine Hausangestellte
2. indem ich die meiste Zeit meiner beruflichen Tätigkeit an meinem häuslichen Schreibtisch erledigen kann. Schätzungsweise zwei Drittel meiner Tätigkeit
3. Indem ich meine Auftragstermine so langfristig plane, daß ich Unterbrechungen durch häusliche Pflichten – Erkrankung der Kinder, Ausfall der Hausangestellten etc. – in Kauf nehmen kann, ohne daß Haushalt oder Beruf zusammenbrechen.
4. durch einen geduldigen Ehemann

10. ~~Wenn jetzt nicht berufstätig […]~~[322]

11. (Wenn jetzt berufstätig) Werden Sie Ihre Berufstätigkeit künftig einschränken oder u. U. aufgeben? ~~Ja~~ – Nein
Wenn ja, in welcher Weise und aus welchen Gründen?

Ich hoffe nicht. Unvorhersehbare Ereignisse, die mich dazu zwingen könnten, sind denkbar. Sei[en] es außergewöhnliche Schwierigkeiten mit den Kindern, sei es, daß die politische Entwicklung in der Bundesrepublik dazu führt, daß es für mich in Funk, Fernsehen und Presse keine Verwendung mehr gibt. In einem

322 Frage von Meinhof komplett durch »X-e« gestrichen.

solchen Fall würde ich allerdings meine Berufstätigkeit lediglich unterbrechen, nicht aufgeben wollen.

12. Die fachlichen und persönlichen Erfahrungen Ihrer Studienzeit können sich auch ganz unabhängig von einer Berufsausübung in Ihrem heutigen Alltag niederschlagen. Wenn Sie dies bestätigen können, würden Sie dann bitte die Ihnen wichtig erscheinenden Studienerfahrungen und -anregungen, sowie ihre Beziehungen zu Ihrem heutigen Dasein schildern.

1. Ich glaube, wissenschaftliches Arbeiten gelernt zu haben. Das ist diejenige Studienerfahrung, auf die ich bei meiner jetzigen Tätigkeit geradezu angewiesen bin.
2. Ich glaube, das Studium hat mir ein Selbstbewußtsein gegeben, das mir die Regelung meiner häuslichen und beruflichen Angelegenheiten erleichtert
3. Gegenstand meines Studiums (Pädagogik) war sehr weitgehend das, was Adorno »Jargon der Eigentlichkeit« genannt hat.[323] Was ich damals kritiklos aufnahm[,] gibt meiner heute kritischen Position Hand und Fuß. Insofern die Negation einer Position ihre intime Kenntnis voraussetzt. (Eine Binsenwahrheit).

16. Angaben Ulrike Meinhofs für die Ehemaligen-Datei, undatiert (Mai/Juni 1968; eine Seite, handschriftlich ausgefüllt)[324]

STUDIENSTIFTUNG DES DEUTSCHEN VOLKES[325]
532 Godesberg – Koblenzer Straße 77

ANGABEN FÜR DIE EHEMALIGEN-KARTEI 1967

(Röhl)	MEINHOF	Ulrike Marie
Zuname	*Mädchenname*	*Vorname*

KEINE
Abgelegte Hochschulexamina mit Ergebnissen

323 Adorno: Jargon der Eigentlichkeit (Anm. 169).

324 Der Fragebogen war einem Formbrief der Referentin Ingrid Czolbe vom 30. Mai 1968 beigefügt, den die Studienstiftung zur Erstellung einer Ehemaligen-Broschüre versandte. Darin hieß es: »Mit einem kleinen Rückblick auf Ihre Studienzeit, einer persönlichen Schilderung Ihres Berufs- und Lebensweges nach dem Ende der Förderung und mit Nachrichten über Ihre nächsten Pläne würden Sie uns eine große Freude machen.« Dieser Brief war ursprünglich am 15. März 1968 an eine alte Adresse Ulrike Röhls in Hamburg gerichtet worden. Schließlich hat der Fragebogen Meinhof zweimal erreicht. Neben der hier dokumentieren Fassung, die am 4. Juni 1968 bei der Studienstiftung eintraf, schickte sie eine ganz ähnlich ausgefüllte »2. Fassung (dass. bekam ich neulich schonmal)« an die Studienstiftung (Eingangsstempel vom 1. Juli 1968). Ingrid Czolbe (*1938), Gerichtsassessorin; 1967 bis 1998 Referentin der Studienstiftung.

325 Kursiv gesetzt und in kleinerer Schrifttype sind die Vorgaben des Fragebogens. Handschriftlich hatte Meinhof oben rechts noch hinzugefügt: »Frdl. Gruß an Frau Dr. von Lieres!«.

freie Journalistin
gegenwärtige Berufsstellung (z. B. »Assessor«, »Abteilungsleiter« etc.)

./. Funk, Fernsehen, Zeitungen, Zeitschriften
in:[326] *(Institut, Schule, Firma etc., möglichst mit Adresse)*

1 Berlin 33 Goßlerstr. 3 7694698
Adresse, unter der wir Sie in nächster Zukunft erreichen können

Weitere Mitteilungen oder Bemerkungen:

Rü[ckblick]: pol. Kolumnistin von »konkret«
z.Zt. Arbeit an einem Fernsehspiel für den Südwestfunk[327]
Pläne: Hörspiel, Essay, Buch
Lebenslage: Geschieden; Zwillingstöchter (5)[328]

326 Handschriftlich überschrieben mit »für«.

327 Damit dürfte das autoritäre Heimerziehung problematisierende Fernsehspiel »Bambule« des Südwestfunks gemeint gewesen sein, zu dem Ulrike Meinhof das Drehbuch beisteuerte. Nach Bekanntwerden von Meinhofs Beteiligung an der Baader-Befreiung am 14. Mai 1970 wurde der Film nicht mehr – wie ursprünglich geplant – am 24. Mai 1970 ausgestrahlt. Erstmals öffentlich war er 1994 in den dritten Programmen zu sehen.

328 Am Ende der Akte ist ein Zeitschriftenartikel abgeheftet: Will Tremper, Ulrike Meinhof: Auf Bullen darf geschossen werden. Ein Bericht über die Wandlung der Ulrike Meinhof von einer liebevollen Mutter zur haßerfüllten Anarchistin, in: Jasmin Nr. 16 vom 9. August 1970, S. 44–50. Am Beginn des Beitrags findet sich das Fahndungsplakat der Berliner Generalstaatsanwaltschaft vom Mai 1970 »Mordversuch in Berlin« ganzseitig reproduziert (S. 44). – In Kontakt mit der Studienstiftungsstipendiatin Gudrun Ensslin und weiteren späteren RAF-Mitstreitern sollte Meinhof im Zuge des Frankfurter Kaufhausbrandprozess geraten, über den sie in »konkret« berichtete. So Ulrike Meinhof, Warenhausbrandstiftung, in: konkret, Nr. 14 vom 4. November 1968, wiederabgedruckt in: Dies., Die Würde des Menschen ist antastbar. Aufsätze und Polemiken. Mit einem Nachwort von Klaus Wagenbach, Neuausg., Berlin 1992, S. 153–156. Zur Frage, wann Meinhof, Mahler und Ensslin erstmals zusammentrafen, siehe: Zur Einführung, Anm. 133 und 134.

Akte Mahler

I. Auswahlverfahren 1954/55

1. Bewerberbogen vom 22. November 1954 (unterschrieben von Horst Mahler am 24. November 1954)[1]

Bewerbung um Aufnahme in die Studienstiftung des deutschen Volkes

Nichtzutreffendes bitte streichen.

A) Personalien

Anschrift der Eltern/Ferienanschrift: Berlin-Schöneberg Erdmannstr. 12

Semesteranschrift:

Familienname: Mahler

Vorname: Horst

Bewerbungs-Nr.: 302/55

Hochschule:

Hochschulort:

Fakultät:

Datum: 22.11.1954

geboren am: 23.1.1936 Staatsangehörigkeit: Deutschland

in: Haynau / Kreis Goldberg in Schlesien

Geburtsland: Schlesien (z. B. Bayern, Schlesien) Jetz. Heimatland: Berlin

Konfession: Evangl. ledig/~~verheiratet~~; Anzahl der Kinder: –

Gelernter Beruf des Vaters: Zahnarzt

z. Zt. ausgeübter Beruf des Vaters† (falls verstorben, der Mutter) Mutter: Hausfrau

Sind Sie schon früher einmal zur Aufnahme in die Studienstiftung vorgeschlagen worden: ~~ja~~ / nein Wann? –

[illegible]

B) Schulbildung

8 Jahre Volksschule 5 Jahre Höhere Schule

Reifeprüfung 1955 an der Friedrich-Ebert-Schule (Name der Schule)

in Berlin-Wilmersdorf

Schultyp: ~~Hum. Gymnasium~~ – ~~Realgymnasium~~ – Oberschule in Aufbauform

~~Reifezeugnis~~ – Letztes Schulzeugnis

Religion:	/	Deutsch:	2	Geschichte:	1	Philosophie:	/
Erdkunde:	1	Latein:	/	Griechisch:	/	Englisch:	2
Französisch:	3 2	Mathematik:	2	Physik:	2	Chemie:	1
Biologie:	1	Musik:	/	Kunsterz.:	/	Turnen:	/

Gesamturteil:

Zensurensystem: 1–5 / ~~1–6~~ / ~~1–20~~ / ______

Nur von der Geschäftsstelle auszufüllen!

1. Wirtschaftliche Lage: (a) / b / c
2. Vorprüfer: Friese — Votum: (J) / B / Z / N
   Votum: J / B / Z / N
3. Mitgl. d. Frau Dr. Weinstedt — Votum: (J) / B / Z / N
   Ausw.-Aussch.: — Votum: J / B / Z / N
4. Gesch.-Führg.: Fels — Votum: J / (B) / Z / N
   Votum: J / B / Z / N

Begründung: Der Hang zur Einseitigkeit scheint eine Familieneigentümlichkeit zu sein. Die Frage ist, ob 1.) M. nicht bereits festgelegt ist und ob 2.) er die Voraussetzungen für ein intensives Jurastudium hat, daß eine Aufnahme gewagt werden kann

1 Die Personenangaben auf dem vierten Blatt sind aus datenschutzrechtlichen Gründen unkenntlich gemacht worden.

C) Studium

1. **Von allen Bewerbern auszufüllen:**

Berufsziel: Rechtsanwalt

Studienziel: Promotion
(Staatsexamen, Diplomexamen, Promotion)

Studienabschluß geplant nach dem W/~~S~~-Semester 1958 d. h. nach insgesamt 8 Studiensemestern 7 Fachsemestern

2. **Von Studierenden an wissenschaftlichen Hochschulen auszufüllen:**

Jetziges Studium an der ______ (Hochschule) im ______ Semester

Fakultät: ______ Studienfächer: ______ (Hauptfach unterstreichen)

Bereits abgelegte Examina: ______ (Name, Zeitpunkt, Prädikat (Zeugnisabschriften bitte beifügen))

Fakultätswechsel: Zu Beginn des S/W-Semesters 19 ______ von der ______ zur ______ Fakultät

Arbeit an einer Dissertation mit dem Thema: ______

seit ______ bei ______ (Fachdozent)

3. **Von Studierenden an Kunst- und Musikhochschulen auszufüllen:**

Jetziges Studium an der ______ im ______ Semester

Fach: ______ Abitur: Ja/nein

Auszeichnungen und Preise: ______

4. **Von allen bereits Immatrikulierten auszufüllen:**
(Nur bereits beendete Hochschulsemester aufführen)

1. S/W-Semester 19 ______ an der ______ in ______
2. S/W-Semester 19 ______ an der ______ in ______
3. S/W-Semester 19 ______ an der ______ in ______
4. S/W-Semester 19 ______ an der ______ in ______
5. S/W-Semester 19 ______ an der ______ in ______
6. S/W-Semester 19 ______ an der ______ in ______
7. S/W-Semester 19 ______ an der ______ in ______
8. S/W-Semester 19 ______ an der ______ in ______
9. S/W-Semester 19 ______ an der ______ in ______
10. S/W-Semester 19 ______ an der ______ in ______
11. S/W-Semester 19 ______ an der ______ in ______
12. S/W-Semester 19 ______ an der ______ in ______

Das Studium wurde vom ______ bis ______ unterbrochen, weil ______ eingestuft: Cap. Maillin[illegible]

Veröffentlichungen aller Art (Thema, Verlag, Rundfunkgesellschaft, Jahr). Wissenschaftliche Preise und Auszeichnungen:

5. Von Abiturienten auszufüllen:

Beabsichtigtes Studium an der Freien Universität Berlin
Hochschule

Fakultät: juristische Fakultät Fächer: Jura, Politik, Wirtschaft
Hauptfach unterstreichen

Zur Bestreitung des Lebensunterhalts war während der Schulzeit / nach dem Abitur Werkarbeit in Form von — notwendig

D) Einkommen (im Monat oder auf den Monat umgerechnet)

Der Eltern:

	DM (~~Ost~~ / West)		DM (~~Ost~~ / West)
Brutto-Einkommen (Gehalt, Lohn, Pension, Rente, Zinsen, Dividenden, ~~Pacht~~, Soforthilfe etc.) ~~Sozialeinkommen~~	170,80	Netto-Einkommen (abzüglich gesetzliche Abgaben)	170,80

E) Der Bewerber hat 3 **Geschwister**

Davon noch nicht schulpflichtig: keins

in der Schulausbildung: eine Schwester (14 Jahre)

in Berufsausbildung: —

im Studium: ein Bruder (Zahnarzt et cand. med. 25 Jahre)

F) Das Studium wurde in den letzten beiden Semestern (ohne Ferien) finanziert durch:

	Vorletztes Semester: DM	Letztes Semester: DM
Zuwendungen der Eltern		
Zuwendungen anderer Privatpersonen		
Einkünfte aus eigenem Vermögen		
Bezüge als Hilfsassistent, wissenschaftliche Hilfskraft etc.		
Gesetzliche Beihilfen (wie Mittel aus dem Lastenausgleich, K.-B.-Rente, Waisengeld, Kinderbeihilfe etc.)		
Werkarbeit im Semester		
Werkarbeit in den Ferien		
Stipendien / Darlehen		
Gesamtsumme		
geteilt durch Zahl der Semestermonate:		

Gebührenerlaß: ja / nein, ... % ja / nein, ... %

Freitisch: ja / nein ja / nein

G) Nur von Verheirateten auszufüllen:

1. Einkommen der Ehefrau . . . . monatlich DM________

2. Wer sorgt für Unterhalt der Frau und der Kinder?

H) Personen, die über den Bewerber Auskunft geben können (mit Adresse): [redacted]

Die Richtigkeit der Angaben versichert:

Bln.-Schöneberg, den 24. XI. 1954 Horst Mahler

Ort Unterschrift des Bewerbers

Einzusenden an die

Geschäftsführung der Studienstiftung des deutschen Volkes

Bad Godesberg/Rhein, Plittersdorfer Straße 72

bis zum 8. 12. 54

Beizufügen sind:

1. ein ausführlicher, handgeschriebener Lebenslauf
(Format DIN A 4 = 21,0 × 29,7 cm. Bitte auf jeder Seite rechts und links 3 cm Rand lassen)

2. eine Photographie (bitte auf der ersten Seite einkleben)

3. beglaubigte Abschrift des Abiturzeugnisses
bzw. Verlusterklärung (durch Zeugen bestätigt)
bzw. (bei Schülern) letztes Schulzeugnis

4. Beglaubigte Abschrift von Hochschulzeugnissen
(Keine Fleißzeugnisse und Seminarscheine)

Da alle eingesandten Unterlagen bei den Akten der Studienstiftung verbleiben müssen, bitte keine Originalzeugnisse einsenden.

Bitte die Unterlagen **vollständig** einsenden. Nachsendungen verzögern die Bearbeitung.

2. Gutachten des Schulleiters der Wissenschaftlichen Oberschule in Aufbauform, undatiert (13. November 1954; eine Seite, Schreibmaschine)[2]

Wissenschaftliche
Oberschule in Aufbauform
Berlin-Wilmersdorf
Am Volkspark 36
Telefon 87 10 98

Gutachten

für

Horst *Mahler*, Berlin-Schöneberg, Erdmannstr. 12

»Horst Mahler wurde 1936 als Sohn eines Zahnarztes in Haynau/Schles. geboren. Mit 13 Jahren verlor er seinen Vater. Die Mutter zog mit ihren Kindern nach Westberlin, wo die Familie in schwierigen wirtschaftlichen Verhältnissen lebt. Horst ist ein vielseitig begabter, besonders interessierter, fleißiger, zielstrebiger junger Mann. Er setzt sich auch für innerschulische Ziele ein und hat sich lange an führender Stelle im Schülerparlament betätigt.[3] Er gibt sich höflich und beherrscht und ist trotz aller wirtschaftlichen Schwierigkeiten eine gepflegte Erscheinung. Von einer breiten Wissensgrundlage aus fällt es ihm leicht, das Wesentliche zu erkennen. Er ist ein förderndes Mitglied der Klassengemeinschaft, kritisch und vermag seine eigene Stellungnahme stets folgerichtig und überzeugend zu begründen. Horst will Jura studieren.«
(Auszug aus der Charakteristik zur Reifeprüfung.)

Nach dem Vorzeugnis zum Abitur wird er die Reifeprüfung voraussichtlich »mit Auszeichnung« bestehen.

[Name][4]
Oberstudiendirektor

2 Das Gutachten war dem Fördervorschlag vom 13. November 1954 als Begründung beigefügt. Ursprünglich hatte der Schulleiter zwei Kandidaten seiner Schule gegenüber dem an der FU Berlin federführenden Vertrauensdozenten Professor Werner Philipp (zur Person: Anm. 25) am 28. Oktober 1954 vorgeschlagen. Gerhard Fels (Jg. 1928) von der Studienstiftung übersandte dem Oberstudiendirektor ein Merkblatt über den korrekten Vorschlagsweg. Der Studienreferendar Fels wirkte kurzzeitig in den Jahren 1954/55 als Mitarbeiter in der Studienstiftung, bevor er in den Schuldienst ging und später ein Bonner Gymnasium leitete. Er veröffentlichte u. a.: Der Aufruhr der 68er. Zu den geistigen Grundlagen der Studentenbewegung und der RAF, Bonn 1998. Darin erwähnt er auch die Förderung Mahlers, Meinhofs und Ensslin durch die Studienstiftung (ebd., S. 195).

3 Er habe sogar eine Schülerpartei – die »Mahler-Gruppe« – ins Leben gerufen, die vom Schulleiter aber verboten worden sei. So Martin Jander, Horst Mahler, in: Wolfgang Kraushaar (Hrsg.), Die RAF und der linke Terrorismus, 2 Bde., Hamburg 2006, Bd. 1, S. 372–397, hier: S. 374. Das Gutachten wie auch das letzte Schulzeugnis vor dem Reifezeugnis vom 24. September 1954 (vorhanden in Akte Mahler) lassen davon nichts erahnen, schließlich heißt es dort knapp in der allgemeinen Beurteilung: »Führung einwandfrei«.

4 Name als Unterschrift; anonymisiert.

3. Lebenslauf vom 25. November 1954 (sechs Seiten, handschriftlich)

Lebenslauf.

Ich, Horst Mahler, wurde am 23. Januar 1936 als Sohn des Zahnarztes Dr. med. dent. Willy Mahler[5] und seiner Ehefrau Dorothea Mahler geb. Nixdorf[6] zu Haynau i/Schlesien geboren. Im Kreise meiner Eltern und meiner drei Geschwister[7] verlebte ich ungetrübt die ersten neun Jahre meiner Kindheit. Sechsjährig wurde ich im Jahre 1942 in die Albert Leo Schlageter Schule zu Haynau[8] eingeschult. Doch bald legten sich die ersten Schatten der Kriegsereignisse auf meine Heimatstadt. Die Schule wurde zum provisorischen Lazarett, meine Lehrer rekrutiert, und die Eltern hatten stets Einquartierung im Haus.

Ein neuer, entscheidender Abschnitt in meinem Leben wurde durch äußere Ereignisse eingeleitet und bestimmt. Als im Februar 1945 die Ostfront zusammenbrach und die Sowjets meine Heimat besetzten, suchten meine Mutter und wir vier Kinder in der Flucht unsere Rettung. In Naumburg a/Saale fanden wir vorübergehend Zuflucht. Mein Alter und die Ereignisse brachten es mit sich, daß ich fortan das Leben bewußter erlebte. Angst, Not und Armut, wenn auch durch das kindliche Gemüt stark gemildert, traten zum ersten Male in mein Leben ein. Für kurze Zeit wurde ich in die Salztorschule zu Naumburg eingeschult.[9] Doch als mein Vater, der im Mai 1945 wieder zu uns gestoßen war, die Niederlassungsgenehmigung als freier Zahnarzt für Roßlau a/Elbe[10] erhielt und wir dorthin umsiedelten, wurde ich aus der Salztorschule mit einer Emp-

5 Der im Jahr 1900 geborene Willy Mahler war Zahnarzt (Dr. med.dent.) und nahm sich 1949 das Leben.

6 Dorothea (»Doris«) Mahlers (1901–1975) Bruder war der SA-Sturmhauptführer Reinhard Nixdorf (1890–1934), der dem »Röhm-Putsch« zum Opfer gefallen war. Beide Eltern seien »überzeugte Anhänger des ›Führers‹« gewesen, so Franz Schönhuber/Horst Mahler, Schluß mit deutschem Selbsthaß. Plädoyers für ein anderes Deutschland, 2. Aufl., Berg 2001, S. 8. Siehe auch den vor allem auf mündliche Aussagen Horst Mahlers gestützten Bericht bei Martin Block/Birgit Schulz, Die Anwälte. Ströbele, Mahler, Schily. Eine deutsche Geschichte, Köln 2010, S. 24 f. Dorothea Mahler verstarb im Herbst 1975, als ihr Sohn Horst eine 14jährige Freiheitsstrafe verbüßte.

7 Horst Mahler gab im Bewerberbogen für die Studienstiftung vom 22. November 1954 (Akte Mahler, Dok. I.1.) sowie im Stipendienberechnungsbogen vom 2. April 1955 an, drei Geschwister zu haben; darunter eine fünf Jahre jüngere Schwester (Relli, *1941) und einen sechs Jahre älteren Bruder (Klaus, *1929). Der dritte Bruder hieß Peter, so Andrea Tauber, Hauptsache extrem: Horst Mahlers politische Ideologien – Ein Wechselspiel von Links- und Rechtsextremismus, Hamburg 2014, S. 22. Klaus befand sich zum Zeitpunkt von Horst Mahlers Bewerbung um ein Stipendium auf dem Weg zum Abschluss des zahnmedizinischen Studiums. Später praktizierte er als Zahnarzt und Kieferchirurg in Berlin. Angaben zu Peter fehlen in den Studienstiftungsunterlagen, da er damals weder die Schule besuchte noch einem Studium oder einer Ausbildung nachging und so für die Stipendienberechnung irrelevant war.

8 Die kleine niederschlesische Stadt Haynau fiel 1945 von Deutschland an Polen und heißt seitdem Chojnów.

9 Die Salztorschule ist eine Grundschule in Naumburg a. d. Saale.

10 Roßlau a.d. Elbe war zwischen 1935 und 1946 in die Stadt Dessau eingemeindet.

fehlung für die Oberschule entlassen. Im Mai 1946, während unserer Umsiedlung, aber war in der Sowjetzone die Einheitsschule[11] verwirklicht worden, und ich mußte noch weitere vier Jahre, also bis zur 8. Klasse, die Grundschule besuchen. Die Roßlauer Zeit, nun, scheint mir nach meinem Ermessen eine der folge[n]schwersten und entscheidensten Stationen meines Lebens zu sein. Ich besuchte die Grundschule für Knaben und Mädchen in Dessau-Roßlau. Bald hatte ich in meiner neuen Umgebung Anschluß gefunden. Ich gewann einige Freunde, mit denen ich die |dollsten| Streiche verübte, und dabei waren uns nur die |dollsten|[12] gut genug. Unsere Ausgelassenheit war kaum zu übertreffen. Ich glaube, ich habe damals meinen Eltern viel Kopfzerbrechen bereitet. Doch all das fand mit dem Tode meines Vaters ein jähes Ende.

Wohl hatte sich dieser in den Jahren 1946–49 wieder eine gute und auskömmliche Existenz aufgebaut. Doch der jahrelange, erbitterte Kampf um das tägliche Brot, der Zusammenbruch seiner Ideale, seines Vaterslandes und nicht zuletzt das drückende Verantwortungsbewußtsein für die zahlreiche Familie verzehrte ihn. Hinzu kam ein schweres Leiden, seine jahrelange Schlaflosigkeit, deren |Ursache|[13] in einem Explosionsunglück zu suchen ist. In den letzten Monaten seines Lebens litt er unter entsetzlichen Depressionen. Er fühlte seine Arbeitskraft schwinden, und jeder neue Tag, der ihn vor die Aufgabe stellte, sechs hungrige Mägen zu befriedigen, flößte ihm Angst ein. So verlor er den Mut zum Leben und Kämpfen. Er starb am 12. Februar 1949 von eigener Hand, und nur dem Zufall und der Geistesgegenwart meines ältesten Bruders verdanken wir vier Kinder unser Leben.[14] Über Nacht rückte alles, was ich einst für selbstverständlich hielt, in unerreichbare Ferne. Ich hatte früher nie daran gezweifelt, daß ich einmal studieren werde, doch nun, da mein Vater fehlte, schien das unmöglich. Ja, wir hatten nicht einmal Mittel, die mir den Besuch einer Oberschule gestattet hätten. Doch mein damaliger Klassenlehrer wies mir einen neuen Weg. Er nannte mir einen Preis, den ich für die Verwirklichung meiner Ziele zahlen sollte. Er forderte mich auf, aktiv in der FDJ tätig zu werden. Damals, es war 1949, schien mir dieser Preis sehr gering. Ich trat in die FDJ ein.[15] Man war damals dabei, in der Grundschule eine FDJ-Gruppe einzurichten, und

11 Im Jahr 1946 wurde in der Sowjetischen Besatzungszone durch das Gesetz zur Demokratisierung der deutschen Schule eine acht Klassen umfassende Einheitsschule eingeführt.

12 Jeweils in der Akte unterkringelt.

13 Wort unterkringelt, da Mahler »Ursuche« geschrieben hatte.

14 Nach Mahlers Schilderung verkraftete sein Vater als überzeugter Anhänger des Nationalsozialismus und Hitlers das Ende des »Dritten Reiches« nicht. Die näheren Umstände des Suizids sind unklar. Horst Mahler zufolge habe er sich vergiftet, so wiedergegeben in: Block/Schulz, Die Anwälte (Anm. 6), S. 29. An anderer Stelle heißt es, der Vater habe sich im Garten erschossen. Siehe etwa Jander, Horst Mahler (Anm. 3), S. 374. Vgl. auch die nun umfassendste biografische Arbeit zu Horst Mahler von Michael Fischer, Horst Mahler. Biographische Studie zu Antisemitismus, Antiamerikanismus und Versuchen deutscher Schuldabwehr, Karlsruhe 2015, S. 37 f.

15 Da er in einem strikt antikommunistischen Haushalt aufwuchs, war die FDJ-Mitgliedschaft instrumenteller Natur, sollte den Besuch der Oberschule und ein späteres Studium gewährleisten. Vgl. ebd.; Block/Schulz, Die Anwälte (Anm. 6), S. 30.

man nahm mich quasi als Aushängeschild, machte mich zum Vorsitzenden der Schulgruppe, wählte mich in den Ortsvorstand und ließ mich auf der Kreisdelegiertenversammlung von Zerbst eine mir vorgelegte Rede halten mit dem Erfolg, daß ich als »Junger Pionier« zum Landeskongreß der FDJ nach Halle del|i|giert[16] wurde. Ich war damals wohl kaum mehr als ein Statist. Ich mußte Beschlüsse durchführen, die harmlos schienen und ohne mein Zutun gefaßt wurden. Doch dieser unnatürlich rasche ›Aufstieg‹, der wohl besser als Abstieg zu bezeichnen ist, führte zu ernsten Auseinandersetzungen mit meiner Mutter, die in diesen Dingen weitschauender war als ich; denn zwar war ich anfangs nur ein Statist, der nur oberflächlich von dem Strudel erfaßt worden war.

Doch mit der Zeit wäre ich immer tiefer gerissen worden, bis ich mich unwiderruflich mit Haut und Haaren dem System verschrieben hätte. Diese Auseinandersetzung, die von meiner Mutter mit erzieherischen Mitteln geführt wurde, löste in mir eine gedankliche Auseinandersetzung mit dem totalitären Staate und im Besonderen mit dem kommunistischen System und Gedankengut aus, die bis zur jüngsten Zeit bei mir noch nicht abgeschlossen ist. Zunächst kündigte ich meine Mitgliedschaft bei der FDJ. Doch dieser Schritt wurde von gewissen Leuten mit Repressalien beantwortet. Unsere Lage in der Ostzone war nun wirtschaftlich und politisch unhaltbar geworden. Meine Mutter bereitete in monatelangen Bemühungen unseren Umzug nach West-Berlin vor, der im November 1949 auch vollzogen wurde. Auch hier in Berlin beschäftigte ich mich sehr viel mit politischen, wirtschaftlichen und juristischen Fragen, und meine politische Einstellung gewann langsam bestimmtere Formen. Immer deutlicher empfand ich eine Neigung für politische Fragen. So gilt auch noch heute mein Interesse der Politik und dem Staate. –

Ich habe in West-Berlin seit dem 1. September 1950 meine Oberschulausbildung an der 6. wissenschaftlichen Oberschule in Aufbauform[17] absolviert und

16 Rechtschreibfehler in Akte doppelt unterstrichen und am rechten Rand ein Ausrufungszeichen gesetzt.

17 Es gab grundständige Oberschulen und solche in Aufbauform, die als leichter zugänglich galten. Siehe das Berliner Schulgesetz, Fassung von 1951, Paragraph 21,2 (»wissenschaftliche Oberschule in Aufbauform«). Im Mai 1951 wurde das alte, dreigliedrige Schulsystem wiederhergestellt: auf eine sechs Klassenstufen umfassende Grundschule folgten drei Oberschultypen: »praktischer Zweig« (bis zur 9. Klassenstufe), »technischer Zweig« (bis zu 10. Klassenstufe) und »wissenschaftlicher Zweig« (bis zur 13. Klassenstufe und allgemeinen Hochschulreife). Schüler anderer Schulsysteme oder solche, die sich in den anderen »Zweigen« für den »wissenschaftlichen« und ein mögliches Hochschulstudium angeboten hatten, sollten dazu die Chance auf einer entsprechenden Schule »in Aufbauform« erhalten. Dies betraf nicht selten Schüler wie Mahler, die aus dem ostdeutschen Einheitsschulsystem in das begabungsorientierte dreigliedrige System im Westen wechselten. Vgl. Marion Klewitz, Berliner Einheitsschule 1945–1951. Entstehung, Durchführung und Revision des Reformgesetzes von 1947/48, Berlin 1971; auch: Russisch als Pflichtfach – Westberlin/Schule, in: Der Spiegel vom 17. November 1954, S. 46. An Mahlers Friedrich-Ebert-Schule wurden solche Aufbauklassen ab dem Jahr 1949 eingeführt. Vgl. Fischer, Horst Mahler (Anm. 14), S. 40.

werde im Frühjahr 1955 meine Reifeprüfung ablegen,[18] um darauf an der juristischen Fakultät der ›Freien-Universität-Berlin‹ zu studieren. Als vorläufiges Berufsziel habe ich den Beruf des Rechtsanwaltes gewählt. Doch möchte ich nicht verschweigen, daß diese Wahl nicht endgültig ist, denn mein eigentlicher Wunsch ist, im politischen Leben tätig zu werden. So will ich auch als Nebenfächer während meines Studiums die beiden ergänzenden Disziplinen der Staatswissenschaften: Wirtschaft und Politik, betreiben.

Berlin-Schöneberg, den 25. XI. 1954
Horst Mahler

4. Gutachten des Vorprüfers Christian Friese vom 19. Januar 1955 (zwei Seiten, Schreibmaschine)

Horst *Mahler*
302/55[19]

Gutachten: Dr. Friese[20]

Dass Herr Mahler gar nichts Jungenhaftes mehr an sich hat, dass ihn eine unter Schülern seltene äussere Gepflegtheit und Korrektheit auszeichnet, dass in ungewohntem Masse Ernst und Gesammeltheit über seinem Wesen liegen, ist offenbar weniger in seiner Natur begründet als in den schweren Erlebnissen, die den 13-jährigen Jungen trafen. Der Vater[21], heimatvertriebener Schlesier und nun in Rosslau in der Ostzone als Zahnarzt ansässig, schied 1949 freiwillig aus dem Leben, und die Mutter blieb mit den vier Kindern, die er mit in den

18 Eine Abschrift des Reifezeugnisses der »Wissenschaftlichen Oberschule in Aufbauform« vom 4. März 1955 reichte Mahler der Studienstiftung – zwei Tage nach der Aushändigung, wie er schrieb – am 28. März 1955 nach. Auf der zweiten Seite ist festgehalten: »Horst Mahler hat die Reifeprüfung ›mit Auszeichnung‹ bestanden« sowie »Horst Mahler möchte Jurist werden«. Die erste Seite verzeichnet die Notenübersicht: Deutsch – gut; Geschichte und Gemeinschaftskunde – sehr gut; Erdkunde – sehr gut; Englisch – sehr gut; Französisch – sehr gut; Mathematik – gut; Physik – gut; Chemie – sehr gut; Biologie – sehr gut; Musik – +befriedigend; Bildende Kunst – +befriedigend; Leibesübungen – gut; Handschrift – befriedigend; Arbeitsgemeinschaft Literatur teilgenommen; Arbeitsgemeinschaft Englisch teilgenommen; Arbeitsgemeinschaft Latein teilgenommen; Arbeitsgemeinschaft Chemie teilgenommen.

19 Das war Mahlers Bewerbernummer.

20 Christian Friese (1902–1973), Historiker; Promotion 1931 bei Otto Hoetzsch mit der Studie »Rußland und Preußen vom Krimkrieg bis zum polnischen Aufstand«. Aufgrund seiner Gegnerschaft zum Nationalsozialismus wurde ihm eine akademische Laufbahn im »Dritten Reich« verwehrt, so Fritz T. Epstein, Chrstian Friese (1902–1973), in: Jahrbücher für Geschichte Osteuropas, Bd. 22 (1974), S. 480. Von 1952/53 an war Friese zuerst Dozent, dann von 1958 bis zur Emeritierung 1970 ordentlicher Professor für Geschichte und Didaktik der Geschichte an der PH Berlin, ab 1968 zusätzlich Honorarprofessor an der Freien Universität. Vgl. auch Wolfgang Ribbe, Berlin als Standort historischer Forschung, in: Reimer Hansen/ders. (Hrsg.), Geschichtswissenschaft in Berlin im 19. und 20. Jahrhundert. Persönlichkeiten und Institutionen, Berlin/New York 1992, S. 87. Siehe außerdem: Zur Einführung, Anm. 56.

21 Siehe dazu Mahlers Lebenslauf vom 25. November 1954: Akte Mahler, Dok. I.3.

Tod hatte nehmen wollen, zurück. Horst, der zweitjüngste, liess sich, um auf die Ausbildung in der höheren Schule und der Universität nicht verzichten zu müssen, überreden, in die FDJ einzutreten, und wurde bei geschickter Behandlung so weit gewonnen, dass die Mutter nicht nur dem mit allen Mitteln entgegenzuwirken suchte, sondern umso energischer den Umzug nach West-Berlin betrieb, der auch Ende 1949, vorgeblich nach Berlin-Ost gehend, gelang.

Während in West-Berlin die beiden älteren Brüder, – der älteste studiert jetzt nach dem zahnärztlichen Examen Humanmedizin, der zweite wird Koch[22] – sich ganz von der Politik abwandten, war in Horst Mahler das politische Interesse für immer wachgerufen. Zunächst genügte ihm die Schule, es zu betätigen und zu pflegen, in der Klasse, wo er als der Beste anscheinend auch einer der Lebendigsten in der Diskussion ist, wie im Schülerparlament. Seit anderthalb Jahren aber betreibt er ganz für sich ein Studium des Marxismus, dessen oft allzu leicht gehandhabte, mit grosser Unkenntnis einhergehende Ablehnung ihn abstiess. Über der sorgfältigen Lektüre von Karl Marx »Kritik der politischen Oekonomie«[23] ist er nun bewusst sein Anhänger geworden, und die fortgesetzte Beschäftigung mit ihm erscheint ihm vorläufig als seine wichtigste Aufgabe.[24] Die Auseinandersetzung mit dem Bolschewismus bekommt nun ein ernsteres Gesicht, und er freut sich in dieser Beziehung doppelt auf die Universitätszeit, seit er in einer Tagung der Humanitas im Wannseeheim einen Vorgeschmack

22 Zu den Geschwistern vgl. Anm. 7.

23 Marx hatte diesen theoretischen Text zur Auseinandersetzung mit der kapitalistischen Produktionsweise ursprünglich 1858/59 formuliert. Später auch in: »Marx-Engels-Werkausgabe« (MEW), Bd. 13, Berlin 1971, S. 7–160.

24 Um Marx zu widerlegen, habe Horst Mahler mit der intensiven Lektüre begonnen, die das Gegenteil bewirkte und ihn zum Marx-Anhänger werden ließ. Dies führte ihn 1956 in die Reihen der Sozialdemokratie, der er bis 1961 angehörte. Als Mitglied des Sozialistischen Deutschen Studentenbundes (SDS) ab 1959 hatte er die SPD nun zu verlassen, da sie eine Doppelmitgliedschaft nicht zuließ. Vgl. insbes. Jander, Horst Mahler (Anm. 3), S. 375. Dies machte im übrigen ein Ausschlussverfahren hinfällig, das die Partei gegen Mahler eingeleitet hatte, weil er auf einer Juso-Veranstaltung einen Referenten zu Wort kommen ließ, der für eine Auflösung der Militärpakte in Ost und West und eine Neutralisierung Deutschlands plädierte. So die Darstellung Mahlers im Gespräch mit dem »Spiegel«: Axel Jeschke/Wolfgang Malanowski (Hrsg.), Der Minister und der Terrorist. Gespräche zwischen Gerhart Baum und Horst Mahler, Hamburg 1980, S. 11; siehe auch: Ein ZEIT-Gespräch [Willy Winklers] mit dem Ex-Terroristen Horst Mahler über die Apo, den Weg in den Terror und die Versöhnung mit dem Grundgesetz, in: Die Zeit vom 2. Mai 1997. Vgl. zum Gesamten: Fischer, Horst Mahler (Anm. 14), S. 49–73. 1956 habe Mahler im übrigen die schlagende Verbindung »Thuringia«, der er in väterlicher Tradition angehört habe, bereits wieder verlassen müssen, weil dies unvereinbar mit einem Studium an der FU Berlin (so Jander, Horst Mahler [Anm. 3], S. 374), einer Förderung durch die Studienstiftung (so Mahler-Zitat in: Block/Schulz, Die Anwälte [Anm. 6], S. 31) und einer SPD-Mitgliedschaft (so ebd., S. 32) gewesen sei. Die Darstellungen unterscheiden sich in der Begründung. Vgl. Fischer, Horst Mahler (Anm. 14), S. 43f. Siehe auch die autobiografische Quelle: Horst Mahler, Ausbruch aus einem Mißverständnis, in: Kursbuch, Nr. 48 vom Juni 1977, S. 77–98, insbes. S. 77 (»Biogramm«). Von der Thuringia-Mitgliedschaft ist in der Studienstiftungsakte an keiner Stelle die Rede. Auch die SPD-Mitgliedschaft spielt darin keine Rolle. Hingegen finden sich durchgängig deutliche Spuren einer anhaltenden Marx-Faszination.

echt wissenschaftlicher Behandlung der Probleme in den Vorträgen von Prof. Philipp und Fels erhalten hat.[25] Eine politische Tätigkeit von der Basis einer Partei aus erscheint ihm als das eigentliche Ziel, aber er will nicht Berufspolitiker, sondern Rechtsanwalt werden. Ueber den Aufbau seines Studiums hat er sich schon recht vernünftige Vorstellungen gemacht.

Herr M. hat neben dem historisch-politischen Interesse eine ausgesprochene Vorliebe für die mathematisch-naturwissenschaftlichen Fächer, die ihm sogar bis vor anderthalb Jahren im Vordergrunde standen. Sie zu pflegen, konnte er auf die in dieser Richtung gute Bibliothek seines ältesten Bruders, der sich für die Kieferchirurgie spezialisieren will, zurückgreifen. Jetzt habe er dafür keine Zeit mehr, höchstens, dass er mal nach der Lektüre von Marx zur Entspannung sich an mathematische Probleme mache. Solche Aeußerungen kommen deutlich nicht etwa aus einer taktischen Absicht, wie er überhaupt nur sehr zurückhaltend persönliche Fragen berührt. In der sachlichen Diskussion kann er dann aber überraschend stark alle kühle Zurückhaltung aufgeben.

Ich glaube, dass Herr M. bei seiner guten Begabung und seiner sehr selbständigen ernsten Zielstrebigkeit eine Förderung verdient, die ihm eine möglichst breite Anlage seines Studiums ermöglicht, und spreche mich für die Aufnahme in die Studienstiftung aus.

Christian Friese
19/1/55.[26]

5. Gutachten des Auswahlausschussmitglieds Käte Weischedel vom 10. Februar 1955 (eine Seite, Schreibmaschine)

Mahler, Horst 302/55 Ab. iur. in spe[27]

M ist zunächst von fast finsterer Reserve und mustert den Partner und die Umgebung unverhohlen kritisch. Aber wenn er Vorurteilslosigkeit, Hörbereitschaft,

25 Dies war eine Veranstaltung der »Gemeinschaft der Wissenschaftlich Interessierten Jugend Humanitas«. Siehe dazu Rudolph Schmidt (Hauptschriftleitung), Festschrift zum 10jährigen Bestehen der Gemeinschaft der Wissenschaftlich Interessierten Jugend Humanitas, o. O. u. J. [Berlin 1959]. Die in den unmittelbaren Nachkriegsjahren auf Initiative von Schülern und Studenten ins Leben gerufene »Humanitas« stand »unter dem Protektorat des Senators für Volksbildung und der Freien Universität Berlin« (ebd., Impressum) und richtete zweimal im Jahr sog. Arbeitswochen aus, um grundlegende Themen und Probleme ohne ideologische Scheuklappen zu diskutieren. 1954 fand eine solche im DGB-Heim am Wannsee statt und widmete sich der »Bedeutung des osteuropäischen Raumes« (ebd., S. 17). Werner Philipp (1908–1996), Historiker; 1952–1974 ordentlicher Professor für Osteuropäische Geschichte an der FU Berlin; zudem federführender Vertrauensdozent der Studienstiftung des deutschen Volkes an dieser Universität; später auch für Mahler zuständig. Edwin Fels (1888–1983), Geograf; 1948–1957 ordentlicher Professor für Wirtschaftsgeografie an der FU Berlin.

26 Name als Unterschrift, Datum handschriftlich.

27 Neben dem Namen waren damit die Bewerbernummer des Abitur-Vorschlags angegeben ebenso wie der Hinweis auf das angestrebte Jurastudium.

natürliche Wärme und Diskretion spürt, erschliesst er sich bald und wird leidenschaftlich beredt, wenn es um politisch-weltanschauliche Fragen geht, um Tagespolitik und um die Fragen künftiger Weltgestaltung. Er ist entschlossen[,] und nichts wird ihn davon abbringen können, den östlichen Ideologien ganz und gar auf den Grund zu kommen. Das Berufsziel »Rechtsanwalt«, das sich nicht ohne weiteres zu vertragen scheint mit dem, was M Lebensinhalt ist und erst recht noch werden soll, scheint durchaus noch nicht fixiert und ist, wie er schliesslich vertrauensvoll zugestand, wesentlich der Familie und der St[udien]St[iftung] gegenüber auf dem Formblatt so formuliert worden. Vor allem der ängstlichen Mutter gegenüber, für die ein Berufspolitiker wohl von vornherein als Scharlatan und der die ganze Karriere unsicher und ohne Aussicht auf finanzielle Sicherheit erscheint. Ich selbst kann mir M vorläufig noch schwer als etwas anderes denn als Berufspolitiker vorstellen, wenn auch immerhin als guten Juristen, wobei er möglicherweise in Gefahr geraten kann, der Intensität des einen Interesses eine gewisse Ausweitung des Blickpunktes zu opfern. Dieses aus sich – und aus der einen Sache-Herausgehen muss man ihm noch wünschen; ich würde aber darauf vertrauen, dass die konzentrierte Kraft und dass die klare Art, mit der er das Studium aufbauen will, ihm helfen werden. Hier sollte die St[udien]St[iftung] einen Ortswechsel, also einen Studienbeginn außerhalb Berlins, fast zur Auflage machen; ich kann das aber auch mit M besprechen.[28] Ein Risikofall, aber doch einer für

Aufnahme, J
Käte Weischedel[29]

10.2[.]1955

Dr. Käte Weischedel
Berlin-Zehlendorf
Jänickestr. 64[30]

28 In einer Gesprächsnotiz des zuständigen Referenten vom 23. November 1955 auf der Handkarteikarte ist festgehalten, dass Mahler beabsichtige, sein Staatsexamen in Bonn zu absolvieren. Dazu sollte es freilich ebenso wenig wie zu einem Studienortwechsel kommen.

29 Name als Unterschrift. Käte Weischedel (1903–1987), Studium der Germanistik, Geschichte und Philosophie in Leipzig; 1928 Befähigung für das Lehramt an höheren Schulen, 1930 Promotion im Fach Philosophie an der Universität Leipzig; ab 1931 Tätigkeit in der Geschäftsführung des Deutschen Studentenwerks e. V. als Referentin der »Studienstiftung des Deutschen Volkes«; 1934 Heirat des Philosophen Wilhelm Weischedel (1905–1975), der zwischen 1953 und 1970 an der FU Berlin als Professor lehren sollte und für mehrere Jahre nicht nur Vertrauensdozent, sondern auch Vorstandsmitglied der Studienstiftung war. Käte Weischedel, die in den 1950er Jahren sowohl Auswahlausschuss als auch Kuratorium der Stiftung angehörte, arbeitete u. a. an der Werkausgabe Immanuel Kants mit, die ihr Mann herausgab. Siehe dessen Dank vom 12. Februar 1956 im Nachwort des Herausgebers, in: Immanuel Kant, Werke in sechs Bänden, hrsg. von Wilhelm Weischedel; Bd. 2: Kritik der reinen Vernunft, Wiesbaden 1956, S. 715–718, hier: S. 718. Für Auskünfte zur Person danke ich Käte Weischedels Enkelin Katharina Orgaß. Vgl. auch Studienstiftung des deutschen Volkes, [Informationsbroschüre], 1952, S. 8.

30 Anders als Vorprüfer und Auswahlausschussmitglied, die mit Ja votierten, empfahl der Referent Gerhard Fels eine Besprechung des Falls. Zur Begründung heißt es auf dem Bewer-

II. Semesterberichte

1. Sommersemester 1955 vom 31. Juli 1955 (drei Seiten, Schreibmaschine)

Horst Mahler
Berlin W30 Berlin, den 31.7.1955[31]
Wittenbergplatz 5/6

Semesterbericht für das Sommersemester 1955

Am 2. Mai 1955 begann an der Freien Universität Berlin das Sommersemester. Mit mehr oder weniger gespannten Erwartungen besuchte ich meine ersten Vorlesungen. Der Wechsel von der Schule zur Universität bedingte sowohl eine äußere als auch eine innere Umstellung. Bisher war ich es gewohnt, daß der Stoff in aufgelockerter Form an mich herangetragen wurde und dabei auf eine aktive Beteiligung des Lernenden in der Weise gedrungen wurde, daß wir an der Erarbeitung des Stoffes, sei es durch Frage u. Antwort oder sei es durch eine Auseinandersetzung verschiedener Standpunkte[,] mitwirkten. Auf diese Weise wurde erreicht, daß die Aufmerksamkeit des Schülers wachgehalten wurde und eventuell auftauchende Zweifel schon in ihrer Entstehung beseitigt werden konnten. Die Dozenten an der Universität verzichten in der Regel auf diese Mitwirkung des Studierenden. Es galt nun, sich an dieses veränderte Verfahren zu gewöhnen. Dazu war zweierlei erforderlich: Einmal mußte ich mich zwingen, in der Aufmerksamkeit nicht nachzulassen, zum anderen aber auch auftauchende Zweifel zurückzustellen[,] bis die Möglichkeit bestand, die Unklarheiten durch ein Lehrbuch zu beseitigen.

Aber noch eine zweite, noch tiefer gehende Umstellung war erforderlich. Wohl zielte auch der Unterricht an der Oberschule darauf ab, den Schüler zu wissenschaftlicher Arbeit zu erziehen. Doch waren diese Bemühungen durch die Vielfalt des Stoffes, den man uns vermitteln wollte, in ihrer Erfolgsmög-

berbogen: »Der Hang zur Eingleisigkeit scheint eine Familieneigentümlichkeit zu sein. Die Frage ist, ob 1.) M. nicht bereits festgelegt ist und ob 2) er die Voraussetzungen für ein intensives Jurastudium hat, daß eine Aufnahme gewagt werden kann«. Schließlich stimmte der Auswahlausschuss aber für »Aufnahme«, ohne dass das Abstimmungsergebnis auf dem Einzelprotokoll [März 1955] verzeichnet worden wäre. Am 1. April 1955 wurde Horst Mahler mittels eines an ihn adressierten Formbriefs (von Heinz Haerten) über die Aufnahme (für die üblichen drei »Vorsemester« bis zur »endgültigen Aufnahme«) informiert. Vom 1. Mai 1955 an erhielt Mahler während seiner ersten beiden Studiensemester von der Studienstiftung 120 DM monatlich; am 1. Mai 1956 stieg die Ratenhöhe auf 170 DM, am 1. Oktober 1956 auf 195 DM, am 1. Januar 1958 auf 200 DM, im letzten Jahr seiner Förderung auf 230 DM. Siehe die Stipendienberechnungsbögen vom 2. April 1955, 15. Juni 1956 und 2. November 1957 (jeweils Unterschriftsdatum) sowie die Buchungsübersicht (1. Mai 1955 bis 31. März 1959) in der Akte Mahler.

31 Eingangsstempel vom 17. August 1955 (Absender: Philipp). Üblicherweise wurde der Semesterbericht beim Vertrauensdozenten eingereicht, der ihn nach Sichtung an die Geschäftsstelle der Studienstiftung schickte. In Mahlers Fall war dies Werner Philipp.

lichkeit eng begrenzt. Doch anders auf der Universität. – Hier wird der Stoff in einer Breite und Tiefe an den Studierenden herangetragen, die wissenschaftliche Systematik und einfühlendes Denken zu notwendigen Voraussetzungen eines erfolgreichen Studiums machen. –

In der Auswahl der Studienfächer war ich eng begrenzt, da es schwer war, eine zeitliche Übereinstimmung der Vorlesungen zu erzielen. Darüber hinaus schreibt die Ausbildungsordnung für Juristen einen folgerichtigen Studiengang vor, der eine bestimmte Reihenfolge der Studienfächer in den einzelnen Semestern voraussetzt.

Im abgelaufenen Semester belegte ich folgende Vorlesungen:

1. Einführung in die Rechtswissenschaft (4 Wochenstunden) bei Prof. Becker[32]
2. Rechtssoziologie (2 Wochenstunden) bei Prof. Hirsch[33]
3. Römische Rechtsgeschichte (4 Wochenstunden) bei Prof. von Lübtow[34]
4. Deutsche Rechtsgeschichte (3 Wochenstunden) bei Prof. Anderssen[35]
5. Grundzüge des Bürgerlichen Rechts (6 Wochenstunden) bei Prof. Brandt[36]
6. Bürgerliches Recht I Allgemeiner Teil (5 Wochenstunden) bei Prof. Blomeyer[37]

32 Walter Gustav Becker (1905–1985); Jurist; ab 1951 ordentlicher Professor für Bürgerliches Recht, Angloamerikanisches Privatrecht und Rechtsphilosophie an der FU Berlin.

33 Ernst Eduard Hirsch (1902–1985), Jurist und Rechtssoziologe; im Exil als Professor für Land- und Seehandelsrecht an der Universität Istanbul, später in Ankara u. a. Begründer des modernen türkischen Handelsrechts; 1952–1967 ordentlicher Professor für Handelsrecht, Bürgerliches Recht und Rechtsphilosophie an der FU Berlin; 1953–1955 dort Rektor. Siehe auch Ernst Eduard Hirsch, Rechtssoziologie. Aufriss einer Vorlesung, in: Ders., Das Recht im sozialen Ordnungsgefüge. Beiträge zur Rechtssoziologie, Berlin 1966, S. 316–345; sowie seine Lebenserinnerungen: Aus des Kaisers Zeiten durch die Weimarer Republik in das Land Atatürks, München 1982. Ab seinem vierten Studiensemester wirkte Mahler als wissenschaftliche Hilfskraft an Hirschs Lehrstuhl, worüber er – erstaunlicherweise – in seinen Schreiben an die Studienstiftung nicht berichtet. Vgl. Fischer, Horst Mahler (Anm. 14), S. 55.

34 Ulrich von Lübtow (1900–1995), Jurist; 1948–1968 Inhaber des Lehrstuhls für Römisches Recht, Bürgerliches Recht und Zivilprozessrecht an der FU Berlin; veröffentlichte u. a.: Reflexionen über Sein und Werden in der Rechtsgeschichte, Berlin 1954; Das römische Volk. Sein Staat und sein Recht, Frankfurt a. M. 1955.

35 Walter Anderssen (1882–1965), Jurist; außerordentlicher Professor, ab 1949 Lehrbeauftragter für Rechtsgeschichte und Staatsrecht an der FU Berlin.

36 Günter Brandt (1894–1968), Jurist; ab 1950 Honorarprofessor für Bürgerliches Recht und Zivilprozessrecht an der FU Berlin; zuvor ab 1946 Professor mit Lehrauftrag an der Humboldt-Universität zu Berlin; außerdem zwischenzeitlich Chefredakteur der ostdeutschen Wochenzeitung »Sonntag«. Vgl. Kristin Kleibert, Die Juristische Fakultät der Humboldt-Universität zu Berlin im Umbruch – Die Jahre 1948 bis 1951, Berlin 2010, S. 45–52.

37 Arwed Blomeyer (1906–1995), Jurist; ab 1951 ordentlicher Professor für Bürgerliches Recht, Handelsrecht, Zivilprozessrecht und Rechtsphilosophie an der FU Berlin; vor allem Beiträge zum Zivil- und Zivilprozessrecht. Er veröffentlichte damals als Separatum für das Bundesministerium für gesamtdeutsche Fragen: Die Entwicklung des Zivilrechts in der sowjetischen Besatzungszone, Bonn 1955.

7. Verwaltungsrecht I Allgemeiner Teil (4 Wochenstunden) bei Dr. Bettermann[38]
8. Latein I (3 Wochenstunden) bei Herrn Michaelis[39]

Vor allem waren es zwei Vorlesungen, die für mich überaus interessant waren: Die Vorlesungen über |Rechtssoziologie und Verwaltungsrecht|.[40] Diese Vorlesungen schienen mir wie keine andere geeignet, die Bedeutung und Eigenheiten des Rechtsmechanismus zu verdeutlichen. Prof. Hirsch versuchte das Recht aus seiner gesellschaftlichen Bestimmung zu erklären. Dr. Bettermann seinerseits versuchte die Bedeutung des Rechts im modernen Staate aus der Gewaltenteilungslehre darzustellen. –

Von der Schule brachte ich eine gewisse Vorstellung vom Staate mit, die im Wesentlichen auf die Marx'sche Lehre [rekurriert:] von der gesellschaftlichen Grundlage, die eine Funktion der Produktionsweise ist, und dem staatlichen Überbau als Reflektion der soziologischen Tatbestände. Ich hatte mich bisher lediglich mit dem sozialen Unterbau beschäftigt und jeweils versucht, historische Ereignisse, die Wendepunkte in der Entwicklung anzeigten, aus einer Umwälzung im gesellschaftlichen Gefüge zu erklären. Durch die genannten Vorlesungen angeregt, richtete sich im vergangenen Semester mehr und mehr meine Aufmerksamkeit auf den staatlichen Überbau. – Beide Dozenten – Prof. Hirsch durch eine soziologisch-psychologische und Dr. Bettermann auf dem Wege einer verfassungsrechtlich-politischen Betrachtungsweise – kamen übereinstimmend zu einer klaren Begriffsbestimmung von Rechtssicherheit und Willkür sowie zu einer Abgrenzung des demokratischen Staates vom Rechtsstaat.

Diese analytische Darstellung des sozialen Apparates ermöglichten mir die ersten, wissenschaftlich fundierten Erkenntnisse über das Wesen des Rechtsmechanismus. Diese Eindrücke wurden noch ergänzt durch Vorträge und Diskussionen, die wir in einem Arbeitszirkel der Studienstiftler über das Thema »Das Problem des Wohlfahrtsstaates« führten. Das Ergebnis unserer Arbeit war die klare Herausstellung zweier entgegengesetzter Thesen. Einmal wurde behauptet, daß sich der moderne Staat mehr und mehr zwangsläufig zum totalen Staat entwickelt,[41]

38 Karl August Bettermann (1913–2005), Jurist; 1954–1956 Richter am Bundesverwaltungsgericht in Berlin; 1955 außerordentlicher Professor in Münster; 1956–1970 ordentlicher Professor für Staats- und Verwaltungsrecht an der FU Berlin; 1970–1978 in Hamburg für Zivilprozessrecht und Allgemeine Prozessrechtslehre; ab 1954 mit Hans C. Nipperdey und Franz L. Neumann Herausgeber des Handbuchs »Die Grundrechte. Handbuch der Theorie und Praxis der Grundrechte«. Vgl. Detlef Merten, Karl August Bettermann (1913–2005), in: Peter Häberle u. a. (Hrsg.), Staatsrechtslehrer des 20. Jahrhunderts, Berlin 2015, S. 825–844.

39 Hans Michaelis war Oberstudiendirektor in Berlin und unterrichtete im Sommersemester 1955 zweimal wöchentlich den Latein Kurs I: Auskunft des Universitätsarchivs der FU Berlin vom 30. April 2015.

40 Unterstreichung in Akte.

41 Zu diesem Grundlagenproblem siehe ebenso konzise wie fundiert: Wolfgang Reinhard, Geschichte der Staatsgewalt. Eine vergleichende Verfassungsgeschichte Europas von den Anfängen bis zur Gegenwart, München 1999, S. 458–479.

der immer tiefer in die individuelle Sphäre des Bürgers eingreift und seinen Wirkungskreis durch staatliche Planung beengt. Professor Stammer[42] versuchte dagegen in seinem Abschlußreferat, diese These zu entkräften und stellte seinerseits die Behauptung auf, daß die Zeit gekommen sei, da der staatliche Mechanismus in der Weise dezentralisiert werden müsse, daß gewisse Funktionen nunmehr vom Staat auf Interessenverbände niederer Ordnung übertragen werden. Im nächsten Semester werden wir von diesem Gegensatz ausgehend unsere Arbeit fortsetzen und untersuchen, welche Tendenzen in der modernen Gesellschaft vorherrschend sind.

Horst Mahler[43]

2. Wintersemester 1955/56 vom 12. März 1956 (sechs Seiten, handschriftlich)

Horst Mahler
Bln - W30
Wittenbergpl. 5/6

Bln., d. 12.III.1956[44]

Semesterbericht WS 55/56

Mit dem Wintersemester 1955/56 beendete ich mein zweites Studien- und Fachsemester des Jura-Studiums. Mein Vorlesungsplan umfaßte folgende Fächer mit insgesamt 30 Wochenstunden:

1.) Schuldrecht I.
2.) Schuldrecht II.
3.) Strafrecht I.
4.) Institutionen d. röm. Rechts
5.) Deutsches Privatrecht
6.) Allgemeine Staatslehre
7.) Deutsche Verfassungsgeschichte

In diesem, meinem zweiten Semester vertiefte sich die Erkenntnis, daß für die Mehrzahl der Studierenden unter den gegebenen wirtschaftlichen und sozialen Verhältnissen ein freies Studium unmöglich ist. Es ist uns versagt, die zahl-

42 Otto Stammer (1900–1978), Soziologe und Politikwissenschaftler; 1954–1969 wissenschaftlicher Leiter des von ihm mitbegründeten Zentralinstituts für sozialwissenschaftliche Forschung sowie Direktor des Instituts für Politische Wissenschaft der FU Berlin; 1955–1969 ordentlicher Professor für Soziologie und Politische Wissenschaft. Siehe zur Thematik seinen Aufsatz: Interessenverbände und Parteien, in: Kölner Zeitschrift für Soziologie und Sozialpsychologie, 9 (1957), S. 587–605.

43 Name als Unterschrift.

44 Eingangsstempel vom 19. März 1956 (Absender: Philipp); außerdem Aufdruck »betrifft: Endg. Aufnahme«.

reichen Anregungen auszuwerten, eigenen Gedanken und Fragen gewissenhaft nachzugehen und deren Lösung zu erarbeiten. Denn diese Vertiefung des Studiums erfordert notwendigerweise eine Konzentration und intensivere Bearbeitung des Stoffes.

Allein diese beiden Erfordernisse implizieren schon die praktische Unmöglichkeit eines solchen Studiums. Unsere Ausbildung ist im Wesentlichen von zwei Faktoren abhängig. Der eine ist der zu bewältigende Stoff, der andere die zur Verfügung stehende Zeit.

Beide Faktoren stehen in gegenseitiger Abhängigkeit und sind an sich variable Größen.

Die wirtschaftliche Lage stellt uns vor die Notwendigkeit[,] ein Maximum des Stoffes in einem Minimum an Zeit zu verarbeiten. Dabei wird die qualitative Beschaffenheit des Stoffes von der Prüfungsordnung vorgeschrieben. – Die angestrebte Vertiefung kann aber nur durch die Erarbeitung zusätzlichen, außerplanmäßigen Stoffes erzielt werden, was sich auf zweierlei Art auf die Relation von Stoff und Zeit auswirken kann.

Einmal nämlich in der Weise: der Stoff, der zu verarbeiten ist, nimmt absolut zu. Das bewirkt auf der anderen Seite eine absolute Zunahme der erforderlichen Zeit. Die wirtschaftlichen Bedingungen erlauben dem Studenten aber keinen Mehraufwand an Zeit. –

Zum anderen kann die Vertiefung dadurch erreicht werden, daß man sich auf bestimmte Gebiete unter gleichzeitiger Vernachlässigung des übrigen Stoffes konzentriert. In diesem Verhältnis bleiben die beiden Faktoren quantitativ gleich, jedoch hat eine qualitative Verschiebung in der Zusammenstellung des Stoffes stattgefunden. Hier aber setzt der Zwang der Prüfungsordnung ein, der diese Verschiebung unmöglich macht.

So erschöpft sich das Studium in einer zusammenfassenden Darstellung und Erlernung des vorgeschriebenen Pensums nach der Art der Lehrbücher. Diese Erlernung geschieht immer im Hinblick auf das Examen und befriedigt schwerlich den Wissensdrang, und das Studium erscheint schlechthin als eine Qualifikation zu irgendeinem Broterwerb. So haben wir die Freiheit des Studiums verloren, – nicht durch gesetzliche Reglementierung oder tyrannischen Zwang als vielmehr durch den Zwang der wirtschaftlichen und sozialen Bedingungen[,] unter denen wir leben.

Der Verlust der Freiheit des Studiums kann aber zum Verlust der geistigen Freiheit führen. Denn die Unmöglichkeit der eigenen Vertiefung und kritischen Durchdringung unseres Wissens führt zur Unsicherheit im Urteil oder gar zu einem mehr oder weniger bewußten Verzicht auf ein eigenes rationales Urteil und zwingt uns in die geistige Sklaverei von Vorurteilen. – Dieser Zustand kann sich zu einer Krisis verdichten, wenn derjenige, der nach Unabhängigkeit strebt, nicht die Zeit und Kraft findet, die Probleme selbst zu lösen und sich aus der Umklammerung von Vorurteilen zu befreien. –

Diese Erfahrungen mußte ich selbst in den vergangenen zwei Semestern machen. – In dem Bemühen, in der weltanschaulichen Auseinandersetzung meinen eigenen Standpunkt zu finden und meine Überzeugung von anerzogenen Vorurteilen zu säubern, habe ich damit begonnen[,] »Das Kapital«[45] von Marx zu lesen. Allein im vergangenen Semester blieb wenig Zeit, diese Lektüre fortzusetzen. Das Semester war damit ausgefüllt, Stoff aufzuhäufen und technische Fertigkeiten zu erlernen. Doch quälten mich eine Vielzahl von Fragen und Problemen, die noch ihrer Lösung harren. –

Wo liegen die Abhängigkeiten des Rechtes? Ist es ein Inbegriff der Gesellschaft immanenter Funktionen, oder liegt seine Abhängigkeit in der Idee der Gerechtigkeit oder der menschlichen Willkür? Besitzen Ideen überhaupt eine losgelöste Realität oder sind sie nur Reflexionen materieller Prozesse? Auf dem Wege dieser Fragestellung kehrte ich dann zu meinem eigentlichen Anliegen zurück. – Wovon ist die gesellschaftliche Entwicklung überhaupt abhängig? Ist diese Entwicklung die Emanation der sich entwickelnden Produktivkräfte, ist sie die Verwirklichung einer vorgegebenen Idee? – Doch durch den akuten Zeitmangel gelingt es mir nur sehr langsam, die Grundlagen zu erarbeiten, die mich in den Stand setzen sollen, mein Urteil und meine Antwort selbst zu finden. –

So bietet mein Studium wohl Anreiz, vom vorgezeichneten Weg des Lehrplans abzuweichen, in das Dickicht jener Probleme einzudringen, das mir den Horizont versperrt. Allein die Wirklichkeit hindert mich, meinen Gedanken nachzujagen und Befriedigung in den großen Problemen der Zeit zu suchen.[46]

3. Sommersemester 1956 vom 15. Juli 1956 (vier Seiten, handschriftlich)

Horst Mahler Berlin, den 15.VII.1956[47]

Semesterbericht für das SS 1956

Mit dem Sommersemester 1956 beschließe ich mein drittes Studien- und Fachsemester. Dieses Halbjahr war neben der Erlernung technischer Dinge damit ausgefüllt, eine Orientierung im Meinungsstreit anzustreben. –

Das Recht will das Leben der Menschen in einer Weise regeln, die das Zusammenwirken aller in einer Gemeinschaft ermöglicht. Doch selbst derjenige, der sich zu dieser funktionellen Begriffsbestimmung bekennt, entgeht nicht der Notwendigkeit, die Rechtfertigung des Rechts in den übergeordneten Bezirken

45 1867 erschien der erste Band von Karl Marx' Hauptwerk »Das Kapital«; nach Marx' Tod veröffentlichte Friedrich Engels zwei weitere Bände (1885 und 1894): Das Kapital, in: MEW, Bde. 23–25, Berlin 1962, 1963 und 1983.

46 Der Semesterbericht ist ohne Unterschrift.

47 Eingangsstempel vom 4. August 1956 (Absender: Philipp); außerdem Aufdruck »betrifft: Endg. Aufnahme«.

der Ethik oder Weltanschauung zu suchen. Denn das Gesetz sagt uns nicht, was die Gemeinschaft, die zu schaffen und zu erhalten Zweck sein soll, ist. Das Gesetz ist nach dieser Auffassung ein Imperativ an den Menschen als zwecktätiges Wesen. Dieser Imperativ aber ist lediglich die Funktion einer Wertung, die im vorjuristischen Bereich betätigt wird. Danach setzt die Bestimmung begrifflich eine Wertung voraus. Somit verweist das Recht über seinen eigenen Bereich hinaus in das Reich der Philosophie. Folglich kann man eine Vorstellung vom »Recht-Sein« nicht aus dem positiven Recht gewinnen, da dieses System von Imperativen selbst auf eine vorgefaßte Überzeugung zurückgeht, eine Überzeugung, die man nicht zu teilen braucht. –

Erste Voraussetzung für eine Betätigung im juristischen Bereich ist, daß man selbst auf dem Weg kritischer Prüfung zu einer Vorstellung vom »Recht-Sein« gelangt, d.h. daß man die Wirklichkeit wertend erfaßt und daraus die Schlußfolgerung zieht. –

Diese Auffassung findet ihre Bestätigung in der Rechtsprechung der obersten Gerichte. Hier werden häufig Sachverhalte entschieden, die den Normen des positiven Rechts nicht subsumiert werden können, oder die bei einer solchen Subsumtion unangemessene Folgen auslösen würden. Hier entscheidet der Richter über das »Recht-Sein« nach eigenen Wertungen.

Allein der Weg zu einer eigenen Wertvorstellung kann m.E. nur über die Kenntnis der widerstreitenden Argumente zum Ziele führen. Dieser Überzeugung folgend bin ich darangegangen, mich über das »Für und Wider« um die finale Handlungslehre zu informieren.[48] Diese Auseinandersetzung um den Verbrechensaufbau ist heute in der Strafrechtswissenschaft von hervorragender Bedeutung; denn dieser Streit führt tief hinein in die Problematik menschlichen Verhaltens, der Schuld und der Rechtswidrigkeit. –

Gerade der Streit um den Charakter der Rechtswidrigkeit[49] führt zur Wurzel der Rechtswissenschaft: nämlich zur Frage nach dem Wesen des Rechts; denn nur von der Grundlage einer wesenhaften Vorstellung vom Recht kann die Frage nach dem Wesen der Rechtswidrigkeit beantwortet werden.

So erweist sich die Frage nach den Grundlagen des Verbrechensaufbaus als ein Fragenkreis von ungeheurer Vielfalt und Komplexität, und meine Bemühungen im vergangenen Semester haben mich nur wenige Schritte auf dem Wege zu einem leidlich gefestigten Standort vorangebracht. –

Die in den letzten Absätzen dieses Berichtes aufgetretene, stilistisch sicher unschöne Häufung des Wörtchens »Frage« könnte als Motto dem Résumé vor-

48 Die finale Handlungslehre gehört zur Strafrechtslehre und definiert eine Handlung als ein zweckgerichtetes, willensgeleitetes menschliches Verhalten. Vgl. die damaligen Ausführungen von Hans Welzel, Um die finale Handlungslehre. Eine Auseinandersetzung mit ihren Kritikern, Tübingen 1949; ders., Aktuelle Strafrechtsprobleme im Rahmen der finalen Handlungslehre. Vortrag gehalten vor der Juristischen Studiengesellschaft in Karlsruhe am 29. Mai 1953, Karlsruhe 1953.

49 Der Begriff der Rechtswidrigkeit bezeichnet eine der Rechtsordnung widersprechende Handlung und kann alle Rechtsgebiete, so das Straf- wie auch das Zivilrecht betreffen.

ausgestellt werden, denn tatsächlich wurde ich immer nur vor Fragen gestellt, indem eine Frage die andere nach sich zog. Doch am Anfang jeder Erkenntnis steht die Frage. –

Zu erwähnen ist noch, daß ich im vergangenen Semester zwei Übungen mit Erfolg absolviert habe.

Horst Mahler

4. Wintersemester 1956/57 vom 10. März 1957 (zwei Seiten, handschriftlich)

Horst Mahler
Bln W30
Wittenbergpl. 5–6

Berlin, d. 10.3.1957.[50]

Semesterbericht für das WS 1956/57

Mit dem WS 1956/57 beendete ich mein 4. Fach- und Studiensemester an der FU-Berlin.

In erster Linie beschäftigte ich mich in diesem Semester mit dem Marxismus-Lenismus und dem Stalinismus, der Geschichte der Weimarer Republik und dem Problem der deutschen Wiedervereinigung.

Im Rahmen dieser Arbeit nahm ich an einem Seminar über den Verbotsprozeß der KPD bei Bundesverfassungsrichter Prof. Dr. Martin Drath[51] teil. Da-

50 Eingangsstempel vom 2. April 1957 (Absender: Heinitz). Ernst Heinitz war der ab diesem Semester für Mahler an der FU Berlin zuständige Vertrauensdozent der Studienstiftung. Ernst Heinitz (1902–1998), Jurist; die Jahre 1933–1948 verbrachte der Sohn eines jüdischen Vaters im italienischen Exil (auch unter Annahme der italienischen Staatsbürgerschaft); dort Heirat mit Maria Pia Tommasi (1912–2007); nach deutscher Besetzung Italiens 1943 gemeinsam mit seiner Frau im Widerstand; ab 1948 erst in Erlangen, dann 1952–1970 ordentlicher Professor für Strafrecht, Prozessrecht und Arbeitsrecht an der FU Berlin; zudem ab 1955 als Richter und 1959–1967 als Senatspräsident beim Kammergericht Berlin; 1961–1963 Rektor der FU Berlin. – Er sagte Mahler 1959 die Betreuung seines (damals beabsichtigten) Promotionsvorhabens zu und war auch der ab 1965 für Gudrun Ensslin in Berlin zuständige Vertrauensdozent. Heinitz sollte zudem deren Verteidigung im Frankfurter Kaufhausbrandprozess mit übernehmen. Er veröffentlichte u.a.: Das Problem der materiellen Rechtswidrigkeit, Breslau 1926; Staatsschutz und Grundrechte. Vortrag, gehalten auf der Tagung des Deutschen Bundes für Bürgerrechte e.V. in Mannheim am 29. Mai 1953, Berlin/Frankfurt a.M. 1953; Das Menschenbild im Strafrecht, in: Franz-Lieber-Hefte. Zeitschrift für politische Wissenschaft, 2 (1960), Heft 4, S. 7–21; Der Überzeugungstäter im Strafrecht, in: Zeitschrift für die gesamte Strafrechtswissenschaft, 78 (1966), S. 615–637; siehe auch Hans Lüttger (Hrsg.), in Verbindung mit Hermann Blei und Peter Hanau, Festschrift für Ernst Heinitz zum 70. Geburtstag: am 1. Januar 1972, Berlin 1972; zu seiner Frau den Nachruf von Anne Jelena Schulte, Maria Pia Heinitz (geb. 1912), in: Der Tagesspiegel vom 29. Juni 2007.

51 Martin Drath (1902–1976), Jurist; 1949–1963 ordentlicher Professor für Staats- und Verwaltungsrecht an der FU Berlin; außerdem bis 1957 Abteilungsleiter an der dortigen Hochschule für Politik; 1951–1963 auch Richter am Bundesverfassungsgericht. 1948 hatte das SPD-Mitglied

bei fiel mir das Referat zu »Die Volksdemokratie und das Blocksystem als besondere Erscheinungsform der Diktatur des Proletariats.«

Dieses Thema machte eine intensive Beschäftigung mit der marxistisch-leninistischen Staats- und Rechtstheorie erforderlich.

In dem Bemühen, die These von der Diktatur des Proletariats zu rechtfertigen, übte[n] Lenin und später im Einzelnen Stalin heftige Kritik an der deutschen Arbeiterbewegung von 1900–1933. Diese zum großen Teil m. E. berechtigte Kritik veranlaßte mich, daranzugehen, die Geschichte dieser Zeit zum Teil auch an dokumentarischem Material zu studieren. Diese Bemühungen dauern noch an.[52]

Die Entwicklung in Jugoslavien [!] und China, sowie die Ereignisse in Polen haben gezeigt, daß der Marxismus-Lenismus auch unabhängig von Moskau eine Kraft zu entfalten vermag,[53] die die These, daß die SBZ, einmal von Moskau losgelöst, sich schnell den westlichen Verhältnissen assimilieren werde, mindestens zweifelhaft, wenn nicht gar illusionär erscheinen läßt: Um auch in dieser Frage einer eigenen Standortbestimmung näher zu kommen, habe ich im vergangenen Semester damit begonnen, den weltweiten wirtschaftlichen und damit auch politischen Verstrickungen der Bundesrepublik und ihren Folgen für eine Wiedervereinigung nachzugehen. –

wegen drohender politischer Verfolgung die Sowjetische Besatzungszone verlassen. Als Richter des Bundesverfassungsgerichts in der Frühzeit der Bundesrepublik war er an einer Reihe von Urteilen beteiligt, welche die bundesdeutsche Verfassungsauslegung und -realität auf lange Zeit hin prägen sollten, nicht zuletzt die Parteiverbotsverfahren gegen die Sozialistische Reichspartei (SRP) und die Kommunistische Partei Deutschlands (KPD). Darüber hinaus wirkte Drath einflussreich als Staats- und Rechtstheoretiker. Er veröffentlichte u. a.: Verfassungsrecht und Verfassungswirklichkeit in der sowjetischen Besatzungszone. Untersuchungen über Legalität, Loyalität und Legitimität, Bonn 1954 (hrsg. vom Bundesministerium für gesamtdeutsche Fragen); Grund und Grenzen der Verbindlichkeit des Rechts. Prolegomena zur Untersuchung des Verhältnisses von Recht und Gerechtigkeit, Tübingen 1963; Rechts- und Staatslehre als Sozialwissenschaft. Gesammelte Schriften über eine sozio-kulturelle Theorie des Staats und des Rechts. Ausgewählt und eingeleitet von Ernst E. Hirsch, Berlin 1977. Vgl. Michael Henkel/Oliver Lembcke, Der Staat als Lebensaufgabe: Martin Drath (1902–1976), in: Kritische Justiz, 36 (2003), S. 445–461.

52 Möglicherweise bezog sich Horst Mahler auf die damals gerade vom »Institut für Marxismus-Leninismus beim ZK der SED« besorgte Ausgabe: Wladimir I. Lenin, Über Deutschland und die deutsche Arbeiterbewegung. Aus Schriften, Reden, Briefen, Berlin 1957. Zum Kontext siehe u. a. Jürgen Zarusky, Die deutschen Sozialdemokraten und das sowjetische Modell. Ideologische Auseinandersetzung und außenpolitische Konzeptionen, München 1992.

53 Mahler spielte hier auf »reformkommunistische« Bestrebungen an, die sich in Abweichung von der Moskauer Linie in Osteuropa im Verlauf der 1950er – insbesondere rund um das Krisenjahr 1956 – entwickelten, nicht zuletzt erfolgreich in Josip Broz Titos Jugoslawien, aber auch auf den von China ausgehenden Maoismus. Als Überblicke David Priestland, Weltgeschichte des Kommunismus. Von der Französischen Revolution bis heute, München 2009; Stéphane Courtois (Hrsg.), Das Handbuch des Kommunismus. Geschichte – Ideen – Köpfe, München/Zürich 2010; Henrik Bispinck u.a. (Hrsg.), Aufstände im Ostblock. Zur Krisengeschichte des realen Sozialismus, Berlin 2004; siehe auch: Zur Einführung, Anm. 65.

Gegenüber diesem Themenkreis trat die eigentliche Jurisprudenz etwas in den Hintergrund.

Horst Mahler
4. Sem. Jura

5. Sommersemester 1957 (1. Fassung) vom 13. September 1957 (eine Seite, handschriftlich)

Horst Mahler
Bln - W30
Wittenbergpl. 5-6

Bln. d. 13.9.1957[54]

Semesterbericht für das SS 1957

Wie aus meinen vorangegangenen Berichten hervorgeht, habe ich mich in den ersten Semestern meiner Studienzeit sehr stark mit nicht-juristischen Dingen beschäftigt, so daß ich der höheren Semesterzahl entsprechend gezwungen bin, meine Zeit intensiver dem rein Fachlichen zu widmen.

Ich habe im vergangenen Semester an der handelsrechtlichen, der verwaltungs- und staatsrechtlichen sowie an der arbeitsrechtlichen Übung teilgenommen. - Zudem hat mich die Notwendigkeit, mir die für das kleine Latinum erforderlichen lateinischen Sprachkenntnisse anzueignen, stark belastet.

Horst Mahler

54 Eingangsstempel vom 16. September 1957. Unter den Semesterbericht war handschriftlich »8 Zeilen!« gesetzt. Am 4. Oktober 1957 bat Referent Josef Simon (siehe zur Person: Akte Meinhof, Anm. 309) Mahler um einen ausführlicheren Bericht, denn der abgelieferte sei nur »acht handgeschriebene Zeilen lang« und »nicht sehr reich an Inhalt«. Daraufhin schickte Mahler am 11. Oktober 1957 eine zweite Fassung an Simon: »Bitte entschuldigen Sie, daß ich erst heute Ihrer Bitte entspreche. Ich war jedoch durch einen Bienenstich an der rechten Hand zeitweilig am Schreiben gehindert.« Außerdem teilte er der Studienstiftung in diesem Zuge eine neue Bankverbindung mit.

6. Sommersemester 1957 (2. Fassung) vom 10. Oktober 1957 (sechs Seiten, handschriftlich)

Horst Mahler
Berlin – W30
Wittenbergpl. 5/6

Berlin, den 10.X.1957[55]

Semesterbericht für das SS 1957.

Im vergangenen Semester war ich damit beschäftigt, den bisher verarbeiteten Stoff zu repetieren.[56] Diese Arbeit beanspruchte viel Kraft und Zeit, so daß wenig blieb für eine Beschäftigung mit der östlichen Ideologie, die in den vorangegangenen Semestern bei mir im Vordergrund stand.

Ich mußte mich darauf beschränken, die Marxismus-Diskussion in Polen[57], besonders den Abbau des institutionellen Marxismus zu verfolgen.

In dieser Auseinandersetzung tritt deutlich das ernste Bemühen, die sozialistische Bewegung wieder ihrer ursprünglichen Wissenschaftlichkeit unterzuordnen, hervor. Die polnische Intelligenz hat es als ihre vordringlichste Aufgabe begriffen, mit wissenschaftlichen Methoden auf dem Boden des dialektischen Materialismus die Revisionen der Stalin-Ära als eine historische Erscheinung zu erklären.

Bemerkenswert bei diesem Versuch ist es, daß man nicht den bequemen Weg geht, – wie es häufig in der westlichen Welt geschieht –, die Erscheinungen des Stalinismus aus dem subjektiven Faktor, d. h. aus der Persönlichkeit Stalins, erklärt. Dieser Weg ist den polnischen Sozialisten schon in ihrem Ausgangspunkt, dem Histomat,[58] verschlossen.

Sie begreifen den Stalinismus als einen historisch notwendigen Prozeß und die Persönlichkeit Stalins als dieser den objektiven Umständen innewohnenden Notwendigkeit entsprechend. Sie sehen im Wesen des Stalinismus eine Revision des Grundsatzes von der Diktatur des Proletariats. Folglich sind ihre Bemühungen auf die Wiederherstellung dieses Prinzips in seiner Leninschen Ausprägung und seine Anpassung an die polnischen Verhältnisse gerichtet. Alle Erwartungen auf eine umstoßende Kritik dieses Grundsatzes erscheinen unter diesen Umständen als ungerechtfertigt.

55 Handschriftlich war »13/10« und »ges.« mit nicht eindeutig lesbarem Kürzel hinzugesetzt. Wahrscheinlich stammte es von Vertrauensdozent Heinitz.

56 Links Anstrich neben diesem Satz.

57 Siehe zeitgenössisch etwa die vom Ostbüro der SPD herausgebrachten Schriften: Ein Gespenst geht um in Osteuropa! Polen diskutiert seinen Weg zum Sozialismus, Berlin 1957; Die Marxismus-Diskussion in Polen, Berlin o. J. [1957]; als Sonderausgabe für das Bundesministerium für Gesamtdeutsche Fragen publiziert: Heinz Kersten, Aufstand der Intellektuellen. Wandlungen in der kommunistischen Welt. Ein dokumentarischer Bericht, Stuttgart 1957; siehe auch die Hinweise in Anm. 53.

58 Kurzform für Karl Marx' und Friedrich Engels' materialistische Geschichtsauffassung vom Historischen Materialismus.

Die Diskussion der polnischen Intellektuellen hält sich jedoch nicht in den engen Grenzen der überkommenen marxistischen Vorstellung der Gesellschaftsschichtung, der Klassengesellschaft, sondern sie wird auch geführt über die neuen Erscheinungen einer gesellschaftlichen Differenzierung, die Bildung einer »Manager Elite«.[59]

Damit ist ein Problem aufgedeckt, das der Lösung harrt. In dieser Hinsicht bilden die östlichen Gesellschaftssysteme ein überaus interessantes und einmaliges Studienobjekt, weil sie zum ersten Male die Bildung einer modernen Elite unabhängig von der Protektion durch das Kapital bewirken.

Die Forschung auf diesem Gebiet wird in dem Maße, in dem die Auswirkungen des Stalinschen »supra-class regime« (Anine, Problems of Communism Vol. VI/ Nr. 3 S. 9)[60] beseitigt werden, zu brauchbaren Ergebnissen führen. –

Ein Problem ganz anderer Art beschäftigte mich, als ich in der Übung für |Staats- und Verwaltungsrecht|[61] bei Professor Bettermann ein Gutachten über die Frage, ob die gesetzliche Einführung einer staatlichen Zwangsschlichtung in Arbeitskämpfen mit dem Grundgesetz vereinbar sei, anzufertigen hatte.

Den Kern der Arbeit bildete die Frage, ob das Grundgesetz den Arbeitern ein verfassungsmäßiges Recht zum Streik gewähre, oder ob lediglich eine allgemeine Streikfreiheit bestehe, die durch ein einfaches Gesetz einzuschränken geht.

Ich bin überzeugt, daß eine verfassungsrechtliche Garantie aus dem Grundgesetz abgeleitet werden kann.

Sie ergibt sich einmal aus der Koalitionsfreiheit (Art. 9 GG) und zum anderen aus dem Verbot der Zwangsarbeit (Art. 12 GG)[.]

Art. 9 GG ist der vorläufige Schlußpunkt in dem Kampf der Arbeiter um das Streikrecht. Für den Arbeiter war die Koalition stets nur das Mittel[,] um wirksame Kampfmaßnahmen für seine wirtschaftliche und politische Besserstellung durchführen zu können. Die überragende Rolle in diesem Kampf spielte der Streik.

Der Kampf um das Recht zur Koalition war also in seinem Wesen ein Kampf für das Streikrecht, und der Widerstand des Staates gegen die Arbeiterkoalitionen war der Widerstand gegen das Streikrecht. Daraus folgt, daß das Koalitionsrecht gegenstandslos ist, wenn es nicht gleichzeitig das Recht zur Betätigung in dieser Vereintheit gewährt.

59 Insbesondere James Burnham hatte mit seinem Werk »The Managerial Revolution« (1941) verstärkt ab den 1950er Jahren eine im Westen geführte, gleichwohl auch den Osten und dessen Gesellschaftssystem einbeziehende Diskussion über Zustand und Rolle der Funktionseliten, insbesondere einer ebenso neuen, gesellschaftlich bestimmenden und herrschenden »Manager-Elite« mit in Gang gesetzt. Siehe James Burnham, Das Regime der Manager, Stuttgart 1948.

60 David S. Anine, Will Russia »Debolshevize«?, in: Problems of Communism, 6 (1957), S. 9–14.

61 Unterstreichung in Akte.

Nach dem Wortlaut des GG ist der Zweck, d.h. die Wahrung und Förderung der Arbeits- und Wirtschaftsbedingungen, legitimiert. Diese Gewähr aber wird zur inhaltsleeren Phrase, wenn zwar der Zweck[,] nicht aber das einzig adäquate Mittel zu seiner Erreichung anerkannt wird.

Eine derartig inhaltsentleerende Auslegung der Verfassung ist unzulässig.

Jedoch noch auf einem anderen Wege glaubte ich eine verfassungsrechtliche Garantie des Streikrechts begründen zu können.

Der Arbeiter unterliegt einem natürlichen Arbeitszwang, der Notwendigkeit, die zu seinem Unterhalt notwendigen Mittel zu verdienen. Durch einen regelmäßigen Sparaufwand (Gewerkschaftsbeiträge) schafft er sich jedoch einen Reservefond (Streikfond)[,] um zu gegebener Zeit von diesem Arbeitszwang frei zu sein.[62]

Im Falle eines Streiks würde ein Schiedsspruch im Wege der staatlichen Zwangsschlichtung eine Fortsetzung des Kampfes rechtswidrig machen und zum Schadensersatz verpflichten. Die praktische Folge davon ist, daß der Streikfond zur Sicherung der Ersatzansprüche beschlagnahmt wird, was die Wiederherstellung des natürlichen Arbeitszwanges durch eine gezielte Maßnahme des Staates bedeutet.

In der Praxis würde die Wirkung des Schiedsspruchs dahin gehen, daß die Arbeiter allein schon durch den drohenden Eintritt einer Ersatzpflicht zur Wiederaufnahme der Arbeit bewogen werden. Eine Zwangsschlichtung stellt somit eine nach Art. 12 GG unzulässige Zwangsausübung dar.

Die Auffassung, die auf einer Trennung zwischen staatlichem Schlichtungsakt und zivilrechtlichen Ersatzansprüchen besteht, wird in diesem Falle einem einheitlichen, gesellschaftlichen Sachverhalt nicht gerecht. –

Die oben erwähnten Begründungsversuche stießen jedoch auf wenig Gegenliebe. Die Arbeit wurde nur mit »ausreichend« zensiert, ohne mich allerdings vom Gegenteil zu überzeugen. –

Ferner nahm ich im vergangenen Semester an der Übung im Handelsrecht bei Prof. Hirsch und der Übung im Arbeitsrecht bei Prof. Heinitz teil.

Eine zusätzliche Belastung stellt weiterhin die Notwendigkeit, das kleine Latinum zu absolvieren, dar. Voraussichtlich im April werde ich in dieser Richtung mein Glück zum ersten Male probieren.

Horst Mahler

62 Links Anstrich neben dem gesamten Absatz und handschriftlicher Kommentar »guter Gedanke!«.

7. Wintersemester 1957/58 vom 10. März 1958 (sechs Seiten, handschriftlich)

Horst Mahler
Bln – W30
Wittenbergpl. 5–6

Berlin, den 10. März 1958[63]

Semesterbericht

Mit dem Wintersemester 1957/58 beschloß ich mein 6. Fachsemester an der FU-Berlin.
In diesem Semester hatte ich folgende Vorlesungen belegt:

1.) Bank- und Börsenrecht bei Dr. Hildebrandt[64]
2.) Urheber- und Verlagsrecht bei Dr. Reimer[65]
3.) Steuerrecht II bei Dr. Meilicke[66]
4.) Völkerrecht bei Prof. Wengler[67]
5.) Volkswirtschaftslehre bei Prof. Paulsen[68]

Außerdem nahm ich am Klausurenkursus im Strafrecht bei Prof. Oehler[69] und an der bürgerlich-rechtlichen Übung bei Prof. v. Lübtow teil und besuchte zwei Lateinkurse.

Veranlaßt durch die Hausarbeiten in der bürgerlich-rechtlichen Übung habe ich mich umgehend mit der Systematik der Ausgleichsleistungen im Zivilrecht befaßt.

In der 2. Hausarbeit bei Prof. v. Lübtow war das Problem der positiven Vertragsverletzungen und in der 3. Hausarbeit das der ungerechtfertigten Bereicherung bzw. der Interessenzuordnung durch absolute, subjektive Rechte zu behan-

63 Eingangsstempel vom 14. April 1958 (Absender: Heinitz).

64 Wolfgang Hildebrandt (Jg. 1907), Jurist; Dr. iur. und Rechtsanwalt; ab 1949 Lehrbeauftragter für Handels- und Wirtschaftsrecht, Bank-, Börsen- und Devisenrecht an der FU Berlin.

65 Eduard Reimer (1896–1957), Jurist; Prof. Dr. iur; 1949–1957 Präsident des Deutschen Patentamtes in München; Lehrbeauftragter für Gewerblichen Rechtsschutz an der FU Berlin ab 1949; am 5. Juni 1957 verstarb er überraschend während eines Nizza-Aufenthalts. Insofern dürfte Mahler die Absicht gehabt haben, den Kurs zu besuchen, der dann aber naturgemäß nicht mehr stattfinden konnte.

66 Heinz Meilicke (1904–1997), Jurist; Rechtsanwalt und Notar; 1951–1969 Honorarprofessor für Steuerrecht und Gesellschaftsrecht an der FU Berlin.

67 Wilhelm Wengler (1907–1995), Jurist; 1949–1975 ordentlicher Professor für Völkerrecht, internationales Privatrecht, Rechtsvergleichung und allgemeine Rechtslehre an der FU Berlin.

68 Andreas Paulsen (1899–1977), Wirtschaftswissenschaftler; 1949–1967 ordentlicher Professor für Volkswirtschaftslehre an der FU Berlin; 1955–1957 Rektor.

69 Dietrich Oehler (1915–2005), Jurist; 1954–1961 ordentlicher Professor für Strafrecht und Strafprozessrecht an der FU Berlin; 1961–1982 in Köln; veröffentlichte u.a.: Wurzel, Wandel und Wert der strafrechtlichen Legalordnung, Berlin 1950; Der objektive Zweckmoment in der rechtswidrigen Handlung, Berlin 1959.

deln. Beide Aufgaben versetzten in Situationen, in denen man die heute in der Entwicklung des Rechtes noch wirksame Tendenz der Abstraktion von der Kasuistik des täglichen Lebens erleben konnte.

Es waren Entscheidungen erfragt, die dem Wortlaut einer speziellen, gesetzlichen Regelung nicht zu entnehmen waren; entweder weil das Gesetz den konkreten Fall nicht erfaßte, oder weil eine buchstabengetreue Anwendung zu untragbaren Ergebnissen geführt hätte. Um zu einer Lösung des Falles zu gelangen, mußte man beispielsweise alle im BGB geregelten Fälle einer Pflichtverletzung konfrontieren. Der Gedanke, daß der Gesetzgeber die Vielzahl der ähnlich gelagerten Fälle zufällig und willkürlich geregelt habe, ist völlig unerträglich. So drängt sich die Hypothese auf, daß die vielen speziellen Regelungen lediglich der Niederschlag eines bewußt oder unbewußt vollzogenen, allgemeinen Werturteils sind. Tatsächlich fand man die Annahme durch die Untersuchung des Materials bestätigt.

Ist man sich so einer grundlegenden Wertentscheidung bewußt geworden, so hat man gleichzeitig die Abstraktion von der Gestaltung eines konkreten Einzelfalles vollzogen, und man kann nun mit dem allgemeineren Maßstab auch vom Gesetz nicht zutreffend oder überhaupt nicht geregelte Sachverhalte normativ erfassen. Dieser Prozeß, der wesentlich die Suche nach Zusammenhängen und Gesetzmäßigkeiten ist, entspringt wohl letztlich im Antropologischen [!].

In diesem Gedanken ergaben sich für mich interessante Anknüpfungspunkte an die Gedankengänge Arnold Gehlens, die ihren Niederschlag in seinen Werken: Der Mensch, seine Natur und seine Stellung in der Welt; Urmensch und Spätkultur; Die Sozialstrukturen primitiver Gesellschaften und Die Seele im technischen Zeitalter – fanden.[70]

Diese Schriften nahmen in meiner Semesterarbeit eine beinahe zentrale Stellung ein, da ich von verschiedenen Sachgebieten ausgehend immer wieder auf die in denselben behandelte Thematik stieß.

Auf ein anderes Gleis brachte mich die Beschäftigung mit dem Urteil des Bundesverfassungsgerichtes über die Verfassungsmäßigkeit des § 175 StGB.[71]

70 Arnold Gehlen (1904–1976), Philosoph; zusammen mit Max Scheler und Helmuth Plessner ein Hauptvertreter der Philosophischen Anthropologie und Repräsentant der »Leipziger Schule«; ein führender konservativer Intellektueller in der frühen Bundesrepublik. Die von Mahler erwähnten Werke Arnold Gehlens: Der Mensch, seine Natur und seine Stellung in der Welt, Berlin 1940 (5. Aufl., Bonn 1955); Urmensch und Spätkultur. Philosophische Ergebnisse und Aussagen, Bonn 1956; Die Seele im technischen Zeitalter. Sozialpsychologische Probleme in der industriellen Gesellschaft, Hamburg 1957 (in hoher Verbreitung in der Reihe »rowohlts deutsche enzyklopädie« erschienen). Zur Einordnung innerhalb der Kultur- und Geistesgeschichte der frühen Bundesrepublik siehe Jens Hacke, Der Intellektuelle und die Industriegesellschaft. Arnold Gehlen und Helmut Schelsky in der frühen Bundesrepublik, in: Harald Bluhm/Walter Reese-Schäfer (Hrsg.), Die Intellektuellen und der Weltlauf. Schöpfer und Missionare politischer Ideen in den USA, Asien und Europa nach 1945, Baden-Baden 2006, S. 233–257.

71 Gemeint ist BVerfG, 10.05.1957 – 1 BvR 550/52 zur Verfassungsmäßigkeit der Strafvorschriften gegen die männliche Homosexualität. Die Verfassungsbeschwerde wies das Gericht damals zurück.

Wenn man die Ausführungen des Gerichtes einerseits und die Untersuchungen Kinsey's [!][72] zu diesem Thema andererseits studierte, so schien sich ein Widerspruch zwischen der biologischen Veranlagung oder der »Natur« des Menschen und den Verhaltensansprüchen der Gesellschaft zu ergeben. Um mich über die betreffende Problematik zu orientieren, griff ich zu der Abhandlung Schelsky's [!] über »Die Soziologie der Sexualität«.[73]

Ein Hauptanliegen dieser Arbeit war die Klärung des Verhältnisses der natürlichen Antriebsstruktur des Individiums zu den sozialen Verhaltensansprüchen. Aus den Ausführungen Schelsky's [!] ging hervor, daß die Normierung der sozialen Beziehungen und deren weitgehende Institutionalisierung eine wesentliche Voraussetzung der Existenz des in seinen Instinkten verunsicherten Menschen (Scheler) ist.[74]

Hier stellte sich mir die Frage, wie sich diese in der antropologischen [!] Struktur begründete Notwendigkeit einer Normung in dem Miteinander der Menschen durchsetzt.

Da ein Normensystem eine strukturierte Vielheit voraussetzt, die Grundform derselben aber die Gruppe ist, so war es naheliegend, nach den Funktionsweisen der Gruppe zu fragen. Als eine einprägsame Einführung in diesen Fragenkreis erwies sich die Arbeit von Hofstätter über die »Gruppendynamik«[75].

Diese Analyse bietet völlig neue Ansätze; u.a. liefert sie die Grundlage für eine Kritik des in der Rechtswissenschaft noch vertretenen Grundsatzes von

72 Der amerikanische Sexualforscher Alfred Charles Kinsey (1894–1956) hatte 1948 und 1953 die Bücher »Sexual Behavior in the Human Male« bzw. »Sexual Behavior in Human Female« (auch bekannt als »Kinsey-Reports«) veröffentlicht. 1954 erschien auf deutsch »Das sexuelle Verhalten der Frau« und 1955 »Das sexuelle Verhalten des Mannes«. Beide Werke gelten als zentraler Impuls für die »Sexuelle Revolution«. Zur Einordnung vgl. Sybille Steinbacher, Wie der Sex nach Deutschland kam. Der Kampf um Sittlichkeit und Anstand in der frühen Bundesrepublik, München 2011.

73 Helmut Schelsky, Soziologie der Sexualität. Über die Beziehungen zwischen Geschlecht, Moral und Gesellschaft, Hamburg 1951, erschien ebenfalls in der populären Reihe »rowohlts deutsche enzyklopädie«. Vgl. zur Einordnung Patrick Wöhrle, Schelskys »Soziologie der Sexualität« zwischen Geschlechterkonstruktivismus und Soziologiefolgenabschätzung, in: Alexander Gallus (Hrsg.), Helmut Schelsky – der politische Anti-Soziologe. Eine Neurezeption, Göttingen 2013, S. 170–183. Helmut Schelsky (1912–1984), Soziologe; Vertreter der »Leipziger Schule« Arnold Gehlens und Hans Freyers; nach 1945 bedeutender Mitbegründer der bundesdeutschen Soziologie und liberal-konservativer Intellektueller. Vgl. ebd. sowie Patrick Wöhrle, Zur Aktualität von Helmut Schelsky. Einleitung in sein Werk, Wiesbaden 2015.

74 Schelsky, Soziologie der Sexualität (Anm. 73), S. 69f., nahm nicht zuletzt Bezug auf Schelers Werk »Über Scham und Schamgefühl« (1913).

75 Peter R. Hofstätter, Gruppendynamik. Die Kritik der Massenpsychologie, Hamburg 1957 (ebenfalls in »rowohlts deutsche enzyklopädie« publiziert). Peter Robert Hofstätter (1913–1994), österreichischer Sozialpsychologe; lehrte ab 1959/60 in Hamburg; machte in den 1950er und 60er Jahren mit seinen sozialphilosophischen wie sozialpsychologischen Studien zur Gruppen- und Gesellschaftsdynamik auf sich aufmerksam. Siehe zum »Fall Hofstätter« und seiner Forderung nach einer Generalamnestie für NS-Verbrechen: Akte Meinhof, Anm. 219.

der sozialen Trinität. Danach können sich nur im Dualismus zwischen Mehrheit und Minderheit Normen bilden und als solche fungibel sein.[76]

Faßt man mit Hofstätter die Normierung als eine Gruppenleistung vom Typus des Bestimmens auf und sieht deren Antrieb in der antropologischen [!] Eigenheit des Zwanges zu sozialer Bestätigung und Vergewisserung der Umwelt, so ist eine Normierung auch denkbar in der Parität, also in einer Zweiergruppe, in der der quantitativ verstandene Dualismus von Mehrheit und Minderheit entfällt.

Jedoch bin ich aus Zeitmangel in diesem Semester nicht dazu gekommen, diesen Gedanken zu verfolgen. –

Wie aus meinen diversen Semesterberichten hervorgeht, habe ich, soweit es meine Zeit erlaubte, versucht, mich mit den Theorien des Marxismus-Leninismus vertraut zu machen. Um der Gefahr der Einseitigkeit, die bei der scheinbaren Vollkommenheit und logischen Geschlossenheit dieser Theorien offenbar gegeben ist, zu begegnen, habe ich mir in diesem Semester die Aufgabe gestellt, die Hypothese vom demokratischen Kapitalismus als Alternative zum Sozialismus zunächst unkritisch zu akzeptieren und mich mit dem dahintersteckenden Pragmatismus zu identifizieren – wenigstens soweit wie möglich –, um auf diese Weise mir die Möglichkeit zu einem umfassenderen Verständnis der westlichen Gesellschaftsordnungen zu schaffen. Ich habe nämlich in der letzten Zeit die Erfahrung machen müssen, daß eine vorweggenommene kritische Einstellung leicht zum Vorurteil wird und das Verständnis erschwert, dadurch daß man in außergewöhnlichem Maße die Tatsachen falsch bewertet und so zu einem Zerrbild gerät.

Allerdings ist die Aufgabe leichter beschrieben als gelöst; denn die dem Einleben in den Gegenstand entgegenstehenden Hindernisse psychologischer Natur sind erheblich.

Vorerst habe ich damit begonnen, die nordamerikanische Geschichte zu erlesen und eingehend das gegenwärtige politische System der USA kennenzulernen. In diesem Zusammenhang ist eine Darstellung des politischen Lebens der USA von Cushman Coyle (The United States Political System) zu erwähnen, die trotz ihrer Kürze recht umfassend und erstaunlich ungeschminkt ist. – Ein Umstand übrigens, der dem Verfasser eine heftige Kritik seiner Landsleute bescherte.[77] –

76 Zu triadischen Denktraditionen innerhalb der Rechtswissenschaft des 20. Jahrhunderts siehe als Beispiele u.a. Hermann Kantorowicz, Staatsauffassungen (1925), in: Ders., Rechtswissenschaft und Soziologie, hrsg. von Thomas Würtenberger, Karlsruhe 1962, S. 69–81; Gustav Radbruch, Rechtsphilosophie (1932), hrsg. von Ralf Dreier und Stanley L. Paulson, 2. Aufl., Heidelberg 2003; vgl. auch Hubert Rottleuthner, Rechtstheorie und Rechtssoziologie, Freiburg i. Br./München 1981.

77 David Cushman Coyle, The United States Political System and How it Works, New York 1954. David Cushman Coyle (1887–1969) war ein damals bekannter Autor zahlreicher populär(wissenschaftlich)er Bücher zu politischen und ökonomischen Themen. Der studierte Ingenieur war auf diesen Gebieten Autodidakt. Er arbeitete einige Zeit in der Public Works Adminis-

Ich habe gerade die USA als beispielhaft gewählt, da sie eine kontinuierliche, wirtschaftliche Entwicklung zurückgelegt haben, die nicht wie in Europa durch totale Zusammenbrüche gestört wurde und die ebenso wenig von einer feudalistischen Tradition belastet wie von einer linksrevolutionären Bewegung im Inneren bedroht ist.

– Daneben habe ich mich mit dem Buch von Djilas: »Die neue Klasse«[78] beschäftigt.

Horst Mahler[79]

8. Sommersemester 1958 vom 19. August 1958 (zwei Seiten, Schreibmaschine)

HORST MAHLER
Berlin – W 30
Wittenbergplatz 5–6

Berlin, den 19.8.58[80]

Semesterbericht
Sommersemester 1958

Mit dem Sommersemester 1958 beendete ich mein 7. Fachsemester. Angesichts der Examensnähe besuchte ich nur noch wenige Vorlesungen. Diese betrafen ausschliesslich Gebiete, die am Rande der juristischen Ausbildung liegen, wie z.B. Kirchenrecht, Wettbewerbs- und Urheberrecht. Auf den Besuch von Klausurenkursen[81] habe ich verzichtet, da dieselben meines Erachtens zur Examensvorbereitung unbrauchbar sind. Im Examen ist für die Bearbeitung der Klausurfälle eine Zeit von fünf Stunden vorgesehen, während in den Klausurenkursen zur Behandlung eines Falles nur zwei Stunden zur Verfügung stehen. In dieser Zeit ist es nicht möglich, einen Sachverhalt, die Lösung und den zweckentsprechenden Aufbau so gründlich zu durchdenken, wie es allein den

tration, und seine beratende Stimme wurde von US-Präsident Franklin Roosevelt gehört. Coyle galt als »Dezentralisierer«, und seine Kritik an der Hochfinanz sowie sein Eintreten für eine höhere Reichenbesteuerung sicherten ihm viele Befürworter, aber mindestens ebenso viele Kritiker. Vgl. Gary Dean Best, Peddling Panaceas. Popular Economists in the New Deal Era, 2. Aufl., New Brunswick/NJ 2009, S. 169ff.

78 Milovan Djilas, Die neue Klasse. Eine Analyse des kommunistischen Systems, München 1958. Bereits über die englische Ausgabe hatte »Der Spiegel« vom 7. August 1957 (»Djlas-Buch: Das Ende der Ausbeuter«) berichtet. Milovan Djilas (1911–1995), jugoslawischer Politiker und Schriftsteller aus Montenegro; bis zum Bruch mit Tito in Folge von Djilas' soziologischer Analyse der kommunistischen Kader als Herrschende einer neuen Klasse u.a. Minister und Mitglied des Politbüros der jugoslawischen KP; 1956–1966 fast ununterbrochene Gefängnishaft.

79 Unter dem Semesterbericht handschriftlicher Lesevermerk: »14.3.58« samt nicht eindeutig entzifferbarer Unterschrift.

80 Eingangsstempel vom 5. September 1958 (Absender: Heinitz).

81 Zur Vorbereitung auf die schriftliche Staatsexamensprüfung von der Universität kostenlos angebotene Klausurenkurse.

Examensanforderungen entspricht. Ich glaube nicht nur an mir beobachtet zu haben, dass die Praxis der Klausurenkurse geradezu zu einer verfehlten Methodik führt. Insbesondere scheint mir die »Berufskrankheit« der Jurastudenten, die Probleme auf dem Präsentierteller zu suchen und die Problematik vermeintlicher Parallelfälle in den gegebenen Sachverhalt hineinzuprojizieren, dem Zeitmangel zu entspringen. Tatsächlich bilden sich beim Vortrag eines Sachverhalts sehr oft und ungewollt Assoziationen, die mit einem im Gedächtnis haftenden Fall aus der Vorlesung oder einem Lehrbuch zusammenhängen. In der Mehrzahl der Fälle wird eine sorgfältige Überlegung aber erweisen, dass eine Parallele nur scheinbar existiert. Unter den Arbeitsbedingungen eines Klausurenkurses aber kommt es meistens nicht zu einer sorgfältigen Gedankenarbeit, da man in dem allgemeinen Gefühl des Gehetztseins nach der sich anbietenden Lösung greift und im Interesse dieser den Sachverhalt verbiegt. Ein anderer wesentlicher Nachteil der Klausurenkurse besteht darin, dass die Hörsäle überfüllt sind und Unterhaltungen nicht wirksam unterbunden werden können. Eine Folge davon ist, dass die diversen Lösungsvorschläge unüberhörbar diskutiert werden. Auf diese Weise hat man keine Kontrolle, ob man selbst auf die unwillkürlich aufgeschnappte Konstruktion gekommen wäre.

Aus diesen Gründen habe ich im vergangenen Semester von der Möglichkeit einer Teilnahme an Klausurenkursen keinen Gebrauch gemacht. Um aber gleichwohl eine gewisse Übung in der Fallbearbeitung unter Examensbedingungen zu erlangen, habe ich zusammen mit einem Kommilitonen an Hand von Fallsammlg. mit Musterlösungen fünfstündige Klausuren geschrieben. Darüberhinaus verwandte ich den grössten Teil meiner Zeit auf die Durcharbeitung eines Repetitoriums.

Einem besonderen Interesse folgend befasste ich mich eingehend mit einer speziellen Materie des öffentlichen Rechts, dem Wohnraumbewirtschaftungsrecht. Dieses Rechtsgebiet lässt einige Probleme des Verwaltungsrechtsschutzes deutlich werden. Bei der Wohnraumbewirtschaftung handelt es sich um sog. Eingriffsverwaltung, die über lange Zeiträume bestimmte Lebensverhältnisse ordnen will. Dabei ist es die Aufgabe der Wohnungsbehörden, den immer noch weit verbreiteten Wohnungsnotständen abzuhelfen.[82] Diese Aufgabe erfordert wirksame Massnahmen und deren schnelle Vollstreckung. Diese Notwendigkeit steht in Widerspruch zur Praxis des Verwaltungsrechtsschutzes; denn wenn der schutzsuchende Betroffene den Verwaltungsakt anficht, so wird dessen Wirksamkeit für die Dauer des Streites suspendiert. In Anbetracht der Dauer eines Verwaltungsprozesses, dessen Gegenstand der Revision beim Bundesverwaltungsgericht fähig ist, – man kann ohne Übertreibung 3–6 Jahre veranschlagen –, wäre eine Lähmung der Wohnraumbewirtschaftung zu befürchten, wenn das Gesetz nicht die Möglichkeit eines sofortigen Vollzugs ohne Rück-

82 Zu Wohnungsnot und Gegenmaßnahmen nach 1945 siehe vor allem Günther Schulz, Wiederaufbau in Deutschland. Die Wohnungsbaupolitik in den Westzonen und der Bundesrepublik von 1945–1957, Düsseldorf 1994.

sicht auf ein Verwaltungsstreitverfahren einräumte. Hier ist aber der Punkt erreicht, wo der Verwaltungsrechtsschutz praktisch gegenstandslos wird, da wohl in jedem Falle die Aussicht, in 3–6 Jahren ein obsiegendes Urteil zu erlangen und dann erst die Beseitigung eines fehlerhaften Verwaltungsaktes verlangen zu können, für den Betroffenen wertlos ist. Überhaupt scheint mir die Dauer eines Verwaltungsstreites zur Krisis des Rechtsschutzes zu werden, wenn man bedenkt, dass heute im Zeichen der Daseinsvorsorge oft nur ein kurzfristiges Handeln, z. B. bei der Gewährung von Unterstützungsleistungen, der Erteilung einer Konzession, der Zuteilung von Wohnraum sinnvoll sein kann. Diesen Erfordernissen kann der Verwaltungsprozess in seiner heutigen Gestalt, die in wesentlichen Punkten dem Zivil- b.z.w. dem Strafprozess nachgebildet ist, nicht gerecht werden. Ich bin zu der Überzeugung gelangt, dass der gegenwärtige Rechtszustand einen Verzicht auf einen realen Rechtsschutz auf den für den einzelnen wichtigsten Gebieten des öffentlichen Rechts darstellt. Nachdem ich diese Überzeugung einmal gewonnen hatte, war es unvermeidlich, dass meine Gedanken immer wieder um die ebenso so anspruchsvolle wie für mich noch unlösbare Frage kreisten: Wie muss der Verwaltungsrechtsschutz aussehen, um wirksam zu sein?

Neben dieser rein fachlichen Beschäftigung hatte ich mich mit einem Jesuitenpater und mehreren Kommilitonen verschiedener Fakultäten zu einem Diskussionszirkel zusammengefunden, um auf der Grundlage der Leninschen Abhandlung: »Materialismus und Empiriokritizismus« Klarheit über die Begriffe »Geist« und »Materie« zu gewinnen.[83] Dabei wurde überraschender Weise deutlich, dass dem Begriff Materie im philosophischen Sinne jeweils verschiedene Attribute zugeordnet werden, die letztenendes in einem kaum fassbaren, nicht beweisbaren Denkprinzip aufgehen. Als »Geist« stellte sich ebenfalls ein Denkprinzip dar, das die Geltung des »materiellen« Prinzips negiert. Im kommenden Semester wollen wir unsere Arbeit fortsetzen und einige Fragen des Katholizismus besprechen.

Es soll noch erwähnt werden, dass ich im Mai die Ergänzungsprüfung zur Erlangung des kleinen Latinums mit der Note »befriedigend« bestanden habe.

Horst Mahler[84]

83 Wladimir I. Lenin, Materialismus und Empiriokritizismus. Kritische Bemerkungen über eine reaktionäre Philosophie, 5. Aufl., Berlin 1958 [1908]. In diesem Werk setzt sich Lenin mit dem philosophischen Grundwiderspruch zwischen Materialismus und Idealismus auseinander.

84 Name als Unterschrift.

9. Wintersemester 1958/59 vom 14. März 1959 (eine Seite, Schreibmaschine)

Horst Mahler Berlin, den 14.3.59[85]
Berlin – Charlottenburg
Cauerstrasse 2

Semesterbericht für das Wintersemester 58/59

Das vergangene Semester stand für mich im Zeichen des Staatsexamens. Am 22.1.59 meldete ich mich zur ersten juristischen Staatsprüfung. In der Woche vom 9.–13. März fertigte ich die vorgeschriebenen Aufsichtsarbeiten an. Am kommenden Montag, dem 16. März, beginnt die Frist für die Bearbeitung der 6-Wochenarbeit.[86] Voraussichtlich wird zwischen dem 8. und dem 15. Juni die mündliche Prüfung stattfinden.

Diese Umstände diktieren naturgemäss mein Arbeitsprogramm. Nach dem Grundsatz: repetitio est mater studiorum[87] durchstreifte ich kursorisch noch einmal die wichtigsten Prüfungsgebiete. Nur zwei Gebiete, – Strafrecht und Arbeitsrecht –, arbeitete ich zum ersten Male systematisch durch. Damit soll nicht gesagt sein, dass ich mich vorher mit dem Strafrecht nicht befasst habe. In früheren Semestern habe ich mir das notwendigste Wissen auf diesem Gebiet nach einem Grundriss von Welzel[88] angeeignet. Darüberhinaus interessierten mich zunächst die allgemeineren, nicht spezifisch juristischen Probleme der Strafe. Die juristische Schulung für den »Fall« habe ich jetzt an Hand des Lehrbuches von Maurach[89] nachgeholt. Die sozialen Beziehungen, die sich aus der abhängigen menschlichen Arbeit ergeben, hatte ich bislang überhaupt noch nicht aus der juristischen Perspektive betrachtet. Jedoch glaube ich, dass die Lektüre des Marx'schen Kapitals, – insbesondere des ersten Bandes[90] –, das Verständnis für die rechtlichen Probleme des Arbeitsverhältnisses bei mir entscheidend vorbereitet und auf eine breitere Grundlage gestellt hatte. Die Leitlinien, die die juristische Behandlung dieser Fragen beherrschen, habe ich auf Grund des Lehrbuches von Kaskel-Dersch[91] nachgearbeitet.

85 Eingangsstempel vom 11. April 1959 (Absender: Heinitz).

86 Damit ist die Hausarbeit im Rahmen der ersten juristischen Staatsprüfung gemeint, für die den Kandidaten eine Bearbeitungszeit von sechs Wochen zustand. So § 16 (2) zur »Häuslichen Arbeit« der Ausbildungsordnung für Juristen (JAO) vom 24. Januar 1953, in: Gesetz- und Verordnungsblatt für Berlin, hrsg. vom Senator für Justiz, 9. Jg. Nr. 7 vom 30. Januar 1953, S. 77–84, hier: S. 79.

87 Der lateinische Grundsatz: »Wiederholung ist die Mutter der Studien.«

88 Hans Welzel, Das deutsche Strafrecht. Eine systematische Darstellung, 6. Aufl., Berlin 1958.

89 Reinhart Maurach, Deutsches Strafrecht. Ein Lehrbuch. Teil: Besonderer Teil, 2. Aufl., Karlsruhe 1956; Teil: Allgemeiner Teil, 2. Aufl., Karlsruhe 1958.

90 Marx, Das Kapital (Anm. 45).

91 Walter Kaskel/Hermann Dersch, Arbeitsrecht, 5. Aufl., Berlin 1957.

Das eben dargelegte Programm war umfangreich, und demgemäss wenig Zeit und Kraft für eine Beschäftigung mit anderen als rein fachlichen Fragen übrig. Jedoch bringt es eine intensive Befassung mit stets dem gleichen Themenkreis zuweilen mit sich, dass man den »Kanal« manchmal voll hat und auf ein anderes Gebiet ausweichen muss. Wenn ich in dieser Verfassung noch Lust zum Lesen hatte, so tat ich mich im Blätterwald um oder reicherte meine englischen Sprachkenntnisse an.

Damit ist auch alles Wesentliche berichtet. Ich hoffe, dass die Kürze dieses Überblicks Verständnis finden wird, da die relative Eintönigkeit und Ereignislosigkeit des vergangenen Semesters nicht den geeigneten Stoff für ein umfangreiches Elaborat hergibt.

Horst Mahler[92]

92 Name als Unterschrift.

III. Endgültige Aufnahme[93]

1. Stellungnahme des Fachdozenten Dietrich Oehler vom 10. Juli 1956 (eine Seite auf Formularbogen, Schreibmaschine)

	Stellungnahme des Fachdozenten[94]
Wie hat der Bewerber sein Studium angelegt? (z.B. breit – konzentriert – einseitig pragmatisch)	Nicht zu beurteilen
Wie hat er den bisher gebotenen Stoff aufgenommen und verarbeitet?	Er hat sich einen guten Überblick über den Stoff verschafft[.]
Lassen seine Gedankengänge schon eine bemerkenswerte Eigenständigkeit erkennen?	Dazu ist es wohl doch noch zu früh.
Wie beurteilen Sie seine Denkfähigkeit? (Systematik – Abstraktion – Gegenständlichkeit)	Abstraktion
Besitzt er „schöpferische Phantasie"?	Nicht zu beurteilen

93 Mittels eines ausgefüllten Formbogens vom 10. Juni 1956 bat Mahler die Studienstiftung – wie im Verfahren vorgesehen: über den zuständigen Vertrauensdozenten (in seinem Fall: Werner Philipp) – um die endgültige Aufnahme in die Studienstiftung. Als Dozenten, die über ihn Auskunft geben könnten, gab er Professor Arwed Blomeyer (Bürgerliches Recht) und Professor Dietrich Oehler (Strafrecht) an. Als vorgesehenen Abschluss nannte Mahler die Promotion, als beabsichtigte spätere berufliche Tätigkeit: Anwalt. Er beantragte die Weiterförderung bis März 1959, um das Abschlussziel zu erreichen.

94 Mit einem entsprechenden Formbogen fragte Werner Philipp am 26. Juni 1956 Dietrich Oehler als Gutachter an. Zur Orientierung fanden sich links neben dem Blankofeld für den Gutachtentext einige Fragen. Das Oehler-Gutachten trägt zusätzlich den Stempelaufdruck »betrifft: Endg. Aufnahme«.

Wie steht es mit seiner Urteilsfähigkeit?

Läßt er nach seinen bisherigen Studienleistungen erwarten, daß er im Beruf Tüchtiges oder Außerordentliches leisten wird?

An welcher Stelle im Berufsleben könnten Sie ihn sich gut vorstellen?

Wären Sie auf den Gedanken gekommen, ihn von sich aus der Studienstiftung vorzuschlagen, d.h. rechnen Sie ihn zu den oberen 10% seiner Altersgruppe?

|Herr Mahler|[95] ist mir aus einer Anfängerübung im Strafrecht und als studentische Hilfskraft bei den Vereinigten Instituten[96] bekannt. Er hat in den Arbeiten der Übung bisher recht Ordentliches geleistet. Seine Ausführungen sind meist genau. Sie stehen in den Arbeiten, die er bisher geliefert hat, über dem Durchschnitt. Es ist ihm erstaunlich schnell gelungen, sich in die Denkweise des Strafrechts einzufühlen und sich einen recht guten Überblick über den Stoff zu verschaffen. Es gelingt ihm auch, diesen theoretischen Stoff praktisch anzuwenden. Seine Urteilsfähigkeit ist selbstverständlich nach 2 1/2 Semestern recht schwer zu bestimmen. Herr Mahler scheint zu starker theoretischer Handhabung des Rechts zu neigen. In seinem Beruf wird er gewiss einmal Tüchtiges leisten. Ich könnte mir Herrn Mahler als Richter recht gut vorstellen. Nach den bisherigen Leistungen hätte ich ihn nicht für die Studienstiftung vorgeschlagen, wobei aber zu bedenken ist, dass man einen Menschen aus einer Anfängerübung selbstverständlich recht schwer allein beurteilen kann. Ich habe allerdings den Eindruck, dass er sich in der Zukunft noch gut nach der wissenschaftlichen Seite hin entwickeln wird.

Dahlem, den 10.7.1956 Oehler[97]
(Datum) (Unterschrift)
(Prof. Dr. Oehler)

95 Unterstreichung in Akte.

96 Vereinigte Institute der Juristischen Fakultät war damals die offizielle Bezeichnung des rechtswissenschaftlichen Fachbereichs an der FU Berlin. Siehe zu Mahlers Hilfskrafttätigkeit auch Anm. 33.

97 Name als Unterschrift.

2. Stellungnahme des Fachdozenten Arwed Blomeyer vom 12. Juli 1956 (eine Seite, Schreibmaschine, Abschrift)

Abschrift[98]

Prof. Dr. Arwed *Blomeyer* Berlin-Dahlem, den 12.7.56

Gutachten über stud. iur. *Mahler*

Herr Mahler ist mir aus Vorlesungen und Übungen bekannt. Er gehört zu der kleinen Gruppe der Studenten, die nicht nur Eifer, sondern vor allem ein ganz erhebliches Verständnis zeigen. In meiner Anfängerübung im Bürgerlichen Recht hat er teilweise Ausgezeichnetes geleistet. Ich halte es für sachlich begründet, wenn Herr Mahler in die Studienstiftung aufgenommen wird; ich bin auch davon überzeugt, dass er sich auch in Zukunft mit besonders guten Leistungen bewähren wird.

Mit verbindlichen Grüssen
Ihr sehr ergebener
gez. Blomeyer

3. Stellungnahme des Vertrauensdozenten Werner Philipp vom 1. August 1956 (eine Seite, Schreibmaschine)[99]

Prof. Dr. W. Philipp Berlin, d. 1.8.1956
Vertrauensdozent der Studien-
stiftung des deutschen Volkes
an der Freien Universität Berlin
Berlin-Dahlem, Ehrenbergstr. 35
Tel.: 76 52 61/437

Mahler, Horst. Mir scheint die Aufnahme von Herrn Mahler voll gerechtfertigt. Die Gefahr einer Einseitigkeit besteht nicht: das Jurastudium sucht er ständig im Hinblick auf Grundfragen des Rechtes zu vertiefen, und durch Einbeziehung seiner unvermindert starken politischen Interessen zu erweitern. Eine Arbeitsgruppe der hiesigen Stu[dien]sti[ftler] führt er mit großer Lebendigkeit. Er wirkt sicher, gründlich, energisch.

Aufnahme.

Philipp.[100]

98 Auf der Seite – mit dem Stempel »betrifft: Endg. Aufnahme« – war handschriftlich vermerkt, dass es sich bei der Abschrift um den Auszug aus einem Gutachten Blomeyers über einen weiteren Kandidaten neben Mahler handelte.

99 Stempel »betrifft: Endg. Aufnahme«.

100 Name als Unterschrift.

Am 8. Oktober 1956 wurde Mahler mit einem an ihn adressierten Formbrief (Heinz Haertens) über die endgültige Aufnahme in die Studienstiftung informiert. Als Endtermin der Förderung war darin der 31. März 1959 vorgemerkt.

IV. Korrespondenz und sonstige Unterlagen

1. Antrag Horst Mahlers auf Verlängerung der Förderung vom 7. Juli 1959 (eine Seite auf Formbogen, Schreibmaschine)

Antrag auf Verlängerung der Förderung

Name: Horst Mahler Datum: 7.7.59[101]
Anschrift: Berlin-Charlottenburg, Cauerstrasse 2

An die Studienstiftung des deutschen Volkes, Bad Godesberg
über den Herrn Vertrauensdozenten der Hochschule/Universität in Berlin

Meine Zugehörigkeit zur Studienstiftung war bis zum 31.6.59 vorgesehen.[102]
Das S/W-Semester 1959 war mein 9. Studien- und 9. Fachsemester.
Ich bitte um Verlängerung der Förderung bis zum 30. Sept. 59[.][103]

Begründung:
Am 24. Juni 1959 legte ich vor dem Justizprüfungsamt Berlin die erste juristische Staatsprüfung mit |vollbefriedigendem|[104] Ergebnis ab. Da ich die Befähi-

101 Eingangsstempel vom 13. Juli 1959 (Absender: Heinitz).

102 Am 10. Dezember 1958 schrieb Referent Josef Simon Mahler wegen des näher rückenden Förderendes und regte ein Gespräch in seiner nächsten Berliner Sprechstunde an. Am 16. Januar 1959 folgte mittels eines an Mahler gerichteten Formbriefs die Einladung zum Gespräch am 27. Januar 1959. Im Nachgang dazu bestätigte Simon am 6. Februar 1959, dass die Studienstiftung Mahlers Stipendium bis zum 30. Juni 1959 verlängert habe und ihm zusätzlich aufgrund der Examensgebühren eine Sonderbeihilfe in Höhe von 75 DM gewähre. Auf der Handkarteikarteikarte notierte der Referent über den Gesprächseindruck, dass Mahler ihm »etwas weich« erscheine, »sicher aber [ein] qual.[ifizierter] Jurist« sei: »Mehr theor.[etisch] als prakt.[isch] ausgerichtet«.

103 Handschriftlich verzeichnet: »Ist schon verlängert.« Außerdem findet sich in der Akte der Durchschlag eines Briefs von Josef Simon an Ernst Heinitz vom 4. Juni 1959. Darin zeigte sich Simon erfreut, dass Heinitz »sich jetzt schon ohne die geringsten Bedenken für ihn [Mahler]« einsetze und bereit sei, »ihn als Doktoranden anzunehmen«. So werde es »keine Verzögerung« geben, sobald Mahler nach seinem Referendarsexamen einen »offiziellen Verlängerungsantrag« stellen werde. Am 16. Juni 1959 teilte Simon Mahler – ein Durchschlag ging an Heinitz – mit, dass seine »Förderung provisorisch erst einmal bis zum 30. September verlängert« wurde. Angesichts der Zusage einer Promotionsbetreuung seitens Heinitz' sei »dieser Schritt einer provisorischen Verlängerung ja gewiss nicht übereilt«. So bald wie möglich sollte Mahler aber einen Antrag samt ausführlicher Stellungnahme seines Betreuers zusenden, damit die Studienstiftung den »endgültigen Endtermin« festsetzen könne. – Die Jahre 1958/59 waren für Mahler nicht zuletzt auch in privater Hinsicht ereignisreich, wovon die Akten allerdings nicht berichten: Anfang 1958 heiratete er Ruth Frehn, eine Kommilitonin, im August desselben Jahres kam der Sohn Sven-Axel zur Welt, im August 1959 wurde die Tochter Wiebke geboren. Vgl. Fischer, Horst Mahler (Anm. 14), S. 55.

104 Unterstreichung in Akte.

gung zum Richteramt anstrebe, habe ich beim Kammergerichtspräsidenten um die Einstellung in den Vorbereitungsdienst nachgesucht. Voraussichtlich wird die Übernahme jedoch erst für Oktober 1959 erfolgen. Die Zwischenzeit könnte ich, soweit diesem Antrag stattgegeben wird, zur Vorbereitung der Dissertation nutzen.[105]

Horst Mahler[106]

2. Brief Horst Mahlers an die Referentin Ingrid Czolbe vom 18. Januar 1968 (eine Seite, Schreibmaschine)[107]

HORST MAHLER	1 BERLIN 15, den 18. Jan. 1968[108]
RECHTSANWALT	Konstanzer Straße 59[I]
TELEFON 8 81 66 64	Nähe Olivaer Platz und Kurfürstendamm
Sprechstunden nach vorheriger Vereinbarung	[Kontoangaben] M/Mö

Frau
Ingrid Czolbe
532 Bad Godesberg
Koblenzer Str. 77

Sehr geehrte Frau Czolbe!

Ich erhielt Ihr Rundschreiben und möchte wie folgt antworten:

Ich bin seit 1963 in Berlin als Rechtsanwalt tätig. Seit Mai 1964 selbständig. Die Examensergebnisse kann ich nicht mehr erinnern. Ich halte diese Frage auch für völlig nebensächlich, da im Leben nichts unwichtiger ist als die Noten

105 Am 14. Juli 1959 bestätigte Simon Mahler nochmals, dass aufgrund seiner früheren »provisorischen« Verlängerung nichts weiter unternommen werden müsse. Für die Referendarszeit, mit deren Eintritt er aus der Studienstiftung ausschied, wünschte er ihm alles Gute. Am 16. September 1959 folgte noch ein Abschiedsbrief – in der Hoffnung, dass Mahler nicht zuletzt über Heinitz und die Berliner Stipendiatengruppe mit der Studienstiftung in Kontakt bleibe, und mit der Bitte, zur gegebenen Zeit eine Abschrift seiner Promotionsurkunde zu schicken.

106 Name als Unterschrift.

107 Am 10. Januar 1968 hatte die Referentin der Studienstiftung Ingrid Czolbe (zur Person siehe: Akte Meinhof, Anm. 324) mittels eines an Mahler adressierten Formbriefs um Informationen für eine Ehemaligen-Broschüre gebeten. Ursprünglich war der Brief am 9. November 1967 an eine veraltete Berliner Anschrift Mahlers gegangen. Siehe auch die gleiche Anfrage in Meinhofs Fall: Akte Meinhof, Dok. IV.16.

108 Eingangsstempel vom 19. Januar 1968.

in akademischen oder anderen Examen, die meistens doch nicht aussagen, ob sich ein Kandidat in seiner beruflichen oder sozialen Position bewährt.

Mit freundlichen Grüssen
Mahler[109]
Rechtsanwalt

109 Name als Unterschrift. Nach dem 1963 mit der Note »voll befriedigend« bestandenen Zweiten Staatsexamen arbeitete Mahler kurzzeitig für eine große Anwaltskanzlei, bevor er sich bereits 1964 selbständig und insbesondere im Bereich des Wirtschaftsrechts rasch einen Namen machte. Vgl. Eckhard Jesse, Biographisches Porträt: Horst Mahler, in: Jahrbuch Extremismus und Demokratie, 13 (2001), S. 183–199, hier: S. 184. Ausführlich zur Anwaltstätigkeit nach 1964: Fischer, Horst Mahler (Anm. 14), S. 115 ff. 1969 begründete Mahler, der sich schon seit längerem politisch und anwaltlich in der Außerparlamentarischen Opposition (APO) Westberlins hervortat, ein »sozialistisches Anwaltskollektiv« – gemeinsam mit Klaus Eschen und Hans-Christian Ströbele. Siehe dazu Block/Schulz, Die Anwälte (Anm. 6); Stefan Reinecke, Die linken Anwälte. Eine Typologie, in: Kraushaar, Die RAF und der linke Terrorismus (Anm. 3), Bd. 2, S. 948–956; Klaus Eschen, Das Sozialistische Anwaltskollektiv, in: Ebd., S. 957–972. In Kontakt zu seinen späteren RAF-Mitbegründern und -streitern geriet Mahler nachweislich während des Frankfurter Kaufhausbrandprozesses, als er gemeinsam mit Klaus Eschen, Otto Schily und Ernst Heinitz die Verteidigung der Angeklagten (in seinem Falle: Andreas Baader) übernahm. Zur Frage, wann er, Meinhof und Ensslin erstmals zusammentrafen, siehe: Zur Einführung, Anm. 133 und 134.

Akte Ensslin

I. Erstes Auswahlverfahren 1960/61

1. Bewerberbogen vom 19. September 1960 (unterschrieben von Gudrun Ensslin am 4. September 1960)

Bewerbung um Aufnahme in die Studienstiftung des deutschen Volkes

Sind Sie schon früher einmal zur Aufnahme in die Studienstiftung vorgeschlagen worden: ~~Ja~~ / Nein; ~~wann?~~

Anschrift der Eltern / Ferienanschrift: Stuttgart – Bad Cannstatt; Wiesbadenerstr. 76

Semesteranschrift: Waldenbuch / Tübingen; im Schloß

Familienname: Ensslin

Vorname: Gudrun

Bewerbungs-Nr.: S 26/61

Schule / Hochschule: Universität

Schul- / Hochschulort: Tübingen

Fakultät: Philosoph.

Datum: 19.9.1960

geboren am: 15.8.40 Staatsangehörigkeit: Deutsch

in: Bartholomä; Kr. Schw. Gmünd

Geburtsland: Württbg. (z. B. Bayern, Schlesien) Jetz. Heimatland: Württbg.

Konfession: Ev. ledig / ~~verheiratet; Anzahl der Kinder:~~

Beruf des Vaters: Pfarrer (falls verstorben, der Mutter)

Beide Eltern leben: Ja / ~~Nein~~

4 Jahre Volksschule 9 Jahre Höhere Schule

Reifeprüfung 1960 an der Königin-Katharina-Stift (Name der Schule)

in Stuttgart

Schultyp: ~~Hum. Gymnasium~~ – ~~Naturwiss. Gymnasium~~ – Neusprachl. Gymnasium

Reifezeugnis – ~~Letztes Schulzeugnis~~

Religion: gut	Griechisch:	Mathematik: gut	Philosophie: AG.
Deutsch: gut	Latein: bfr.	Physik: ausr.	Musik: sehr gut
Geschichte: gut	Englisch: gut	Chemie: bfr.	Kunsterz.: bfr.
Erdkunde: gut	Französisch: gut	Biologie: bfr.	Turnen: bfr.

Gesamturteil:

Nur von der Geschäftsstelle auszufüllen!

1. Vorprüfer: Dr. Merlot Votum: J / (B) / Z / N
Votum: J / B / Z / N

2. Mitgl. d. Ausw.-Aussch.: Dr. Hauptmann Votum: J / B / (Z) / N
Votum: J / B / Z / N

3. Geschäftsführung: Haerten Votum: J / (B) / Z / N
Votum: J / B / Z / N

Begründung:

Im ganzen so positive Ansätze, daß eine Zurückstellung ernsthaft erwogen werden sollte.

Nichtzutreffendes bitte streichen.

Einkommen der Eltern (im Monat oder auf den Monat umgerechnet):

	DM (~~Ost~~ / West)		DM (~~Ost~~ / West)
Brutto-Einkommen	1732	Netto-Einkommen (abzügl. gesetzl. Abgaben)	1528

Zahl der Geschwister: 6

Davon noch nicht schulpflichtig: 1

in der Schulausbildung: 2

in Berufsausbildung: 2

im Studium: 1

Nur von Verheirateten auszufüllen:

1. Einkommen der Ehefrau monatlich DM

2. Wer sorgt für den Unterhalt der Frau und der Kinder?

Von allen Bewerbern auszufüllen:

Berufsziel: Lehrerin

Studienziel: Staatsexamen (Staatsexamen, Diplom-Examen, Promotion)

Studienabschluß geplant nach dem S/~~W~~-Semester 1964 d. h. nach insgesamt 9 Studiensemestern Fachsemestern

Von Abiturienten auszufüllen:

Beabsichtigtes Studium an der (Hochschule)

Fakultät: Fächer: (Hauptfach unterstreichen)

Voraussichtlicher Studienbeginn: S/W-Semester 19___ ggfls. Gründe für den Aufschub (Wehrdienst, Praktikum u. dergl.)

Von Studierenden an wissenschaftlichen Hochschulen auszufüllen:

Jetziges Studium an der Universität Tübingen (Hochschule) im 2. Semester

Fakultät: phil. Studienfächer: Deutsch, Englisch (Hauptfach unterstreichen)

Bereits abgelegte Examina: — (Name, Zeitpunkt, Prädikat; Zeugnisabschriften bitte beifügen)

Fakultätswechsel: Zu Beginn des S/W-Semesters 19 von der — zur Fakultät

Arbeit an einer Dissertation mit dem Thema: —

seit bei (Fachdozent)

Von Studierenden an Kunst- und Musikhochschulen auszufüllen:

Jetziges Studium an der ______ im ______ Semester

Fach: ______ Abitur: Ja / Nein

Auszeichnungen und Preise: ______

Von allen bereits Immatrikulierten auszufüllen:
(Nur bereits beendete Hochschulsemester aufführen)

1. S/~~W~~-Semester 1960 an der Universität in Tübingen
2. S/W-Semester 19 an der in
3. S/W-Semester 19 an der in
4. S/W-Semester 19 an der in
5. S/W-Semester 19 an der in
6. S/W-Semester 19 an der in
7. S/W-Semester 19 an der in
8. S/W-Semester 19 an der in
9. S/W-Semester 19 an der in
10. S/W-Semester 19 an der in
11. S/W-Semester 19 an der in
12. S/W-Semester 19 an der in

Das Studium wurde vom ______ bis ______ unterbrochen, weil ______

Veröffentlichungen aller Art (Thema, Verlag, Rundfunkgesellschaft, Jahr); wissenschaftliche Preise und Auszeichnungen:

Die Richtigkeit der Angaben versichert:

Bad Cannstatt, den 4. September 1960
Ort

Gudrun Ensslin
Unterschrift des Bewerbers

Einzusenden an die

Geschäftsführung der Studienstiftung des deutschen Volkes

Bad Godesberg, Koblenzer Straße 77

bis zum 7. Okt. 1960

Beizufügen sind:

1. ein ausführlicher, handgeschriebener Lebenslauf
(Format DIN A 4. Bitte auf jeder Seite rechts und links 3 cm Rand lassen)

2. ein Lichtbild (bitte auf der ersten Seite einkleben)

3. eine beglaubigte Abschrift des Abiturzeugnisses bzw. bei Schülern letztes Schulzeugnis

4. beglaubigte Abschriften von Hochschulzeugnissen
(Keine Fleißzeugnisse und Seminarscheine)

Da alle eingesandten Unterlagen bei den Akten der Studienstiftung verbleiben müssen, bitte keine Originalzeugnisse einsenden.

Überprüfen Sie bitte die auf der ersten Seite von der Geschäftsstelle vorgenommenen Eintragungen auf ihre Richtigkeit (Schreibung des Namens u. ä.). Korrigieren bzw. ergänzen Sie gegebenenfalls bitte auch die Angaben über den Schul- bzw. Hochschulort; aus ihnen soll ersichtlich sein, wo Sie sich in der Zeit zwischen November und Februar aufhalten.

Bitte die Unterlagen nach Möglichkeit vollständig einsenden. Soweit Zeugnisse oder besondere Angaben (z. B. Einkommen der Eltern) in der zur Verfügung stehenden Zeit nicht zu erhalten sind, können sie nachgereicht werden. Schicken Sie aber bitte auf jeden Fall diesen Bewerbungsbogen und Ihren Lebenslauf bis zum angegebenen Termin ein. Verspätungen erschweren die Bearbeitung.

2. Gutachten des Königin-Katharina-Stifts, Ende Juni/Anfang Juli 1960 (fünf Seiten, Schreibmaschine)[1]

Königin-Katharina-Stift
Gymnasium für Mädchen
Stuttgart

An die
Studienstiftung des Deutschen Volkes
Bad Godesberg
Koblenzer Strasse 77

Betreff: Gutachten über Gudrun *Ensslin*, geb. 15.8.1940 1. Juli 1960

Ich lege hier der Studienstiftung die Gutachten von vier Fachlehrern über Gudrun Ensslin, Abiturientin des Jahrganges 1959/60, vor und füge als Deutschlehrerin und Schulleiterin noch Folgendes hinzu:

Es scheint mir wesentlich, in Ergänzung und Zusammenfassung des von den Kollegen Geäusserten noch zu berichten, dass Gudrun meinem Eindruck nach in glücklichster Weise die Fähigkeit, sich selbst zu behaupten, mit derjenigen, sich von der Umwelt und der eigenen Kritik formen zu lassen, verbindet. Das zeigte sich im Unterricht oft darin, in welcher Weise sie, nachdem sie sich klare Vorstellungen von einer Sache und ein begründetes Urteil darüber gebildet hatte, je nachdem an ihrer Auffassung festhielt oder sie revidierte. Ähnlich in Fällen des praktischen Schullebens: Gudrun wusste genau, was sie wollte, und liess sich durch nichts davon abbringen, ausser durch solche Argumente, die sie wirklich überzeugten. Dann aber konnte sie, die vorher mit ebenso unauffälliger wie zäher Hartnäckigkeit auf ihr Ziel zugesteuert war, mit Entschiedenheit und Charme kapitulieren.

Stumpff[2]
Oberstudiendirektorin

Betreff: Gutachten über Gudrun Ensslin, geb. 15.8.1940 28. Juni 1960

Ich hatte Gudrun Ensslin in Geschichte und Gemeinschaftskunde zu unterrichten. Nachdem sie im September 1959 in die Klasse gekommen war, trat sie zunächst wenig hervor, bewies aber in ihren sparsamen Äußerungen selbständiges

1 Die Oberstudiendirektorin der Schule Klara Stumpff hatte Gudrun Ensslin am 12. Mai 1960 – noch ohne nähere Begründung – für eine Förderung der Studienstiftung vorgeschlagen. Das Königin-Katharina-Stift ist ein 1818 von Königin Katharina von Württemberg in Stuttgart gegründetes Gymnasium – bis zum Schuljahr 1972/73 ausschließlich für Mädchen. Siehe zur Beurteilung Ensslins durch Stumpff und die Schule, die früh öffentlich bekannt geworden ist: Ein Seitenweg, in: Der Spiegel, 25/1972, S. 67–72, insbes. S. 68.

2 Name als Unterschrift.

Denken, ein lebendiges Verhältnis zur Geschichte und bewusstes Erleben der Gegenwart. Das ist bis zur Reifeprüfung immer deutlicher geworden; oft hat sie in der Klasse im besten Sinn das letzte Wort gehabt.

Bei all ihrer Bescheidenheit war Gudrun fröhlich und offen. Man wird von ihr gute gründliche Arbeit, dazu Verantwortungsbewusstsein und wenn nötig Mut im Urteilen und Handeln erwarten dürfen.

gez.: [Name][3]
Studienrätin

Betreff: Gutachten über Gudrun Ensslin, geb. 15.8.1940 28. Juni 1960

Gudrun Ensslin kam erst im Lauf des Abiturjahres in die Klasse, konnte sich aber auf Grund ihres Austauschjahres in Amerika sofort frei im Englischunterricht bewegen.

Ihre Gabe, Probleme zu erkennen und anzugreifen, wurde gefördert durch ihr verlässliches, stetiges, in aller Stille vor sich gehendes Arbeiten. Ihrer Selbständigkeit stand eine ebenso grosse Bescheidenheit zur Seite.

gez.: [Name][4]
Studienrätin

Betreff: Gutachten über Gudrun Ensslin, geb. 15.8.1940 28. Juni 1960

Nach Überwindung einiger anfänglicher Schwächen in Latein, um die Gudrun in bemerkenswert sachlicher Einschätzung des eigenen Könnens wusste, und die sie in feiner Freimütigkeit auch ohne Rückhalt einräumte, hat sie in stiller zielstrebiger Arbeit ihre Leistungen in diesem Fach erheblich zu steigern vermocht.

Ihre Fähigkeit zum klaren Denken, ihr gutes Einfühlungsvermögen in sprachliche Zusammenhänge und ihr hervorragendes Verständnis für den Gehalt eines Textes kamen ihr dabei sehr zu statten.

Dem durchaus positiven Eindruck ihrer intellektuellen Fähigkeiten entspricht auch Gudruns charakterliche Veranlagung, deren Vorzüge ich in der Ausgeglichenheit ihres Wesens, in ihrer fest in sich ruhenden Art und in ihrer bei aller Unaufdringlichkeit doch stets spürbaren und oft auch bewährten Einsatzbereitschaft für eine Sache oder für die Klassengemeinschaft zu erkennen glaubte.

gez.: [Name][5]
Studienrat

3 Anonymisiert.
4 Anonymisiert.
5 Anonymisiert.

Betreff: Gutachten über Gudrun Ensslin, geb. 15.8.1940 28. Juni 1960

Obwohl Gudrun erst zu Beginn der 9. Klasse Schülerin unserer Schule und damit Schülerin meiner Klasse wurde, hat sie doch mir und meinen Kollegen zeigen können, dass sie nicht nur überdurchschnittlich begabt ist, sondern auch einen sehr guten Charakter hat, der auch auf ihre Mitschülerinnen einen wohltuenden Einfluss ausübte. Ich persönlich kenne sie von den Fächern bildende Kunst und Erdkunde. Für beide Fächer zeigte sie Interesse und Fähigkeit. Auf der einwöchigen Studienfahrt nach Berlin, die nach der mündlichen Prüfung stattfand, war sie sehr aufgeschlossen für die grossen politischen Probleme und die Nöte des unbemittelten Einzelmenschen, auf die wir bei dieser Gelegenheit stießen. Ihr Wunsch, zu helfen, zeigte sich in praktischen Vorschlägen. Sie ist kameradschaftlich und meiner Auffassung nach auch fähig, sich selbstlos auf Kosten ihrer eigenen Bequemlichkeit einzusetzen.

gez. [Name][6]
Studienrätin

3. Lebenslauf vom 4. Oktober 1960 (zwei Seiten, handschriftlich) sowie »Ergänzendes zum Lebenslauf« (undatiert, etwa Jahreswende 1960/61; sechs Seiten, handschriftlich, sowie Abschrift des Warren High School Diplomas, zwei Seiten, Schreibmaschine mit handschriftlichen Zusätzen)[7]

4. Oktober 1960

Lebenslauf.

Am 15. August [1940][8] wurde ich, Gudrun Ensslin, als viertes von sieben Kindern dem Pfarrer Helmut Ensslin in Bartholomä geboren.[9] Von September 1946

6 Anonymisiert.

7 Angesichts des kurzen Lebenslaufs ermunterte Auswahlausschussmitglied Dr. Walter Haußmann Gudrun Ensslin, den ergänzenden Bericht nachzuliefern. Siehe sein Gutachten vom 7. Januar 1961: Akte Ensslin, Dok. I.5. Walter Haußmann (1911–1983), Philologe und Lehrer; in den 1930er Jahren Lehrbeauftragter u. a. für griechische Sprachgeschichte und Religionsgeschichte an der Universität Tübingen; ab 1936 am Uhlandgymnasium in Tübingen tätig und wieder ab Mitte 1946 nach Entlassung aus der Kriegsgefangenschaft; nach 1951 im Dienst des Oberschulamtes Tübingen, u. a. als Fachberater für Deutsch im Regierungsbezirk Tübingen; 1958–1973 Oberstudiendirektor des Eberhard-Ludwigs-Gymnasiums in Stuttgart. Er veröffentlichte u. a.: Wege zu Hermann Hesse. Eine Auswahl aus Gedichten und Prosa, Stuttgart 1949; Der Beruf des Dichters, Stuttgart 1951. Für Auskünfte zur Person danke ich Martin Haußmann. Siehe auch Anm. 32.

8 Die Angabe des Geburtsjahres hatte Ensslin ausgelassen. Es ist in der Akte handschriftlich nachgetragen, am Rande »Wann?!« bemerkt.

9 Gudruns Vater Helmut Eugen Ensslin (1909–1984), im »Dritten Reich« Anhänger der Bekennenden Kirche, war ein evangelischer Pfarrer in Bartholomä, ab 1959 Oberpfarrer in Bad Cannstatt und verheiratet mit Ilse Ensslin geb. Hummel (1910–1999). Vgl. Gerd Koenen, Vesper, Ensslin, Baader. Urszenen des deutschen Terrorismus, 3. Aufl., Frankfurt a. M. 2009, S. 93. Siehe auch später den offenen Brief von Helmut Ensslin, »All jene Eltern…«, in: Der Spiegel, 9/1972

bis März 1948 war ich Schülerin der Volksschule Bartholomä,[10] von April 1948 bis Juli 1950 der Volksschule Tuttlingen. Im September 1950 trat ich in das naturwissenschaftliche Gymnasium Tuttlingen ein. Im Frühjahr 1958 bewarb ich mich erfolgreich beim ICYE (International Christian Youth Exchange)[11] um einen einjährigen Aufenthalt in den Vereinigten Staaten. Deshalb verließ ich im Juni 1958 die neunte Klasse des Gymnasiums und war für ein Jahr Schülerin der Warren High School in Warren/Pennsylvania. Ich besuchte die Senior-Klasse und verließ die Schule mit dem Abschluß-Diploma.[12]

Während meiner Abwesenheit waren meine Eltern nach Stuttgart umgezogen. So wurde ich im September 1959 Schülerin der neunten Klasse am Königin-Katharina-Stift. Im März 1960 bestand ich dort das Abitur.[13] Für das

vom 21. Feburar 1972, S. 46. Gudrun war das vierte von sieben Kindern. Ihr ältester Bruder heißt Michael (*1937), gefolgt von Ulrich (1938–1968), der psychisch schwer erkrankte und sich das Leben nahm. Schwester Christiane (*1939) gab später mit Bruder Gottfried (1946–2013) ein Buch mit Briefen ihrer Schwester Gudrun aus dem Gefängnis heraus: vgl. Christiane Ensslin/ Gottfried Ensslin (Hrsg.), »Zieht den Trennungsstrich jede Minute«. Briefe an ihre Schwester Christiane und ihren Bruder Gottfried aus dem Gefängnis 1972–1973, Hamburg 2005. Gottfried, der ebenfalls von eigener Hand aus dem Leben schied, engagierte sich zeitweilig gegen die Auffassung vom Suizid Gudruns in Stammheim. Vgl. Frank Bachner, Ensslins Bruder will es wissen. 35 Jahre nach der »Todesnacht von Stammheim«, in: Der Tagesspiegel vom 19. Oktober 2012. Gudruns zwei Jahre jüngere Schwester Johanna (*1942) war 1964 gemeinsam mit ihrem Freund (1965–1969 Ehemann) Günter Maschke (*1943) an der radikal-linken situationistischen Gruppe »Subversive Aktion« beteiligt, die damals eine Protestaktion gegen den in Stuttgart stattfindenden Katholikentag veranstaltete. Mit Günter Maschke, der sie bald wieder verließ, hatte Johanna die gemeinsame Tochter Judith (*1965), die im elterlichen Haushalt der Ensslins aufwuchs. Vgl. auch Michael Kapellen, Doppelt leben. Bernward Vesper und Gudrun Ensslin. Die Tübinger Jahre, Tübingen 2005, S. 160; Thomas Hecken, Avantgarde und Terrorismus. Rhetorik der Intensität und Programme der Revolte von den Futuristen bis zur RAF, Bielefeld 2006, S. 52. Die jüngste Schwester Gudruns heißt Ruth (*1955).

10 Bartholomä ist eine kleine Gemeinde am östlichen Rand der Schwäbischen Alb in Baden-Württemberg.

11 Die nichtstaatliche Organisation besteht noch heute unter dem Namen International Cultural Youth Exchange und wurde nach dem Zweiten Weltkrieg zunächst als Jugendaustauschprogramm zwischen den Vereinigten Staaten von Amerika und der Bundesrepublik Deutschland eingerichtet. Vgl. Learn about ICYE. Over 60 years of history, unter: http://www.icye.org/learn-about-icye/60years (12. März 2013).

12 Die damals 18-jährige Ensslin verbrachte ihr Auslandsjahr in einer Methodisten-Gemeinde, vgl. Koenen, Vesper, Ensslin, Baader (Anm. 9), S. 93; Susanne Bressan/Martin Jander, Gudrun Ensslin, in: Wolfgang Kraushaar (Hrsg.), Die RAF und der linke Terrorismus, 2 Bde., Hamburg 2006, Bd. 1, S. 398–429, hier: S. 400.

13 Ensslins Reifezeugnis vom 3. März 1960 befindet sich als Abschrift in der Studienstiftungsakte. Die Noten im einzelnen: Religionslehre – gut; Deutsch – gut; Geschichte/Gemeinschaftskunde – gut; Erdkunde – gut; Englisch – gut; Französisch – gut; Latein – befriedigend; Mathematik – gut; Physik – ausreichend; Chemie – befriedigend; Biologie – befriedigend; Bildende Kunst – befriedigend; Musik – sehr gut; Leibesübungen – befriedigend. Außerdem bestätigte es das erfolgreiche Bestehen des Großen Latinums und die Teilnahme an den folgenden Arbeitsgemeinschaften: Philosophie, Orchester, Geschichte. Siehe zur Notenübersicht auch den Bewerberbogen vom 19. September 1960: Akte Ensslin, Dok. I.1.

Sommersemester 1960 war ich in Tübingen bei der philosophischen Fakultät eingeschrieben.

Mein Berufsziel ist es, Lehrerin an einer höheren Schule zu werden. Dieser Wunsch ist seit dem dreizehnten Lebensjahr in mir lebendig; nur die Gründe dafür haben sich vertieft. Jener Beruf ermöglicht es mir, meine beiden großen Wünsche zu vereinigen: Einmal ist es der Wunsch, mit und an lebendigen Menschen zu arbeiten, zum anderen, reines Wissen zu erwerben, selbst zu lernen und dann das Erworbene anderen weiterzugeben, zu lehren. Die Wahl der Fächer fiel nicht schwer. Deutsch war von Anfang an für mich das Fach, das nicht nur reine Arbeit, sondern im besten Sinne »Spiel« war. Ähnlich erging es mir in den sprachlichen Fächern, doch recht lebendig wurde die englische Sprache für mich, nachdem ich zwölf Monate lang mit Menschen gelebt hatte, die diese Sprache sprechen, nachdem diese Sprache zu einem Teil meines Denkens geworden war. Während meines Studiums will ich alles mir Mögliche tun, um über das fundamentale, reine Fachwissen hinaus ein immer wachsendes Verständnis unserer Zeit, des Menschen in ihr zu gewinnen.

Gudrun Ensslin.

Ergänzendes zum Lebenslauf.

Das Jahr in den Vereinigten Staaten hatte für mich drei Hauptgestalten: Schule, Familie, Kirche. Ich will hier nur auf die Schule eingehen, die ich absichtlich an erster Stelle nannte, weil sie in Amerika weithin den Einfluß auf die Heranwachsenden hat, der bei uns eigentlich zum Bereich des Elternhauses gehört. Weit über die Schulstunden hinaus wird von der Schule die Freizeitgestaltung geplant. Das sogenannte »social life« und der Sport werden mit großen, zu großen Lettern geschrieben. Wenn ich mein Urteil über das amerikanische Schulsystem vorweg in einen Satz fassen darf: Ich bin froh, neun Jahre das deutsche Schulsystem genossen zu haben! Ich will versuchen, dies so kurz als möglich zu begründen.

Die in Amerika fast zum nationalen Mythos gewordene Idee der »freiheitlichen Demokratie« bestimmt die Erziehung sowohl im Elternhaus als auch in der Schule. Gleichberechtigung der Ansichten von Vater und jüngstem Sohn, von Lehrer und Schüler scheint unbestritten. Lange, ermüdende Dispute werden eher geduldet als ein »despotisches« Machtwort, das oft einfach am Platze wäre! Grunddemokratisch auch ist es, daß alle Schüler in eine Schule gehen, womit also eine High School jeglichen Schultyp von der Volksschule über die Handels- oder Berufsschule bis zum Gymnasium unter einem Dach vereinigt. Dabei kommt notgedrungen vor allem letztere Gattung zu kurz. Wie vielen amerikanischen Mädchen und Jungen wird einfach nicht die Möglichkeit geboten, in den Jahren »spielend und unbewußter« das zu lernen, was sie könnten! Dafür wird die übrige Energie an Clubs, Organisationen und »social events« verwandt und – teilweise – vergeudet. Mit diesem »teilweise« meine ich zum Beispiel die mühevolle Planung einer Wahl der »bestaussehenden jungen Dame oder des bestaussehenden jungen Herrn« der Schule.

Diese unzähligen »activities« und außerschulischen Ereignisse und Aufgaben haben jedoch ein großes Positives: In den jungen Amerikanern wird früh das Gefühl für Verantwortung und Mitplanung geweckt, geformt. Wo aber geschieht dies besser als in der Praxis? Da wäre auch wohl der eindeutige Punkt, an dem das deutsche Schulsystem vom amerikanischen lernen könnte: Die Koordinierung von Leben und Gelerntem ist bei letzterem – um mich bescheiden auszudrücken – offensichtlicher als bei ersterem!

Ich persönlich bin in der amerikanischen Schule aufgewacht, das heißt ich habe plötzlich gewußt, daß ich für mich, für mein Leben lerne. Ich wußte es in dem Moment, wo ich meine Fächer selbst wählen sollte. Zwar sind mit dem Wählenkönnen einem zu frühen Spezialistentum Tür und Tor geöffnet, aber den genannten einen »fruchtbaren Moment« darf und will ich nicht übersehen. Schwerer wiegt sicherlich dagegen die Tatsache, daß junge Menschen eine leitende, zwingende Hand hinter sich spüren wollen und müssen, um nicht nur das zu tun, was sie gerne tun (weil es ihnen leicht fällt), sondern um auch etwas zu tun, dessen Sinn erst vielleicht Jahre später offenbar wird.

In Deutschland ist jetzt deutlich die Tendenz da, die Anzahl der Fächer zu reduzieren, krass gesagt, zu spezialisieren. Nach meiner Erfahrung in Amerika fällt es mir einigermaßen schwer, diese Richtung zu bejahen. Ein Kompromiß verwässert so leicht, und ein echter Kompromiß – in diesem Falle zwischen unserem deutschen »in die Schule gehen, um zu pauken« und dem amerikanischen »in die Schule gehen, um ›fun‹, Spaß zu haben« – wird schwer, vielleicht nie gefunden.

Den Zwang, den wir in der Schule spüren, spüren die jungen Amerikaner dann, wenn Sie im College sind. Wir dagegen stehen endlich in der »Freiheit des akademischen Lebens« und haben diese Freiheit nun anzuwenden. Ich hatte während meines letzten Schuljahres viele Warnungen und Weisungen gehört, im Jahre 1960 keine Illusionen mit auf die Universität zu bringen. Massenbetrieb, Anonymität, Hilflosigkeit und ähnliche vorher gehörte, abschreckende Worte trug ich mehr oder weniger bewußt nach Tübingen. Meine erste Empfindung des »Befreitseins« ist bis heute gültig. Es ist möglich, sich einen, seinen individuellen Bereich innerhalb der »Masse« zu schaffen. Freilich gibt es »schulische« Verordnungen und Kontrollmaßnahmen (zum Beispiel die sprachliche Zwischenprüfung in Englisch oder die vorgeschriebene Anzahl der vorzuweisenden Seminarscheine), aber innerhalb diesem Gerüst[14] liegt es ganz und gar am Einzelnen, seine Linien zu finden und sie – vielleicht sogar mit einer Art »Sturheit und Blindheit« gegenüber den klaffenden Lücken – zu verfolgen, sonst verliert er den Zaun aus den Augen und eine gezimmerte Latte um die andere zerbricht!

Eine Hauptlinie in meinem ersten Semester (SS 60) war die Vorlesung über Goethes Romane. Ich machte dort am Ende des Semesters bei Professor Zieg-

14 Angesichts des Grammatikfehlers »diesem Gerüst« sind die beiden Wörter handschriftlich unterkringelt, am Rand daneben findet sich ein »?«.

ler[15] meine Honnef-Prüfung.[16] Außerdem wählte ich das Proseminar zur »Einführung in das Studium der neueren deutschen Philologie«[17] (dem ein Tutorium über Klopstock angeschlossen war) und das Proseminar »Gotisch«[18]. In Englisch legte ich die Honnef-Prüfung bei Dr. Metzger[19] über »Phonetik I« ab. Ich hörte die Vorlesung über »Shakespeare's [!] dramatische Kunst I«[20], eine »Einführung in das Studium der Anglistik«[21] und machte eine Übersetzungsübung (Deutsch-Englisch) mit.

Neben der genannten Goethe-Vorlesung fesselte mich am meisten die philosophische Vorlesung über »Kierkegaard, Jaspers, Heidegger und Sartre«[22], die von mir sicher noch nicht bewältigt oder ganz verstanden ist.

15 Klaus Ziegler (1908–1978), Germanist; 1955–1974 ordentlicher Professor am Deutschen Seminar der Universität Tübingen; dort mit dem Schwerpunkt Theaterwissenschaft. Angesichts einer »anti-nationalsozialistischen Vergangenheit«, die freilich zwischen innerer Abwehr, moderater Anpassung und geschickter Camouflage changierte, konnte das während der Weimarer Republik aktive SPD-Mitglied, das 1933 sogleich von der Universität relegiert wurde, sich im Jahr 1944 aber, protegiert von einem alten Göttinger Studienfreund, an der Universität Straßburg habilitierte, seine akademische Karriere nach Kriegsende 1945 »nahezu bruchlos« an der Universität Göttingen fortsetzen. Dort wurde der Hebbel-Spezialist 1950 außerplanmäßiger Professor, bevor er nach Tübingen wechselte. So Jens Thiel, Akademische »Zinnsoldaten«? Karrieren deutscher Geisteswissenschaftler zwischen Beruf und Berufung (1933/1945), in: Rüdiger vom Bruch/Uta Gerhardt/Aleksandra Pawliczek (Hrsg.), Kontinuitäten und Diskontinuitäten in der Wissenschaftsgeschichte des 20. Jahrhunderts, Stuttgart 2006, S. 167–194, Zitate: S. 171. Vgl. zum Wirken in Tübingen: Gerd Simon, Zur Tübinger Germanistik nach dem 2. Weltkrieg, unter: http://homepages.uni-tuebingen.de/gerd.simon/300GermNachWeltkrieg.pdf (15. März 2013); siehe zudem: Eckehard Catholy/Winfried Hellmann (Hrsg.), Festschrift für Klaus Ziegler, Tübingen 1968.

16 1957 wurde mit dem sogenannten Honnefer-Modell das erste System zur finanziellen Unterstützung von bedürftigen Studenten eingeführt, jedoch bestand darauf kein Rechtsanspruch, und die in entsprechenden Prüfungen festzustellende studentische Leistung der Bewerber war eines der Vergabekriterien. 1971 wurde es durch das Bundesausbildungsförderungsgesetz (BAföG) abgelöst, das seitdem einzig auf die finanzielle Bedürftigkeit abstellt. Vgl. Gerd F. Hepp, Bildungspolitik in Deutschland. Eine Einführung, Wiesbaden 2011, S. 174 f.; Gerda Stephany, Das Honnefer Modell, Berlin 1968.

17 Ein Schein vom 29. Juli 1960, der in Ensslins Akte abgelegt ist, bestätigt die Teilnahme. Unterzeichnet war dieser von Friedrich Beißner. Der Hölderlin-Forscher Beißner (1905–1977) war 1946–1961 ordentlicher Professor für Deutsche Sprache und Literatur in Tübingen.

18 Ein Schein vom 22. Juli 1960, der in Ensslins Akte abgelegt ist, bestätigt die Teilnahme und die Note »befriedigend«.

19 Dr. Hermann Metzger (1898–1985) war Dozent am Englischen Seminar der Universität Tübingen. Er unterzeichnete auch am 30. Mai 1951 die Bescheinigung über die »Sprachliche Zwischenprüfung«, die Ensslin mit der Gesamtnote »befriedigend« absolvierte (in der Akte vorhanden).

20 Die dreistündige Vorlesung hielt Gerhard Müller-Schwefe (1914–2010), ab 1956 Inhaber des Lehrstuhls für Englische Philologie in Tübingen.

21 Die einstündige Einführung fand ebenfalls bei Müller-Schwefe statt.

22 Die dreistündige Vorlesung hielt Walter Schulz (1912–2000), 1955–1978 Professor für Philosophie in Tübingen; 1958 lehnte er einen Ruf auf den Heidegger-Lehrstuhl in Freiburg ab.

Im jetzigen zweiten Semester ist es wieder eine philosophische Vorlesung über Nietzsche und ein Proseminar »Herders Sprachphilosophie«[23], die mich besonders reizen. In Deutsch höre ich Professor Beissner [Beißner] über »Hölderlin«, ein Proseminar über »Deutsche Novellen«[24] und eines »Althochdeutsch«.[25] In Englisch bildet eine zweite Shakespeare-Vorlesung[26] die Fortsetzung vom ersten Semester, und auch »Phonetik II«[27] mit praktischen Übungen ist eine Fortsetzung vom Sommersemester. Endlich gehören zum englischen Stundenplan eine Übersetzungsübung für Fortgeschrittene und eine Übung »Interpretation and Essay-writing«. Professor Jens hält ein Kolloquium für Hörer aller Fakultäten über zeitgenössische Literatur ab[28], das ich in beiden Semestern sehr gern gehört habe und das ich äußerst anregend, herausfordernd fand und finde.

23 Da »Herders« schwer leserlich ist, ist das Wörtchen in der Akte unterkringelt und am Rand ein »?« markiert. Beide Veranstaltungen unterrichtete Gerhard Haeuptner (1909–1967), 1955 Habilitation in Tübingen; Privatdozent für Philosophie ebendort; veröffentlichte als Dissertation: Die Geschichtsansicht des jungen Nietzsche. Versuch einer immanenten Kritik der zweiten unzeitgemässen Betrachtung »Vom Nutzen und Nachteil der Historie für das Leben«, Stuttgart 1936; als Habilitation: Verhängnis und Geschichte. Ein geschichtsphilosophischer Versuch, Meisenheim a.Gl. 1956.

24 Ein Schein vom 20. Februar 1961, der in Ensslins Akte abgelegt ist, bestätigt die Teilnahme an dem Proseminar »Interpretationen deutscher Novellen des 19. und 20. Jahrhunderts«. Unterzeichnet war dieser von Eckehard Catholy. Catholy (1914–2010) war ein Schüler Klaus Zieglers; Habilitation 1956 in Tübingen; 1961–1964 Extraordinarius, 1964–1970 ordentlicher Professor an der FU Berlin; 1970–1985 in Toronto.

25 Ein Schein vom 22. Februar 1961, der in Ensslins Akte abgelegt ist, bestätigt die Teilnahme und die Note »voll befr. (III+)«. Unterzeichnet war dieser von Gustav Bebermeyer. Bebermeyer (1890–1975), Germanist; 1933–1945 Leiter des Instituts für deutsche Volkskunde in Tübingen; 1945 Entlassung, 1949 nach Ausgang des Spruchkammerverfahrens als »Mitläufer« in den Ruhestand versetzt; ab 1954/55 Erlangung der akademischen Rechte eines entpflichteten Hochschullehrers und erneut Lehre an der Universität Tübingen bis kurz vor dem Tode.

26 Fortsetzung der Shakespeare-Vorlesung bei Müller-Schwefe.

27 Den zweistündigen Kurs unterrichtete Hermann Metzger.

28 Ensslin besuchte ab dem zweiten Semester das Donnerstagabendkolloquium von Walter Jens über die »Probleme der zeitgenössischen deutschen Literatur«. Walter Jens (1923–2013), Altphilologe und Literaturhistoriker; 1956–1963 außerordentlicher Professor für Klassische Philologie in Tübingen; 1963–1988 dort Inhaber des Lehrstuhls für Allgemeine Rhetorik; u.a. als Mitglied der Gruppe 47 und als Publizist nicht zuletzt für die Wochenzeitung »Die Zeit« avancierte Jens zu einem der führenden Intellektuellen in der Bundesrepublik. Vgl. allgemein Karl-Josef Kuschel, Walter Jens. Literat und Protestant, Düsseldorf 2003; über Jens und sein Kolloquium aus der Sicht Ensslins (und Bernward Vespers) vgl. insbesondere Kapellen, Doppelt leben (Anm. 9), S. 22–28. In dieser Passage findet sich auch wiedergegeben: Bernward Vesper-Triangel, Walter Jens als Hochschullehrer. Das Tübinger Colloquium und einige Hintergründe aus der Sicht eines Studenten, in: Die Zeit vom 14. Juli 1961.

WARREN HIGH SCHOOL
Warren Pennsylvania

Name: Gudrun Ensslin Grade: 12 Term: 58–59

Home Room 203 Teacher: Mrs. Coe

	1st 6 weeks	2nd	3rd	4th	5th	6th	Average
*English** XII C. P.	4	4	5	5	5	5	5
Latin	5	5	5	5	5	5	5
Mathematics	5	5	5	5	5	5	5
Speech	4	4	5	5	5	5	5
Americ. History	5	5	5	5	5	5	5
Driver's Education				5	4	4	4
Orchestra	5	5	5	5	5	5	5
Physical Education	5	5	4	5	5	5	5

* XII. Schuljahr; College Preparatory Course

Marking System: 5 – Superior
4 – Above Average
3 – Average
2 – Below Average
1 – Failing

WARREN HIGH SCHOOL
Warren Pennsylvania

This certifies that
GUDRUN ENSSLIN

has successfully completed the course of study prescribed by the board of school directors and is hereby declared a graduate of Warren High School and is entitled to this

DIPLOMA

Given at Warren Pennsylvania this Fourth Day of June Nineteen Fifty-Nine

M. G. Keller
(President)

Carl E. Wipple
(Superintendent)

Richard M. Smith
(Secretary)

Joseph V. Passaro
(Principal)

Die Richtigkeit der Abschrift bestätigt:

Eberhard-Ludwigs-Gymnasium
Stuttgart N
Herdweg 72[29]

Haußmann
OStDir.[30]

29 Als Stempel; daneben zusätzlich Dienstsiegel des Eberhard-Ludwigs-Gymnasiums.
30 Name als Unterschrift; Dienstbezeichnung handschriftlich.

4. Gutachten des Vorprüfers Arno Mulot, undatiert (Ende Dezember 1960,[31] eine Seite, Schreibmaschine)

Dr. Arno Mulot[32]

Gutachten

Fräulein Gudrun Ensslin bewies in der Unterhaltung ein lebendiges und aufgeschlossenes Wesen. Ihr Urteil ist ehrlich und freimütig und von Verantwortungsbewusstsein und schönem Einfühlungsvermögen bestimmt. Auf Grund einer vielseitig interessierten Bildung nimmt sie sichtlich an allen Lebensfragen regen Anteil, besitzt dabei innerhalb ihrer Erlebniswelt klare Vorstellungen und ein sicheres Urteil. Ihre Fähigkeit, sich mit geistigen Problemen auseinanderzusetzen, ihr Willen, ihr Wissen zu erweitern, und ihre Bereitschaft zu tätigem Handeln sind offensichtlich. Sie scheint dabei im ganzen vor allem im gefühlsmässigen Bereich ansprechbar. Wieweit dabei Grenzen ihrer geistigen Kraft sichtbar werden, wieweit ihre zweifellosen intellektuellen Fähigkeiten nur der Bestätigung durch ein instinktives Reaktionsvermögen verlangen, kann auf Grund der Aussprache nicht entschieden werden.

Urteil: B[33] Mulot[34]

31 Auf dem Aktendeckel ist unter der Kategorie Vorprüfer »27.12.60 Mulot« eingetragen.

32 Arno Mulot (1904–1980), Germanist und Historiker; Promotion und Zweites Staatsexamen 1929; bis 1935 Assessor, dann Dozent an der Hochschule für Lehrerbildung in Darmstadt, ab 1939 dort Professor; ab Februar 1943 als Artillerist (Unteroffizier, später Leutnant) an der Ostfront; nach Kriegsende kurze amerikanische Gefangenschaft; 1947 Entnazifizierung; bis 1955 Gymnasiallehrer in Tübingen, von 1956 bis 1968 Direktor des Isolde-Kurz-Gymnasiums in Reutlingen; nach 1949 befreundet mit Walter Haußmann (damals ebenfalls Gymnasiallehrer in Tübingen), dem Auswahlausschussmitglied in Ensslins erstem Aufnahmeverfahren. Mulot und Haußmann veröffentlichten zusammen das Buch: Dichter des Volks. Deutsche Gedichte für höhere Schulen, Unter- und Mittelstufe, Tübingen/Lübeck (1951, 4. Aufl. 1965); von 1955 an wirkte Mulot an der in zahlreichen Auflagen erschienenen »Geschichte der deutschen Literatur« im Bayerischen Schulbuchverlag wesentlich mit. Ich danke Arno Mulots Töchtern für Auskünfte über Arno Mulot und seine Verbindung zu Haußmann (am 18. Februar und 1. März 2015). Siehe neuerdings die stark anklagende Haltung gegenüber Arno Mulot (»von der völkischen Literaturgeschichtsschreibung ins westdeutsche Schulbuch«) bei: Christian Adam, Der Traum vom Jahre Null. Autoren, Bestseller, Leser: Die Neuordnung der Bücherwelt in Ost und West nach 1945, Köln 2016, S. 315–319.

33 »B« steht für »Besprechung« und empfiehlt eine entsprechende Erörterung im Auswahlausschuss der Studienstiftung.

34 Name als Unterschrift.

5. Gutachten des Auswahlausschussmitglieds Walter Haußmann vom 7. Januar 1961 (zwei Seiten, Schreibmaschine)[35]

Dr. Walter Haußmann
Oberstudiendirektor
Eberhard-Ludwigs-Gymnasium
Stuttgart N, Herdweg 72

Gutachten über Fräulein Enßlin

Fräulein Enßlin suchte mich nach ihrer Rückkehr aus Amerika im September 1959 auf, um sich über die Möglichkeiten der Einschulung in Stuttgart zu erkundigen; sie wollte in meine Schule eintreten, an der ein jüngerer, sehr begabter Bruder die Klasse IV besucht.[36] Sie hatte in Tuttlingen, bei ausgesprochener Begabung und Vorliebe für Deutsch und Fremdsprachen, ein mathematisch-naturwissenschaftliches Gymnasium besucht und stand nun, ein halbes Jahr vor ihrem Abitur, vor der Wahl, eine Prüfung mit drei Pflichtfremdsprachen abzulegen oder die ungeliebte »große« Mathematik mit Physik und Chemie, nach einem Jahr an einer amerikanischen Schule, wiederaufzunehmen. Ich riet ihr zum Eintritt in ein Mädchengymnasium mit Englischbeginn, Latein als zweiter und Französisch als dritter Fremdsprache; ich prüfte damals ihre Lateinkenntnisse, die sie in Tuttlingen in einer freiwilligen Arbeitsgemeinschaft erworben hatte, und mußte ihr sagen, daß sie etwa den Stoff von 3–4 Jahren in einem halben Jahr werde nachlernen müssen. Ebenso hatte sie 2 Jahre Englischunterricht weniger als ihre Klassenkameradinnen erhalten. Daß sie innerhalb weniger Monate in einer neuen Umgebung bei strengen Anforderungen ein ordentliches Abitur abgelegt hat, spricht ebenso sehr für sie wie der Umstand, daß ihre Lehrerinnen, die ihr am Anfang recht kritisch gegenüberstanden, sie als einzige nach einem halben Jahr zur Aufnahme in die Studienstiftung vorgeschlagen haben. Die erreichten Abiturzeugnisse müssen unter diesem Gesichtspunkt doppelt erschwerter Umschulungskomplikationen beurteilt werden; in der Regel gelingt Primanern, die ein Jahr an einer amerikanischen Schule verbringen, nach ihrer Rückkehr der Anschluß an deutsche Reifeprüfungsanforderungen sehr schwer.

Fräulein Enßlin ist ein sehr lebendiger, unbefangener, frischer Mensch; sie hört genau und kritisch zu, überlegt sorgfältig und antwortet immer genau das, was sie denkt, und auch das, was sie weiß – nicht weniger, aber auch ohne Versuch der Verschleierung des Nichtwissens. Ich fand die Äußerung der Schulleiterin bestätigt: die Bewerberin hält zäh an ihren Anschauungen fest, läßt

35 Auf dem Aktendeckel ist verzeichnet, dass die Akte am 2. Dezember 1960 an das Mitglied des Auswahlausschusses ging.

36 Dabei handelte es sich um ihren Bruder Gottfried Ensslin.

sich aber durch Gründe überzeugen und gibt namentlich auch zu, daß sie sich geirrt hat oder wesentliche Momente übersah. Das Gespräch ging von ihren gegenwärtigen Vorlesungen und Übungen aus; ein Überblick über die deutsche Novelle im 19. Jahrhundert zeigte tüchtige Verarbeitung des Stoffes, aber auch kritische Beobachtungen über die Eigenart des Dozenten. Die linguistische Seite des Deutschstudiums scheint sie zwar zu interessieren (sie hat im 1. Semester Gotisch gelernt und sich mit gutem Prädikat einer Abschlußprüfung unterzogen); ihre Neigung gehört aber nach meinem Eindruck mehr der Literaturgeschichte; es könnte sein, daß sie bisher mehr ästhetisch als philosophisch apperzipiert hat. Bei Prof. Ziegler hat sie eine Goethe-Vorlesung gehört und, nach ihrer Angabe, mit der Zensur I- in einer Klausurarbeit als Prüfung für die Honnef-Förderung abgeschlossen.[37] (Die Förderung wurde dann wegen des väterlichen Einkommens[38], trotz der hohen Kinderzahl, abgelehnt.) Die Bewerberin fühlt als Manko, daß sie nicht genug Latein und gar kein Griechisch kann; sie beabsichtigt, in den nächsten beiden Semestern das Graecum nachzuholen. Daß sie das fertigbringt, scheint mir sehr wahrscheinlich; sie verfügt offensichtlich über zähe Energie, leichte Auffassung und eine Fähigkeit der Sprachaneignung, die stark vom Mimetischen und vom musikalischen Klang ausgeht.

Die Bescheidenheit, von der die Schulgutachten sprechen, fand ich nur insofern bestätigt, als die Bewerberin höflich, sachlich, selbstkritisch bleibt; ihre Urteile über Schule und Unterricht, auch über Universität und Vorlesungen, waren aber von einer rücksichtslosen Offenheit und Unerbittlichkeit in der Sache, daß mögliche Konflikte mit Autoritäten recht wahrscheinlich sind.

Die Bewerberin ist sehr musikalisch und hat ordentliche, wenn auch nicht eben erstaunliche, Kenntnisse in der Kunstgeschichte. Nicht ganz klar bin ich mir über die Fähigkeit der Bewerberin, logisch zu disponieren, philosophisch zu denken, systematisch zu kombinieren; sie hat zur Philosophie noch kein Verhältnis gewonnen.

Mir scheint ein begründeter Zurückstellungsfall vorzuliegen. In einem Jahr, wenn sie im 4. Semester steht, wird sich aus Hochschulgutachten ein deutlicheres Bild ergeben; wenn sie ihre Absicht, Griechisch zu lernen, verwirklicht, ohne ihre anderen Fächer zu vernachlässigen, wird das sehr für ihre Leistungsfähigkeit und ihr unmittelbares geistiges Interesse sprechen. Eine Ablehnung träfe sie deshalb hart, weil das väterliche, in Anbetracht der Kinderzahl nicht hohe Einkommen die Honnef-Förderung ausschließt, und ihre geistigen und charakterlichen Qualitäten sind entschieden positiv, daß ein guter Studienerfolg bestimmt vorausgesagt werden kann.

37 In seinem Gutachten vom 31. Januar 1961 gibt Ziegler die Note »voll gut (II+)« an: Akte Ensslin, Dok. I.7.

38 Siehe dazu die Angaben in Anm. 43.

Ich habe bei der Bewerberin als Ergänzung des knappen Lebenslaufs einen Bericht über ihr bisheriges Studium angefordert und Prof. Ziegler um eine Äußerung über die Bewerberin gebeten.[39]

Zurückstellung

Haußmann[40]

7.I.61[41]

6. Brief Walter Haußmanns an Klaus Ziegler vom 7. Januar 1961 (zwei Seiten, Schreibmaschine, Abschrift)

Eberhard-Ludwigs-Gymnasium
Stuttgart

Stuttgart N, den 7. Jan. 1961
Herdweg 72
Fernsprecher 992 21
Nebenstelle 3513

Herrn
Professor Dr. Klaus Ziegler
Tübingen
Schillerstraße 6

Sehr verehrter Herr Professor,

als Mitglied des Auswahlausschusses der Studienstiftung des Deutschen Volkes muß ich mich über die Bewerbung einer Studentin äußern, die nach ihren Angaben bei Ihnen eine Fleißprüfung abgelegt hat und, wie sie berichtet, damals von Ihnen ermuntert worden ist, sich in den Fragen ihres Studiums an Sie zu wenden. Fräulein Gudrun Enßlin, wohnhaft in Waldenbuch bei Tübingen, Im Schloß, ist von ihrer Schule nach ihrer Reifeprüfung zur Aufnahme in die Studienstiftung vorgeschlagen worden. Der Auswahlausschuß legt natürlich den größten Wert darauf, seine Entscheidung nicht nur auf die Gutachten der Schule und der bestellten Gutachter, sondern möglichst auch auf Äußerungen der Dozenten zu stützen, die über den Studienerfolg etwas aussagen können.[42] Es wäre mir deshalb sehr lieb, wenn ich ein Gutachten von Ihnen über die Bewerberin erbitten dürfte; falls Ihre Erinnerung nicht so präzise sein sollte, daß Sie ein Gutachten über die Eignung zur Aufnahme abgeben wollen, wäre es viel-

39 Siehe dazu »Ergänzendes zum Lebenslauf«: Akte Ensslin, Dok. I.3.; sowie das Schreiben Haußmanns an Ziegler vom 7. Januar 1961: Ebd., Dok. I.6.

40 Name als Unterschrift.

41 Handschriftlich hinzugesetztes Datum.

42 Anders als es diese Erläuterung nahelegt, waren zusätzliche Gutachten – neben dem Vorschlagsgutachten und jenen von Vorprüfer sowie Auswahlausschussmitglied – im Aufnahmeverfahren nicht zwingend vorgesehen und gehörten zur Ausnahme.

leicht möglich, daß Sie Frl. Enßlin zu einem Gespräch aufforderten? (Ich lege eine Postkarte mit entsprechendem Vordruck bei.)

Bei meinem Gespräch mit der Bewerberin hatte ich den Eindruck, daß sie vielleicht vorläufig mehr rezipierend als eigenständig, und eher mit einem einfühlenden musischen Sensorium als mit begrifflicher Schärfe und Klarheit ihr Studium angepackt hat; für die Entscheidung über ihre Aufnahme wird es von Wichtigkeit sein, über ihre spezifisch philologische Begabung noch Authentischeres zu wissen[,] als in den bisher vorliegenden Gutachten zum Ausdruck kommt. Ihr Fleiß und ihre charakterliche Substanz sind völlig unbestritten. Ebenso ist ganz deutlich, daß sie für die Honnef-Förderung nach ihren Qualitäten ohne Bedenken empfohlen werden müßte – ihr letztes Gesuch wurde nur deshalb abgelehnt, weil der Vater, ein Pfarrer, der 7 Kinder zu unterhalten hat, darunter 2 Studierende, ganz knapp über der Einkommensgrenze liegt.[43] Man möchte ihr deshalb eine Förderung gönnen, muß aber die Frage, ob sie zu den wenigen Hochbegabten gehört, die ganz deutlich über den begabten und fleißigen Durchschnitt hervorragen, sehr gewissenhaft erwägen: das ist das Dilemma, in dem ich mir erlauben möchte, Ihre Hilfe zu erbitten.

Mit verbindlichem Dank und ausgezeichneter Hochachtung
Ihr ganz ergebener
Hßm[44]

43 Das Einkommen Helmut Ensslins lag nach den von Gudrun Ensslin gemachten Angaben im Bewerberbogen vom 19. September 1960 (Akte Ensslin, Dok. I.1.) bei monatlich 1.732 DM brutto und 1.528 DM netto. Zu den Berechnungsgrundlagen der Honnef-Förderung siehe Stephany, Das Honnefer Modell (Anm. 16), insbes. S. 39. Zur Stipendienberechnung kam es im Rahmen der Studienstiftung erst nach der Aufnahme im Frühjahr 1964. Jeweils einschließlich des unabhängig von der Höhe des elterlichen Einkommens gezahlten Büchergeldes erhielt Ensslin 1964 monatlich 320 DM, ab 1965 350 DM, ab April 1968 400 DM monatlich. Siehe dazu und auch zum leicht schwankenden Gehalt Helmut Ensslins, das in der Nettosumme zwischen 1.520 und 1.566 DM im Monat schwankte, die Formulare zur Stipendienberechnung vom 6. April 1964, 2. November 1964, 1. März 1966 und 25. Februar 1968 (jeweils Gudrun Ensslins Unterschriftsdatum). Das durchschnittliche Nettoeinkommen in der Bundesrepublik belief sich im Falle von Vier-Personen-Haushalten von Beamten und Angestellten mit höherem Einkommen 1964 auf 1.813,74 DM, 1966 auf 1.974,87 DM und 1968 auf 1.925,40 DM, bei solchen mit mittleren Einkommen 1964 auf 881,63 DM, 1966 auf 1.014,82 DM und 1968 auf 1.020,51 DM. So die Angaben in: Statistisches Jahrbuch für die Bundesrepublik Deutschland 1969, hrsg. vom Statistischen Bundesamt, Stuttgart/Mainz 1969, S. 474 f.

44 Als handschriftliche Paraphe auf dieser Abschrift.

7. Gutachten Klaus Zieglers vom 31. Januar 1961 (zwei Seiten, Schreibmaschine)

Universität Tübingen Tübingen, 31. Januar 1961
Deutsches Seminar
Professor Dr. Klaus Ziegler

An
den Auswahlausschuß
der Studienstiftung
des Deutschen Volkes
Bad Godesberg
Koblenzer Str. 77

Betr.: Vorschlag zur vorläufigen Aufnahme von Fräulein stud. phil. Gudrun *Enßlin*

Fräulein Enßlin, wohnhaft in Waldenbuch bei Tübingen, ist von ihrer Schule nach ihrer Reifeprüfung zur Aufnahme in die Studienstiftung vorgeschlagen worden. Herr Oberstudiendirektor Haußmann – Stuttgart hat mich um eine Stellungnahme zu diesem Vorschlag gebeten. Denn Fräulein Enßlin ist mir von der Teilnahme an meiner Vorlesung des vergangenen Sommersemesters[45], ferner von einer sehr gründlichen und von mir mit dem Prädikat *voll gut (II+)* bewerteten Prüfung[46] zur Aufnahme in die Honnef-Förderung sowie schließlich von einem jetzt im Hinblick auf den Vorschlag zur Aufnahme in die Studienstiftung länger und tiefer durchgeführten Gespräch verhältnismäßig gut bekannt.

Ich komme der Anfrage Herrn Oberstudiendirektor Haußmanns umso lieber nach, als mein Urteil über Fräulein Enßlin im Endergebnis durchaus positiv ist. Zwar weist ihre fachliche Leistung im Gebiet der deutschen Philologie fraglos noch gewisse Grenzen oder gar Schwächen auf. Ihre allgemeine Bildungsgrundlage liegt erheblich über der des studentischen Durchschnitts, muß aber doch noch nach mancher Richtung hin erweitert und vertieft werden. Ferner und vor allem bedarf Fräulein Enßlin noch einer intensiveren Schulung im Bereich der spezifisch wissenschaftlichen Methoden. Ihre Urteile über die Gegenstände und Probleme des Faches sowie überhaupt die Betrachtungsweise, mit der sie an die Phänomene des Faches herangeht, ist [!] noch zu stark ans individuell Persönliche, ans subjektiv Gefühlsmäßige gebunden. So bedarf Fräulein Enßlin noch einer beträchtlichen Erweiterung ihrer Begriffsbildung und Begriffskenntnis, einer schärferen Objektivierung und Präzisierung ihres begrifflichen Denkens.[47]

Allen diesen Grenzen und Schwächen zum Trotz bin ich dem mir zur Verfügung stehenden Erfahrungsmaterial gemäß der Meinung, daß Fräulein Enßlins Begabung nicht nur, und zwar dies durchaus entschieden, über dem Durchschnitt der Studenten überhaupt, sondern auch über dem Begabungs-

45 Im Sommersemester 1960 hielt Klaus Ziegler eine Vorlesung über »Goethes Romane« an der Ensslin teilnahm. Siehe Ergänzendes zum Lebenslauf: Akte Ensslin, Dok. I.3.

46 Haußmann gibt in seinem Gutachten vom 7. Januar 1961 die Note I- an: Akte Ensslin, Dok., I.5.

47 Links neben diesem Satz findet sich in der Akte ein Anstrich.

durchschnitt der von den Schulen zur Aufnahme in die Studienstiftung vorgeschlagenen Bewerber liegt. Fräulein Enßlin ist von einem außerordentlich lebendigen, man möchte fast sagen: leidenschaftlichen Interesse für mein eigenes Fachgebiet sowie für ihr Studium überhaupt erfüllt – ein Interesse, das mir umso wertvoller erscheint, als es von einem ganz echten Gefühl ernster persönlicher Beteiligung und Verantwortung durchdrungen wird. Ferner zeigt sich Fräulein Enßlin in ihrem Verhältnis zu meinem Fach schon jetzt als eine durchaus selbständig empfindende und urteilende Persönlichkeit, die sich damit außerhalb der sonst weit verbreiteten oder gar vorherrschenden Durchschnittklischees und Massenschemata stellt. Schließlich besitzt sie ein sehr differenziertes wie sehr intensives Einfühlungs- und Verständnisvermögen im Hinblick auf Gegenstände und Fragen älterer wie neuerer Dichtung.

Demnach glaube ich, daß insgesamt die zunächst von mir gewissenhaft gekennzeichneten Grenzen und Schwächen Fräulein Enßlins wesentlich in ihrer geringen Semesterzahl[48] begründet liegen und angesichts ihrer geistigen Aufgeschlossenheit mit dem weiteren Fortgang ihres Studiums aller möglichen Voraussicht nach sicher beseitigt werden. Demgemäß erscheint mir Fräulein Enßlins Persönlichkeit und Begabung im Positiven schon jetzt profiliert genug, um den Vorschlag der Schule auf vorläufige Aufnahme in die Studienstiftung zu rechtfertigen und ihn von mir aus durchaus zu befürworten. Dabei spielt es für meine positive Stellungnahme keine geringe Rolle, daß meiner Meinung nach gerade ein persönlich und sachlich lebendiger Kontakt mit anderen Studenten und Dozenten wesentlich dazu beitragen könnte, die Fräulein Enßlin jetzt noch anhaftende Grenze einer allzu stark gefühlsgebundenen Subjektivität besonders schnell und fruchtbar aufzulockern oder gar überhaupt zu sprengen.

Klaus Ziegler[49]

48 Ensslin befand sich zu diesem Zeitpunkt im zweiten Semester.

49 Name als Unterschrift. – Auf dieser Grundlage entschied der Auswahlausschuss 1961 [März], Ensslin für zwei Semester zurückzustellen. Das »Einzelprotokoll« dazu verzeichnet als »Begründung der Entscheidung: Fachliche Bewährung (siehe Gutachten Ziegler, Haußmann)«. Am 4. April 1961 teilte die Studienstiftung Ensslin die Zurückstellung mit – ebenso, dass ihre Bewerbung »grundsätzlich aufrechterhalten« werde. Sie müsse nur bis zum 17. April 1961 mitteilen, ob sie in das Auswahlverfahren 1962 einbezogen werden möchte. Dieses Schreiben unterzeichnete für die Geschäftsstelle Dieter Sauberzweig und nicht der im Bewerberbogen (siehe Akte Ensslin, Dok. I.1.) eingetragene, für das erste Auswahlverfahren zuständige Referent Wolfgang Hasenclever, der im gesamten Verfahren jedoch nicht weiter in Erscheinung trat. Ensslin antwortete der Studienstiftung am 10. April 1961 mit der Bitte, ihre Bewerbung in der nächsten Auswahlrunde zu berücksichtigen. Daraufhin informierte die Studienstiftung die Kandidatin über das weitere Vorgehen: Neben einem neuen resp. aktualisierten Lebenslauf hatte sie Semesterberichte über die nächsten beiden Semester einzureichen – bis zum 15. August 1961 und 1. März 1962. Auch sollte sie bis zum 23. Mai und 23. November die Namen von mindestens zwei Hochschullehrern angeben, die »ausführliche, auf persönlicher Kenntnis beruhende Aussagen« über sie treffen könnten. Diese würden eine wichtige Grundlage für die Entscheidungsfindung bilden. »Fleißzeugnisse und ›Scheine‹«, heißt es indes, »geben demgegenüber nur bedingt verwertbare Aufschlüsse.« Am 20. Mai 1961 benannte Ensslin Martin Christadler (siehe zur Person Anm. 53) vom Englischen Seminar der Universität Tübingen und Klaus Ziegler vom Deutschen Seminar.

II. Zweites Auswahlverfahren 1961/62[50]

1. Bewerberbogen vom 13. November 1961 (unterschrieben von Gudrun Ensslin am 23. November 1961)[51]

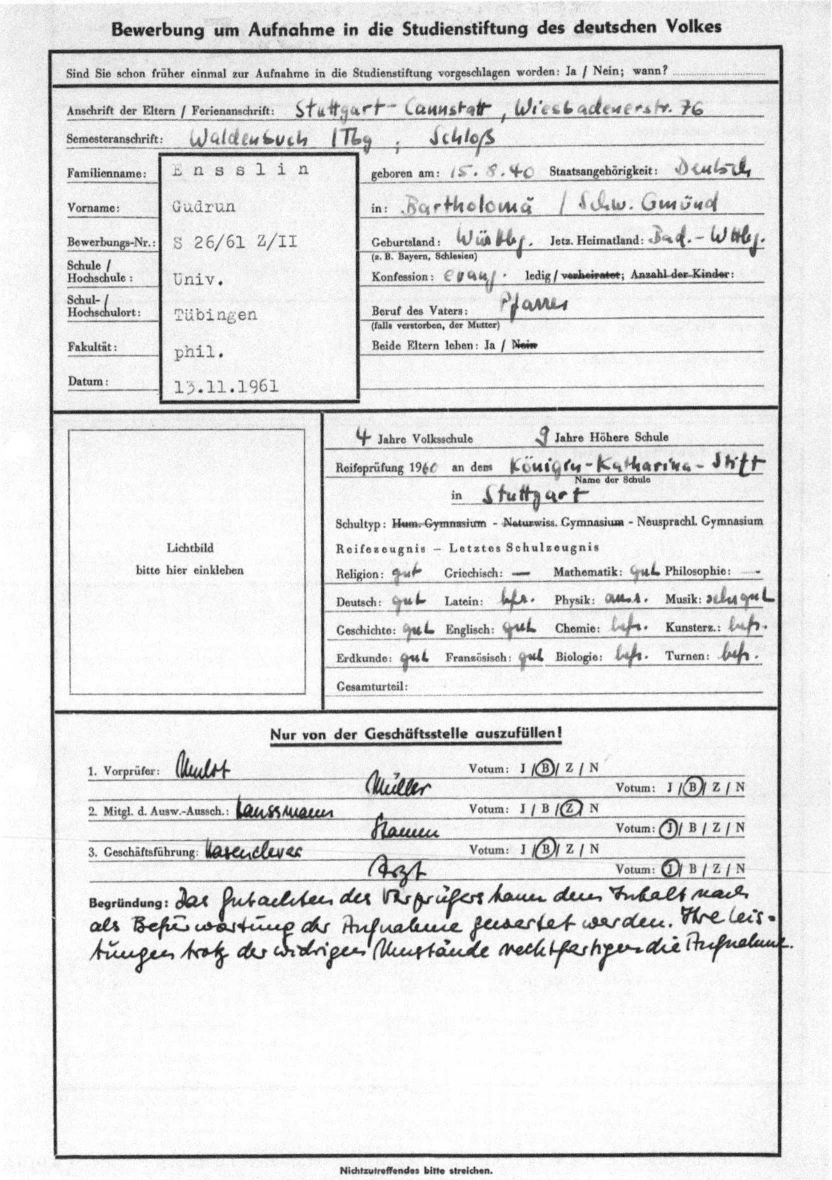

Bewerbung um Aufnahme in die Studienstiftung des deutschen Volkes

Sind Sie schon früher einmal zur Aufnahme in die Studienstiftung vorgeschlagen worden: Ja / Nein; wann? ....

Anschrift der Eltern / Ferienanschrift: Stuttgart-Cannstatt, Wiesbadenerstr. 76

Semesteranschrift: Waldenbuch / Tbg; Schloß

Familienname: Ensslin
Vorname: Gudrun
Bewerbungs-Nr.: S 26/61 Z/II
Schule / Hochschule: Univ.
Schul- / Hochschulort: Tübingen
Fakultät: phil.
Datum: 13.11.1961

geboren am: 15. 8. 40 Staatsangehörigkeit: Deutsch
in: Bartholomä / Schw. Gmünd
Geburtsland: Württbg. Jetz. Heimatland: Bad.-Wttbg.
(z. B. Bayern, Schlesien)
Konfession: evang. ledig / ~~verheiratet~~; ~~Anzahl der Kinder~~:
Beruf des Vaters: Pfarrer
(falls verstorben, der Mutter)
Beide Eltern leben: Ja / ~~Nein~~

Lichtbild
bitte hier einkleben

4 Jahre Volksschule 9 Jahre Höhere Schule
Reifeprüfung 1960 an dem Königin-Katharina-Stift
Name der Schule
in Stuttgart
Schultyp: ~~Hum. Gymnasium~~ - ~~Naturwiss. Gymnasium~~ - Neusprachl. Gymnasium
Reifezeugnis – Letztes Schulzeugnis

Religion:	gut	Griechisch:	—	Mathematik:	gut	Philosophie:	—
Deutsch:	gut	Latein:	bfr.	Physik:	ausr.	Musik:	sehr gut
Geschichte:	gut	Englisch:	gut	Chemie:	bfr.	Kunsterz.:	bfr.
Erdkunde:	gut	Französisch:	gut	Biologie:	bfr.	Turnen:	bfr.

Gesamturteil:

Nur von der Geschäftsstelle auszufüllen!

1. Vorprüfer: Mulot Votum: J / (B) / Z / N
Müller Votum: J / (B) / Z / N
2. Mitgl. d. Ausw.-Aussch.: Haussmann Votum: J / B / (Z) / N
Hansen Votum: (J) / B / Z / N
3. Geschäftsführung: Hasenclever Votum: J / (B) / Z / N
Arzt Votum: (J) / B / Z / N

Begründung: Das Gutachten des Vorprüfers kann dem Inhalt nach als Befürwortung der Aufnahme gewertet werden. Ihre Leistungen trotz der widrigen Umstände rechtfertigen die Aufnahme.

Nichtzutreffendes bitte streichen.

50 Siehe zur Zurückstellung und Wiederaufnahme des Verfahrens die Erläuterung in der vorherigen Fußnote.

51 Am 13. November 1961 erhielt Gudrun Ensslin ein an sie adressiertes Formschreiben, mit

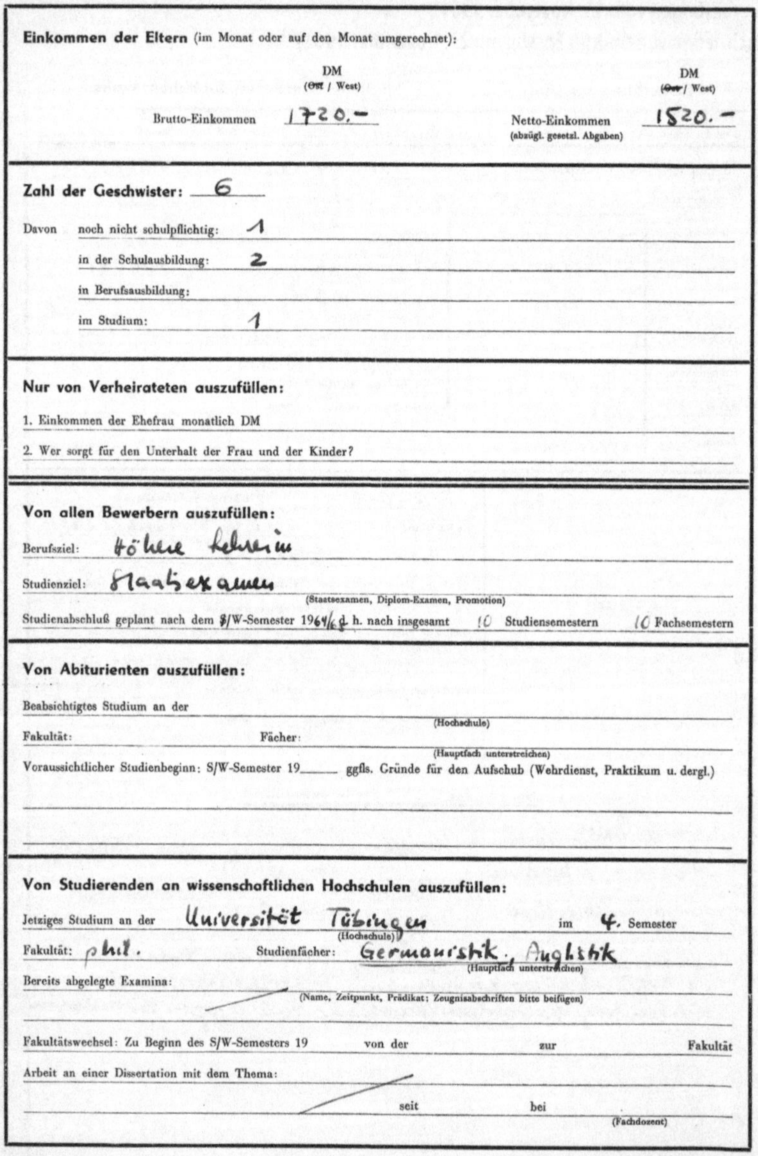

Einkommen der Eltern (im Monat oder auf den Monat umgerechnet):

Brutto-Einkommen DM (~~Ost~~ / West) 1720.–

Netto-Einkommen (abzügl. gesetzl. Abgaben) DM (~~Ost~~ / West) 1520.–

Zahl der Geschwister: 6

Davon noch nicht schulpflichtig: 1

in der Schulausbildung: 2

in Berufsausbildung:

im Studium: 1

Nur von Verheirateten auszufüllen:

1. Einkommen der Ehefrau monatlich DM

2. Wer sorgt für den Unterhalt der Frau und der Kinder?

Von allen Bewerbern auszufüllen:

Berufsziel: Höhere Lehrerin

Studienziel: Staatsexamen (Staatsexamen, Diplom-Examen, Promotion)

Studienabschluß geplant nach dem ~~S~~/W-Semester 1964/65 d. h. nach insgesamt 10 Studiensemestern 10 Fachsemestern

Von Abiturienten auszufüllen:

Beabsichtigtes Studium an der (Hochschule)

Fakultät: Fächer: (Hauptfach unterstreichen)

Voraussichtlicher Studienbeginn: S/W-Semester 19 ggfls. Gründe für den Aufschub (Wehrdienst, Praktikum u. dergl.)

Von Studierenden an wissenschaftlichen Hochschulen auszufüllen:

Jetziges Studium an der Universität Tübingen (Hochschule) im 4. Semester

Fakultät: phil. Studienfächer: Germanistik, Anglistik (Hauptfach unterstreichen)

Bereits abgelegte Examina: (Name, Zeitpunkt, Prädikat; Zeugnisabschriften bitte beifügen)

Fakultätswechsel: Zu Beginn des S/W-Semesters 19 von der zur Fakultät

Arbeit an einer Dissertation mit dem Thema: seit bei (Fachdozent)

dem sie zum Ausfüllen des Bewerberbogens sowie um einen neuen Lebenslauf gebeten wurde. Außerdem sollten von denjenigen, »die uns [der Studienstiftung] im Sommersemester keine Namen genannt haben«, Gutachter angegeben werden. Ensslin nannte in einem Brief vom 22. November 1961 an Hans Gert Hillgruber (*1933, verstorben – Todesjahr nicht ermittelt), der zwischen 1959 und 1964 bei der Studienstiftung tätig war, den 1959 in Tübingen promovierten

Von Studierenden an Kunst- und Musikhochschulen auszufüllen:

Jetziges Studium an der ______ im ______ Semester

Fach: ______ Abitur: Ja / Nein

Auszeichnungen und Preise: ______

Von allen bereits Immatrikulierten auszufüllen:
(Nur bereits beendete Hochschulsemester aufführen)

1.	S/W-Semester 1960	an der Universität	in	Tübingen
2.	S/W-Semester 1960/61	an der Universität	in	Tübingen
3.	S/W-Semester 1961	an der Universität	in	Tübingen
4.	S/W-Semester 19	an der	in	
5.	S/W-Semester 19	an der	in	
6.	S/W-Semester 19	an der	in	
7.	S/W-Semester 19	an der	in	
8.	S/W-Semester 19	an der	in	
9.	S/W-Semester 19	an der	in	
10.	S/W-Semester 19	an der	in	
11.	S/W-Semester 19	an der	in	
12.	S/W-Semester 19	an der	in	

Das Studium wurde vom ______ bis ______ unterbrochen, weil ______

Veröffentlichungen aller Art (Thema, Verlag, Rundfunkgesellschaft, Jahr); wissenschaftliche Preise und Auszeichnungen:

Die Richtigkeit der Angaben versichert:

Tübingen, den 23. Nov. 1961
Ort

Gudrun Ensslin
Unterschrift des Bewerbers

Literaturwissenschaftler Dr. Klaus Betzen (*1926) als Gutachter. Im Dezember 1961 – der Tag ist auf dem Durchschlag jeweils nicht eindeutig lesbar – wandte sich Hillgruber sowohl an Klaus Ziegler als auch an dessen damaligen Assistenten Betzen mit der Bitte um Gutachten. Aufgrund eines Missgeschicks am Lehrstuhl Ziegler gelangten diese jedoch erst im dritten Auswahlverfahren – als Abschriften – an die Studienstiftung. Siehe Akte Ensslin, Dok. III.7.

Einzusenden an die

Geschäftsführung der Studienstiftung des deutschen Volkes

Bad Godesberg, Koblenzer Straße 77

bis zum 28. Nov. 1961

Beizufügen sind:

1. ein ausführlicher, handgeschriebener Lebenslauf
(Format DIN A 4. Bitte auf jeder Seite rechts und links 3 cm Rand lassen)

2. ein Lichtbild (bitte auf der ersten Seite einkleben)

3. eine beglaubigte Abschrift des Abiturzeugnisses
bzw. bei Schülern letztes Schulzeugnis

4. beglaubigte Abschriften von Hochschulzeugnissen
(Keine Fleißzeugnisse und Seminarscheine)

Da alle eingesandten Unterlagen bei den Akten der Studienstiftung verbleiben müssen, bitte keine Originalzeugnisse einsenden.

Überprüfen Sie bitte die auf der ersten Seite von der Geschäftsstelle vorgenommenen Eintragungen auf ihre Richtigkeit (Schreibung des Namens u. ä.). Korrigieren bzw. ergänzen Sie gegebenenfalls bitte auch die Angaben über den Schul- bzw. Hochschulort; aus ihnen soll ersichtlich sein, wo Sie sich in der Zeit zwischen November und Februar aufhalten.

Bitte die Unterlagen nach Möglichkeit vollständig einsenden. Soweit Zeugnisse oder besondere Angaben (z. B. Einkommen der Eltern) in der zur Verfügung stehenden Zeit nicht zu erhalten sind, können sie nachgereicht werden. Schicken Sie aber bitte auf jeden Fall diesen Bewerbungsbogen und Ihren Lebenslauf bis zum angegebenen Termin ein. Verspätungen erschweren die Bearbeitung.

2. Brief Martin Christadlers an den Mitarbeiter Hans Gert Hillgruber vom 29. Juli 1961 (eine Seite, Schreibmaschine)[52]

Dr. Martin Christadler[53] Tübingen, 29. Juli 1961.[54]
Tübingen
Breuningstraße 31

Studienstiftung des deutschen Volkes
z.Hd. Herrn Dr. H. G. Hillgruber[55]
Bad Godesberg

Sehr geehrter Herr Hillgruber,

anbei schicke ich Ihnen das Gutachten für Fräulein Gudrun Ensslin, um das sie mich im Juni gebeten hatten. Trotz Referat und Gespräch fiel es mir schwer, zu einem runden und einhelligen Urteil zu kommen. Hoffentlich haben Sie auch ein paar gewiegtere Interviewer auf sie angesetzt! So [,] wie die Sache jetzt steht, gibt Fräulein Ensslin Versprechungen für die Zukunft, ist aber mit tatsächlichen literarischen Kenntnissen – die mich natürlich besonders interessieren! – etwas zurückhaltend. Sicher ist freilich auch, daß das Mädchen »denken« kann![56]

Mit verbindlichen Empfehlungen
bin ich
Ihr sehr ergebener
M. Christadler[57]

52 Gudrun Ensslin hatte Martin Christadler am 20. Mai 1961 der Studienstiftung gegenüber als potentiellen Gutachter benannt. Hans Gert Hillgruber bat Martin Christadler am 29. Juni 1961 um seine Unterstützung. Er informierte ihn, dass Ensslin um zwei Semester zurückgestellt wurde und die Studienstiftung nun erneut bemüht sei – nicht zuletzt mit Hilfe von Gutachten –, »zu einem eindeutigen Urteil über Persönlichkeit und Begabung der Bewerberin zu gelangen. [...] Es wäre sehr liebenswürdig von Ihnen«, hieß es gegenüber Christadler weiter, »wenn Sie uns schreiben würden, ob und in welcher Weise Fräulein Ensslin sich hervorgetan hat und welchen Eindruck Sie von ihrer wissenschaftlichen Begabung gewonnen haben. Gehört sie nach Ihrer Meinung zu der kleinen Spitzengruppe der Studenten, deren hervorragende Begabung und menschliche Haltung eine großzügige Förderung rechtfertigen? Da Fräulein Ensslin erst im dritten Semester steht, wird eine eindeutige Aussage wahrscheinlich noch nicht möglich sein, es wäre aber sehr interessant für uns zu erfahren, ob Sie Anzeichen dafür festgestellt haben, daß ihre Entwicklung einen günstigen Verlauf zu nehmen verspricht.«

53 Martin Christadler (*1930), Amerikanist; damals wissenschaftlicher Assistent in Tübingen; dort Promotion 1960 mit der Arbeit »Natur und Geschichte im Werk von William Faulkner« (publiziert: Heidelberg 1962); ab 1968 ordentlicher Professor für amerikanische Literatur in Frankfurt a.M; 1973–1981 Herausgeber der »Amerikastudien«.

54 Eingangsstempel vom 31. Juli 1961; außerdem Stempelaufdruck »Zweitbewerbung«.

55 Hillgruber war nicht promoviert.

56 Rechts Anstrich neben dem gesamten Brieftext.

57 Name als Unterschrift.

3. Gutachten Martin Christadlers vom 28. Juli 1961 (eine Seite, Schreibmaschine)

Dr. Martin Christadler Tübingen, den 28. Juli 1961.[58]
Tübingen
Breuningstraße 31

An die
Studienstiftung des
deutschen Volkes
Bad Godesberg

Fräulein Gudrun *Ensslin* nahm an meinem Proseminar über »Amerikanische Lyrik des frühen 20. Jahrhunderts« teil und legte ein |Referat mit dem Titel »Ezra Pound[59] und der Imagismus«|[60] vor. Die schriftliche Arbeit war sorgfältig überlegt und gegliedert, mit Sinn für das Zerlegen eines historischen Komplexes und mit einem scharfen Auge für den Zusammenhang einer literarischen Bewegung.

Aufgrund dieser Arbeit hatte ich von Fräulein Ensslin den |Eindruck eines einigermaßen kühlen und selbständigen Verstandes|,[61] einer bei der so häufigen intellektuellen Verschwommenheit unserer Studenten erfreulich klaren Rationalität, die sich ihrer Möglichkeiten bewußt und vor allem darauf bedacht ist, einer Sache gerecht zu werden. Auch ein längeres Gespräch befestigte diesen Eindruck. Dabei stellte sich außerdem heraus, daß Fräulein Ensslin imstande ist, über persönliche Erfahrungen, etwa bei ihrem Aufenthalt in den Vereinigten Staaten, interessant zu berichten und zur Illustration gut beobachtete charakteristische Einzelheiten auszuwählen.

|Zu bemängeln wären allenfalls ein wenigstens bis jetzt noch nicht sehr ausgeprägtes Gefühl für Problematik und fehlende geistige Intensität, gerade in literarischen Dingen.|[62] Vielleicht äußert sich in dieser sachlichen, am Konkreten bleibenden Nüchternheit aber auch nur die Scheu einer zurückhaltenden Natur vor zu viel Begeisterung und Bekenntnishaftigkeit. Die Tatsache, daß Fräulein Ensslin sich schon als Schülerin mit Dostojewski und Tolstoi befaßte, seither aber – wie sie sagt – alles wieder vergessen habe, kann sowohl auf die eine wie die andere Weise ausgelegt werden.

58 Gutachten mit Stempelaufdruck »Zweitbewerbung«.

59 Ezra Pound (1885–1972), amerikanischer Schriftsteller und Dichter; berühmt vor allem für sein Hauptwerk »The Cantos«. Der Imagismus, zu dessen Hauptvertretern Pound zählte, enstand um 1912 und war bis etwa 1917 eine literarische Bewegung in Großbritannien, Irland und den Vereinigten Staaten, die eine von Sentimentalität befreite Alltagssprache in die Lyrik einbinden wollte, dabei auf sprachliche Knappheit und Genauigkeit wert legte.

60 Handschriftliche Unterstreichung.

61 Handschriftliche Unterstreichung.

62 Handschriftliche Unterstreichung.

Im ganzen glaube ich, dass Fräulein Ensslin zu sehr guten, wenn auch nicht hervorragenden Leistungen befähigt ist.

Dr. M. Christadler[63]

4. Gutachten Klaus Zieglers vom 2. August 1961 (zwei Seiten, Schreibmaschine)[64]

Universität Tübingen
Deutsches Seminar
Professor Dr. Klaus Ziegler

Tübingen, 2. August 1961[65]
Wilhelmstraße 36

An die
Studienstiftung des Deutschen Volkes
Bad Godesberg
Koblenzer Str. 77

Betr.: Gutachten über die Aufnahme von stud. phil. Fräulein Gudrun *Ensslin* in die Studienstiftung des Deutschen Volkes

Das Bild, das sich, vermittelt durch eingehendere Besprechungen, mir am Schluß dieses Sommer-Semesters 1961 über Persönlichkeit, Leistung und Begabung Frl. E.s ergeben hat, stimmt in seinen entscheidenden Grundzügen immer noch mit den Auffassungen überein, die ich in meinem eingehenden Gutachten vom 31. Januar d. J. dargelegt habe, auf das ich zur Abkürzung meiner jetzigen Stellungnahme also auch in diesem Zusammenhang nachdrücklich zurückverweise.[66]

Im Vergleich zum Begabungs- und Leistungsdurchschnitt der übrigen Studenten lautet mein Urteil, das übrigens mit dem anderer hiesiger Fachvertreter völlig übereinstimmt, immer noch grundsätzlich positiv. Auch den durch das jetzt beendete Semester vermittelten Eindrücken zufolge kann die Begabung und Leistung Frl. E.s als eindeutig überdurchschnittlich gelten. Andererseits hat sie die in meinem früheren Gutachten erwähnten methodischen Schwächen einer manchmal zu stark ans individuell Persönliche und subjektiv Gefühlsmäßige gebundenen Betrachtungsweise immer noch nicht ganz überwunden. Demgemäß kann man sie trotz ihrer überdurchschnittlichen Begabung und Leistung

63 Name als Unterschrift.

64 Hillgruber bat Ziegler am 15. Juni 1961 um ein Gutachten über Ensslin. Nahezu wortgleich entsprach dieser Brief dem Tenor des Schreibens von Hillgruber an Christadler vom 29. Juni 1961 (siehe Anm. 52).

65 Handschriftliche Eingangsnotiz von Hillgruber am 3. August 1961. Außerdem trägt das Schreiben den Stempelaufdruck »Zweitbewerbung«.

66 Siehe Zieglers Gutachten vom 31. Januar 1961: Akte Ensslin, Dok. I.7.

gegenwärtig nicht zur höchsten »Spitzengruppe« der Studenten mit wirklich »hervorragenden« Studienleistungen rechnen.[67]

Auch persönlich ragt Frl. E. dank der Vielseitigkeit, Lebendigkeit und Echtheit ihrer Interessen, die den reinen Fachbereich merklich überschreiten, über den studentischen Durchschnitt hinaus. Andererseits macht ihre Persönlichkeit einen noch relativ jungen, d. h. noch nicht endgültig geklärten und gefestigten, vielfach noch tastenden und in mancher Hinsicht sogar etwas zur Sprunghaftigkeit neigenden Eindruck.

So sind die Schwächen und Grenzen Frl. E.s, von denen in meinem früheren Gutachten die Rede war, auch heute noch grundsätzlich nicht behoben. Doch scheint mir Frl. E. während des letzten Semesters sowohl in persönlicher wie wissenschaftlicher Hinsicht merklich positive Fortschritte gemacht zu haben, die zur Hoffnung auf eine weiterhin günstige Entwicklung Anlaß geben. Es kommt hinzu, daß Frl. E. sowohl an Semestern wie an Jahren ja wirklich noch sehr jung ist. Deshalb möchte ich im Sinn eines zusammenfassenden Gesamtergebnisses meiner Darlegung dafür plädieren, die Frage der Aufnahme Frl. E.s in die Studienstiftung, wie es als Möglichkeit ja auch schon von Seiten der Studienstiftung selber ins Auge gefaßt worden war, |noch für ein weiteres Semester offen zu lassen|,[68] sie während des kommenden Winter-Semesters auf ihre menschliche und wissenschaftliche Entwicklung hin weiterhin genau zu beobachten und erst nach Abschluß des nächsten Semesters nach erneuter sorgfältiger Prüfung die Frage der Aufnahme endgültig zu entscheiden.

Klaus Ziegler[69]

5. Lebenslauf, undatiert (Ende November/Dezember 1961; vier Seiten, handschriftlich)

Gudrun Ensslin
Waldenbuch/Tbg
im Schloß[70]

Lebenslauf

Am 15. August [1940][71] wurde ich als viertes von sieben Kindern dem Pfarrer Helmut Ensslin in Bartholomä geboren. Meine ersten vier Grundschuljahre ver-

67 Links Anstrich neben dem gesamten Absatz. »Spitzengruppe« und »hervorragenden« sind in Anführungszeichen gesetzt, weil Ziegler damit wörtlich auf zwei Begriffe aus dem Anschreiben an ihn vom 15. Juni 1961 rekurrierte.

68 Handschriftlicher Anstrich; links daneben sind zwei Ausrufungszeichen gesetzt.

69 Name als Unterschrift.

70 Gudrun Ensslin teilte sich in jener Zeit die Ein-Zimmer-Dienstwohnung mit ihrer Tante Gertrud Hummel, die Volksschullehrerin in Waldenbuch war. Die Schule befand sich im Schloss. Vgl. Kapellen, Doppelt leben (Anm. 9), S. 84.

71 Das Jahr wurde in der Akte handschriftlich ergänzt; am rechten Rand ist »Jahr?« vermerkt.

brachte ich teils in Bartholomä, teils in Tuttlingen. Im September 1950 wurde ich in das Gymnasium Tuttlingen aufgenommen, das ich im Juni 1958 verließ, um ein Jahr als Austauschschülerin in den Vereinigten Staaten zu verbringen. Dieses eine Jahr in Warren/Pennsylvania, in Schule, Kirche, Familie war für mich eine Zeit des glücklichen und eigentlich mühelosen Erwachens: Ich wurde wach für die Lebensart und Denkweise eines fremden Volkes, damit auch wach für mein Volk und nicht zuletzt für mich selbst. Das schulische Wissen, das ich als Senior (12. Schuljahr) an einer American High School gewann und das sich im sog. Graduation-Diploma[72] dokumentiert, zählt für mich weniger als das, was durch Erlebnis und Erfahrung mein Eigentum wurde.

Meine Eltern waren während meiner Abwesenheit umgezogen. So wurde ich im September 1959 Schülerin des Königin-Katharina-Stifts Stuttgart. Dort bestand ich im März 1960 das Abitur. Im Sommer desselben Jahres begann ich das Studium der Germanistik und Anglistik an der Universität Tübingen. Ebendort bin ich jetzt im vierten Semester.

Der Berufswunsch war beim Entschluß zum Studium das Primäre, Fächerwahl das Sekundäre. Ich wollte immer und will es in meinem zukünftigen Beruf mit jungen, noch in der Entwicklung stehenden Menschen zu tun haben. Mir ist heute deutlich, was ich selbst vor Jahren unbewußt erfuhr: Daß ein Lehrer oder eine Lehrerin die Entwicklung eines Zwölfjährigen, eines Sechzehnjährigen beeinflussen kann; daß junge Menschen eine starke, lenkende Hand brauchen und sie – mehr oder weniger bewußt – auch wollen. Ich glaube, von den vielen Enttäuschungen und Grenzen wenigstens ahnungsweise zu wissen, die sich dieser Überzeugung entgegenstellen werden. Trotzdem möchte und kann ich die Gründe nicht anders formulieren.

Beim Studium zur höheren Lehrerin wird auch die Seite meines Wunsches erfüllt, möglichst lange Zeit für mich selbst zu lernen, um zu besitzen und weiterzugeben. Bei der Fächerwahl war einmal die »spielende« Liebe zum Fach Deutsch entscheidend, zum andern das Schon-Können und Schon-Kennen einer Sprache und eines Volkes. Ohne falsche Illusionen, aber mit großer Zuversicht in die Freiheit einer Universität und meiner selbst habe ich das Studium begonnen. Die vergangenen drei Semester haben diese Zuversicht nicht zerstört; aber sie haben sie belastet mit einer – letztlich nun fruchtbaren – Skepsis gegenüber meinen Kräften. Soweit es meinem Denken und Wollen entsprechen kann, werde ich dieses Studium beenden. Auch hoffe ich, immer offen zu sein und zu bleiben für alles Nicht-Fach-Wissen und Erfahrungen, ohne die das Fachwissen isoliert bleibt.

Das Sommersemester würde ich gerne an der Universität Berlin verbringen; mindestens eines der drei nächsten Semester möchte ich nach Möglichkeit an einem College in England sein. Ich halte es für wichtig, daß man lernt, sich in neue Selbständigkeit und neue Methoden einzufinden. Nach wie vor aber weiß

72 Siehe die beglaubigte Abschrift des Zeugnisses: Akte Ensslin, Dok. I.3.

ich, daß die Stunden über einem Buch – ob in London oder Berlin oder Tübingen – letztlich ein gutes Studium ausmachen.

Gudrun Ensslin

6. Brief des Auswahlausschussmitglieds Walter Haußmann an die Studienstiftung vom 12. Januar 1962 (eine Seite, Schreibmaschine)

Eberhard-Ludwigs-Gymnasium	Stuttgart N, den 12. Jan. 1962
Stuttgart	Herdweg 72
	Fernsprecher (Durchwahl) 2491–3513

Betr.: Akte Gudrun Enßlin S 26 (Zweitbewerbung)[73]

Die Bewerberin war mir schon im letzten Jahr, bei ihrer Erstbewerbung, zugewiesen worden. Da es sich nach dem Akteninhalt auch in diesem Jahr wahrscheinlich um eine nicht einfache Entscheidung handeln wird, habe ich Herrn Dr. Stamm gebeten, den Fall zu übernehmen; ich habe ihm ein besonderes Gutachten zugesagt[74], da ich in diesem Jahr mehrere Gespräche mit der Bewerberin hatte und die Familienverhältnisse gut kenne. Es lag mir aber daran, daß der Fall im Auswahlausschuß von einem Mitglied vertreten wird, der die Bewerberin neu kennenlernt und keine persönlichen Beziehungen zu der Familie der Bewerberin hat.[75] Herr Dr. Stamm[76] hat zugesagt und wird noch einen besonderen Vorprüfer bitten, sich die Bewerberin anzusehen. Er hat die Akte bereits erhalten.[77]

Haußmann[78]

73 »S 26« bezieht sich auf die auf dem Bewerberbogen vom 13. November 1961 (Akte Ensslin, Dok. II.1.) verzeichnete Bewerbungsnummer.

74 Siehe Haußmanns Gutachten vom 21. Januar 1962: Akte Ensslin, Dok. II.7.; zu Stamm Anm. 76.

75 Haußmann kannte Gudrun Ensslin bereits aus dem ersten Auswahlverfahren. Auch war Ensslins Bruder Gottfried Schüler an seinem Gymnasium, wie er im Gutachten vom 7. Januar 1961 festhielt. Siehe Akte Ensslin, Dok. I.5.

76 Dankwart Stamm (1924–1994); 1950 Promotion zum Dr. med., ab 1955 wissenschaftlicher Assistent bei Adolf Butenandt am Max-Planck-Institut für Biochemie zunächst in Tübingen, dann in München; 1959–1962 Chefredakteur der »Deutschen Medizinischen Wochenschrift« in Stuttgart; 1962 Promotion zum Dr. rer.nat.; ab 1963 Leiter der Klinischen Abteilung der Chirurgischen Universitätsklinik in Gießen; 1966 Habilitation; ab 1966 Leiter der Abteilung für Klinische Chemie am Max-Planck-Institut für Psychiatrie in München. Vgl. Gestorben Prof. Dr. med. Dr. rer.nat. Dankwart Stamm, in: Deutsches Ärzteblatt 91, Heft 22/23, 6. Juni 1994 (95), A-1655; Johannes Büttner, In memoriam Dankwart Stamm, in: European Journal of Clinical Chemistry and Clinical Biochemistry, 32 (1994), S. 425–427.

77 Auf dem Aktendeckel blieb Haußmann als Mitglied des Auswahlausschusses eingetragen, das die Akte am 3. Januar 1962 erhielt.

78 Name als Unterschrift.

7. Gutachten Walter Haußmanns vom 21. Januar 1962 (zwei Seiten, Schreibmaschine)

Eberhard-Ludwigs-Gymnasium	Stuttgart N, den 21. Jan. 1962
Stuttgart	Herdweg 72
Direktor	Fernsprecher 2491/3513

Gutachten über Fräulein Ensslin

Die Bewerberin hat in den letzten beiden |Semestern eine ungewöhnliche Studienleistung vollbracht: sie hat unter sehr schwierigen häuslichen Umständen und seelischen Belastungen außer ihren Vorlesungen| und Übungen in ihren Studienfächern |Griechisch nachgelernt| und ein Referat fertig gestellt, dessen |Beurteilung| noch |aussteht|.[79]

Während der Ferien erlebte sie mit, wie ihr älterer Bruder plötzlich eine schwere seelische Krise erfuhr, die seine Unterbringung in einer Heilanstalt notwendig machte.[80] Sie mußte seitdem einen großen Teil ihrer Arbeitskraft zur Unterstützung ihrer Familie verwenden; sie hat auch durch Ferienarbeit Geld verdient. In Tübingen wohnt sie aus Ersparnisgründen bei einer Tante, deren Umgang für sie ebenfalls manche Belastung bringt.[81] Man muß diese Umstände wissen, um ihrer Leistung gerecht zu werden. |Ich habe sie im Griechischen geprüft| und dabei festgestellt, daß sie das Graecum am Ende dieses Semesters |aller Voraussicht nach bestehen wird|;[82] sie hat ein natürliches Kombinationsvermögen und gute Grammatikkenntnisse. Da der Durchschnittsstudent beim Nachlernen von Griechisch mindestens während eines Semesters kaum Zeit für andere Studien hat, ist diese Leistung hoch zu veranschlagen. In ihrem Studium hat sie einen Schwerpunkt im Englischen, vor allem in der amerikanischen Li-

79 Jeweils handschriftliche Unterstreichungen in der Akte. Hinter dem Absatz findet sich hinzugetragen: »(s.gt.)«. Siehe auch Walter Haußmanns Aktenvermerk vom 2. März 1962, in dem er Ensslins Mitteilung über die mit »sehr gut« benotete Novalis-Arbeit sowie das Bestehen des Graecums festhält. Die Akte enthält auch das »Zeugnis über die abgelegte Ergänzungsprüfung in Griechisch« und das bestandene Graecum vom 14. Februar 1962. Den Schein mit der Note »sehr gut (I)« zum Proseminar »Der romantische Roman« bei Klaus Betzen wurde am 27. Februar 1962 ausgestellt. Darauf ist auch das Referatsthema festgehalten: »Geschichte u. Zeit als gehaltliches u. formales Element in ›Heinrich von Ofterdingen‹ von Novalis«.

80 Gemeint ist Ensslins Bruder Ulrich (siehe Anm. 9), der psychisch schwer erkrankte und 1962 sein Medizinstudium abbrechen musste. Vgl. Gudrun Ensslin/Bernward Vesper, »Notstandsgesetze von Deiner Hand«. Briefe 1968/1969, hrsg. von Caroline Harmsen, Ulrike Seyer und Johannes Ullmaier. Mit einer Nachbemerkung von Felix Ensslin, Frankfurt a. M. 2009, S. 6; Ensslin/Ensslin, »Zieht den Trennungsstrich jede Minute« (Anm. 9), S. 90f. In den »Erläuterungen« zur Stipendienberechnung vom 1. März 1966 schrieb Gudrun Ensslin: »Mein 28jähriger Bruder Ulrich, früher Medizinstudent, ist seit längerem nervenkrank und zur Zeit in einer Klinik. Eine Heilung ist nicht abzusehen, sodaß zunächst weder an eine Wiederaufnahme des Studiums noch an eine andere Arbeit zu denken ist.«

81 Siehe Anm. 70.

82 Unterstreichungen jeweils in der Akte.

teratur, gefunden. Sie hat ein persönliches Engagement zur modernen amerikanischen Lyrik; daß sie damit eine Passion für Musil[83] und ein (durch ein Seminar angeregtes) lebhaftes Interesse für Existenzphilosophie verbindet, scheint mir für sinnvolles Studieren zu sprechen.

Ihre Urteile über die Universität zeigen die freie Unbekümmertheit, die sie in Amerika kennengelernt hat. Sie hat nur den einen, sehr begreiflichen Wunsch, bald von Tübingen und Stuttgart wegzukommen. Das ist ihr spätestens im Herbst 1963 möglich; sie hat gute Aussicht, für einige Monate als Fulbright-Stipendiatin in Amerika studieren und zugleich Deutschunterricht an einem College geben zu können.[84] Das Sommersemester möchte sie gerne in Berlin verbringen; das ist nur möglich, wenn sie einen Zuschuß erhält. Es spricht sehr für sie, daß sie erklärt hat, sie möchte jetzt lieber abgelehnt als zurückgestellt werden, und daß sie notfalls eine Förderung durch eine andere Stiftung, die zinslose Darlehen gibt, mit der Verpflichtung zu späterer Rückzahlung annähme, um ihre zur Zeit bedrängten Eltern zu entlasten und doch auswärts studieren zu können.

Die Bewerberin ist selbst nach meinem Urteil von jeder psychischen Labilität völlig frei; sie ist gesund, tüchtig, klar und in jeder Hinsicht – ob sie eine kranke Großmutter pflegen muß oder ihrer Mutter im Haushalt beistehen – praktisch, hilfsbereit und zuverlässig. Ich bin der Meinung, daß man sie aufnehmen sollte. Man kann von einer zweifellos intellektuell hochbegabten, selbständigen und ungewöhnlich engagierten jungen Studentin nach 3 Semestern keine höhere Leistung verlangen, von ihren persönlichen Erschwernissen ganz abgesehen.[85] Wenn das noch ausstehende Hochschulgutachten über ihr Novalis-Referat[86] eindeutig positiv ist, scheint mir der Fall ganz klar zu liegen, und ich wünsche ihr die Aufnahme auch in der Überzeugung, daß sie sich sehr belebend und gemeinschaftsstiftend in eine Studienstiftlergruppe einfügen wird. Den Amerikaaufenthalt 1963 habe ich ihr auf alle Fälle empfohlen; sie muß Distanz vom Schwabenland gewinnen und ist tüchtig genug, sich am Ende auch ohne Stipendien weiterzuhelfen – aber es ist schade, wenn sie noch in höheren Semestern die Ferien als Hilfskraft bei einer Lebensversicherung, neben Krankenpflege und Griechischlernen, verbringen müßte wie in diesem Jahr.

Ja Haußmann[87]

83 Robert Musil (1880–1942), österreichischer Schriftsteller und Theaterkritiker; berühmt vor allem durch seinen unvollendeten Roman »Der Mann ohne Eigenschaften«.

84 Zu entsprechenden USA-Aufenthalten ist es nicht gekommen. Stattdessen intensivierte Ensslin in jener Zeit ihr verlegerisches Engagement (siehe Anm. 124).

85 Links Anstrich neben diesem Satz.

86 Siehe insbesondere das erst im dritten Aufnahmeverfahren berücksichtigte Gutachten Klaus Betzens vom 17. April 1962: Akte Ensslin, Dok. III.7.

87 Name als Unterschrift.

8. Gutachten des Vorprüfers Walter A. Müller vom 29. Januar 1962 (zwei Seiten, Schreibmaschine)

Robert Bosch-Krankenhaus
Dr. W. A. Müller[88]
Chefarzt der II. inneren Abteilung

Stuttgart N, 29. Januar 1962
Hahnemannstraße 1 Dr. Mü/Nd
Tel. 811 56–59

Herrn
Dr. med. Dankwart Stamm
Stuttgart-Wangen
Tettnanger Straße 22

Sehr geehrter, lieber Herr Stamm!

Am 27.1.1962 habe ich mich einmal[,] entsprechend Ihrer Bitte, eine Stunde lang mit Fräulein Gudrun *Ensslin*, der Anwärterin für die Studienstiftung des Deutschen Volkes[,] unterhalten. Ich hatte folgende Eindrücke gewonnen.

Fräulein Ensslin erschien mir in ihrer Gemütslage ausreichend ausgeglichen, vielleicht ein wenig manisch in ihrem Temperament, das durchaus echt wirkte und in Anbetracht der »Prüfungssituation« nichts Übertriebenes oder Verkrampftes erkennen ließ. Bei unbefangener Unterhaltung hatte man nicht den Eindruck einer schizoiden Persönlichkeit und insofern scheinen zunächst keine Bedenken seitens belastender Familienveranlagungen zu bestehen.[89]

Das Verhalten ist relativ zwanglos, ein klein wenig burschikos. Hier dürfte sich ausgewirkt haben, daß Frl. E. in einer kinderreichen Familie aufwuchs und den größten Teil ihrer Schulzeit zusammen mit Jungen verbrachte.[90] Auch der Einfluß des intensiven (in sozialer Hinsicht) amerikanischen Schullebens spiegelt sich hier wider.

Die Gedankenwelt von Frl. E. ist reich an Einfällen. Es stehen ihr viele Gedankeninhalte zur Verfügung, die sie rasch zu verknüpfen weiß[,] und mit

88 Walter A. Müller (1919–1982), Mediziner; ab 1956 gemeinsam mit Gerhard Seybold Leiter des Robert-Bosch-Krankenhauses; zuvor 1952–1956 Assistent am Max-Planck-Institut für Biochemie und am Physiologisch-Chemischen Institut für Biochemie der Universität Tübingen (zur selben Zeit, als auch Auswahlausschuss-Mitglied Dankwart Stamm dort tätig war: siehe Anm. 76); Promotion 1946; Facharzt für innere Medizin 1953; Verleihung des Professorentitels 1973; siehe Thomas Faltin, Homöopathie in der Klinik. Die Geschichte der Homöopathie am Stuttgarter Robert-Bosch-Krankenhaus von 1940–1973, Stuttgart 2002, S. 369–371. – Müllers Gutachten fand ausdrücklich Eingang in das Urteil des Landgerichtes Frankfurt (»Brandstifterurteil«) vom 31. Oktober 1968, in: Die Baader-Meinhof-Gruppe, zusammengestellt von Reinhard Rauball, Berlin/New York 1972, S. 169.

89 Hier dürfte nicht zuletzt die schwere psychische Erkrankung von Ensslins Bruder Ulrich gemeint sein. Vgl. Anm. 9 und 80.

90 Allerdings war das Königin-Katharina-Stift, an dem Ensslin das Abitur absolvierte, ein Mädchengymnasium.

lebendigem Geist laufen eine Vielzahl von Assoziationen bei ihr ab. Die sprudelnden Gedankengänge sind in der Regel auch richtig gewertet und betont, häufig jedoch nicht sehr systematisch geordnet. Überhaupt habe ich den Eindruck gewonnen, daß Frl. E. über ein gutes Gedächtnis und eine reiche Kombinationsgabe verfügt, daß jedoch die Auswahl der Gedankengänge nicht streng systematisch und pedantisch ordnend erfolgt, vielmehr vom Einfall des Augenblicks und einem guten Gefühl für das Richtige und Wertvolle gesteuert wird.[91] Trotz des ungezwungenen und unbefangenen Verhaltens scheinen also Gefühlsmomente eine starke Rolle zu spielen. Dabei fehlt es, wie meist bei der heutigen Jugend, die ohne ausgesprochene Leitbilder aufzuwachsen pflegt, nicht an einem gerüttelten Maß an allgemeinem Skeptizismus und damit verbunden an einer kritischen Einstellung. Nur scheint die kritische Denkweise nicht mit Akribie und langsam und gründlich vorzugehen. Ich glaube daher, daß die Begabung von Frl. E. mehr in der Lebendigkeit ihrer Interessen, dem Einfallsreichtum ihres Geistes, dem lebendigen Gefühl für das Schöne und Wertvolle als einem eigentlichen wissenschaftlichen Denkvermögen liegt. Sie ist beispielsweise durchaus in der Lage, die Vor- und Nachteile der deutschen und amerikanischen Schulsysteme eindrucksmäßig richtig wiederzugeben, ohne daß ihre Argumentation im Einzelnen ganz folgerichtig und stichhaltig wäre.

Die Frage, ob man sie zur Aufnahme der Studienstiftung vorschlagen kann, könnte ich nur beantworten, wenn ich genau über die Auswahlregeln dieser Stiftung Bescheid wüßte. Wird es als Zweck dieser Stiftung angesehen, diejenigen Studenten zu fördern, die einmal versprechen, die Wissenschaft als Ganzes durch hervorragende Leistungen zu fördern, so würde ich eine Aufnahme ablehnen. Frl. E. besitzt keine hervorstechende wissenschaftliche Begabung im Sinne eines besonders ausgeprägten logischen Denkvermögens oder eines strengen Ordnungsvermögens ihrer Gedankeninhalte, ist dagegen einfallsreich und geistig sehr lebendig. Sollte die Studienstiftung dagegen solche junge[n] Menschen zu fördern beabsichtigen, die einmal versprechen, nach Abschluß ihrer akademischen Ausbildung eine sehr gute Befähigung für ihren Beruf zu haben und die im Interesse der Allgemeinheit mit Nutzen und Gewinn einen akademischen Beruf ausüben, so möchte ich Frl. E. unbedingt zur Aufnahme für die Studienstiftung vorschlagen.[92] Man darf wohl mit großer Wahrscheinlichkeit erwarten, daß Frl. E. zwar keine überragende Wissenschaftlerin, jedoch eine sehr gute Lehrerin an einer höheren Schule wird. Für eine solche Berufsaufgabe erscheint mir die positive Seite der Bilanz, bestehend in Ideenreichtum, Einfühlungsvermögen für die Umgebung, natürliches Gefühl und die Gabe, andere zu begeistern, bei einem klaren und hellwachen Verstand wichtiger, als das negativ zu wertende, wenig ausgeprägte, streng logisch entwickelnde Denken. Charak-

91 Links Anstrich neben diesem Satz.
92 Links zwei Anstriche neben diesem Satz.

terlich schätze ich Frl. E. sehr hoch ein. Sie ist sehr ehrlich gegenüber sich selbst, aufgeschlossen für alle Fragen, wohl auch mit einer musischen Begabung und von feinem Einfühlungsvermögen.

Ich hoffe, Ihnen durch meinen Hinweis die Entscheidung ein wenig erleichtert zu haben und bin mit vielen freundlichen Grüßen stets

Ihr
W. A. Müller[93]
(Dr. W. A. Müller)

9. Gutachten des Auswahlausschussmitglieds Dankwart Stamm vom 20. Februar 1962 (eine Seite, Schreibmaschine)

Dr. med. Dankwart Stamm
Stuttgart-Wangen – Tettnanger Strasse 22 – Telefon 338119

Gutachten über Fräulein Gudrun Ensslin

Fräulein Ensslin suchte mich am 3. Februar zu einem Gespräch auf. Es saß mir ein froher, lebhafter junger Mensch mit schnellen, zutreffenden Assoziationen gegenüber, eine Freude, sich mit ihr zu unterhalten. Sie scheute sich nie, ihre ehrliche Meinung zu sagen. Die Persönlichkeit ist in dem Vorgutachten von Herrn Dr. W. A. Müller hinreichend gewürdigt worden.[94] Ich stimme mit ihm überein, daß Fräulein Ensslin eine sehr gute Lehrerin wird.

Ihre kritische Stellungnahme zu der amerikanischen Kirche und zu dem Suburbanismus wurden mit guten Argumenten, die auch Gegenfragen standhielten, überzeugend vorgetragen.

Bewundernswert ist ihre vermittelnde Haltung zwischen dem an einer Depression erkrankten Bruder und dem von ihm mit Vorwürfen überhäuften Vater.[95] Welcher junge Mensch ihres Alters vermag in einer solchen schwierigen Konfliktsituation mit so sicherem Urteil zu helfen. Der persönliche Einsatz bei der Erkrankung des Bruders, in der Pflege der Großmutter, die Hilfe im elterlichen Haushalt, mit derzeit fünf Geschwistern sind ganz außergewöhnlich.

Wenn es unter diesen widrigen äußeren Umständen einer Studentin gelingt, neben der ausreichenden Vorbereitung auf das Graecum, die von Herrn Dr. Haußmann testiert wird,[96] noch ein Referat über Novalis auszuarbeiten, dann

93 Name als Unterschrift.
94 Siehe Müllers Gutachten vom 29. Januar 1962: Akte Ensslin, Dok. II.8.
95 Siehe zu Ulrich Ensslins psychischer Erkrankung Anm. 9 und 80.
96 Siehe Haußmanns Gutachten vom 21. Januar 1962: Akte Ensslin, Dok. II.7.

ist dies eine hervorstechende Leistung, die man als fachliche Bewährung ansehen muß.

Votum: Ja Stamm.[97]
Stuttgart, den 20. Februar 1962[98]

10. Brief Walter Haußmanns an den Referenten Helmut Arzt vom 29. März 1962 (zwei Seiten, handschriftlich)

Lieber Herr Arzt, Stuttgart, den 29. März 1962

ich habe sehr freundliche Erinnerungen an unsere Unterhaltungen und an unsere Cembalo-Erkundungen und hoffe, daß diese Kommunikation sich fortsetzt.

Wie immer, bewegen mich im Rückblick zwiespältige Gefühle, eigene und fremde wahrscheinliche Fehlentscheidungen anlangend, und nun habe ich mir vorzuwerfen, daß ich Sie nicht über den Fall Gudrun Enßlin besser informiert habe. Ich bin völlig sicher, daß diese Ablehnung im Vergleich zu anderen Entscheidungen (in meiner Gruppe) falsch und ungerecht ist, weil das 2. Gutachten Ziegler,[99] das wahrscheinlich den Ausschlag gegeben hat, in seiner Gültigkeit stark zu bezweifeln ist. Fräulein Ensslin hat bestimmt versichert, daß sie im letzten Semester kein Gespräch mit Prof. Ziegler hatte und nur einmal von ihm begrüßt und nach ihrem Ergehen befragt worden sei; um sicher zu gehen, habe ich diese Versicherung Herrn Dr. Stamm mitgeteilt, der Frl. Enßlin ebenfalls danach gefragt und dieselbe Auskunft bekommen hat. Da wir beide diese im Grunde nur aus einer Erinnerungstäuschung oder Verwechslung erklärliche Sonderbarkeit aus begreiflichen Gründen nicht publik machen konnten, ist nun nach meinem Eindruck ein wirkliches Unrecht geschehen, und ich bedaure sehr, Sie nicht davon informiert zu haben. So sehr ich mich über die Aufnahme von Frl. K.[100] freue, so sicher bin ich auch, dass Frl. Enßlin nach ihrer

97 Name als Unterschrift.

98 Wenngleich das Gutachten des Vorprüfers Müller in der Summe als Ja-Votum gewertet und so auch auf dem Bewerberbogen verzeichnet wurde und der zuständige Referent Helmut Arzt ebenfalls für Aufnahme stimmte, entschied der Auswahlausschuss 1962 dagegen – mit 12 Stimmen für Ablehnung bei einer Enthaltung. Siehe das Einzelprotokoll des Auswahlausschusses der Studienstiftung 1962 [März 1962] sowie den Bewerberbogen vom 13. November 1961: Akte Ensslin, Dok. II.1. Brieflich teilte die Studienstiftung Gudrun Ensslin mittels eines personalisierten Formbriefs die Ablehnung am 2. April 1962 mit. Helmut Arzt (1922–1993), Philosoph; wurde 1951 mit der Arbeit »Die Erörterung der Zeit bei Aristoteles« in Freiburg promoviert; arbeitete zwischen 1960 und 1963 bei der Studienstiftung; unterrichtete später Philosophie an der RWTH Aachen.

99 Siehe Zieglers Gutachten vom 2. August 1961: Akte Ensslin, Dok. II.4.

100 Anonymisiert.

Persönlichkeit und ihrer Studienbewährung ihr mindestens ebenbürtig ist. Ich bin mir klar darüber, daß die Entscheidung unanfechtbar gefallen ist und daß diese meine Mitteilung post festum nur dazu dienen kann, Ihr J-Votum nachträglich zu bestätigen. Ich selbst habe gegenüber Frl. Enßlin deshalb ein schlechtes Gewissen, weil sie das Graecum auf meinen Rat hin vorbereitet und abgelegt hat; hätte sie das nicht getan, wäre es ihr wahrscheinlich leicht gefallen, durch zwei weitere Seminararbeiten die »wissenschaftliche Bewährung« zu erbringen, die in einem mit »sehr gut« bewerteten Referat offensichtlich nicht erblickt worden ist. – Nun, sie wird darüber hinwegkommen, und ich auch; aber ich bin doch etwas irre geworden an meinen eigenen Maßstäben, an der Überzeugungskraft meiner Argumente und an der Verläßlichkeit von Gutachten; natürlich weiß ich, daß es viele solcher Fälle gibt und daß keinem Auswahlausschußmitglied solche Anfechtungen erspart bleiben. Ich überlege mir nur, ob ich nicht sofort einen neuen Hochschulvorschlag anregen sollte und könnte, gar nicht so sehr aus querulierender Hartnäckigkeit, sondern weil ich einer Studienstiftlergruppe dieses prächtige Mädchen als Mitglied wünschen möchte; ich fürchte bloß, daß sie selber nunmehr durchaus nicht geneigt sein könnte, eine dritte Bewerbung zu schreiben.

Ich leide noch etwas unter Übermüdungserscheinungen – ich wünsche Ihnen Cembalofreude und ein sonniges Frühjahr.

Mit herzlichen Grüßen

Ihr
Walter Haußmann[101]

101 Referent Helmut Arzt schrieb Walter Haußmann am 3. April 1962, dass er »über die Ablehnung nicht glücklich gewesen sei«, hatte er nach Aktenlektüre doch »einen vorzüglichen Eindruck« von Ensslin gewonnen. Haußmanns Vermutung treffe zu, dass »leider das zweite Gutachten von Professor Ziegler in der Diskussion den Ausschlag gegeben« habe. Da die Entscheidung »nun unanfechtbar gefallen« sei, bestehe »die einzige Möglichkeit einer Korrektur« in einem erneuten Fördervorschlag. Arzt hoffte, dass Ensslin dann doch zu einer dritten Bewerbung bereit sein werde.

11. Brief Gudrun Ensslins an den Referenten Dieter Sauberzweig vom 15. November 1963 (zwei Seiten, handschriftlich)[102]

Gudrun Ensslin
7 Stgt-Bad Cannstadt
Wiesbadenerstr. 76

15-11-1963[103]

Sehr geehrter Herr Dr. Sauberzweig[104],

Sie werden vermutlich aus den Unterlagen meinen Fall kennen: ich wurde im Frühjahr 1962 nicht in die Studienstiftung aufgenommen, obwohl, wie mir Herr Dr. Haußmann sagte, die Gutachten hinreichend gewesen wären, weil Herr Prof. Ziegler, Tübingen, der mir ein Gutachten über eine Novalis-Arbeit gemacht hatte, vergaß, dies Gutachten rechtzeitig einzureichen. Ich bin seit Frühjahr dieses Jahres auf der Paedagog. Hochschule in Schwäb. Gmünd und habe die Absicht, nach meiner Prüfung im Frühjahr 64 wieder auf die Universität zurückkehren, um zu promovieren.[105] Ich habe schon aus finanziellen Gründen Interesse daran, die damals nicht durch meine Schuld verpaßte Chance, in die Studienstiftung aufgenommen zu werden, nach Möglichkeit jetzt zu nutzen. Die damals nicht benutzten Gutachten müßten ja vorliegen.[106] Außerdem bin ich gern bereit, eventuell andere Zeugnisse (Philosophikum, Zwischenprüfung

102 Es ist nicht zu rekonstruieren, was und wer Ensslin motivierte, Ende 1963 wieder aktiv in Kontakt mit der Studienstiftung zu treten. Einiges spricht dafür, dass Walter Haußmann sie dazu ermuntert haben dürfte. Nach der Ablehnung im Jahr 1962 musste den Usancen der Studienstiftung gemäß mindestens ein Jahr vergehen, bis eine erneute Bewerbung möglich wurde.

103 Der Eingangsstempel verzeichnete ebenfalls den 15. November 1963.

104 Siehe zur Person Dieter Sauberzweigs: Akte Meinhof, Anm. 295.

105 Im Frühjahr 1963 wechselte Gudrun Ensslin – wohl auf Druck ihres Vaters – an die Pädagogische Hochschule Schwäbisch Gmünd, um sich als Volksschullehrerin zu qualifizieren. In den »Erläuterungen« zur Stipendienberechnung vom 2. November 1964 schrieb Ensslin: »Aus finanziellen Gründen habe ich mein Studium an der Universität nach dem 6. Semester (Philosophicum) abgebrochen und nach 2 Semestern an der Paedagogischen Hochschule Schwäb. Gmünd (SS 63 – WS 63/64) die ›Erste Dienstprüfung für das Lehramt an Volksschulen‹ abgelegt. Meinem Vater ist es nicht möglich, eine zweite und höhere Berufsausbildung für mich zu finanzieren, da vier Geschwister (3 davon jünger als ich) noch im Studium sind oder zur Schule gehen, mit der Absicht und dem Recht, später ebenfalls zu studieren.« Im März 1964 schloss Gudrun Ensslin ihr Lehramtsstudium in Schwäbisch-Gmünd mit der Gesamtnote »befriedigend« und einer »ausreichenden« Bewertung ihrer Lehrfähigkeit ab, so: Bressan/Jander, Gudrun Ensslin (Anm. 12), S. 403 f. In der Studienstiftungsakte ist lediglich das Ergebnis der Teilprüfung für die Erste Dienstprüfung (Frühjahr 1964) durch eine Bestätigung der PH Schwäbisch Gmünd vom 16. Dezember 1963 dokumentiert, und zwar sowohl in den Fächern »Philosophie/Geschichte d. Pädagogik« als auch Soziologie jeweils mit der Note »gut = 2«.

106 Siehe die Gutachten Zieglers und Betzens, jeweils vom 17. April 1962: Akte Ensslin, Dok. III.7.

auf der PH...) vorzulegen. Bitte, teilen Sie mir doch mit, was ich unternehmen soll. Mein Weiterstudium hängt zum Teil von dieser Möglichkeit ab.

Mit besten Empfehlungen,
Ihre Gudrun Ensslin.[107]

12. Brief des Mitarbeiters Hans Gert Hillgruber an Ernst Zinn vom 21. November 1963 (eine Seite, Schreibmaschine)

Studienstiftung des deutschen Volkes

Herrn Professor
Dr. Ernst Zinn
74 Tübingen
Hauffstrasse 6

21. November 1963
hgwm

Lieber Herr Professor Zinn,

darf ich Sie wieder einmal als Nothelfer in Anspruch nehmen? Ich würde es nicht tun, wenn ich nicht die Überzeugung hätte, daß es sich in diesem Falle lohnt. Der Einfachheit halber – die Erklärung wäre sonst reichlich umständlich – schicke ich Ihnen die Akte des Pechvogels Gudrun *Ensslin* gleich zu, wäre aber keineswegs böse, wenn Sie sie mir aus welchen Gründen auch immer postwendend zurückschickten. Besonders möchte ich auf den letzten Brief von Fräulein Ensslin verweisen.[108] Sie müsste [!] erneut vorgeschlagen werden, und da

107 Hans Gert Hillgruber von der Studienstiftung antwortete Gudrun Ensslin am 21. November 1963 und verwies auf den Tübinger Vertrauensdozenten Ernst Zinn, zugleich Auswahlausschussmitglied, mit dem er ein Gespräch anregte, damit Ensslin erneut in das Auswahlverfahren gelangte. Siehe auch das folgende Schreiben Hillgrubers an Zinn: Akte Ensslin, Dok. II.12. Ernst Zinn (1910–1990), klassischer Philologe; 1951–1956 ordentlicher Professor für Klassische Philologie mit Berücksichtigung vergleichender Literaturgeschichte in Saarbrücken; 1956–1978 für Klassische Philologie und Vergleichende Literaturwissenschaft in Tübingen; ab 1956 Vertrauensdozent für die Studienstiftung. Siehe auch Ulrich Ott (Hrsg.) zusammen mit Freunden, Ernst Zinn. Zwischen Kunst und Philologie, o. O. u. J. [Öhningen 2010?]; Ernst Zinn, Viva Vox. Römische Klassik und deutsche Dichtung, hrsg. von Michael von Albrecht, Frankfurt a. M. 1994; sowie das Kapitel zu »meinem akademischen Lehrer Ernst Zinn« (S. 124) unter der Überschrift »Der Gelehrte« bei Ralf Dahrendorf, Über Grenzen. Lebenserinnerungen, 3. Aufl., München 2003, S. 124–132.

108 Siehe den Brief Ensslins an Sauberzweig vom 15. November 1963: Akte Ensslin, Dok. II.11.

gibt es unter den gegebenen Umständen wohl nur den Weg über eine Sonderprüfung, um die ich Sie guten Gewissens bitten zu können glaube.
Mit den besten Grüßen bin ich

Ihr sehr ergebener
Hillgruber[109]
(H. G. Hillgruber)

P. S. [...][110]

109 Name als Unterschrift.

110 Die Zeilen nach dem P. S. sind für den Zusammenhang der Ensslin-Akte irrelevant. Ernst Zinn sandte die Akte am 1. Dezember 1963 an Hillgruber zurück und schrieb ihm, dass ihm Klaus Ziegler, mit dem er in Kontakt getreten war, versichert habe, Ensslin spätestens bis zum 4. Dezember 1963 erneut für die Förderung vorzuschlagen. Außerdem sagte er seine Teilnahme am nächsten Auswahlverfahren gern zu. Siehe den Neuvorschlag Zieglers vom 1. Dezember 1963: Akte Ensslin, Dok. III.2.

III. Drittes Auswahlverfahren 1963/64

1. Bewerberbogen vom 6. Dezember 1963 (unterschrieben von Gudrun Ensslin am 15. Dezember 1963)

Bewerbung um Aufnahme in die Studienstiftung des deutschen Volkes

Sind Sie schon früher einmal zur Aufnahme in die Studienstiftung vorgeschlagen worden: Ja / ~~Nein~~; wann? 61

Anschrift der Eltern / Ferienanschrift: 7 Stuttgart-Ca., Wiesbadenerstr. 76

Semesteranschrift: 707 Schwäb. Gmünd, Bernhardusstr. 5

Familienname:	Ensslin	geboren am: 15.8.40	Staatsangehörigkeit: deutsch
Vorname:	Gudrun	in: Bartholomä	
Bewerbungs-Nr.:	S 26/61/III	Geburtsland: Wttbg. (z. B. Bayern, Schlesien)	Jetz. Heimatland: Bd. Wttbg.
Schule / Hochschule:	Univ.	Konfession: evgl.	ledig / ~~verheiratet~~; Anzahl der Kinder: –
Schul- / Hochschulort:	Tübingen	Beruf des Vaters: Pfarrer (falls verstorben, der Mutter)	
Fakultät:	phil.	Beide Eltern leben: Ja / ~~Nein~~	
Datum:	6.12.1963		

4 Jahre Volksschule 9 Jahre Höhere Schule

Reifeprüfung 1960 an ~~der~~ Königin-Katharina-Stift (Name der Schule)

in Stuttgart

Schultyp: Hum. Gymnasium - Naturwiss. Gymnasium - Neusprachl. Gymnasium

Reifezeugnis – Letztes Schulzeugnis

Religion:	2	Griechisch:	–	Mathematik:	2	Philosophie:	AG
Deutsch:	2	Latein:	3	Physik:	4	Musik:	1
Geschichte:	2	Englisch:	2	Chemie:	3	Kunsterz.:	3
Erdkunde:	2	Französisch:	2	Biologie:	3	Turnen:	3

Gesamturteil:

Nur von der Geschäftsstelle auszufüllen! 61/62 64

1. Vorprüfer:	Mulot / Müller	Votum: J / (B) / Z / N	
	Frau Fechner-Mahn		Votum: J / (B) / Z / N
2. Mitgl. d. Ausw.-Aussch.:	Haußmann / Stemm	Votum: (J) / B / (Z) / N	
	Zinn		Votum: J / (B) / Z / N
3. Geschäftsführung:	Hasenclever / Arzt	Votum: (J) / (B) / Z / N	
	Sauberzweig		Votum: J / (B) / Z / N

Begründung: Das Risiko, das in der Förderung dieses außergewöhnlichen Mädchens liegt, ist nicht zu übersehen. Vieles spricht aber dafür, es einzugehen. Bedauerlich ist nur, daß aus der neuesten Zeit keine Gutachten vorliegen.

Nichtzutreffendes bitte streichen.

Einkommen der Eltern (im Monat oder auf den Monat umgerechnet):

Brutto-Einkommen DM 1867.– DM

Netto-Einkommen (abzügl. gesetzl. Abgaben) DM 1520.– DM

Zahl der Geschwister: 6

Davon noch nicht schulpflichtig: 1

in der Schulausbildung: 1

in Berufsausbildung: 2

im Studium: 2

Nur von Verheirateten auszufüllen:

1. Einkommen der Ehefrau monatlich DM —
2. Wer sorgt für den Unterhalt der Frau und der Kinder? —

Von allen Bewerbern auszufüllen:

Berufsziel: Verlagsarbeit

Studienziel: Promotion (Staatsexamen, Diplom-Examen, Promotion)

Studienabschluß geplant nach dem ~~S~~/W-Semester 1967 d. h. nach insgesamt 14 Studiensemestern 12 Fachsemestern

Von Abiturienten auszufüllen:

Beabsichtigtes Studium an der ______ (Hochschule)

Fakultät: Fächer: (Hauptfach unterstreichen)

Voraussichtlicher Studienbeginn: S/W-Semester 19____ ggfls. Gründe für den Aufschub (Wehrdienst, Praktikum u. dergl.)

Von Studierenden an wissenschaftlichen Hochschulen auszufüllen:

Jetziges Studium an der Paedagog. Hochschule Gmünd (Hochschule) im 4. Semester

Fakultät: — Studienfächer: — (Hauptfach unterstreichen)

Bereits abgelegte Examina: Philosophikum, Zwischenprüfg. für die Erste Dienstprüfg. für d. Lehramt (Name, Zeitpunkt, Prädikat; Zeugnisabschriften bitte beifügen)

Fakultätswechsel: Zu Beginn des S/~~W~~-Semesters 1963 von der Universität zur PH ~~Fakultät~~

Arbeit an einer Dissertation mit dem Thema: —

— seit bei (Fachdozent)

Von Studierenden an Kunst- und Musikhochschulen auszufüllen:

Jetziges Studium an der im Semester

Fach: Abitur: Ja / Nein

Auszeichnungen und Preise:

Von allen bereits Immatrikulierten auszufüllen:
(Nur bereits beendete Hochschulsemester aufführen)

1. S/~~W~~-Semester 1960	an der Universität	in	Tübingen
2. ~~S~~/W-Semester 1960/61	an der Universität	in	Tübingen
3. S/~~W~~-Semester 1961	an der Universität	in	Tübingen
4. ~~S~~/W-Semester 1961/62	an der Universität	in	Tübingen
5. S/~~W~~-Semester 1962	an der Universität	in	Tübingen
6. ~~S~~/W-Semester 1962/63	an der Universität	in	Tübingen
7. S/~~W~~-Semester 1963	an der Paed. Hochschule	in	Schw. Gmünd
8. S/W-Semester 19	an der	in	
9. S/W-Semester 19	an der	in	
10. S/W-Semester 19	an der	in	
11. S/W-Semester 19	an der	in	
12. S/W-Semester 19	an der	in	

Das Studium wurde vom — bis unterbrochen, weil —

Veröffentlichungen aller Art (Thema, Verlag, Rundfunkgesellschaft, Jahr); wissenschaftliche Preise und Auszeichnungen:

—

Die Richtigkeit der Angaben versichert:

Bad Cannstatt, den 15.12. 1963
Ort

Jochen Muttelsee
Unterschrift des Bewerbers

Einzusenden an die

Geschäftsführung der Studienstiftung des deutschen Volkes

532 Bad Godesberg, Koblenzer Straße 77

bis zum 16. Dez. 1963

Beizufügen sind:

1. ein ausführlicher, handgeschriebener Lebenslauf
(Format DIN A 4. Bitte auf jeder Seite rechts und links 3 cm Rand lassen)

2. ein Lichtbild (bitte auf der ersten Seite einkleben)

3. eine beglaubigte Abschrift des Abiturzeugnisses
bzw. bei Schülern letztes Schulzeugnis

4. beglaubigte Abschriften von Hochschulzeugnissen
(Keine Fleißzeugnisse und Seminarscheine)

Da alle eingesandten Unterlagen bei den Akten der Studienstiftung verbleiben müssen, bitte keine Originalzeugnisse einsenden.

Überprüfen Sie bitte die auf der ersten Seite von der Geschäftsstelle vorgenommenen Eintragungen auf ihre Richtigkeit (Schreibung der Namen u. ä.). Korrigieren bzw. ergänzen Sie gegebenenfalls bitte auch die Angaben über den Schul- bzw. Hochschulort; aus ihnen soll ersichtlich sein, wo Sie sich in der Zeit zwischen November und Februar aufhalten.

Bitte die Unterlagen nach Möglichkeit vollständig einsenden. Soweit Zeugnisse oder besondere Angaben (z. B. Einkommen der Eltern) in der zur Verfügung stehenden Zeit nicht zu erhalten sind, können sie nachgereicht werden. Schicken Sie aber bitte auf jeden Fall diesen Bewerbungsbogen und Ihren Lebenslauf bis zum angegebenen Termin ein. Verspätungen erschweren die Bearbeitung.

2. Hochschulvorschlag Klaus Zieglers vom 1. Dezember 1963 (eine Seite, Schreibmaschine)

Prof. Dr. Klaus Ziegler Tübingen, 1.12.1963[111]
Schillerstr. 6

An den
Auswahlausschuß
der Studienstiftung des Deutschen Volkes
<u>*Bad Godesberg*</u>
Koblenzer Str. 77

Hiermit stelle ich den förmlichen Antrag, das vor geraumer Zeit eingestellte Verfahren zur Aufnahme Frl. Gudrun Ensslins in die Studienstiftung des Deutschen Volkes noch einmal wiederaufzunehmen.

Anlaß hierzu gibt mir die berufliche und menschliche Entwicklung, die Frl. Ensslin inzwischen durchlaufen hat. Es erscheint mir möglich, daß die ihrer endgültigen Aufnahme in die Studienstiftung früher entgegenstehenden Bedenken auf Grund dieser neueren Entwicklung als überwindbar oder vielleicht sogar als überhaupt nicht mehr gerechtfertigt angesehen werden können.

Klaus Ziegler[112]

3. Brief des Mitarbeiters Hans Gert Hillgruber an Klaus Ziegler vom 5. Dezember 1963 (eine Seite, Schreibmaschine, Durchschlag)

Herrn Professor
Dr. Klaus *Ziegler*
<u>*74 Tübingen*</u>
Schillerstrasse 6

5. Dezember 1963[113]
hgwm

Sehr verehrter Herr Professor Ziegler,

haben Sie Dank für Ihr Schreiben vom 1. Dezember.[114] In genauer Kenntnis der beiden früheren Bewerbungen von Fräulein Gudrun Ensslin freue ich mich, daß

111 Eingangsstempel vom 2. Dezember 1963. Siehe zum Vorlauf des dritten Auswahlverfahrens auch: Akte Ensslin, Dok. II.10–12.

112 Name als Unterschrift. Auf einem Formularbogen findet sich dieser Vorschlag Klaus Zieglers, zusätzlich mit dem Stempel »Zweitbewerbung« versehen, verzeichnet. Nach der Ablehnung 1962 handelte es sich nicht um eine »Wiederaufnahme« oder Prüfung einer »endgültigen Aufnahme«, sondern um ein neues Verfahren. Zieglers Ausdrucksweise zeigt, dass er mit der Studienstiftungspraxis nicht sonderlich vertraut schien.

113 Der Durchschlag ist mit dem Stempel »Zweitbewerbung« versehen.

114 Siehe Zieglers Vorschlag vom 1. Dezember 1962: Akte Ensslin, Dok. III.2.

sie noch einmal die Chance erhält, am Auswahlverfahren der Studienstiftung teilzunehmen. Sie schrieb mir am 15. November[115] von einer mit »sehr gut« benoteten Novalis-Arbeit, die sie in einem Ihrer Seminare angefertigt hätte, und weiter von einem sich auf diese Arbeit vor allem stützendes Gutachten aus Ihrer Feder, das sich allerdings nicht in den Akten befindet.[116] Sollten Sie es noch unter Ihren Unterlagen aufbewahren – es müßte vom Wintersemester 1961/62 datieren, wäre ich für die Übersendung sehr dankbar.

Mit den besten Empfehlungen bin ich

Ihr sehr ergebener
Hg[117]
(H. G. Hillgruber)

4. Brief des Mitarbeiters Hans Gert Hillgruber an Gudrun Ensslin vom 5. Dezember 1963 (eine Seite, Schreibmaschine, Durchschlag)

Fräulein
Gudrun *Ensslin*
7 Stuttgart – Bad Cannstatt
Wiesbadener Strasse 76

5. Dezember 1963[118]
hgwm

Liebes Fräulein Ensslin,

der übrige Inhalt dieses Umschlags spricht für sich.[119] Ich habe nun Herrn Professor Ziegler noch einmal wegen Ihrer Seminararbeit über Novalis und sein daran anknüpfendes Gutachten geschrieben, das ich in Ihrer Akte nicht finde.[120] Diese zurückliegende Stellungnahme wird jetzt zwar nicht mehr die Bedeutung haben, die sie früher sicher gehabt hätte, aber nützlich könnte sie doch sein. Scheitern kann Ihre Bewerbung, falls dieses Gutachten nicht mehr aufzufinden ist, daran jedenfalls nicht. Wünschenswert wäre eine Auskunft der

115 Gemeint ist Ensslins Brief an Dieter Sauberzweig vom 15. November 1963: siehe Akte Ensslin, Dok. II.11.

116 Gemeint ist das Gutachten Klaus Betzens vom 17. April 1962: siehe Akte Ensslin, Dok. III.7.

117 Handschriftliche Paraphe.

118 Der Durchschlag ist mit dem Stempel »Zweitbewerbung« versehen.

119 Dies dürfte der Bewerberbogen samt personalisiertem Formbrief vom 6. Dezember 1963 mit Erläuterungen zum Bewerbungsverfahren gewesen sein. Darin wird u. a. um ein neues Lichtbild sowie einen wenigstens ergänzten Lebenslauf gebeten. Siehe Akte Ensslin, Dok. III.1.

120 Gemeint ist das Gutachten Klaus Betzens vom 17. April 1962: siehe Akte Ensslin, Dok. III.7.

Pädagogischen Akademie, auch die von Ihnen erwähnten Zeugnisse hätte ich gerne bei Ihren Unterlagen.[121]

Mit freundlichen Grüßen

Ihr
Hg[122]
(H. G. Hillgruber)

5. Brief Gudrun Ensslins an den Mitarbeiter Hans Gert Hillgruber vom 15. Dezember 1963 (zwei Seiten, handschriftlich)

Gudrun Ensslin
7 Stgt – Bad Cannstatt
Wiesbadenerstr. 76

15–12–1963

Sehr geehrter Herr Hillgruber,

vielen Dank für Ihren freundlichen Brief. Schön wäre es ja doch, wenn Herr Professor Ziegler das Gutachten noch zur Verfügung hätte. Die Ergebnisse der letzten 2 Prüfungen (Philosophikum, Soziologie und Paedagogik) reiche ich ein.[123] Nicht ganz sicher bin ich mir, ob die Unterlagen über das »studio neue literatur« notwendig und gut und richtig am Platze sind. Wenn nicht, bitte, dann legen Sie sie unbesorgt beiseite.[124]

121 Zu den Zeugnissen und Scheinen siehe Anm. 79, 105 und 123.

122 Handschriftliche Paraphe.

123 Siehe die Bescheinigung der PH Schwäbisch Gmünd vom 16. Dezember 1963 (Anm. 105). Das Philosophikum war die Prüfung in Philosophie oder Erziehungswissenschaft im Rahmen des 1. Staatsexamens für das Lehramt am Gymnasium. Diese hatte Ensslin mit der Note »gut« bestanden, wie das in der Akte vorhandene Zeugnis des Kultusministeriums Baden-Württemberg vom 10. Mai 1963 dokumentiert.

124 Unter der Kategorie »Pers. Referenzen« findet sich in der Akte Prospektmaterial zum Verlag »studio neue literatur«, unterzeichnet von Gudrun Ensslin, die darauf auch unter »Zentralanschrift« angegeben ist: »Gudrun Ensslin, 7 Stuttgart-Cannstatt, Wiesbadener Str. 76«. In dem Prospekt heißt es: »Das STUDIO NEUE LITERATUR wurde im Sommer 1963 von Lesern aller Schichten, vor allen Dingen Studenten, als Selbsthilfeorganisation gegründet. Das STUDIO hat die Aufgabe, Bücher zu veröffentlichen, die neue Gedanken, Anregungen, künstlerische Versuche, Polemiken, erste Arbeiten junger Schriftsteller enthalten, die ohne das STUDIO nicht gedruckt worden wären. Das STUDIO will experimentieren, will Meinungen zur Diskussion stellen, will unliebsamen Ansichten ein Forum bieten: die STUDIO BIBLIOTHEK.« Den Verlag hatte Ensslin 1963 zusammen mit Bernward Vesper (siehe Anm. 125), ihrem späteren Verlobten und Vater ihres Sohnes, gegründet. Anfangs war Bernward Vespers verlegerisches Engagement

Ich war vor etwa 3 Wochen zu einer längeren Unterredung bei Herrn Professor Zinn, die, wie ja doch der erneute Vorschlag bewies, einigermaßen positiv verlief.

Ein persönliches Gutachten von einem Dozenten der Paedagogischen Hochschule zu fordern – dazu konnte ich mich nicht entscheiden. Der ganze Betrieb ist so, daß Herr Prof. Zinn zum Beispiel sicher nach der 1 ½ stündigen Unterredung mehr über mich aussagen könnte, als einer der Dozenten der PH. Ich hoffe aber doch, daß die einfachen Noten vielleicht ausreichen, zumal ja etliche persönliche Gutachten von der früheren Bewerbung bei meinen Akten sein müßten.

Mit freundlicher Empfehlung,
Ihre ergebene
Gudrun Ensslin.

PS: Meine Anschrift vom 20. Dezember bis 5. Januar wird sein:
3171 Triangel
Gut Triangel[125]

vor allem darauf ausgerichtet, das schriftstellerische Werk seines Vaters, des NS-Dichters Will Vesper (1882–1962) wieder herauszubringen. Das Werk erschien zum Teil in »Lizenz des privatverlags, Triangel« im österreichischen Verlag Dr. Bertl Petreis, als dessen Pressestelle Ensslins Bad Cannstatter Adresse angegeben war. Ensslin und Vesper waren damals um gute Medienresonanz u.a. in nationalistisch-rechtsradikalen Publikationsorganen bemüht. Vgl. Kapellen, Doppelt leben (Anm. 9), S. 134–146. Vesper schickte im übrigen Ausgaben des väterlichen Werks an den Referenten der Studienstiftung Dieter Sauberzweig, der sich dafür am 18. Oktober 1963 bei Vesper bedankte (vorhanden in: Akte Vesper) und ihn darin bestärkte, die Briefe aus dem väterlichen Nachlass ebenfalls zu veröffentlichen. Da das Ensslin-Verspersche Verlagsunterfangen ansonsten vorrangig Autoren des linken Protests zu versammeln suchte, vollführten die beiden einen »grotesken Spagat«, so Koenen, Vesper, Ensslin, Baader (Anm. 9), S. 29. Vgl. zu der an Eindeutigkeit gewinnenden linken Ausrichtung auch: Andreas Roth, Der Voltaire Verlag und die Edition Voltaire, in: Stephan Füssel (Hrsg.), Die Politisierung des Buchmarkts. 1968 als Branchenereignis, Wiesbaden 2007, S. 11–89, zum »studio« insbes. S. 24, sowie den Band: Protest! Literatur um 1968. Eine Ausstellung des Deutschen Literaturarchivs in Verbindung mit dem Germanistischen Seminar der Universität Heidelberg und dem Deutschen Rundfunkarchiv im Schiller-Nationalmuseum Marbach am Neckar [Ausstellung und Katalog von Ralf Bentz u.a.], 2. Aufl., Marbach am Neckar 2000, S. 13–28.

125 Das Gut Triangel in der Lüneburger Heide war zugleich die Heimatanschrift von Ensslins Lebensgefährten Bernward Vesper (1938–1971). Vesper wurde ebenfalls in die Studienstiftung aufgenommen, bereits Ende März 1962 (auf Vorschlag von Walter Jens). Er schied Ende 1967 aus der Förderung aus. Der Student der Geschichte, Germanistik und Soziologie beabsichtigte zu promovieren, zeitweise bei Ralf Dahrendorf in Tübingen, später an der FU Berlin bei Hans-Joachim Lieber, der die Betreuung aber ablehnte, und schließlich bei Jacob Taubes. Es blieb bei der Promotions*absicht*. Stattdessen investierte Vesper viel Kraft in sein publizistisch-schriftstellerisches und verlegerisches Engagement. Mit Gudrun Ensslin war er ab 1962/63 ein Paar, 1965 gab es die Verlobung bekannt, im Mai 1967 wurde der gemeinsame Sohn Felix geboren, im Februar 1968 verließ Ensslin, die mit Andreas Baader zusammengekommen war, Bernward Vesper. Ab 1969 arbeitete Vesper am Roman »Die Reise«, der posthum 1977 als Romanfragment erschien

6. Lebenslauf vom 15. Dezember 1963 (neun Seiten, handschriftlich)

Lebenslauf

Am 15.8.1940 wurde ich in Bartholomä als viertes von sieben Kindern geboren. Mein Vater, Helmut Ensslin, ist Pfarrer.

Nach vier Jahren Volksschule Bartholomä und Tuttlingen, wohin meine Familie 1948 umzog, besuchte ich acht Jahre lang bis zum Frühjahr 1958 das naturwissenschaftliche Gymnasium Tuttlingen.

Im Sommer 1958 ging ich innerhalb des Austauschprogrammes ICYE (International Christian Youth Exchange) mit Hilfe eines Stipendiums für ein Jahr in die USA. Ich wurde gänzlich in eine Familie aufgenommen, mit allen damit verbundenen Rechten und Pflichten, besuchte die Highschool Warren/Pennsylvania und graduierte als »Senior«.[126] Während meines Aufenthaltes in Warren waren meine Eltern nach Stuttgart umgezogen[,] und so besuchte ich ab September 1959 nach meiner Rückkehr das Königin-Katharina-Stift Stuttgart, wo ich im März 1960 das Abitur machte.

Trotz finanzieller Schwierigkeiten begann ich im Sommer 1960 an der Universität Tübingen die Fächer Deutsch und Englisch zu studieren mit der Absicht, Lehrerin zu werden. Nach sechs Semestern in Tübingen machte ich im Frühjahr 1963 das Philosophikum. Prüfungsstoff war die Philosophie Arthur Schopenhauers.[127]

Die finanzielle Lage machte es notwendig, daß ich mich zum zweisemestrigen Studium an der Paedagogischen Hochschule Schwäbisch Gmünd[128] entschloß,

und zu einem wichtigen literarischen Dokument der Achtundsechziger-Generation avancierte. Vgl. Protest! (Anm. 124), S. 430–444; Roman Luckscheiter, Der postmoderne Impuls. ›1968‹ als literaturgeschichtlicher Katalysator, in: Martin Klimke/Joachim Scharloth (Hrsg.), 1968. Handbuch zur Kultur- und Mediengeschichte der Studentenbewegung, Stuttgart 2007, S. 151–159, insbes. S. 156–158. Vesper nahm sich 1971 in der Psychiatrie das Leben. Siehe zu Vesper: Kapellen, Doppelt leben (Anm. 9); Koenen, Vesper, Ensslin, Baader (Anm. 9); zur Förderung in der Studienstiftung: Alexander Gallus, Ein Anfang, der das Ende nicht erwarten ließ. Die Studienstiftler Meinhof, Mahler, Ensslin, Vesper und die Eliteförderung der frühen Bundesrepublik – eine Aktenlektüre, in: Jahrbuch Extremismus und Demokratie, 24 (2012), S. 13–29, insbes. S. 22–24. In Die Reise. Romanessay. Ausgabe letzter Hand, 7. Aufl., Reinbek bei Hamburg 2009 (zuerst 1977), S. 569, erwähnt Bernward Vesper, dass er nicht zuletzt infolge des Kontakts zu Walter Jens »als Stipendiat in die Studienstiftung aufgenommen wurde und für einige Jahre wenigstens die dringendsten Geldsorgen loswurde«. Siehe auch die Akte Vesper im Archiv der Studienstiftung, Bonn.

126 Siehe die Abschrift des Warren-Diplomas: Akte Ensslin, Dok. I.3.

127 Arthur Schopenhauer (1788–1860), Philosoph; Hauptwerk »Die Welt als Wille und Vorstellung« (1819). Darin legte er seine Theorie vom subjektiven Idealismus dar, in der er die Gedanken von Kant und Platon zu verbinden versuchte und durch seine eigenen Anschauungen ergänzte.

128 Die PH Schwäbisch Gmünd besaß eine bis 1825 zurückreichende Tradition, damals als katholisches Schullehrer-Seminar gegründet. Ab 1946 Wiederaufnahme der Lehrerbildung, 1947 als »Pädagogisches Institut«; 1962 Umwandlung in eine »Pädagogische Hochschule«.

dessen Abschluß die »Erste Dienstprüfung für das Lehramt an Volksschulen« ist.[129] Der Übergang von der Universität zur Paedagogischen Hochschule fiel mir nicht leicht. Das Positive und die Notwendigkeit einer mehr praktischen Ausbildung, wie sie an einer Paedagogischen Hochschule gehandhabt wird, erkenne ich durchaus. Aber es blieb die Unzufriedenheit mit der wissenschaftlichen Seite dieses Studiums; nur bedingt ist es »wissenschaftlich« zu nennen. Freilich verlangen die Fähigkeiten und Pflichten eines Volksschullehrers nur einen geringen Grad von Wissenschaftlichkeit; der Schwerpunkt muß bei der Schulung paedagogischer Eigenschaften liegen. So ist die Unzufriedenheit in erster Linie auch nicht als Kritik an der Paedagogischen Hochschule zu werten, sondern als ein Faktum, das mir persönlich Klarheit verschafft hat über meinen weiteren Weg. Dieses eine Jahr fern der Universität bewirkte, daß ich das Universitätsstudium, seine Möglichkeiten für den einzelnen, deutlicher sehe; und daß ich mehr denn je den Wunsch habe, weiterzustudieren. Während meiner ersten sechs Semester schon hatte ich mich bemüht, nicht nur enges Fachstudium zu betreiben, sondern im Rahmen des sowohl mich als auch den Universitätsbetrieb betreffend Möglichen jeweils mich mit dem zu beschäftigen, was mich interessierte. Ich lernte Griechisch, um die alten Griechen, deren literarisches und philosophisches Erbe besser zu verstehen; nahm mir Zeit, um den politischen Fakten nicht nur informativen Charakter abzugewinnen, sondern sie so zu sehen, wie sie in einem Staat, dessen Verfassung demokratische Bürger voraussetzt, gesehen werden müssen: urteilend. Der Aufenthalt im Ausland hat mein eigenes Land unter einen Aspekt gestellt, den ich nicht verlieren werde: als ein Land unter vielen.

Seit 1960 verbrachte ich im Verlauf von vier Reisen einige Monate in England und in Spanien.[130] Wir sind nur allzu bereit, die innerhalb der politischen Situation Spaniens[131] möglichen kulturellen Beiträge zur Moderne (Malerei und Literatur) für gering zu achten. Tatsächlich aber ist es auch heute das Land, das sich gänzlich seiner kulturellen Leistungen der vergangenen Jahrhunderte bewußt ist, dessen Kultur trotz äußerer Diktatur sehr lebendig ist, bereit zu Austausch und Beeinflußung durch die Strömungen anderer Länder, ob Europas oder Amerikas.

Während meines letzten Semesters in Tübingen hatte eine kleine Gruppe von Studenten – darunter eine Französin und ein Amerikaner – den Plan gefaßt, ein »studio neue literatur« zu begründen.[132] Dazu führte die Überlegung und Überzeugung, daß trotz der großen und nicht zu übersehenden zahlreichen Verlage bestimmte Bücher nicht erschienen, aus zweierlei Gründen: entweder weil eine

129 Siehe dazu Anm. 105.

130 Siehe vereinzelte Hinweise darauf bei Koenen, Vesper, Ensslin, Baader (Anm. 9), S. 96f.; Kapellen, Doppelt leben (Anm. 9), S. 107.

131 Die autoritäre Franco-Herrschaft währte in Spanien von 1936/39 bis 1977.

132 Letztlich blieb es bei einem von Gudrun Ensslin und Bernward Vesper getragenen Zwei-Personen-Unternehmen.

bestimmte Haltung aus politischen oder religiösen Gründen nicht gewünscht wird, oder einfach aus Unwissenheit. Das »studio«, dessen Redaktion bei mir liegt, ist jetzt im Aufbau und wird im ersten Quartal 1964 den ersten Band der »studio bibliothek« herausbringen: »Gegen den Tod – Stimmen gegen die Atombombe«.[133] Fünfunddreißig deutsche Autoren unterschiedlichster Provenienz, ohne Unterschied der Partei- oder Religionszugehörigkeit, aus Ost und West beweisen, daß in dieser Frage alles sonst Trennende hintan gestellt wird[,] und dokumentieren das deutliche: Nein. Ich halte diesen Band zu einem Zeitpunkt, in dem die Bundesregierung seine [!] Bürger an den Gedanken zu gewöhnen versucht, daß die Atombombe nicht so schlimm sei, für notwendig. –[134]

Da ich nach der Ersten Dienstprüfung im März 1964 von Seiten meiner Eltern keinerlei finanzielle Hilfe bei einem Weiterstudium erwarten darf, muß ich mich mit dem Gedanken vertraut machen, bei negativem Entscheid der Studienstiftung in den Volksschuldienst zu gehen.[135] Auch dann sehe ich die Möglichkeit, an dem weiterzuarbeiten, was ich für gut halte (studio), auch trotz des Berufes mich selbst weiterzubilden. Aber die durch den ausgeübten Beruf gesetzten Grenzen sind nicht zu übersehen. Wohl hatte ich zu Beginn des Studiums überhaupt die bewußte Absicht, Lehrerin zu werden. Die vergangenen zwei Jahre haben mir jedoch Möglichkeiten gezeigt, in anderer Weise (nach einer Promotion etwa Verlagsarbeit) das zu leisten, an dem mir in erster Linie liegt: Erkenntnis der Zusammenhänge all dessen, was in den einzelnen Gebieten – Literatur, Politik, bildende Kunst – geschieht; Erkenntnis durch das immer-

133 In dem Buch, das als Band 1 der »studio bibliothek« und »in memoriam Hans Henny Jahnn« erschien, versammelten Ensslin und Vesper Beiträge einer bunten Autorenschar, so: Günther Anders, Stefan Andres, Hans Baumann, Horst Bingel, Bert Brecht, Heinrich Böll, Georg Forestier, Gertrud v. le Fort, Christian Geißler, Herbert Günther, Peter Härtling, Bernt v. Heiseler, Stephan Hermlin, H.H. Jahnn, Walter Jens, Marie Luise Kaschnitz, Hans Leip, Klaus Roehler, Rudolf Rolfs, Nelly Sachs, Paul Schallück, Wilfried Schilling, Hansjörg Schmitthenner, Anton Schnack, Wilhelm v. Scholz, Ina Seidel, Georg v.d. Vring, Günther Weisenborn, Leo Weismantel, Wolfgang Weyrauch, Gabriele Wohmann, Arnold Zweig, Gerhard Zwerenz und Robert Jungk (Autor des Vorworts). Gudrun Ensslin/Bernward Vesper (Hrsg.), Gegen den Tod. Stimmen deutscher Schriftsteller gegen die Atombombe, Stuttgart 1964. Vgl. zum Hintergrund und den Autoren: Kapellen, Doppelt leben (Anm. 9), S. 146–150; Protest! (Anm. 124), S. 20–22. In einem Brief an ihren Bruder Gottfried vom 24. Dezember 1972 nannte Gudrun Ensslin »revolutionären Kampf« einen »Kampf ums Überleben«: »Gegen den Tod. Als ich das Buch damals so nannte, war das ein ziemlich perfekter Ausdruck meines Idealismus.« So in: Ensslin/Ensslin, »Zieht den Trennungsstrich jede Minute« (Anm. 9), S. 140. Wegen der Aufnahme eines Gedichts des ehemaligen HJ-Dichters Hans Baumann in den Band warf Henner Voss indes seinem Freund Bernward Vesper vor, »damit die anderen Beiträge entwertet zu haben«. So Henner Voss, Vor der Reise. Erinnerungen an Bernward Vesper, Hamburg 2005, S. 69.

134 Der letzte Satz ist rechts daneben angestrichen und mit einem Fragezeichen versehen.

135 Nachdem Ensslin ihre erste Dienstprüfung mit befriedigender Gesamtnote bestand, bewarb sie sich im Sommersemester 1964 um eine Stelle als Volksschullehrerin. Sie bat in ihrer Bewerbung um eine Zuteilung nach Stuttgart. Zeitgleich wartete sie auf Nachricht von der Studienstiftung. Kurz vor der Zusage der Studienstiftung erhielt sie die Zuweisung vom Oberschulamt für eine Stelle in Göppingen. Vgl. Bressan/Jander, Gudrun Ensslin (Anm. 12), S. 403f.

währende Fragen nach Ursache und Grund und Folge. Dieser Gedanke, der schlicht und unverkennbar die Anwendung der Vernunft fordert, ist als das Wesentliche aus der intensiven Lektüre Schopenhauers geblieben und ist mir deshalb so etwas wie Leitsatz geworden, weil die reine Erfahrung und Beobachtung in meinem Leben bislang zur selben Überzeugung geführt hat.[136] Sie ist nicht Aufruf zu prinzipiellem Aufklärertum oder nacktem Vernunftdenken. Ich bin nur überzeugt, daß vernünftiges Denken auch verantwortliches Denken ist. Dahin zu wirken, bei mir selbst und dadurch bei anderen, ist mein Wunsch; deshalb auch der Wunsch, weiterzustudieren.

Bad Cannstatt, 15. Dezember 63.
Gudrun Ensslin.[137]

7. Brief Klaus Zieglers an den Mitarbeiter Hans Gert Hillgruber vom 31. Januar 1964 (eine Seite, Schreibmaschine) mit einer Abschrift des Gutachtens Klaus Zieglers vom 17. April 1962 (zwei Seiten, Schreibmaschine) sowie des Gutachtens Klaus Betzens vom 17. April 1962 (eine Seite, Schreibmaschine)

Universität Tübingen
Deutsches Seminar
Professor Dr. Klaus Ziegler

74 Tübingen, 31.1.1964[138]
Wilhelmstraße 36

An die
Studienstiftung des Deutschen Volkes
z.Hd. Herrn H. G. Hillgruber
Bad Godesberg
Koblenzer Str. 77

Sehr geehrter Herr Hillgruber!

Zunächst übersende ich Ihnen in der Anlage das erwünschte und uneingeschränkt positive Gutachten betr. die Aufnahme Herrn D.s in die Studienstiftung. [...].[139]

136 Zu Ursache-Wirkung-Beziehungen und zur Logik von Relationsbeziehungen bei Schopenhauer siehe vor allem: Arthur Schopenhauer, Über die vierfache Wurzel des Satzes vom zureichenden Grunde, Zürich 1977 (zuerst 1813). Auch Bernward Vespers Bericht über das Wintersemester 1962/63 vom 14. März 1963 (Akte Vesper) handelt in wesentlichen Teilen von der Auseinandersetzung mit und Faszination für Schopenhauer (»das wichtigste geistige Erlebnis«) und dessen besagtem Werk.

137 Am 25. Januar 1964 erkundigte sich Ensslin nochmals nach dem Stand des Verfahrens. Hillgruber antwortete ihr am 28. Januar 1964, »daß Ihre Bewerbung in den üblichen Bahnen ›läuft‹«.

138 Eingangsstempel vom 3. Februar 1964.

139 Anonymisiert; Angaben zu diesem Verfahren herausgestrichen.

Ferner danke ich Ihnen für Ihren Brief vom 5. Dezember v. J.[140] Das von Ihnen erwünschte Gutachten (Frl. Ensslin) aufgrund einer mit »sehr gut« benoteten Novalis-Arbeit stammte nicht von mir selbst, sondern von einem früheren Assistenten von mir, der damals das betreffende Proseminar abgehalten und die Arbeit begutachtet hatte. Deshalb war das Gutachten hier in eine andere Sparte gewandert und wurde erst jetzt wiederentdeckt. Auf alle Fälle übersende ich Ihnen noch einmal Ihrem Wunsch gemäß eine Abschrift dieses Gutachtens sowie auch des Gutachtens, das ich selber zur gleichen Zeit angefertigt habe. Ich hoffe, daß Ihnen diese Unterlagen noch dienlich sein können. Es freut mich, daß mein Gesuch auf Wiederaufnahme des Verfahrens für Frl. Ensslin Erfolg gehabt hat.[141] Sie selber hat sich aber bei mir noch nicht gemeldet, so daß ich nach der langen Zwischenzeit mir noch keinen neuen lebendigen Eindruck von ihr verschaffen konnte.

Inzwischen bleibe ich mit den besten
Empfehlungen Ihr sehr ergebener[142]

Abschrift

Universität Tübingen
Deutsches Seminar
Prof. Dr. Klaus Ziegler

74 Tübingen, 17. April 1962[143]
Wilhelmstraße 36

– An die
Studienstiftung des Deutschen Volkes
Bad Godesberg
Koblenzer Str. 77

Betr.: Gutachten über die Aufnahme von stud. phil. Fräulein Gudrun *Ensslin* in die Studienstiftung des Deutschen Volkes

Zur Frage, ob Fräulein Ensslin in die Studienstiftung aufgenommen werden sollte, möchte ich zunächst auf mein letztes Gutachten vom 2. August 1961 verweisen, – und zwar auf die entschieden positiven Ausführungen des damaligen Gutachtens. Nach Beendigung des letzten Wintersemesters 1961/62 konnte ich auf Grund einer erneuten und sehr ausführlichen Besprechung mit Fräulein Ensslin noch einmal feststellen und bestätigt erhalten, daß ihre Begabung und Leistung in fachlicher Hinsicht, aber auch die allgemeine Vielseitigkeit, Lebendigkeit und Echtheit ihrer Interessen über den reinen Fachbereich hinaus den studentischen Durchschnitt ganz entschieden und erheblich überragt [!].

140 Siehe Hillgrubers Brief an Ziegler vom 5. Dezember 1963: Akte Ensslin, Dok. III.3.
141 Fördervorschlag Zieglers vom 1. Dezember 1963: Akte Ensslin, Dok. III.2.
142 Der in der Akte befindliche Brief trägt keine Unterschrift.
143 Eingangsstempel vom 3. Februar 1964.

Demgegenüber hatte ich in dem früheren Gutachten gewisse Bedenken geltend gemacht, in deren Zeichen ich mich damals doch nicht für eine eindeutige Befürwortung der Aufnahme Fräulein E.s in die Studienstiftung aussprechen konnte. Diese Bedenken betrafen die sowohl in allgemeiner wie vor allem in fachwissenschaftlicher Hinsicht zu stark ans individuell Persönliche und subjektiv Gefühlsmäßige gebundene, methodisch und sachlich noch nicht hinreichend im Sinn genügender Klarheit und Festigkeit objektivierte Haltung Fräulein E.s.[144]

Nun glaube ich auf Grund meiner letzten Besprechung feststellen zu können, daß Fräulein E. sich inzwischen durchaus positiv und erfreulich entwickelt hat. Sie hat meiner Meinung nach die vorhin erwähnten Schwächen wirklich so weit überwunden,[145] wie es angesichts ihres immer noch verhältnismäßig jungen Alters[146] und ihrer immer noch verhältnismäßig geringen Semesterzahlen überhaupt erwartet und verlangt werden kann. Auch in persönlich-menschlicher Beziehung scheint mir Fräulein E. erheblich an Klarheit und Festigkeit gewonnen zu haben,[147] was sich natürlich auch auf ihre wissenschaftliche Betätigung und Leistung produktiv auswirkt. In charakterlicher und geistiger Beziehung macht sie jetzt einen weitaus profilierteren und ausgereifteren Eindruck als früher; vor allem wirkt sie sympathisch und wertvoll durch die phrasenlose Echtheit und das echte Verantwortungsgefühl sowohl ihres eigenen Wesens wie ihres wissenschaftlichen Studiums. Daß Fräulein E. es nicht nur in einem äußerlich erfolgreichen, sondern auch in einem innerlich wahrhaft fruchtbaren Sinn[148] durchführen wird, erscheint mir jetzt eigentlich kaum mehr zweifelhaft. Ebenso darf man wohl davon überzeugt sein, dass Frl. Ensslin im Lehrerberuf, dem sie mit echtem Idealismus zustrebt, sowohl in pädagogischer wie geistiger Beziehung überdurchschnittlich Lebendiges und Produktives wird leisten können.

Aus all diesen Gründen möchte ich jetzt im Unterschied zu meinen früheren Gutachten die Aufnahme Fräulein E.s in die Studienstiftung von mir aus eindeutig befürworten.

144 Rechts Anstrich über fast die gesamte Länge des Absatzes.
145 Rechts Anstrich etwa vom Nebensatz des ersten Satzes bis hierhin.
146 Zu dem Zeitpunkt des Gutachtens war Gudrun Ensslin 21 Jahre alt.
147 Rechts Anstrich über die Länge des Halbsatzes.
148 Rechts Anstrich ca. von »phrasenlose Echtheit« bis hierhin.

Universität Tübingen
Deutsches Seminar
Dr. K. Betzen

74 Tübingen, 17. April 1962
Wilhelmstraße 36

Abschrift
Gutachten

Fräulein Gudrun *Ensslin* ist mir aus meinem Proseminar vom Winter-Semester 1961/62 bekannt. Sie hat für dieses Seminar eine Arbeit angefertigt mit dem Thema: »Die Geschichte und Zeit als gehaltliches und formales Element im Roman ›Heinrich von Ofterdingen‹ von Novalis«.[149]

Dieses für ein Proseminar äußerst schwierige Thema hat Fräulein Ensslin mit ungewöhnlicher Eindringlichkeit und Ernsthaftigkeit behandelt und ist meines Erachtens zu einer Reihe richtiger Ergebnisse gekommen. Dabei bedeutet es keine Einschränkung, daß diese Ergebnisse zum Teil auf denen der wissenschaftlichen Forschung fußen, vor allem deshalb nicht, da Fräulein Ensslin sehr sachlich und ehrlich zwischen ihren eigenen und den Thesen der Forschung unterscheidet. Eine besondere Qualität der Arbeit scheint mir zu sein, daß es Fräulein Ensslin gelingt, die Bedeutung von Zeit und Geschichte sowohl in den formalen als auch in den gehaltlichen Dimensionen des ›Heinrich von Ofterdingen‹ nachzuweisen.

Fräulein Ensslin ist durchaus bereit, ihre Arbeit distanziert und kritisch zu beurteilen. Diese Fähigkeit zur sachlichen und unprätentiösen Selbstkritik, ihre wissenschaftlichen Fähigkeiten, wie auch ihr Interesse und ihre Offenheit für Fragen, die nicht im engen Sinn mit dem Studium zusammenhängen, scheinen es mir deutlich zu machen, dass Fräulein Ensslin weit über dem Durchschnitt der Studenten steht. Ich würde deshalb von mir aus eine Aufnahme in die Studienstiftung befürworten.

gez. Betzen

149 Friedrich Freiherr von Hardenberg (1772–1801), bekannt unter dem Künstlernamen Novalis war einer der berühmtesten Schriftsteller der Romantik; zu seinen Hauptwerken zählt der Fragment gebliebene Roman »Heinrich von Ofterdingen« (1800/1802). Siehe auch den Seminarschein (Anm. 79).

8. Gutachten der Vorprüferin Annelise Fechner-Mahn vom 27. Februar 1964 (zwei Seiten, Schreibmaschine)

Dr. phil. Annelise Fechner-Mahn[150]
Diplompsychologin

Tübingen, 27.2.64
Rosenauerweg 16
Tel. 4027

Betr.: Fräulein Gudrun *Ensslin*, stud. phil.
geb. 15.8.40 bezüglich Aufnahme in die Studienstiftung des Deutschen Volkes

Fräulein Ensslin hat die Zeit seit der letzten Bewerbung fleißig genutzt. Sie hat im Mai 63 das Philosophikum bestanden (mit gt) und im Dezember 63 die Teilprüfung für die Erste Dienstprüfung der Volksschullehrer an der Pädagogischen Hochschule Schwäb. Gmünd (mit gt) abgelegt.[151] Augenblicklich steht sie mitten in der Hauptprüfung, die Ende März 64 abgeschlossen sein wird. Darüberhinaus hat Fräulein Ensslin Initiative entwickelt in einer freien Gruppe, die ein literarisches Anliegen verfolgt (wie sie selbst sagt »Zeitkritik von der Literatur ausgehend«), sie zeichnet als Redaktionsmitglied und Geschäftsführerin dieses »Studio neue Literatur«, das allerdings noch ganz in den Anfängen steht und auch finanziell noch keineswegs gesichert ist.[152]

Fräulein Ensslin hat sich durch diese Aufgabe und den Kreis, den sie dabei gefunden hat, stark bestimmen lassen und auch ihr Studienziel geändert. Sie möchte nun nicht mehr das Staatsexamen ablegen und Lehrerin werden, wie sie selbst angibt, hat sie nur den Eltern zuliebe und unter dem Druck der Familie sich der Ausbildung und Abschlußprüfung an der PH unterzogen.[153] Sie selbst strebt nun nach der Promotion und möchte gerne in die Verlagsarbeit ge-

150 Annelise Fechner-Mahn (1914–2002), Diplompsychologin und Psychologische Psychotherapeutin; nach Ausbildung und Berufstätigkeit als Kindergärtnerin und Jugendleiterin Studium der Psychologie, Anthropologie und Philosophie in Tübingen und München; 1948 Promotion bei Eduard Spranger mit der Abhandlung »Das Menschenbild im Spiegel des Biologismus. Darstellung und Kritik der Anthropologie von Arnold Gehlen«. Anschließend Studium der Tiefenpsychologie mit Lehranalyse bei Professor Wilhelm Bitter in Stuttgart; nach Arbeit an Erziehungsberatungsstellen der Jugendämter Stuttgart, Ludwigsburg und Tübingen Eröffnung einer privaten Praxis insbesondere für Kinder, Jugendliche und Studierende in Tübingen. Sie veröffentlichte u. a.: (Annelise Mahn) Über die philosophische Anthropologie von Arnold Gehlen, in: Zeitschrift für Philosophische Forschung, 6 (1951/52), H. 1, S. 71–93; (als Herausgeberin und Verfasserin des Nachworts) Eduard Spranger, Stufen der Liebe. Über Wesen und Kulturaufgabe der Frau. Aufsätze und Vorträge, Tübingen 1965; Sozialisation des Kleinkindes. Erste Erziehung in einer Gesellschaft ohne Vorbild, Tübingen 1973. Für diese biografischen Angaben (vom 17. April 2015) danke ich Annelise Fechner-Mahns Sohn Professor Frank Fechner.

151 Zu den Zeugnissen siehe Anm. 105 und 123.

152 Zu Ensslins verlegerischem Engagement rund um das »studio neue literatur« siehe die Hinweise in Anm. 124 und 133.

153 Siehe dazu auch Anm. 135. Das Zeugnis der Abschlussprüfung an der Pädagogischen Hochschule Schwäbisch Gmünd findet sich nicht in den Akten.

hen. Auch äußerlich hat sie sich eine auffallend stilisierte ästhetische Prägung gegeben und wirkt nun sehr bewußt, apart, mondän. Dieser Stil verdeckt etwas ihre im Gespräch deutlich hervortretende Lebendigkeit und Vielseitigkeit ihres Wesens, und die Klugheit ihrer Auffassungen.

Den zahlreichen Bemühungen, Fräulein Ensslin nun bei der 3. Bewerbung in die Studienstiftung aufzunehmen, würde ich gerne zustimmen, weil es sich hier zweifellos um ein außergewöhnliches Mädchen mit guter Substanz, Originalität und Schwung handelt.

Ich kann es jedoch nicht vorbehaltlos tun; man kann jedenfalls ein gewisses Risiko nicht übersehen, das in den extravaganten Vorstellungen und Plänen Fräulein Ensslins liegt, die auch finanzielle Wagnisse einschließen. Wenn die Möglichkeit besteht, weitere Kontrollen und Beratungen einzubauen, halte ich die Förderung Fräulein Ensslins für eine lohnende Aufgabe.

B = Ja mit Vorbehalt.

Dr. Fechner-Mahn.[154]

(Fräulein E. möchte das nächste Semester in Berlin studieren[.])

9. Gutachten des Auswahlausschussmitglieds Ernst Zinn vom 29. Februar 1964 (zwei Seiten, Schreibmaschine)

Philologisches Seminar
der Universität Tübingen
Prof. Dr. Ernst Zinn

74 Tübingen, den 29. Februar 1964
Wilhelmstraße 36, Telefon 712370

Gutachten über Fräulein Gudrun Ensslin

Im Zusammenhang mit ihrer erneuten Bewerbung um Aufnahme in die Studienstiftung lernte ich Fräulein Ensslin Ende November 1963 kennen, und hatte damals mit ihr ein längeres, sehr eingehendes Gespräch. Vor einigen Tagen hat sie mich noch einmal besucht, und ich hatte die Gelegenheit, den ersten Eindruck nachzuprüfen und zu ergänzen. Die Frage ihrer Aufnahme wird, um das gleich vorwegzunehmen, im Auswahlausschuß besprochen werden müssen; doch möchte ich dafür eintreten, daß die Studienstiftung diesmal das Risiko der Aufnahme eingeht.

Daß es sich um einen eigenwilligen, ja kapriziösen Menschen handelt, geht schon aus den Selbstzeugnissen und den Lichtbildern hervor. Fräulein Ensslin hat sich zu einer überschlanken, aparten, fast hypermodernen Erscheinung stilisiert; mit ihrem schmalen Gesicht, den hellen Augen und kurzen blonden Haaren ist sie hübsch zu nennen, doch hatte sie bei ihrem zweiten Besuch die

154 Name als Unterschrift.

›Maske‹ so übertrieben hergerichtet, als sollte sie auf einer Bühne auftreten. Daß ihr das Mißverhältnis, das darin lag, offenbar nicht zum Bewußtsein kam, machte mich stutzen. Andererseits wirkt sie keineswegs unsympathisch, da sie sich im Gespräch recht natürlich gibt. Die Unterhaltung mit ihr ist ein Vergnügen. Man spürt ständig das hohe Niveau, das diese junge Dame offensichtlich schon dem Elternhause verdankt, dem aber auch ihre Selbsterziehung entspricht. Sie ist intelligent und kritisch, doch auch begeisterungsfähig. Wie es nahe lag, bewegten sich unsere Unterhaltungen vorwiegend um ihren Werdegang, um die Unterbrechung des Studiums und um ihren Wunsch, wieder an die Universität zurückzukehren. Die Energie, mit der sie vor dem Abbrechen noch das Philosophikum abgelegt und dann im Laufe des letzten Jahres die Ausbildung zur Volksschullehrerin erfolgreich durchlaufen hat, entspricht den auch früher von ihr schon gegebenen Proben unbeirrter Leistungsfähigkeit. So ist ihr unbedingt zuzutrauen, daß sie auch das wieder aufgenommene Studium der Germanistik und Anglistik erfolgreich beenden wird, ohne es übermäßig auszudehnen oder sich zu verzetteln.

Der Vater ist begreiflicherweise nicht gesonnen und wohl auch nicht in der Lage, den Abschluß des Studiums noch zu finanzieren. Fräulein Ensslin möchte aber keinesfalls diesen Vorsatz aufgeben, und sie würde versuchen, sich das nötige Geld selbst zu verdienen. Ich fände es nicht ratsam, sie dieser Belastung auszusetzen; besser wäre es, ihr durch die Förderung jetzt zu einer gewissen Entspannung und zu kontinuierlicher ruhiger Arbeit zu verhelfen. Intelligenz und fachliche Begabung erheben sich klar über den Durchschnitt, und die fachliche Qualifikation ist durch die früheren Gutachten ebenfalls erwiesen. Daß der einstige Berufswunsch, Lehrerin zu werden, sich inzwischen in den Drang nach einer mehr literarischen Tätigkeit mit dem Zauberwort ›Verlagswesen‹ verwandelt hat, ist verständlich und braucht ihr nicht verübelt zu werden. Ich könnte mir gut vorstellen, daß sie bei ihrem Eifer und ihrer Tüchtigkeit ihren Weg ins Verlagswesen findet. Fräulein Ensslin möchte ihr Studium nicht in Tübingen [,] sondern zunächst möglichst in Berlin oder in Norddeutschland fortsetzen. Mit der Vorprüferin habe ich mich noch einmal über ihren Eindruck unterhalten. Sie hat sich der Bewerberin einen ganzen Vormittag lang gewidmet. Natürlich haben auch ihr die Auffälligkeiten der äußeren Erscheinung und manche Momente der Vorgeschichte zu schaffen gemacht, doch stimmen wir darin überein, die weitere Entwicklung optimistisch einzuschätzen. So befürworte ich die Aufnahme, muß jedoch Besprechung vorschlagen.

Votum: B Zinn[155]

155 Name als Unterschrift.
Der Auswahlausschuss entschied mit neun Ja-Stimmen und einer Enthaltung für die Aufnahme Ensslins in die Studienstiftung: Einzelprotokoll des Auswahlausschusses 1964 [März 1964]. Am 31. März 1964 wurde Ensslin durch einen an sie adressierten Formbrief Heinz Haertens über

IV. Semesterberichte

1. Sommersemester 1961 vom 7. August 1961 (drei Seiten, handschriftlich)

Gudrun Ensslin 7. August 1961[156]
Wiesbadenerstr. 76
Stgt – Bad Cannstatt

Bericht über das Sommersemester 1961

Im März habe ich an der Martin-Luther-Schule Bad Cannstatt[157] ein vierwöchentliches Volksschulpraktikum absolviert. Ich war einer zweiten Klasse mit 48 Jungen und Mädchen zugeteilt. Die längste Zeit war ich zum Zuhören und Beobachten verurteilt, was letzten Endes aber den Stunden zugute kam, die ich wirklich selbst halten durfte. Vor allem haben mich die Deutschstunden befriedigt, die ich in einer fünften Mädchenklasse gehalten habe.

Nach langem Unentschiedensein habe ich mich doch anfangs des Semesters dazu entschlossen, den I. Kurs Griechisch zu belegen. Um eines gleich vorwegzunehmen: Ich habe ihn nicht so durchgestanden, wie ich wollte. Das lag nicht zuletzt daran, daß ich gerade in den vergangenen vier Monaten von meinem Zuhause sehr gefordert war.[158] Jetzt in den Semesterferien soll das Nichtgetane nachgeholt werden.

Leitende Vorlesung wurde in diesem Semester die dreistündige Vorlesung über »Die Dichtung des späten Goethe«.[159] Da ich vor einem Jahr »Goethes

die Aufnahme informiert. Das Schreiben begann mit dem Absatz: »Sie sind in die Studienstiftung aufgenommen worden, und ich begrüße Sie sehr herzlich als Studienstiftler. Damit gehören Sie, zunächst für drei ›Vorsemester‹, zu der verhältnismäßig kleinen Zahl von Studenten, die von der Studienstiftung gefördert werden. Das bedeutet eine Auszeichnung und eine Verpflichtung. Ich zögere, das auszusprechen, weil ich fürchte, die Aufnahme in die Studienstiftung könne einigen zu Kopf steigen, andere mit dem Gefühl des Ungenügens belasten; zu beidem besteht kein Anlaß. Arbeiten Sie ernsthaft in Ihrem Studienfach und halten Sie sich den Blick frei für die Welt außerhalb Ihres Fachs. Das ist alles, was die Studienstiftung von Ihnen will.«

156 Eingangsstempel vom 9. August 1961. Außerdem findet sich der Stempelaufdruck »Zweitbewerbung«, schließlich verfasste Ensslin die ersten zwei Semesterberichte nicht als Stipendiatin, sondern als Zurückgestellte, deren erneute Bewerbung nach einem Jahr eingeschätzt werden sollte.

157 Die Martin-Luther-Schule, 1902 unter dem Namen Teckschule eingeweiht, 1933/34 unter den Nationalsozialisten in Martin-Luther-Schule umbenannt, ist eine Grundschule in Stuttgart-Bad Cannstatt.

158 Über die konkreten Belastungen im einzelnen während des Frühjahrs 1961 ist aus den bisherigen biografischen Studien zu Ensslin nichts zu entnehmen. Siehe aber die Hinweise in den Gutachten Walter Haußmanns vom 21. Januar 1962 und Dankwart Stamms vom 20. Februar 1962: Akte Ensslin, Dok. II.7. und 9.

159 Siehe zum Besuch Ensslins einer Goethe-Vorlesung Klaus Zieglers auch: Ergänzendes zum Lebenslauf, Akte Ensslin, Dok. I.3.

Romane« (ebenfalls bei Professor Ziegler) gehört hatte,[160] fand ich nun eine schöne Kontinuität. Beide Überblicke zusammen – so hoffe ich – werden mir ein Maßstab für alles weitere Studium der deutschen Dichtung sein können. Die »Übungen zur Deutschen Ballade«[161] öffneten ein weites, nicht abgeschlossenes Feld, d.h. wir wurden nicht mit Fertigem konfrontiert, sondern erhielten Impulse, weil gerade dieses Gebiet der Dichtung zwischen den fixierbaren Gattungen steht. Eine zweite Übung in Germanistik war »Mittelhochdeutsch«, zu deren Ergänzung ich eine zweistündige Vorlesung über die »Grammatik des Mittelhochdeutschen« hörte.[162]

In Englisch hat mich eine zweistündige »Übung zur Amerikanischen Lyrik« sehr befriedigt. Doktor Christadler hat einen Überblick über die Dichtung der Jahre 1890 bis 1910 mit uns erarbeitet, vor allem dadurch, daß wir selbst Gedichte interpretierten. Ich habe über das Thema »Ezra Pound und der Imagismus« schriftlich und mündlich referiert.[163] Die Vorlesung »Survey of American Poetry« von Prof. Thomas[164] (Gastprofessor aus den Vereinigten Staaten) lieferte einen guten Hintergrund für die thematisch begrenztere Übung.

Eine philosophische Übung über »Plato's [!] Theaitetos«[165] war mit ihrer zentralen Frage »Was ist Wissen« eine schwere und gute Einführung in die Philosophie überhaupt und in ihre Systematik. Professor Jens' Kolloquium für Hörer aller Fakultäten über »Zeitgenössische Deutsche Literatur« war – wie schon während der vorigen Semester – eine lebendige Begegnung mit der Dichtung und der Kunst, dem Können der gestrafften Interpretation.[166]

160 Eine Nachschrift der Vorlesung »Goethes Romane« findet sich im Teilnachlass Klaus Zieglers, Deutsches Literaturarchiv (DLA) Marbach.

161 Ein Schein vom 24. Juli 1961, der in Ensslins Akte abgelegt ist, bestätigt die Teilnahme am Proseminar »Übungen zur Deutschen Ballade«. Unterzeichnet war dieser von Hanna Weischedel. Weischedel (1921–2010), Germanistin; 1958 Promotion in Tübingen mit der Arbeit »Hofmannsthals Auffassung vom Dichter und der Dichtung«; ab 1960 Assistentin und Wissenschaftliche Rätin, ab 1973 Professorin am Deutschen Seminar der Universität Tübingen.

162 Erst ein Schein aus dem WS 1961/62 vom 21. Februar 1962, der in Ensslins Akte abgelegt ist, bestätigt die Teilnahme an einem Proseminarkurs samt Tutorium zum Thema »Mittelhochdeutsch« mit der Note »gut (II)«. Unterzeichnet war der Schein von Gustav Bebermeyer.

163 Ein Schein vom 24. Juli 1961, der in Ensslins Akte abgelegt ist, bestätigt die Teilnahme am Proseminar »Übungen zur amerikanischen Lyrik« bei Martin Christadler »mit sehr gutem Erfolg«. Auch ist darauf der Titel der schriftlichen Arbeit verzeichnet: »Ezra Pound und der Imagismus«.

164 J. Wesley Thomas (1916–1999) war ein Gastprofessor aus Arkansas, so die Auskunft des Tübinger Universitätsarchivs vom 20. April 2015.

165 Die zweistündige Übung unterrichtete Ernst Tugendhat (*1930), damals Assistent für Philosophie in Tübingen; Habilitation 1966 ebendort; kurz darauf Professor für Philosophie in Heidelberg, später an der FU Berlin. Platons dialogisch verfasstes Werk »Theaitetos« behandelt grundlegende erkenntnistheoretische Fragen.

166 Zu Jens und seinem Kolloquium siehe Anm. 28.

Das erste Drittel der Semesterferien werde ich in England sein, wo ich durch tägliches Unterrichten von zwei deutschen Schülerinnen auch selbst zu gewinnen hoffe. Die bleibenden zwei Drittel sollen und müssen der Arbeit einmal um Geld und zum andern für »Griechisch« gewidmet sein.

Gudrun Ensslin.

2. Wintersemester 1961/62 vom 1. März 1962 (zwei Seiten, handschriftlich)

Bericht über das Wintersemester 1961/62.[167]

Eine dreistündige Vorlesung von Professor Ziegler über »Deutsche Dichtung seit dem Naturalismus«[168] wurde die Achse alles Neugelernten im vergangenen Semester. Der notwendig straffe Überblick über das stoffreiche Gebiet wird alle weitere Lektüre von Hauptmann, Nietzsche, Heym[169], Schlaf[170], Liliencron[171], Dehmel[172], George, Hofmannsthal und Rilke aus der anfänglichen Isolation des Verstehens befreien. Für das zweistündige Seminar bei Dr. Betzen über »Der romantische Roman« wählte ich als Referatthema »Geschichte und Zeit als gehaltliches und formales Element im Roman ›Heinrich von Ofterdingen‹ von Novalis.«[173] Einem mittelhochdeutschen Seminar lag für die Interpretation die »Märe vom Helmbrecht«[174] zugrunde. Eine Stunde Stilistik erweckte mir zum ersten Mal den Begriff »Grammatik« zu einigem Leben!

In einem englischen Seminar interpretierte Dr. Christadler »Amerikanische Lyrik seit 1920« (Fortsetzung vom SS 61).[175] Ich glaube, mit Amerikanistik mein spezielles Gebiet im Fach Englisch gefunden zu haben. Als »Kleinarbeit« belegte

167 Eingangsstempel vom 6. März 1962; Stempel »Zweitbewerbung«.

168 Eine Nachschrift der Vorlesung »Die deutsche Dichtung vom Naturalismus bis zum Beginn des Expressionismus« (so der genaue Titel) befindet sich im Teilnachlass Klaus Zieglers, DLA Marbach.

169 Georg Heym (1887–1912), Schriftsteller; wichtiger Vertreter der expressionistischen Lyrik.

170 Johannes Schlaf (1862–1914), Dramatiker und Erzähler; Vertreter des Naturalismus und Mitbegründer des literarischen Impressionismus.

171 Detlev von Liliencron (1844–1909), Lyriker und Bühnenautor; Vertreter des aufkommenden Naturalismus.

172 Richard Dehmel (1863–1920), Schriftsteller; Naturalist und bedeutender deutscher Lyriker vor dem Ersten Weltkrieg.

173 Siehe u. a. Anm. 79.

174 Der Autor dieser Verserzählung nennt sich Wernher der Gärtner. Er verfasste die Verse vermutlich Mitte des 13. Jahrhunderts. Der richtige Name des Dichters ist nicht bekannt. Vgl. Theodor Nolte, Wernher der Gärtner: Helmbrecht, in: Historisches Lexikon Bayerns, unter: www.historisches-lexikon-bayerns.de/Lexikon/Wernher der Gärtner: Helmbrecht (2. Mai 2016).

175 Siehe Bericht zum Sommersemester 1961: Akte Ensslin, Dok. IV.1.

ich eine Übersetzungsübung Deutsch-Englisch für Fortgeschrittene und eine Vorlesung über »The English Novel after 1914«[176].

Das zweistündige Seminar über »Existenzphilosophie« (Dr. Fahrenbach[177]) lieferte mit der Interpretation von Jaspers, Heidegger und Sartre ein grundlegendes Verständnis für die Begriffe einer Philosophie, die mich seit dem ersten Semester beschäftigt.

Professor Jens' Kolloquium über »Probleme zeitgenössischer Literatur« war – wie in den Semestern vorher – jedes Mal ein unbedingtes Lernen und die Herausforderung, die eigene Kritik und ihre Methode zu schärfen.[178]

Am 14. Feb. 1962 bestand ich das Graecum.

Tübingen, am 1. März 1962 –
Gudrun Ensslin.

176 Die einstündige Übung unterrichtete Conrad Roediger. Wahrscheinlich handelte sich dabei um den Juristen Conrad Roediger (1887–1973). Der ehemalige Diplomat und Richter am Bundesverfassungsgericht (1951–1956) lehrte nach 1946 als Lehrbeauftragter, später Honorarprofessor Landeskunde Großbritanniens an der Universität Tübingen. Die einstündige Vorlesung veranstaltete Anthony Riley (1929–2003), der 1958 in Tübingen bei Friedrich Beißner mit einer Arbeit über Thomas Mann promoviert worden war. 1962 nahm er einen Ruf an die Queen's Universität Kingston im kanadischen Ontario an. Der Begriff »Kleinarbeit« taucht in den Vorlesungsverzeichnissen nicht auf; wahrscheinlich sind damit Leistungen im Rahmen von Übungen gemeint (Auskunft des Universitätsarchivs Tübingen vom 20. April 2015).

177 Helmut Fahrenbach (*1928), Philosoph; nach Promotion 1956 in Heidelberg mit der Arbeit »Wesen und Sinn der Hoffnung. Versuch über ein Grenzphänomen zwischen philosophischer und theologischer Daseinsauslegung« ab 1956 Assistent in Tübingen; 1968 dort Habilitation über »Kierkegaards existenzdialektische Ethik« (Frankfurt a.M. 1968); 1968–1991 Professor für Philosophie in Tübingen; veröffentlichte auch: Existenzphilosophie und Ethik, Frankfurt a.M. 1970.

178 Siehe Anm. 28.

3. Sommersemester 1964 bis Sommersemester 1965 vom 30. August 1965 (14 Seiten, handschriftlich)[179]

Bericht von drei Semestern in Berlin: Mai 1964 bis August 1965[180]

Nach einem Jahr an der Paedagogischen Hochschule einer kleinen schwäbischen Provinzstadt[181], nach der im März 1964 dort abgelegten Prüfung für das Lehramt an Volksschulen, kam ich am 12. Mai vergangenen Jahres nach Berlin; mit Gepäck und ohne Wohnung; mit Vorstellungen von Berlin als der Stadt, aus der Else Lasker-Schüler ihre »Briefe nach Norwegen«[182] schrieb, in der sie lebte, schockierte und schrieb; als der Stadt, die die ersten Erfolge des jungen ehrgeizigen Georg Heym sah; in der Kurt Tucholsky als Prophet und Ankläger auftrat; in deren Arbeitervierteln ein Goebbels ersten und in deren Sportpalast er größten Applaus erntete; die nach dem Mai 1945 ein endlos rauchender Schutthaufen war und durch deren Mitte eine der sichtbarsten Grenzen zwischen zwei Ländern und einem Volk gezogen war. Dort, an der Mauer, fand ich, nach Tagen und Wochen, während der ich nachts einen Unterschlupf bei Freunden

179 Nach der Ablehnung 1962 schrieb Ensslin bis zur Aufnahme keine Semesterberichte mehr. Auch danach blieb sie diese schuldig, weshalb sie bis zur Verfertigung dieses Berichts über drei Semester mehrfach gemahnt werden musste: so von den Studienstiftungsreferenten Theodor Bodammer am 6. Januar 1965, Peter Menck am 24. Juni 1965, am 7. August 1965 und am 30. August 1965. Menck verwies schließlich auf das im Oktober 1965 anstehende Verfahren der »endgültigen Aufnahme«. Am 1. September 1965 teilte Ensslin Menck mit, soeben den Bericht über drei Semester bei ihrem Vertrauensdozenten Ernst Heinitz an der FU Berlin abgegeben zu haben. Am 10. April 1964 hatte Ensslin den Geschäftsführer der Studienstiftung Heinz Haerten darüber informiert, die Zulassung für die FU Berlin am 9. April 1964 erhalten zu haben. Durch den Wechsel nach West-Berlin entzog sich Ensslins Lebensgefährte Bernward Vesper u.a. der Wehrdienstleistung. Vgl. Koenen, Vesper, Ensslin, Baader (Anm. 9), S. 105. Ensslin vollzog den Wechsel nach Berlin richtig erst zum Wintersemester 1964/65. Bis dahin verbrachte sie die meiste Zeit in Stuttgart-Bad Cannstatt. Vgl. Kapellen, Doppelt leben (Anm. 9), S. 160. Theodor Bodammer (*1933) war zwischen 1963 und 1966 Referent der Studienstiftung; philosophische Promotion 1969 in Hamburg mit der Arbeit »Hegels Deutung der Sprache. Interpretationen zu Hegels Äusserungen über die Sprache« (Hamburg 1969); Peter Menck (*1935), 1965–1967 Referent der Studienstiftung; Promotion 1967 in Bonn; Habilitation 1973 für Erziehungswissenschaft in Münster; 1973–1979 ordentlicher Professor für Erziehungswissenschaft in Hannover; ab 1979 in Siegen. Zur Person von Ensslins Vertrauensdozent und späterem Strafverteidiger Ernst Heinitz siehe: Akte Mahler, Anm. 50. Der »Spiegel«: Ein Seitenweg (Anm. 1), S. 67, erkannte in Heinitz einen »väterlichen Freund« für Ensslin. Ähnlich Koenen, Vesper, Ensslin, Baader (Anm. 9), S. 177 (»väterlicher Fürsprecher«). »Zu ihm [Heinitz] und seiner Frau Maria pflegte sie [Ensslin] ein nahezu familiäres Verhältnis«, heißt es auch in einem Kommentar zu dem Briefwechsel von Ensslin/Vesper, »Notstandsgesetze von Deiner Hand« (Anm. 80), S. 44.

180 Die beiden Daten sind in der Akte unterstrichen; am linken und rechten Rand ist jeweils ein Ausrufungszeichen gesetzt.

181 Gemeint ist Schwäbisch Gmünd.

182 Else Lasker-Schüler (1869–1945) Schriftstellerin; bedeutende Dichterin des Expressionismus; ihre »Briefe nach Norwegen« erschienen erstmals 1911/12 in der Zeitschrift »Der Sturm«.

von Freunden gefunden hatte, eine Wohnung, einen ehemaligen Laden, dessen Kunden aus dem Osten der Stadt über Nacht ausgeblieben waren.

Ich schrubbte, tapezierte, malte, hämmerte, sägte. Ich ersteigerte auf Auktionen für weniges Geld Tisch, Stuhl, Bett und Bücherregal; ich hatte vier Monate Geduld zu haben beim Warten auf Elektrizität und Wasserhahn.

Ich ging unregelmäßig zur Universität; ich hörte im Sommer und Winter bei Herrn Professor Gerber[183] James Joyce, las den »Ulysses«[184] im Original und in der Übersetzung; ich hörte bei Herrn Prof. Lieber[185] »Sowjet-Ideologie«, las Trotzkis und Lenins Schriften.

Ich hörte und sah und lernte kennen die Schriftsteller, die in dieser Stadt nicht zu Gast sind: Uwe Johnson[186], Ingeborg Bachmann[187], Günter Grass[188], Gerhard Rühm[189], Peter Härtling[190]; saß viele lange Abende mit manchem oder mancher von ihnen, hörte zu, fragte, versuchte zu verstehen, begriff: Diskussionen, die vor 2300 Jahren begannen in Europa und nicht enden werden.[191]

183 Richard Gerber (1924–1986), Schweizer Anglist; ab 1961 ordentlicher Professor für anglistische Literaturwissenschaft an der FU Berlin.

184 »Ulysses« ist der berühmteste Roman des irischen Schriftstellers James Joyce (1882–1941) und erschien als Buch erstmals im Jahr 1922.

185 Hans-Joachim Lieber (1923–2012), Philosoph und Soziologe; 1955–1972 Professor für Philosophie und Soziologie an der FU Berlin; 1965–1967 dort Rektor; 1972–1988 ordentlicher Professor für Philosophie an der Deutschen Sporthochschule Köln; 1974–1982 dort Rektor; Beiträge zur Totalitarismusforschung und kritische Studien zur marxistisch-leninistischen Ideologie. Siehe u. a. Hans-Joachim Lieber/Karl-Heinz Ruffmann (Hrsg.), Der Sowjetkommunismus, 2 Bde., Köln/Berlin 1963/64.

186 Uwe Johnson (1934–1984), Schriftsteller; stammte aus Cammin (Pommern); verließ die DDR 1959 und zog nach West-Berlin; ab 1960 Teilnahme an Treffen der Gruppe 47.

187 Ingeborg Bachmann (1926–1973), österreichische Schriftstellerin; erhielt 1953 den Literaturpreis der Gruppe 47.

188 Günter Grass (1927–2015), Schriftsteller; Mitglied der Gruppe 47; er gelangte durch seinen Roman »Die Blechtrommel« (1959) zu weltweiter Bekanntheit; 1999 Literaturnobelpreis; ab den 1960er Jahren Unterstützung für die SPD und insbesondere Willy Brandt im Wahlkampf. 1965 begründete er zu diesem Zweck das »Wahlkontor deutscher Schriftsteller«. Siehe Willy Brandt und Günter Grass, Der Briefwechsel, hrsg. von Martin Kölbel, Göttingen 2013.

189 Gerhard Rühm (*1930), österreichischer Schriftsteller und Komponist; Mitbegründer der Schriftstellervereinigung »Wiener Gruppe«.

190 Peter Härtling (*1933), Schriftsteller; 1962–1970 Redakteur und Mitherausgeber der Zeitschrift »Der Monat«; intellektueller Unterstützer der SPD in den 1960er Jahren.

191 Bei diesen Treffen handelte es sich um Veranstaltungen des von Grass, Klaus Roehler, Hans Werner Richter und Klaus Wagenbach initiierten »Wahlkontors deutscher Schriftsteller« (siehe auch Anm. 188), an dem Gudrun Ensslin damals mitarbeitete. Zu diesen Schriftstellern befanden sich Ensslin und Bernward Vesper seit ihrer gemeinsamen Verlagsinitiative »studio neue literatur« in Kontakt. Vgl. im einzelnen: Koenen, Vesper, Ensslin, Baader (Anm. 9), S. 116–118; Sabine Cofalla, Die »Gruppe 47« und die SPD. Ein Fallbeispiel, in: Ulrich von Alemann u. a. (Hrsg.), Intellektuelle und Sozialdemokratie, Opladen 2000, S. 147–165, insbes. S. 161 f.; siehe auch: Klaus Roehler/Rainer Nitsche (Hrsg.), Das Wahlkontor deutscher Schriftsteller in Berlin 1965. Versuch einer Parteinahme, Berlin 1990; Protest! (Anm. 124), S. 30 f. In seinem Bericht über das Wintersemester 1965/66 (Eingangsstempel vom 25. April 1966; Akte

Ich lief durch Kreuzbergs, Moabits, Schönebergs Straßen; sah Elend und Euphorie, grenzenlose Gleichgültigkeit und fanatischen Einsatz, Verzweiflung und Hoffnung – Millionen sahen es vor mir, und doch waren es meine Augen, hinter denen sich die Bilder sammelten, war es meine Stirn, die oft müde wurde.

Und immer wieder kehrte ich zurück zum Blick Hans Henny Jahnns, zu seinem Hauptwerk: »Fluß ohne Ufer«.[192] Jahnn schreibt über diese 3000 Seiten umfassende Trilogie an H. W. Helwig[193]: »Ich habe den Koloß aufgestellt; mögen andere ihn stürzen«.[194] Jahnn hatte bereits in seinem ersten aufgeführten Drama[195] gezeigt, daß er von einer ganz außeracht gelassenen Seite eintrat, daß er mit der gängigen Moral nicht zurechtkam (weil sie für ihn kein Problem darstellte!), daß er[,] statt behutsam zu sein, die Wahrheit suchte; und dies ist sein Leid, sein Kampf, sein Hindernis gewesen bis zum Tod. Ihn, den ruhigen, schwerblütigen Mann kränkten die Verdächtigungen, Unterstellungen, Beleidigungen, denen er von Anfang bis zum Ende ausgesetzt war, weil er ihre Ursache nirgends anders suchen konnte als in der Niedrigkeit seiner Kritiker, oder in deren Unverständnis und Unvermögen.[196] Jahnns Genie aber, und nicht die von außen herangetragene Unmoral stellte sich dem Werk in den Weg. Ungeachtet der verhärteten Traditionen mißachtete er die Begriffe Gut und Böse. Wie für

Vesper) informierte Bernward Vesper die Studienstiftung über seine Mitgliedschaft im »Wahlkontor« und insbesondere seine Mitarbeitertätigkeit für Karl Schiller (1911–1994), der 1966 Bundeswirtschaftsminister werden sollte. Der Kopf der Gruppe 47 Hans Werner Richter (1908–1993) erinnerte sich ebenfalls u.a. an Vespers und Ensslins (»ein schüchternes, bescheidenes, bürgerliches Mädchen«) damalige Mitwirkung, um am 11. Oktober 1970 zu fragen: »Wo sind sie alle geblieben und wohin haben sie sich verlaufen? Der Mangel an politischem Verstand ist erschreckend.« So Hans Werner Richter, Mittendrin. Die Tagebücher 1966–1972, hrsg. von Dominik Geppert in Zusammenarbeit mit Nina Schnutz, München 2012, S. 166. Auf der Handkarteikarte Ensslins findet sich in einer Gesprächsnotiz vom November 1965 ebenfalls Ensslins entsprechendes politisches Engagement knapp vermerkt.

192 Hans Henny Jahnn (1894–1959), Schriftsteller und Orgelbauer; verstand sich vor allem als Pazifist und wollte den grausamen Charakter der Menschen darstellen und erklären; Beginn der Arbeit an dem dreiteiligen Roman »Fluß ohne Ufer« 1937. Der erste Teil »Das Holzschiff« erschien 1949, der zweite Teil mit dem Titel »Die Niederschrift des Gustav Anias Horn« in den Jahren 1949–1951, der dritte Teil unter dem Titel »Der Epilog« im Jahr 1961. Ensslin kam vermutlich über Bernward Vesper in Kontakt mit Jahnn (der ihm als Vorbild galt) und dessen Werk, das sie schließlich als Thema für ihre geplante Doktorarbeit wählte. Vgl. Kapellen, Doppelt leben (Anm. 9), S. 70; Christoph Zeller, Ästhetik des Authentischen. Literatur und Kunst um 1970, Berlin/New York 2010, S. 206f., 262f.; Protest! (Anm. 124), S. 26.

193 Werner Helwig (1905–1985), Schriftsteller; ihn und Jahnn verband eine jahrzehntelange Freundschaft. Siehe Werner Helwig/Hans Henny Jahnn, Briefe um ein Werk, Frankfurt a.M. 1959.

194 In Hans Henny Jahnn, Die Niederschrift des Gustav Anias Horn nachdem er neunundvierzig Jahre alt geworden war, Bd. 2, München 1950, S. 238, heißt es: »Ich wollte an dem Koloß nichts mehr ändern. Ich hatte ihn aufgestellt. Mochten andere ihn stürzen.«

195 Jahnns frühestes Drama heißt »Pastor Ephraim Magnus« und stammt aus dem Jahr 1919.

196 Vgl. Jochen Meyer, Verzeichnis der Schriften von und über Hans Henny Jahnn, Neuwied a.Rh./Berlin 1967; Thomas Freeman, Hans Henny Jahnn. Eine Biographie, Hamburg 1986.

die Götter des Heraklit war für ihn alles, das Leben, das Eine, gut an sich.[197] Schuld kannte er nur als Verbrechen am Menschenmöglichen, als Behinderung, als Vernichtung des sich suchenden Lebens. Es galt ihm, die öffentliche Sittlichkeit als Instanz erst wieder zu reinigen, damit der Mensch, der durch die Fahrt seiner Geschichte vor die Katastrophe gelangt war, sich selbst noch einmal fände. »Die Kunst hat die Aufgabe, an der Zusammenfassung, am Blick auf das Ganze und in die Tiefe zu arbeiten. Überall dort einzugreifen, wo die bisher von der Masse Mensch und ihren Bürokratien Hinausgestellten versagt haben. Der Mensch kann nicht mehr als bekannt, als Glied einer Entwicklung in bestimmter Richtung vorausgesetzt werden. Er muß Gegenstand der Untersuchung werden, damit der Punkt gefunden wird, an dem ein Umbiegen sinnvoll und aussichtsreich ist. So sind wir, kraft des Variantenbedürfnisses, wahre Revolutionäre mit guten Zielen«[,] heißt es in der Goetherede von 1932.[198] Und später in einem Brief resigniert: »Was ich schreibe, steht nur in Beziehung zu einer Welt, die es nicht gibt, die sich auch nicht formen wird – die ich in Wirklichkeit vor ein paar Jahrtausenden verfehlt habe.«[199] Doch hoffte Jahnn wohl bis zuletzt, Vorläufer einer Zeit zu sein, auch wenn er es, am Ende seiner Kraft, leugnete. »Fluß ohne Ufer« ist eine Kosmographie, Bachschen Oratorien oder Passionen vergleichbar. »Ich habe versucht, … musikalische Formen durchzuführen. Ich bin selbst vor Imitation und Engführung nicht zurückgeschreckt. Die Strophe Gewitter kommt an einer Stelle in drei Zeiten unmittelbar hintereinander wie die Stimme einer Fuge. Aber das ist nichts Äußerliches, und am liebsten möchte ich davon schweigen, weil ich nicht selbst den Vorwurf des Gekünstelten vorbereiten möchte …«[200]: Jahnn hat hier einen Weg gezeigt, der zur Analyse seines Werkes führen kann, zur Fixierung des Jahnnschen Kosmos, der nur durch eine dünne Haut getrennt ist vom Tode, vom Nichts, von der Nacht, – der immer etwas Barockes, fleischlich-festliches, todesverwesliches hat. Aber es ist ein Weg voller Hindernisse; ein Weg, der nur ans Ziel führt, wenn es (mir) gelingt, die Poetologie zu finden zu einem uferlosen Werk, dessen Schöpfer von universellem Mitleid angefüllt war, das zum Ursprung seiner philosophischen, seiner musikalischen, seiner sprachlichen Konzeption wurde, deren Einheit zugleich Unzugänglichkeit bedeutet. Ich habe mich auf diesen Weg begeben, aber ich bin oft voller Niedergeschlagenheit, weil das mühsam Zusammengetragene so leicht zu entgleiten droht, weil »der Koloß« große Abwehrkräfte gegen die Instrumente der Philologie besitzt, über die ich bislang, nach sechs fleißigen Anfangssemestern voller Akribie in Tübingen, nach zwei unwilligen Semestern an

197 Links neben diesem Satz ist in der Akte ein Fragezeichen gesetzt.

198 Hans Henny Jahnn, Aufgabe des Dichters in dieser Zeit. Vortrag zur Goethefeier der Hamburger Bühne, in: Ders., Eine Auswahl aus seinem Werk. Mit einer Einführung von Walter Muschg, Freiburg i. Br. 1959, S. 552–562, hier: S. 561 f. (kleine, aber nicht verfälschende Variationen in Ensslins Wiedergabe).

199 Brief Jahnns an Helwig vom 26. Februar 1948, wiedergegeben in: Helwig/Jahnn, Briefe um ein Werk (Anm. 193), S. 45.

200 So in einem Brief Jahnns an Helwig vom 29. April 1946, in: Ebd., S. 17.

der Paed. Hochschule, und nach drei Semestern des freiwilligen und unfreiwilligen Schweifens und Suchens in Berlin, verfüge.[201]

Ich stehe, fünfundzwanzig Jahre alt, an einem Ort, den die gewachsene und wachsende Kenntnis vom Verhältnis der Kunst zur Realität, des Geistes zur Macht auszeichnet; an einem Ort, der durch Erlebnisse aus der periodisch katastrophenreichen Familiengeschichte und durch Aufzeichnungen der täglichen Veränderung meiner selbst unsicher gemacht wird; von dem aus ich aufbrechen möchte, nach allen Überlegungen, mit allen Konsequenzen zu einem Studiengang, der innerhalb von drei oder vier Jahren zu einer Promotion über Hans Henny Jahnn führt.

Berlin ist die Stadt der Bundesrepublik, deren Klima am deutlichsten bestimmt wird von der realen politischen Situation; die alle kulturellen Strömungen beherbergt; fünfzehn Monate lang habe ich sie sondiert; ich bin müde vom Sehen; der Weg durch die Stadt hat zu mir selbst geführt, denke ich, zur endlich disziplinierten Arbeit.

Berlin, den 30. August 65
Gudrun Ensslin.[202]

4. Wintersemester 1965/66, undatiert (Mai 1966; drei Seiten, Schreibmaschine)

Gudrun Ensslin
Berlin 36
Cuvrystr. 49

Bericht über das Wintersemester 65/66[203]

Der lange Winter und eine vier Wochen dauernde Krankheit verhinderten doch nicht das geplante Lektüre-Studium, das fünf Gebiete umfaßte:

Philosophie;
kritische Theorie;
literaturwissenschaftliche Methodik;
James Joyce;
Hans Henny Jahnn.

Trotz dem vor Jahren abgelegten Philosophicum war, was ich bislang unter Philosophie verstanden hatte[,] schemenhaft und eher erhascht als begriffen. Ein

201 Rechts Anstrich neben diesem Satz.

202 Angefügt war folgende, mit Schreibmaschine getippte Übersicht: »Folgende Bücher habe ich mir für das im Mai 65 überwiesene Büchergeld von 120.– DM gekauft:
Else Lasker-Schüler: Gesammelte Werke in drei Bänden
Albert Ehrenstein: Gedichte und Prosa
Ludwig Börne: Sämtliche Werke in vier Bänden«.

203 Eingangsstempel vom Mai 1966, Tag unleserlich; außerdem Stempel »betrifft: Endg. Aufnahme«.

gründliches Studium der Vorsokratiker und ein systematischer, noch sehr zu ergänzender Überblick über die Epochen der europäischen Philosophie bis ins 20. Jahrhundert sind die, ich denke verläßlichen, Resultate meiner Arbeit.

Herbert Marcuses[204] Schriften »Kultur und Gesellschaft I und II«[205] und »Triebstruktur und Gesellschaft«[206] verschafften mir eine Basis, von der aus ich hoffe, einen Aspekt im Jahnn'schen Werk nicht nur behaupten[,] sondern auch beweisend darlegen zu können: man wirft Jahnn vor, nichts in seinem Werk wiese darauf hin, daß er Einsicht in die gesellschaftliche Dialektik gehabt habe. »Man« vermißt die Analyse. Neben der Analyse gibt es aber als Kritik die totale Negation der bestehenden Gesellschaft, den Rückgriff auf eine Welt, die einmal war; bei Jahnn auf die Welt des Mythos, die zugleich die utopische Welt ist. Um diesen, nicht im Zentrum stehenden, dennoch beachtenswerten Aspekt gerade auch im Jahnn'schen Werk (allerdings nicht nur dort) fassen zu können, werde ich die begonnenen Studien zur kritischen Theorie fortsetzen.

Was mir sehr nottat, war Methodik:

Herman Meyer – Das Zitat in der Erzählkunst[207]

Wolfgang Kayser – Die Krise des Romans, eine Schrift, die ich vorbehaltlos lesen konnte, und: Das sprachliche Kunstwerk, das ich nicht vorbehaltlos las.[208]

Elisabeth Frenzel – Stoff –, Motiv- und Symbolforschung[209]

Eberhard Lämmert – Bauformen des Erzählens.[210]

Eine mir von Frau Professor Dr. Hecht[211] aufgegebene Arbeit mit dem Thema »Das Film-Skript zu ›Finnegans Wake‹ als Grundlage zur Interpretation des Romans«[212] führte mich zu James Joyce: »Stephan Daedalus [!]«[213], »The Por-

204 Herbert Marcuse (1898–1979), deutsch-amerik. Soziologe und Philosoph; ein Hauptvertreter der Kritischen Theorie; 1933–1942 Angehöriger des Instituts für Sozialforschung; Vordenker und Ikone der Studentenbewegung am Ende der 1960er Jahre; Hauptwerke: Triebstruktur und Gesellschaft. Ein philosophischer Beitrag zu Sigmund Freud, Frankfurt a.M. 1965; Der eindimensionale Mensch. Studien zur Ideologie der fortgeschrittenen Industriegesellschaft, Neuwied/Berlin 1967.

205 Vgl. Herbert Marcuse, Kultur und Gesellschaft, 2 Bde., Frankfurt a.M. 1965.

206 Vgl. Marcuse, Triebstruktur und Gesellschaft (Anm. 204).

207 Herman Meyer, Das Zitat in der Erzählkunst. Zur Geschichte und Poetik des europäischen Romans, Stuttgart 1961.

208 Vgl. Wolfgang Kayser, Entstehung und Krise des modernen Romans, 4. Aufl., Stuttgart 1963; ders., Das sprachliche Kunstwerk. Eine Einführung in die Literaturwissenschaft, 9. Aufl., Bern 1963.

209 Elisabeth Frenzel, Stoff-, Motiv- und Symbolforschung, Stuttgart 1963 (2. Aufl. 1966).

210 Eberhard Lämmert, Bauformen des Erzählens, Stuttgart 1955.

211 Ilse Hecht (1907–1988); Habilitation in Jena 1956 mit der Arbeit »Vom aristokratischen zum demokratischen Stil. Stilgeschichtliche Untersuchungen zur englischen Literatur des 18. und 19. Jahrhunderts«; 1958–1968 außerordentliche, ab 1968 ordentliche Professorin für Anglistik an der FU Berlin; siehe auch Ilse Hecht (Hrsg.), Englische Kurzgeschichten von Scott bis Stevenson, 5. Aufl., Leipzig 1966.

212 Gemeint ist wohl das Skript zu dem Film »Passages from James Joyce's Finnegans Wake«, bei dem Mary E. Bute Regie führte und der im März 1966 in die amerikanischen Kinos kam.

213 Stephen Dedalus ist eine fiktive Figur von James Joyce. Er taucht beispielsweise in seinem Hauptwerk »Ulysses« auf.

trait of the Artist as a Young Man«[214], »Ulysses«, »Finnegans Wake«[215]; als Sekundärliteratur: »Das Rätsel Ulysses« von Stewart Gilbert[216], Jean Paris' Monographie[217]; »The Dublin Diary« und »My Brother's Keeper« von Stanislaus Joyce[218]; die exemplarische Biographie von Richard Ellmann[219], nicht zuletzt immer wieder Homers Odyssee[220]... ich habe mich nicht geschont, aber die Arbeit nicht geschafft. Ich würde sie wohl weder in einem Jahr noch in zwei Jahren schaffen. Gewährt sei mir ein Zitat eines »Finnegans Wake« und James Joyce erforschenden Professors: »... es ist auch ein nicht zu bewältigendes Thema; *ich* versuche das ja seit zehn Jahren.«[221] *Daß* ich das Thema bekommen und akzeptiert hatte, habe ich allerdings nicht einen Tag lang bedauert.

Unlängst erschien ein Buch, das mir ein Markstein zu sein scheint in den Bemühungen um Hans Henny Jahnns Werk: »Hans Henny Jahnn – Der Tragiker der Schöpfung« von Professor Wolffheim.[222] Der Band enthält einen hundert Seiten umfassenden Essay über »Geschlechtswelt und Geschlechtssymbolik in ›Fluß ohne Ufer‹«, der zum ersten Mal (neben der, soweit ich weiß[,] einzigen beendeten Innsbrucker Dissertation[223]) interpretierend zu einem, vielleicht *dem* Kern des Jahnn'schen Werkes vordringt. Wolffheim führt das Verhältnis des Musikers Gustav Anias Horn-Alfred Tutein zurück auf das Muster der Zwillingsbrüderschaft von Gilgamesch-Enkidu, wie es in dem babylonischen Epos überliefert ist.[224] Für mich bedeutet diese Entdeckung die Erkenntnis, mit der

214 James Joyce, A Portrait of the Artist as a Young Man, New York 1916.

215 Ders., Finnegans Wake, London/New York 1939.

216 Stuart Gilbert, Das Rätsel Ulysses. Eine Studie, erw. Neuausg., Zürich 1960 (zuerst deutsch 1932).

217 Vgl. Jean Paris, James Joyce in Selbstzeugnissen und Bilddokumenten, Reinbek bei Hamburg 1960 (mehrere Nachdrucke und Neuauflagen: so 1966).

218 The Dublin Diary of Stanislaus Joyce, hrsg. von George Harris Healey, Ithaca/NY 1962; Stanislaus Joyce, My Brother's Keeper, London 1957.

219 Richard Ellmann, James Joyce, Oxford/New York 1959.

220 Joyce rezipierte für die Dubliner Irrfahrten in »Ulysses« Odysseus' Taten und »Irrfahrten«, wie sie Homer in den Werken »Ilias« und »Odyssee« geschildert hat.

221 Zitat und Autor ließen sich nicht ausfindig machen.

222 Hans Wolffheim, Hans Henny Jahnn, der Tragiker der Schöpfung. Beiträge zu seinem Werk, Frankfurt a. M. 1966; Hans Wolffheim (1904–1973), Literaturwissenschaftler; Habilitation 1948 mit der Arbeit »Wielands Begriff der Humanität« (Hamburg 1949); ab 1955 außerordentlicher Professor am Germanistischen Seminar der Universität Hamburg; Anfang der 1970er Jahre Initiator und erster Leiter der Hamburger Arbeitsstelle für deutsche Exilliteratur; 1973 ordentlicher Professor für Neuere deutsche Literaturgeschichte in Hamburg.

223 Hans Wolffheims Essay zur »Geschlechtswelt und Geschlechtssymbolik« von 1966 erschien später nochmals als Separatum (hrsg. von Elsbeth Wolffheim, Hamburg 1994). Gemeint ist zudem: Ilse Ruth Böhner, Das Menschenbild Hans Henny Jahnns, Diss. phil., Innsbruck 1964; siehe auch: Jochen Vogt, Struktur und Kontinuum. Über Zeit, Erinnerung und Identität in Hans Henny Jahnns Romantrilogie »Fluß ohne Ufer«, München 1970 (Diss. phil. Bochum 1968).

224 Zur Gegenüberstellung und Analogie von Horn und Tutein bei Jahnn zu Gilgamesch und Enkidu im Gilgamesch-Epos sowie den Interpretationen Wolffheims vgl. Gianna Zocco, Sag an, mein Freund, die Ordnung der Unterwelt. Das Gilgamesch-Epos in Hans Henny Jahnns Fluß ohne Ufer, Frankfurt a. M. 2010, insbes. S. 92 ff.

Dur-Molltheorie (zumindest als zentraler Theorie!) eine falsche Spur verfolgt und eine allenfalls ephemer brauchbare Entdeckung gemacht zu haben.

Ich sitze jetzt über einer Arbeit, die Ajax von Uchri, eine zentrale Figur im 3. Teil von »Fluß ohne Ufer« untersuchen wird.[225]

Gudrun Ensslin.[226]

5. Sommersemester 1966, undatiert (26. September 1966; drei Seiten, Schreibmaschine)

Semesterbericht Sommer 66[227]

Die Sommermonate verliefen gleichmäßig und – endlich – arbeitsam. Ich habe ein verlässliches Verhältnis zum Werk Hans Henny Jahnns gefunden. »Mythos und Utopie bei Jahnn«, dem von mir formulierten Dissertationsthema, stimmte Herr Professor Emrich[228] (bei der zweiten der insgesamt drei Unterredungen, die ich mit ihm hatte) zunächst grundsätzlich zu. Am Ende des Semesters warnte er mich allerdings plötzlich und vehement davor, über Jahnn zu promovieren. Herrn Professors Argumente, die mich zunächst bestürzten (– Jahnn sei ein »Psychopat«[229] gewesen und sein Werk verleugne das auf keiner Seite; der Hinweis einmal auf die Erfahrung mit einem Doktorand, der an Jahnn »fast zugrunde gehe« und zum andern auf meine »Konstitution« –)[,] habe ich inzwischen geprüft. Allerdings werde ich an dem alten Vorsatz festhalten. Da ich im Wintersemester am Oberseminar Prof. Emrichs teilnehmen werde, hoffe ich,

225 Zu den Roman-Figuren vgl. ebd.

226 Name als Unterschrift.

227 Der Bericht war einem Brief Gudrun Ensslins an Peter Menck vom 26. September 1966 beigefügt. Peter Menck hatte ihn in einem Schreiben an Ensslin vom 22. September 1966 angemahnt und auf die Wichtigkeit für das Verfahren zur endgültigen Aufnahme hingewiesen. Außerdem dankte er Ensslin »für den netten Abend in Ihrem neuen Domizil«, um hinzuzufügen: »Ein Katzenjammer blieb: ich fühle mich als hoffnungslosen Reaktionär entlarvt«. In ihrem Brief vom 26. September 1966 kommentierte Ensslin dies mit den Worten: »›Entlarvt‹ wurden Sie nicht und haben Sie sich selbst nicht. Dazu war der Abend rundum zu luftig. Ein Balkon läßt sich garnicht so viel gefallen!« – Der Semesterbericht trägt einen Eingangsstempel vom 30. September 1966 sowie den Aufdruck »betrifft: Endg. Aufnahme«.

228 Wilhelm Emrich (1909–1998), Literaturwissenschaftler; ab 1960 ordentlicher Professor für Neuere deutsche Literaturwissenschaft an der FU Berlin. Emrich zählte zu den einflussreichsten Nachkriegsgermanisten, seine Vorlesungen erfreuten sich so großer Nachfrage, dass er sie gelegentlich im Auditorium Maximum abhalten musste. Vgl. Lorenz Jäger, Wilhelm Emrich (1909–1998), in: Christoph König u. a. (Hrsg.), Wissenschaftsgeschichte der Germanistik in Porträts, Berlin/New York 2000, S. 250–258. Emrich befasste sich mit Jahnn, den er im übrigen persönlich gut kannte (siehe auch Anm. 303). Vgl. Wilhelm Emrich, Nachwort, in: Hans Henny Jahnn, Das Holzschiff. Roman, Gütersloh 1964, S. 233–238; ders., Nachwort, in: Meyer, Verzeichnis der Schriften (Anm. 196), S. 5–24. Thomas Freeman, The Case of Hans Henny Jahnn. Criticism and the Literary Outsider, Rochester/NY 2001, S. 26–32, zählt Emrich zu den frühen Jahnn-Unterstützern

229 Das »t« handschriftlich durchgestrichen und am Rand bemerkt: »th ??«.

doch schließlich Herrn Prof. Emrichs Zustimmung zu der Arbeit über Jahnn zu erlangen.

Warum mir gerade das genannte Thema ergiebig und gerechtfertigt scheint, läßt sich doch wenigstens andeutungsweise skizzieren. Ich gehe dabei von Prof. Hans Wolffheims Essay-Band über Jahnn aus, der in diesem Frühjahr erschienen ist und dem ich zu einem Teil meine gewonnene Sicherheit im Umgang mit Jahnns Werk verdanke.[230]

Wolffheims Titel führt unmittelbar ins Zentrum der Jahnnschen Welt: »Tragiker der Schöpfung« gilt in zweierlei Bezug. Erstens empfand Jahnn die Tragik der Schöpfung, die Tatsache ihrer dialektischen Gespaltenheit in Leben und Tod, Aufgang und Untergang, »Fressen und Gefressenwerden« besonders elementar. Zweitens hat Jahnn in seinem Werk eine Welt geschaffen, in der das Entsetzen dominiert – alle seine Figuren stehen unter dem Gesetz des »Unausweichlichen«, der Anangke.[231] »Es ist wie es ist und es ist fürchterlich« lautet die im Werk immer wiederkehrende Formel[232] – das Mythische liegt nahe, weil in ihm das Versprechen einer reineren, vielfältigeren Menschlichkeit enthalten ist, die ihre Gültigkeit nicht mißt an der unmittelbaren, bedingten Wirklichkeit. Jahnn begreift den mythischen Menschen als Modell und setzt ihn als kritisches und gleichzeitig utopisches Postulat. Der Modellcharakter, den der Mythos für Jahnn besaß, ist – anders als etwa für Musil oder Döblin, in deren Werken der Mythos als Travestie oder Parodie auftritt – umfassend: die einzelnen Figuren sind nicht isolierbar vom Geheimnis der Mysterien, der archaischen Architektur und Musik.[233]

Professor Wolffheims Analyse von der »Geschlechtswelt und Geschlechtssymbolik in ›Fluß ohne Ufer‹«[234] zeigt beispielhaft die geistige Struktur des Jahnnschen Werkes, das – am Modell des babylonischen Gilgamesch-Epos – einen neuen, modernen »Aufbruchsmythos« schafft, dessen revolutionäre Moral gegen das idealisierende und verfälschende Menschenbild unserer Gesellschaft steht. Da fast alle Jahnnschen Figuren auf ein mythisches Grundmuster bezogen sind, ergibt sich daraus einmal quasi ein tertium comparationis, an dem das Verständnis des Welt- und Menschenbildes bei Jahnn gemessen werden kann; zum andern liegt im Rückgriff auf den Mythos der Entwurf einer Zukunft verborgen. Die Figuren, denen Realitätscharakter nicht zukommt, agieren gleichsam in einem riesigen Raum von Ort und Zeit, mit dem Jahnn operiert, um den Menschen mit seinen besseren Möglichkeiten zu konfrontieren, deren er sich – davon war Jahnn überzeugt – im Verlauf der christlich-abend-

230 Wolffheim, Hans Henny Jahnn (Anm. 222).

231 Anangke (oder: Ananke), Schicksalsgöttin; sie gab in der griechischen Mythologie dem unpersönlichen Schicksal einen Namen.

232 Dies ist die wohl berühmteste Formulierung in dem Werk »Fluß ohne Ufer«.

233 Zu Mythos-Strukturen in Jahnns Werk vgl. Herwig Gottwald, Spuren des Mythos in moderner deutschsprachiger Literatur. Theoretische Modelle und Fallstudien, Würzburg 2007, S. 233 ff.

234 Wolffheim, Geschlechtswelt und Geschlechtssymbolik (Anm. 223).

ländischen Geschichte, der »Zweijahrtausende sausenden Fahrt in die verkehrte Richtung«[235] begeben hat. ---

Professor Gerbers Seminar über den englischen und amerikanischen Reiseroman versah mich mit einem beträchtlichen Lesestoff (18 Romane großen bis kleineren Umfangs) und mit der schönen Notwendigkeit, peinliche Lücken in meiner Kenntnis der Werke zu schließen, die zum festen Bestand der englischen Literatur gerechnet werden. Ich arbeitete über das Erstlingswerk des grand seigneurs englischen, literarischen Lebens, über »The Longest Journey« von E. M. Forster.[236] Dieser mit dem Anspruch auf Kunst auftretende Roman, mit seiner Affinität zum Kitsch und einem pseudophilosophischen Gehalt - beim Umblättern der Seiten wirbelt Staub auf! - hat meine kritischen Fähigkeiten auf die Probe gestellt. Mit dem Ergebnis war ich selbst nicht restlos zufrieden und Herrn Professor Gerbers Beurteilung mit »gut« trägt dem Gran Unzufriedenheit Rechnung.

Die Wochen vor Beginn des Wintersemester[s] sind der Vorbereitung eines Referates über den »New Criticism«[237] vorbehalten, das ich für das Oberseminar Prof. Emrichs zu schreiben habe.[238]

235 Brief Jahnns an Helwig vom 20. März 1946, in: Helwig/Jahnn, Briefe um ein Werk (Anm. 193), S. 14.

236 Edward Morgan Forster (1879–1970), englischer Schriftsteller; sein Werk »The Longest Journey« erschien erstmals 1907.

237 »New Criticism« bezeichnet eine amerikanische Richtung der Literaturkritik und -theorie ab den 1920er Jahren (bis in die 1970er hinein), die auf der Betonung formalästhetischer Aspekte gegenüber ideologisch-philosophischen Gesichtspunkten beruhte. Vgl. Ulrich Halfmann, Der amerikanische New Criticism. Ein Überblick über seine geistesgeschichtlichen und dichtungs-theoretischen Grundlagen mit einer ausführlichen Bibliographie, Frankfurt a. M. 1971.

238 Der Semesterbericht trägt keine Unterschrift.

6. Wintersemester 1966/67 und Sommersemester 1967, Dezember 1967 (eine Seite, Schreibmaschine)

Semesterbericht WS 66/67 und SS 67[239]

Ich nahm im vergangenen Winter an einem von Herrn Prof. Lämmert geleiteten Oberseminar über »Romantheorie von Spielhagen bis Broch« teil und schrieb eine Arbeit über »Alfred Döblins Romantheorie«, die die Voraussetzung für ein Gespräch mit Herrn Prof. Lämmert war, das Ende Februar stattfand und positiv insofern ausfiel, als Herr Prof. Lämmert sich gern bereiterklärte, meine Arbeit über Hans Henny Jahnn als bei ihm entstehende Dissertation zu akzeptieren.[240]

Die Ferienmonate März bis Mai waren fast ausschließlich der Lektüre von Jahnns umfangreichem Dramenwerk[241] gewidmet, wobei sich bestätigte, daß Jahnn in seinem gesamten Werk den Menschen mit einer Dimension auszeichnet, die dem Mythos verpflichtet und zugleich utopisch ist. Das Thema meiner Dissertation steht seitdem endgültig fest; ich hoffe mit dem kommenden Jahr die Arbeit ziemlich beendet zu haben. Allerdings hat darauf noch ein Zweiter Einfluß:

239 Eingangsstempel vom 17. Dezember 1967. Mehrere Mahnungen ließ Ensslin verstreichen, so von Peter Menck am 1. Juni 1967, mittels eines strengen Formbriefs durch Geschäftsführer Heinz Haerten vom 31. August 1967 und ein Schreiben der Referentin Uta Zuppke vom 21. November 1967, in dem das Ende der Förderung angekündigt wird, sollte Ensslin weiterhin den Semesterbericht schuldig bleiben. Am 15. Dezember 1967 antwortete Ensslin und entschuldigte sich für ihr Verhalten. Siehe Akte Ensslin, Dok. VI.8. Zuppke (*1933), Historikerin und Romanistin, wirkte bereits zwischen 1960 und 1963 und dann wieder zwischen 1967 und 1969 als Mitarbeiterin der Studienstiftung. Dazwischen absolvierte sie ihr Referendariat und arbeitete im Schuldienst. Nach dem Ausscheiden Peter Mencks habe sie Haerten in die Studienstiftung zurückgeholt, weil er sich eine mit den Berliner Verhältnissen vertraute Mitarbeiterin zur Betreuung der dortigen Stipendiatengruppe wünschte, so Uta Gagnér (geb. Zuppke) im Telefongespräch am 23. März 2016. In jener politisch aufgewühlten Zeit habe es in der Berliner Gruppe »gebrodelt«. Die Auswirkungen des studentischen Protests seien damals überhaupt regelmäßig Gesprächsthema in der Studienstiftung gewesen. Vgl. auch die Ausführungen bei Rolf-Ulrich Kunze, Die Studienstiftung des deutschen Volkes seit 1925. Zur Geschichte der Hochbegabtenförderung in Deutschland, Berlin 2001, insbes. S. 317–322.

240 Eberhard Lämmert (1924–2015), Germanist; 1977–1992 ordentlicher Professor für Allgemeine und Vergleichende Literaturwissenschaft an der FU Berlin. In jener Zeit soll Ensslin vor allem im Anschluss an die Seminare mit ihm über ein mögliches Promotionsprojekt gesprochen haben, das aber Lämmert zufolge von Jahnn weggeführt und den Einfluss des Surrealismus in der deutschen Literatur der 1920er Jahre zum Thema gehabt hätte. Einige Zeit später habe Lämmert gehört, dass Ensslin eine von Emrich betreute Dissertation über Jahnn schreiben werde. So Bressan/Jander, Gudrun Ensslin (Anm. 12), S. 404f. In ihrem Antrag zur Stipendienberechnung vom 25. Februar 1968 gab Ensslin an, seit dem Sommersemester 1967 unter Lämmerts Betreuung an einer Dissertation mit dem Thema »Mythos und Utopie in H.H. Jahnns ›Fluß ohne Ufer‹« zu arbeiten. Im Marbacher Katalog »Protest!« (Anm. 124), S. 26, heißt es knapp kommentierend: »Das zunehmende Engagement für die eigenen Utopien ließ die Dissertation nicht zum Abschluß kommen.«

241 Jahnn veröffentlichte zwischen 1919 und 1959 elf Dramenwerke.

Am 13. Mai wurde mein Sohn Felix geboren; ein wenig zu früh, also sehr klein und zart. Jetzt, nach sieben Monaten, ist er ein Riese, dick und stark, größer als Gleichaltrige und schwerer.[242]

Außer von Felix waren die Monate seit Juni völlig von den politischen Ereignissen an der Universität und in Westberlin beansprucht.[243] Ich habe aktiv an zahlreichen Aktionen, deren Vorbereitung und Auswertung teilgenommen und bin der Meinung, ich sollte das auch weiterhin tun.[244]

Ich werde im Februar Herrn Prof. Lämmert einen ersten Teil meiner Arbeit vorlegen können. Im Januar habe ich Besuche bei Jahnns Tochter Signe Trede[245] und bei Herrn Prof. Wolffheim in Hamburg geplant.[246]

Im Dezember 67
Gudrun Ensslin[247]

242 Felix Robert Leo Ensslin wurde am 13. Mai 1967 in Berlin geboren und war der gemeinsame Sohn von Gudrun Ensslin und Bernward Vesper. In einer Gesprächsnotiz vom Januar 1968 des Referenten auf der Handkarteikarte ist vermerkt, wie »hingerissen« Ensslin von ihrem Sohn sei und dass sie gerne ein weiteres Kind haben möchte.

243 Gemeint ist nicht zuletzt der tödliche Schuss auf den Germanistikstudenten Benno Ohnesorg durch den Berliner Polizisten Karl-Heinz Kurras (zugleich – wie seit 2009 bekannt – IM des Ministeriums für Staatssicherheit der DDR) im Zuge der Demonstrationen rund um den Schah-Besuch am 2. Juni 1967 in Berlin. Dieser Vorfall im Frühsommer 1967 war zentraler Auslöser für eine Radikalisierung der Studentenbewegung in Deutschland, die insofern den Protest der »67er« versammelte. Vgl. Volker Ullrich, Müssten die »68er« in Wahrheit »67er« heißen?, in: Die Zeit vom 16. Mai 2007; Wolfgang Kraushaar, Was geschah am 2. Juni 1967?, in: Die Zeit vom 28. September 2012. Am Abend des 2. Juni 1967 soll Ensslin – so wurde wiederholt kolportiert – auf einer SDS-Sitzung im Republikanischen Club aufgebracht gerufen haben: »Sie werden uns alle umbringen – ihr wisst doch, mit was für Schweinen wir es zu tun haben – das ist die Generation von Auschwitz, mit der wir es zu tun haben – man kann mit Leuten, die Auschwitz gemacht haben, nicht diskutieren. Die haben Waffen und wir haben keine. Wir müssen uns bewaffnen.« So wiedergegeben bei Koenen, Vesper, Ensslin, Baader (Anm. 9), S. 124, der aber die Authentizität der Worte in Frage stellt, zumal es Zweifel gibt, ob Ensslin an jenem Abend überhaupt auf dieser Veranstaltung gewesen ist. Ein großes Fragezeichen hinter diesen »kaum belegbare[n] Auftritt Gudrun Ensslins«, der zu einer Art »Gründungslegende der Baader-Meinhof-Gruppe« mutiert sei, setzt auch Willi Winkler, Die Geschichte der RAF, 3. Aufl., Reinbek bei Hamburg 2010, S. 89.

244 Zum politischen Engagement Ensslins nach dem 2. Juni 1967 vgl. Koenen, Vesper, Ensslin, Baader (Anm. 9), S. 124 ff.; Bressan/Jander, Gudrun Ensslin (Anm. 12), S. 406 f; siehe auch das Kapitel »Der Schock des 2. Juni«, in: Stefan Aust, Der Baader-Meinhof-Komplex, 9. Aufl., München 2008, S. 56–61, sowie den Abschnitt »Es begann am 2. Juni 1967«, in: Winkler, Die Geschichte der RAF (Anm. 243), S. 79–87.

245 Signe Trede-Jahnn (*1929), Tochter Hans Henny und Ellinor Jahnns; verheiratet mit dem Dänen Yngve Trede.

246 Zu einem Treffen mit Wolffheim ist es nicht gekommen. Siehe dazu Anm. 298.

247 Name als Unterschrift.

Am 25. September 1967 schrieb Gudrun Ensslin auch ausführlich an Peter Menck (5 Seiten handschriftlich; im Privatbesitz Peter Mencks). Sie äußerte darin ein schlechtes Gewissen, weil sie ihm seit viereinhalb Monaten eine Antwort schuldig geblieben sei. Dafür macht sie ihre gesellschaftliche Eingebundenheit und die Vorgänge in Berlin während des Jahres 1967 geltend. Diese hätten »uns zu Bewußtsein gebracht […], daß wir bis dahin nur sehr viel geredet haben (wir wollen auch weiter viel, sehr viel reden, aber nicht nur; wir haben eine Allergie entwickelt, die uns pünktlich anzeigt, wenn am Reden etwas fehlt.) Wir hatten mit einer fiesen Mischung aus Wut und Resi-

V. Endgültige Aufnahme[248]

1. Stellungnahme des Fachdozenten Charles H. Nichols vom 10. August 1965 (eine Seite auf Formularbogen, Schreibmaschine)

Stellungnahme des Fachdozenten[249]

Stützt sich Ihr Urteil über den Bewerber auf längere Zusammenarbeit, z. B. auf Kenntnis aus Seminaren, Übungen und Praktika, oder konnten Sie ihn bisher noch nicht genauer kennenlernen?

Da Fräulein Gudrun Ensslin den grössten Teil ihrer Studien auf dem Gebiet der Germanistik und Amerikanistik in Tübingen verrichtete, hatte ich bisher noch keine Gelegenheit, ihre wissenschaftliche[n] Fähigkeiten zu beurteilen. In unserer halbstündigen

gnation fertig zu werden; gewinnen oder verfügen allmählich über Distanz zu der Feindseligkeit und dem Haß, die so kolossal und monolithisch sich auf Berlins Papier und Straßen breitgemacht hatten und breitmachen […].« In diesem Brief erwähnte sie auch liebevoll Sohn Felix, dessen Lachen sie und Bernward Vesper regelmäßig frohgemut stimme. Felix sei »ein richtiger Schatz, ein Trésor, einfach, weil der da ist«. Schließlich hielt sie in diesem Brief auch fest, dass sie ihre Arbeit an der Jahnn-Schrift wieder aufgenommen und Eberhard Lämmert sie »als Doktorandin akzeptiert« habe. – Ich danke Peter Menck für die Bereitstellung von insgesamt vier handschriftlichen Briefen Gudrun Ensslins an ihn (zwischen dem 20. November 1965 und dem 25. September 1967), die von einem offenherzig-vertrauensvollen Tonfall geprägt waren. Ihren ersten Brief vom 20. November 1965 (zwei Seiten, handschriftlich; im Privatbesitz Peter Mencks) beschloss sie mit den Worten: »Hier [in ihrer Berliner Stipendiatengruppe] wird von zaubernden Biologen, von Renaten und Doktoren, von Katjas Ihr [Peter Mencks] hohes Lied gesungen. Das gab mir zu denken und brachte mir zu Bewußtsein, daß ich mal wieder unbedenklich war; einfach, ach einfach so anzunehmen, es gäbe diesen Peter Menck fern aller Institution [der Studienstiftung].«

248 Mittels eines ausgefüllten Formbogens vom 15. Juni 1965 bat Ensslin die Studienstiftung – wie im Verfahren vorgesehen: über den zuständigen Vertrauensdozenten (in ihrem Fall: Ernst Heinitz) – um die endgültige Aufnahme in die Studienstiftung. Als Dozent, der über sie Auskunft geben könne, gab sie Professor Eberhard Lämmert an. Falls er angefragt wurde, war er offenbar nicht zur Begutachtung bereit, da sich in der Akte weder ein Gutachten noch ein Brief von ihm befindet. Heinitz trug den Namen von Professor Charles Nichols hinzu, der dann auch das Fachgutachten schrieb. Siehe Akte Ensslin, Dok. V.1. Charles H. Nichols (1919–2007), Literaturwissenschaftler; Promotion Brown University 1948; 1959–1969 ordentlicher Professor für amerikanische Literatur an der FU Berlin. Der afroamerikanische Professor baute das »Afro-American Studies«-Programm auf und war Direktor der Abteilung Literatur am John-F.-Kennedy-Institut. Ab 1969 wirkte er als Professor für Anglistik an der Brown University (USA), speziell zuständig für afroamerikanische Studien. Vgl. Charles H. Nichols, Berlin, in: Ernest Dunbar (Hrsg.), The Black Expatriates. A Study of American Negroes in Exile, New York 1968, S. 178–191; auch Barry Beckham, The Modest Professor, in: Brown Alumni Magazine, März/April 2007 (unter: http://www.brownalumnimagazine.com/content/view/309/40/).

249 Mit einem entsprechenden Formbogen fragte Ernst Heinitz am 5. August 1965 Charles H. Nichols als Gutachter an. Darin wurde darauf hingewiesen, dass Stipendiaten der Studienstiftung zur »Spitzengruppe der Studenten« zählen sollten, mit deren »wissenschaftlicher Leistungsfähigkeit« sich eine »persönliche Haltung« verbinde, »die vom Bewerber in seiner späteren Berufstätigkeit Besonderes erhoffen läßt«. Zur Orientierung fanden sich links neben dem Blankofeld für den Gutachtentext einige Fragen. Das Gutachten trägt zusätzlich den Stempelaufdruck »betrifft: Endg. Aufnahme«.

Enthält sein bisheriger Studiengang Anzeichen, die erkennen lassen, daß er wirklich wissenschaftliches Interesse an seinem Fach hat, oder sieht er sein Studium überwiegend als Berufsausbildung an?

Ist er z.B. durch schriftliche Arbeiten, fruchtbare Mitarbeit in den Seminaren oder Praktika in dem Sinne aufgefallen, daß Sie ihn zur Spitzengruppe Ihrer Studenten rechnen?

Wie beurteilen Sie seine Denkfähigkeit? (Fähigkeit zur Systematik – Abstraktion – Gegenständlichkeit)

Zeigt die Art seines Arbeitens ausgeprägte Eigenständigkeit und selbständige Verfügung über sein Wissen oder sind, soweit es sich um einen jüngeren Studenten handelt, schon Anzeichen hierfür zu erkennen?

Hielten Sie es für wünschenswert, daß ihm (in seinem Hauptfach) ein anspruchsvolles Dissertationsthema anvertraut wird?

Besitzt der Bewerber Ihrer Kenntnis nach über das engere Fach hinaus geistige Aufgeschlossenheit und Urteilsvermögen?

Ist zu erwarten, daß er in seinem späteren Beruf Überzeugendes leistet; würden Sie ihn z.B. später gern an verantwortlicher Stelle tätig sehen?

An welcher Stelle im Berufsleben könnten Sie ihn sich gut vorstellen?

Können Sie sich auf Grund des Gesamteindrucks entschließen, mit Überzeugung für die endgültige Aufnahme dieses Bewerbers in die Studienstiftung einzutreten?

Unterredung erwähnte sie die amerikanischen Dichter und Schriftsteller Ezra Pound, T.S. Eliot[250], Hawthorne[251], Irving[252] und Sandburg[253]; als wir uns jedoch etwas eingehender über diese Autoren unterhielten, merkte ich bald, dass sie von ihnen nur oberflächliche Kenntnis hat. Sie zeigt einige Einsicht in Pound, hat aber offenbar vergessen, was immer sie über die andern gewusst haben mag. Fräulein Ensslin scheint jedoch überdurchschnittliche Intelligenz zu besitzen und an literarischen Fragen interessiert zu sein; sie zeigte einige Kenntnis der Literaturgeschichte und literarkritischer Methoden. Sie spricht ausserdem ein recht gutes Englisch, doch auf dem Gebiet der amerikanischen Literatur hat sie ihre Studien gerade erst begonnen; sie wird sich dem Studium dieses Faches noch ernsthaft widmen müssen. Man darf annehmen, dass Fräulein Ensslin die Fähigkeit besitzt, ihr Studium erfolgreich abzuschliessen, wenn ich sie jedoch mit meinen anderen Studenten vergleiche, dann scheint sie keine hervorragende Befähigung zu besitzen. Obwohl sie sich neuen Ideen gegenüber aufgeschlossen zeigt und auch ein offensichtliches Interesse hat zu lernen, lassen ihr Benehmen und ihre Kleidung eine gewisse Leichtfertigkeit erkennen. Falls ihre anderen Prüfer – besonders auf dem Gebiet der Germanistik – sie für ein Stipendium der Studienstiftung empfehlen, so würde ich vorschlagen, es ihr für einen begrenzten Zeitraum zu gewähren und sie dann erneut zu prüfen.

Berlin, den 10. August 1965 Charles H. Nichols
(Datum) (Unterschrift)
Ordinarius für am. Literatur
und Direktor der Abteilung
für Literatur am J. F.-Kennedy-I.[nstitut]

250 Thomas Stearns Eliot (1888-1965), amerikanisch-britischer Schriftsteller; bedeutender Lyriker und Dramatiker; 1948 Literaturnobelpreis.

251 Nathaniel Hawthorne (1804-1864), amerikanischer Schriftsteller; Vertreter der romantischen Periode.

252 Washington Irving (1783-1859), amerikanischer Schriftsteller; adaptierte die europäische Romantik und begründete das Genre der Kurzgeschichte.

253 Carl August Sandburg (1878-1967), amerikanischer Schriftsteller und Historiker; bekannt als Dichter und für eine Biografie über Abraham Lincoln, die ihm 1940 einen Pulitzer-Preis einbrachte.

2. Stellungnahme des Vertrauensdozenten Ernst Heinitz vom 31. August 1965 (eine Seite, Schreibmaschine)

Stellungnahme des Vertrauensdozenten

Fräulein Gudrun *Ensslin* hat an den Zusammenkünften unserer Gruppe regelmäßig teilgenommen. Nachdem sie in der ersten Zeit sehr zurückhaltend und reserviert war, hat sie sich dann in die Gruppe eingewöhnt und sich sehr lebhaft an allen Gesprächen und Diskussionen beteiligt. Ich glaube, daß man Fräulein Ensslin leicht falsch beurteilen kann. Sie macht zunächst einen hypermodernen Eindruck, stellt sich aber bei näherem Kennen als freundlicher und schlicht-aufgeschlossener Mensch heraus.

Ich kann ihre fachlichen Leistungen nicht beurteilen; vom allgemeinen menschlichen Standpunkt aus habe ich gegen die Aufnahme keine Bedenken. Anscheinend hat sie sich etwas zu sehr darauf verlassen, als Doktorandin werde man von ihr keine weiteren Fähigkeitsnachweise verlangen, und ich fürchte, daß ich an dieser unrichtigen Einschätzung nicht ganz unschuldig bin. Unter diesen Umständen bitte ich zu erwägen, ob man sie wenigstens zurückstellen kann.

Berlin, den 31.8.1965

Heinitz[254]
(Prof. Dr. E. Heinitz)

3. Protokollnotiz des Referenten Peter Menck zur Zurückstellung vom 21. Dezember 1965 (eine Seite, Schreibmaschine)[255]

Protokollnotiz: Zurückstellung Gudrun Ensslin

Der Aufnahmeausschuß der Studienstiftung hat im Oktober in Augsburg beschlossen, die Vorsemesterzeit von Fräulein Ensslin um 2 Semester zu verlängern.

Über Fräulein Gudrun Ensslin liegt nur ein zurückhaltendes Fachgutachten vor. In der Diskussion wurde geltend gemacht, daß Fräulein Ensslin nach dem Wechsel aus Tübingen Schwierigkeiten gehabt habe, auf der Suche nach einem Doktorvater Herrn Prof. Lämmert bekannt zu werden. In diese Zeit fielen zudem ungewöhnliche familiäre Belastungen (siehe Korrespondenz).[256] Schließlich könne man, das zeige der Semesterbericht, ihre Persönlichkeit nicht nur mit den Maßstäben messen, die am üblichen Germanistikstudium orientiert sind,

254 Name als Unterschrift.

255 Stempel »betrifft: Endg. Aufnahme«.

256 Siehe insbesondere Ensslins Brief an Heinitz vom 5. September 1965: Akte Ensslin, Dok. VI.3.

man müsse auch solche Kriterien heranziehen, die bei der Auswahl von »Künstlern« maßgeblich sind.

Nachdem im ersten Abstimmungsgang bei einer Enthaltung 6 Stimmen für Zurückhaltung[257] 6 Nein-Stimmen gegenüberstanden, ergaben sich in der zweiten Abstimmung 8 Stimmen für Zurückstellung und 4 Nein-Stimmen. Auf diese Weise wollte der Ausschuß Fräulein Ensslin die Möglichkeit geben, einen konkreten Nachweis der fachlichen Qualifikation zu geben. Er gab außerdem zu erwägen, man solle ihr zu einem Studium in Basel (bei Professor Muschg[258]) raten.

21. Dezember 1965 Menck.[259]
mewoe (Peter Menck[260])

257 Gemeint ist: Zurückstellung.

258 Walter Muschg (1898–1965), Schweizer Literaturwissenschaftler; 1936–1965 Professor der deutschen Literaturgeschichte in Basel; er veröffentlichte u.a.: Tragische Literaturgeschichte, Bern 1948; Die Zerstörung der deutschen Literaturgeschichte, Bern 1956. Er schrieb 1959 eine Einführung zu Jahnn, Eine Auswahl aus seinem Werk (Anm. 198), außerdem erschienen: Gespräche mit Hans Henny Jahnn, Frankfurt a.M. 1967.

259 Name als Unterschrift.

260 Menck teilte Ensslin am 15. Oktober 1965 mit, dass ihre Vorsemesterzeit bis zum 30. September 1966 verlängert wurde und danach erneut über die endgültige Aufnahme zu entscheiden sei. Siehe Akte Ensslin, Dok. VI.5. Am 20. Juni 1966 stellte Ensslin den Antrag (via Heinitz) für die endgültige Aufnahme in die Studienstiftung. Als Dozenten, die über sie Auskunft erteilen könnten, gab sie auf dem Formbogen den Germanisten Wilhelm Emrich sowie den Anglisten Richard Gerber an.

4. Stellungnahme des Fachdozenten Wilhelm Emrich vom 14. Juli 1966 (eine Seite auf Formularbogen, handschriftlich)

Stellungnahme des Fachdozenten[261]

Stützt sich Ihr Urteil über den Bewerber auf längere Zusammenarbeit, z. B. auf Kenntnis aus Seminaren, Übungen und Praktika, oder konnten Sie ihn bisher noch nicht genauer kennenlernen?

Enthält sein bisheriger Studiengang Anzeichen, die erkennen lassen, daß ihn eine wissenschaftliche Neigung an sein Studienfach bindet, die über das Interesse an einer gründlichen Berufsausbildung hinausreicht?

Ist er z. B. durch schriftliche Arbeiten oder fruchtbare Mitarbeit in den Seminaren bzw. Praktika in dem Sinne aufgefallen, daß Sie ihn zur Spitzengruppe Ihrer Studenten rechnen?

Haben Sie eine besondere Ausrichtung seiner intellektuellen Begabung festgestellt? (Fähigkeit zum gegenständlichen, abstrahierenden, systematischen Denken?)

Zeigt die Art seines Arbeitens ein besonderes Maß an geistiger Selbständigkeit? Oder sind, soweit es sich um einen jüngeren Studenten handelt, schon Anzeichen hierfür zu erkennen?

Zeigt der Bewerber auch außerhalb der Grenzen seines Faches Aufgeschlossenheit und Urteilsvermögen?

* Hielten Sie es für wünschenswert, daß ihm ein anspruchsvolles Dissertationsthema anvertraut wird?

* Ist zu erwarten, daß er in seinem späteren Beruf Überzeugendes leistet? An welcher Stelle im Berufsleben könnten Sie ihn sich gut vorstellen?

Können Sie sich auf Grund des Gesamteindrucks entschließen, mit Überzeugung für die endgültige Aufnahme dieses Bewerbers in die Studienstiftung einzutreten?

* Diese Fragen gelten im allgemeinen nicht für jüngere Semester.

bis heute: unbekannt.

Frl. Enßlin hat mir lediglich 2 Referate aus den Jahren 1961/62 vorgelegt, die sie während ihres Studiums in Tübingen anfertigte.

Sie zeigen Begabung: klaren methodischen Aufbau, sichere Gedankenführung.

Frl. Ensslin trug mir einen Plan zu einer Dissertation über H. H. Jahnn vor. Ich riet ihr dringend ab aus sachlichen u. psychologischen Gründen, die sie auch einsah.

Ob sie zu einer Promotion befähigt ist, kann ich nicht sagen, da sie an keinem meiner Seminare teilgenommen hat.

Berlin, den 14.7.66 (Datum) — Wilhelm Emrich. (Unterschrift)

261 Mit einem entsprechenden Formbogen fragte Ernst Heinitz am 27. Juni 1966 Wilhelm Emrich als Gutachter an. Darin wurde darauf hingewiesen, dass Stipendiaten der Studienstiftung zur »Spitzengruppe der Studenten« zählen sollten, mit deren »wissenschaftlicher Leistungsfähigkeit« sich eine »persönliche Haltung« verbinde, »die vom Bewerber in seiner späteren Berufstätigkeit Besonderes erhoffen läßt«. Zur Orientierung fanden sich links neben dem Blankofeld für den Gutachtentext einige Fragen. Das Gutachten trägt zusätzlich den Stempelaufdruck »betrifft: Endg. Aufnahme«.

5. Stellungnahme des Fachdozenten Richard Gerber vom 20. Juli 1966 (eine Seite auf Formularbogen, handschriftlich)[262]

	Stellungnahme des Fachdozenten[262]
Stützt sich Ihr Urteil über den Bewerber auf längere Zusammenarbeit, z. B. auf Kenntnis aus Seminaren, Übungen und Praktika, oder konnten Sie ihn bisher noch nicht genauer kennenlernen?	Teilnahme am Hauptseminar SS 1966
Enthält sein bisheriger Studiengang Anzeichen, die erkennen lassen, daß er wirklich wissenschaftliches Interesse an seinem Fach hat, oder sieht er sein Studium überwiegend als Berufsausbildung an?	entzieht sich meiner Beurteilung
Ist er z. B. durch schriftliche Arbeiten, fruchtbare Mitarbeit in den Seminaren oder Praktika in dem Sinne aufgefallen, daß Sie ihn zur Spitzengruppe Ihrer Studenten rechnen?	schriftliche Arbeit. gut, aber nicht ausgesprochen überdurchschnittlich.
Wie beurteilen Sie seine Denkfähigkeit? (Fähigkeit zur Systematik – Abstraktion – Gegenständlichkeit)	klare, auf Wesentliches gerichtete Denkfähigkeit.
Zeigt die Art seines Arbeitens ausgeprägte Eigenständigkeit und selbständige Verfügung über sein Wissen oder sind, soweit es sich um einen jüngeren Studenten handelt, schon Anzeichen hierfür zu erkennen?	selbständig
Hielten Sie es für wünschenswert, daß ihm (in seinem Hauptfach) ein anspruchsvolles Dissertationsthema anvertraut wird?	aufgrund des mir Vorliegenden nicht zu beurteilen.
Besitzt der Bewerber Ihrer Kenntnis nach über das engere Fach hinaus geistige Aufgeschlossenheit und Urteilsvermögen?	ja
Ist zu erwarten, daß er in seinem späteren Beruf Überzeugendes leistet; würden Sie ihn z. B. später gern an verantwortlicher Stelle tätig sehen?	? kann ich nach meiner beschränkten Kenntnis nicht beurteilen
An welcher Stelle im Berufsleben könnten Sie ihn sich gut vorstellen?	–
Können Sie sich auf Grund des Gesamteindrucks entschließen, mit Überzeugung für die endgültige Aufnahme dieses Bewerbers in die Studienstiftung einzutreten?	Ich kenne Kandidatin für eine solche entschiedene Befürwortung zu wenig. 20.7.66 (Datum) Gerber (Unterschrift)

262 Mit einem entsprechenden Formbogen fragte Ernst Heinitz am 27. Juni 1966 Richard Gerber als Gutachter an. Darin wurde darauf hingewiesen, dass Stipendiaten der Studienstiftung

6. Stellungnahme des Vertrauensdozenten Ernst Heinitz vom 22. August 1966 (eine Seite, Schreibmaschine)

Prof. Dr. E. Heinitz
Vertrauensdozent der Studien-
stiftung des deutschen Volkes
an der Freien Universität Berlin
Berlin-Dahlem, Van't-Hoff-Str. 8
Teil.: 769 04 63

Betr.: Endgültige Aufnahme von
Fräulein Gudrun *Ensslin*[263]

Ich beziehe mich auf mein Schreiben vom 30. Juli 1966 an Herrn *Menck*.[264] Fräulein *Ensslin* hat im vergangenen Jahr eifrig gearbeitet. Im persönlichen Wesen erscheint sie um so sympathischer, je näher man sie kennenlernt. Die Gespräche mit ihr über allgemeine Dinge, auch über politische, soziale, soziologische Probleme, bei denen sie einen völlig anderen Standpunkt einnimmt als ich, sind immer fesselnd. Hier handelt es sich wirklich um eine m. E. wirklich begabte Persönlichkeit, die nach mancherlei Irrwegen angestrengt arbeitet, um etwas zu erreichen.

Berlin, den 22.8.1966

Ernst Heinitz[265]
(Prof. Dr. E. Heinitz)[266]

zur »Spitzengruppe der Studenten« zählen sollten, mit deren »wissenschaftlicher Leistungsfähigkeit« sich eine »persönliche Haltung« verbinde, »die vom Bewerber in seiner späteren Berufstätigkeit Besonderes erhoffen läßt«. Zur Orientierung fanden sich links neben dem Blankofeld für den Gutachtentext einige Fragen. Sie entsprachen dem Wortlaut des von Nichols ausgefüllten Bogens: siehe Akte Ensslin, Dok. V.1. Im Falle des Emrich-Gutachtens variierte der vorgedruckte Fragenkatalog leicht: siehe Akte Ensslin, Dok. V.4. Das Gerber-Gutachten trägt zusätzlich den Stempelaufdruck »betrifft: Endg. Aufnahme«.

263 Stempel: »betrifft: Endg. Aufnahme«.

264 Brief Heinitz' an Menck vom 30. Juli 1966: siehe Akte Ensslin, Dok. VI.7.

265 Name als Unterschrift.

266 Ungeachtet der widersprüchlichen Aktenlage entschied die Studienstiftung zustimmend über die endgültige Aufnahme Gudrun Ensslins und teilte ihr mit einem personalisierten Formbrief vom 15. Oktober 1966 mit, dass sie weiter bis zum 31. Dezember 1968 gefördert werde.

VI. Korrespondenz und sonstige Unterlagen

1. Brief des Referenten Dieter Sauberzweig an Bernward Vesper und Gudrun Ensslin von 25. März 1965 (eine Seite, Schreibmaschine, Durchschlag)

Herrn
Bernward *Vesper*

3171 *Triangel*

25. März 1965
Sg/Sch

Liebes Fräulein Ensslin, lieber Herr Vesper,

wenn unsere große Auswahlsitzung nicht vor der Tür stehen würde und wenn das ganze Sekretariat – einschließlich meiner Wenigkeit – derzeit nicht entsprechend belastet wäre, hätte ich den Glückwunsch zu Ihrer Verlobung auch in konzentrischen Vierecken angeordnet.[267] Aber da es sich nun einmal in Zeilen von links nach rechts leichter und schneller schreiben läßt, halte ich mich doch an die althergebrachte Form. Lassen Sie sich also auf diese Weise gratulieren und alles Gute und viel Glück für die Zukunft wünschen! Das sage ich Ihnen sowohl im Namen der Studienstiftung als auch persönlich, und zwar sehr herzlich.

Beste Grüße sendet Ihnen Beiden

Ihr
Sg[268]

267 Ein weiterer Durchschlag dieses Briefs findet sich in der Akte Vesper. Die Verlobungsanzeige vom 28. März 1965 als Bild wiedergegeben in: Koenen, Vesper, Ensslin, Baader (Anm. 9), S. 102; auch in: Protest! (Anm. 124), S. 26f.

268 Handschriftliche Paraphe.

2. Bericht Gudrun Ensslins über einen Ferienkurs in Loches vom 23. Mai 1965 (13 Seiten, handschriftlich)[269]

Gudrun Ensslin
1 Berlin 36
Cuvrystr. 49

Bericht über einen Ferienkurs in Loches.[270]

Man steigt aus dem Bus und trifft den Sommer an: Geruch von Staub und Teer. Man sieht sich um: jahrhundertealtes Gemäuer rundum, weißgrauer Stein gefügt zu Schloß und Festung. Man findet sich im kühlen Raum im Schloß um einen mit Blumen, Gläsern, Flaschen geschmückten Tisch zusammen und spürt aus den Begrüßungsreden (von denen man noch nicht alles versteht – die Sprache trifft noch fremd ans Ohr) Stolz und vorbehaltlose Freude über unsere Ankunft. Man prüft für Sekunden die Gesichter derer, die darauf warten, einen Gast zugeteilt zu bekommen, und ehe man damit zuende, gehört man schon zu jemandem, der einen am Arm zum Wagen und mit dem Wagen zum Haus führt, in dem man sich, für Wochen, einrichtet. Man wechselt seinen Vornamen, weil der eigentliche als zu schwierig für französische Zungen befunden wird. Man heißt Claudia.[271]

Mit diesem Namen gehe ich zwischen Dämmerung und Dunkel durch die Stadt, deren Gäste wir, dreiundzwanzig junge Deutsche, sind; die – das erfahre ich später – während des II. Weltkrieges sehr unter dem Zugriff deutscher Soldaten gelitten.[272]

269 Ensslin bewarb sich kurz nach ihrer Aufnahme in die Studienstiftung bereits erfolgreich um einen zweimonatigen Ferienkurs in Perugia im Spätsommer/Herbst 1964. Im Mai 1966 wurde ihr ein Sprachkurs am Trinity College in Dublin aufgrund der bereits doppelten Auslandsförderung abgelehnt. In den Akten befindet sich kein Bericht über die Zeit in Perugia, stattdessen nur eine Bildpostkarte Gudrun Ensslins an den Referenten Theodor Bodammer vom 20. Oktober 1964 (Eingangsstempel: 27. Oktober 1964). Dort kündigt sie an, gleich nach der Rückkehr nach Berlin den säumigen Semesterbericht abliefern zu wollen. Der ließ dann aber noch länger auf sich warten: siehe Akte Ensslin, Dok. IV.3. – Der Bericht über Loches, wo Ensslin vom 2. bis 30. April 1965 einen Sprach- und Ferienkurs der Studienstiftung absolvierte, war einem Anschreiben vom 25. Mai 1965 an den zuständigen Referenten Hartmut Rahn beigefügt.

270 Loches ist eine wenige tausend Einwohner zählende französische Gemeinde im mittelalterlichen Stil in der Region Centre-Val de Loire.

271 Mit »Ihre Claudia« unterzeichnete Ensslin auch einen Brief an Peter Menck vom 20. November 1965 (vorhanden in: Privatbesitz Peter Mencks) sowie einen weiteren an ihn mit »Ihre Gudrun Claudia Ensslin« vom 10. Mai 1966. Weshalb sie gerade diesen alternativen Vornamen wählte, konnte nicht aufgeklärt werden.

272 Zu deutschen bzw. alliierten Bombenangriffen in dieser Region während der Jahre 1940 und 1943/44 sowie zu den Auswirkungen des Vichy-Regimes und deutscher Besatzung vgl. Robert Vivier, Touraine 39–45. Histoire de l'Indre-et-Loire durant la 2e Guerre Mondiale, Chambray 1990; Bernard Briais, Une ville de province dans la guerre. Loches en Touraine 1939–1945, Joué-lès-Tours 2001.

Die Stadt ist winzig; Tage sollten vergehen, ehe mir der Umtausch großstädtischer Raum- und Zeitmaße in Lochoiser Dimensionen gelang; noch nach vielen Tagen blickte ich, verwundert für Augenblicke, auf meine nordische Schuhgröße, die mir zu groß schien für diese Architektur, die zierlich selbst noch als Festung sich ausnahm in dieser Landschaft: Touraine genannt[273] und von leichtem Gewicht, trotz der ungezählten Soldatentritte, die während der Tausend Jahre über sie hingestapft waren. Leicht und zärtlich ist sie, noch unter dem langen Regen, der kam und andauerte; sie umarmt einen, erschreckt nicht, rührt nur sacht am Arm; man lächelt und – später, vielleicht – vergißt.

Aber das weiß ich am ersten Abend noch nicht. Ich gehe durch die engen Gassen, über altes, vertretenes Pflaster, begleite mit der Handfläche ein Stück uralter Mauer, stehe unter einem Torbogen, der einst der einzige Zugang zur Stadt war, in die man nur über den Fluß, die Indre, und die Zugbrücke gelangte. Aber das ist lange her. Geblieben ist viel von der Stille, die einen narrt: man sieht Schatten und erwartet zu hören, nein: hört: das Geräusch sich kreuzender Klingen, rauhe Rufe zum Duell; Schritte, die sich eilig davonmachen, im Rhythmus nur verratend den Wunsch, nicht gesehen zu werden. – Loches am Abend.

Am Morgen finde ich mich ein auf dem Schloß, zum Kurs; ich nenne es: zur Schule gehen. Ich lerne hinzu – dort in der Schule; ich verstehe manchmal wenig, alles hingegen, wenn von dem die Rede ist, was mich unmittelbar angeht: Literatur, Theater, Film. Ich schließe einen Kompromiß mit der Schule: ich gehe manchmal nicht hin. Bleibe in meinem Zimmer, um Baudelaire[274] und Flaubert[275] und Stendhal[276] zu lesen, die ich jetzt doch begreife (vor Jahren war ich weit weg); um Colette und Alyette, die Gastschwestern, zu unterrichten in der deutschen Sprache; um Monsieur Camille oder Monsieur Ravant eine Tasse Kaffee vorzusetzen in der Küche, bei den neun Kanarienvögeln; um zu schwatzen oder die alte Georgette zu besuchen; um auf dem Marché einzukaufen.

Während der ersten Woche sind wir in der Schule alle fleißig: das ist Monsieur Lafond's [!] Verdienst. Er hat eine glückliche Hand – unversehens wird aus dem Detail ein Ganzes, gelingt der Überblick über einen Zeitabschnitt oder eine Literaturbewegung.

Exkursionen und Empfänge; Deutsche und Franzosen, die sich begegnen, offiziell und inoffiziell; einzelne Deutsche, die einzelnen Deutschen begegnen: wir haben es uns nicht leicht gemacht, nichts großartig oder gnädig überspielt:

273 Historische Provinz mit der Hauptstadt Tours, durchzogen u.a. von den Flüssen Loire und Indre und geprägt durch zahlreiche mittelalterliche Burgen und Schlösser.

274 Charles Baudelaire (1821–1867), französischer Schriftsteller; bedeutender Lyriker; berühmt für sein Werk »Les Fleurs du Mal« (1857); beteiligt als Frühsozialist an der Februarrevolution 1848.

275 Gustave Flaubert (1821–1880), französischer Schriftsteller; bedeutender Romancier; berühmt für seinen Roman »Madame Bovary« (1857).

276 Stendhal, Künstlername von Marie-Henri Beyle (1783–1842), französischer Schriftsteller; Vertreter des literarischen Realismus; berühmt für Werke wie »De l'Amour« (1822) und »Le Rouge et le Noir« (1830).

ausgetragen Sympathie und Antipathie, wobei jedem wohl half das Gefühl: verantwortlich zu sein in zweifacher Hinsicht. Verantwortlich, für sich selbst den angemessenen Gewinn zu ziehen, und verantwortlich, als Gruppe Gewinn für Loches bedeutet zu haben. Beides hatte seine Zeit; beides gelang wohl auf vielerlei Arten, zu den verschiedensten Stunden der Tage.

Man spielte Tennis und Korbball, man saß im Rücken von Alfred de Vigny auf dem Place de la Marne[277], trank Café noir und diskutierte, traf abends im kleinen Steinhaus vorm offenen Kaminfeuer zusammen, man wich sich nicht aus.

Unversehens wurde ich zu einem Teil der Familie (zu der außer dem höchst »gewichtigen« Monsieur, der herzhaft-derben Madame und den zwei Töchtern noch zählten: 2 Hunde, 1 Schildkröte, 1 Kater, 4 Hühner, 1 guinesisches Schwein, 13 Tauben und 9 Kanarienvögel). Madame nahm meine Verschwiegenheit als schönstes Gastgeschenk: ich wußte um ihre Liaison zu Michel, dem Arbeiter von Monsieur; ich begleitete sie auf süßen Gängen[,] wenn es dunkel wurde. – Das Glück dieser Menschen, unser Glück, ist so klein: mit einer Hand zu greifen, in einer Hand zu verbergen! In einem Brief Madame's [!] an mich heißt es: »J'embrasse ma grande amie, qui a rompu, un mois durant si court, ma grande solitude.«[278] Das ist alles. Kein Urteil wird verlangt. Lerne das fremde Land im einzelnen Menschen kennen und den einzelnen Menschen mit der Fremdheit und Eigentümlichkeit des Landes begreifen. Das ist schon viel.

Folgt man den zwei Flüssen, Indre und Loire, weiß man schon viel von Landschaft und Architektur, verliebt man sich bestimmt in eines der zahlreichen Schlösser und Schlößchen, in eines ganz sicherlich. Vielleicht in Chenonceaux[279]? Hatte man es sich nicht, wenigstens ein bißchen so gedacht, vor Jahren, bei der Lektüre von Rousseau's [!] »Confessions«[280]? Zumindest den Park so gedacht?

Folgt man den Spuren zweier Frauen: Jeanne d'Arc und Agnes Sorel, so weiß man einiges von der wechselvollen Histoire der Touraine,[281] in der sich ein gut Teil der mittelalterlichen Geschichte Frankreichs und Europas spiegelt: Glaubenskämpfe, Machtkämpfe, manchmal vermengt und dieses als Vorwand für jenes; Buhlerei und Rache und Verrat; Armut und Reichtum und Enttäuschung und Untergang. –

277 Alfred de Vigny (1797–1863), französischer Schriftsteller; Vertreter der Romantik, geboren in Loches. Im Zentrum von Loches, auf dem Place de la Marne, wurde ihm ein Denkmal errichtet.

278 Auf deutsch etwa: »Ich umarme meine liebe Freundin, durch die es mir gelang, für einen kurzen Monat meine große Einsamkeit zu durchbrechen.«

279 Das Schloss Chenonceau ist ein Wasserschloss in Chenonceaux, dessen Bau bis ins 16. Jahrhundert zurückreicht.

280 Der Genfer Philosoph Jean-Jacques Rousseau (1712–1778) schrieb zwischen 1765 und 1770 seine »Confessions«, in denen sich auch Erinnerungen an Schloss Chenonceau und die von ihm verehrte Schlossherrin Madame Dupin finden. Er wirkte für einige Zeit als ihr Sekretär und Lehrer ihres Sohnes.

281 Jeanne d'Arc (vermutlich 1412–1431); französische Nationalheldin aus der Zeit des Hundertjährigen Kriegs gegen Engländer und Burgunder; Agnes Sorel (1410–1450), Mätresse des französischen Königs Karl VII. Beide Frauen haben u. a. die Geschichte der zum Schloss Loches gehörenden königlichen Residenz Logis Royal geprägt.

In dieser scheinbar vom XX. Jahrhundert vergessenen Stadt (so übersichtlich in ihrer sozialen Schichtung, begreifbar in ihrem Rhythmus, beginnend mit dem Tiercé-Glücksspiel[282] am Sonntagvormittag!) spielten wir am letzten Abend im Schloß Samuel Becket's [!] »Comédie«[283]. Man hat uns begriffen: daß wir uns bedanken wollten. Vielleicht hat man auch begriffen: daß gerade solch ein Stück, in seiner Modernität, seiner gedanklichen Gequältheit und Monotonie, viel von dem Gegensatz der zwei betroffenen Länder, Deutschland und Frankreich, in sich trug: die »Comédie« ist in Frankreich so gut wie unbekannt und ungespielt; in Deutschland gibt es kaum ein Theater, von den kleineren, das dieses Stück nicht gespielt hätte. »Nous ne savions pas vivre« heißt es einmal im Text, auf der Suche nach dem möglichen Grund der Quälerei. Darüber räsonniert und redet man nicht so viel in Frankreich; man hat es eher oder hat es nicht: le bonheur; la vie. Ich denke, wir haben etwas davon in Loches begriffen. Vier Wochen sind doch lang. Vier Wochen reichten aus.

Gudrun Ensslin
23. Mai 1965[284]

3. Brief Gudrun Ensslins an den Vertrauensdozenten Ernst Heinitz vom 5. September 1965 (eine Seite, Schreibmaschine)

Herrn
Prof. Dr. E. Heinitz
1 Berlin 45
Ringstr. 57

Gudrun Ensslin
7 Stuttgart-Cannstatt
Wiesbadenerstr. 76
den 5.9.65

Sehr verehrter Herr Professor Heinitz,

für Ihren Brief und die freundlichen Grüße Ihrer Frau Gemahlin bedanke ich mich sehr herzlich.[285]

282 Das ist das in Frankreich beliebte Pferdetoto, bei dem die Reihenfolge der ersten drei bei einem Rennen einlaufenden Pferde zu tippen ist.

283 Samuel Beckett (1906–1989), irischer Schriftsteller; verfasste seine Texte sowohl auf Französisch als auch auf Englisch. Die »Comédie« ist die französische Version des Dramas »Play« von Beckett, die in Frankreich erstmals 1966 als Film erschien; Uraufführung des Theaterstücks 1963 in deutscher Sprache in Ulm.

284 Am 24. Juni 1965 dankte ihr Peter Menck für diesen schönen, plastischen Bericht und mahnte Vergleichbares im Falle der ausstehenden Semesterberichte an.

285 Dieser Brief befindet sich nicht als Abschrift in der Akte. – Im Unterschied zu Ensslin (dazu auch: Anm. 179) besaß Vesper anfangs ein distanziertes Verhältnis zu Heinitz, der für ihn ebenfalls als Vertrauensdozent in Berlin zuständig war. In einem Brief Bernward Vespers an Dieter Sauberzweig vom 12. August 1964, in: Akte Vesper, bekannte er offenherzig: »In Berlin habe ich wenig Kontakt gesucht, Prof. Heinitz war selten da, auch bekomme ich zu ihm kein Verhältnis (schon politisch nicht, dies nur ganz privat) wie etwa zu Prof. Zinn oder Prof. Jens.« Im März 1965 (undatierter Brief; Eingangsstempel Tag nicht leserlich) ließ Vesper Sauberzweig indes wissen, dass er »mit Prof. Heinitz besseren, ja eigentlich guten Kontakt gefunden« habe.

Meine Situation Ihnen gegenüber und gegenüber der Studienstiftung belastet mich. Ich überdenke immer wieder, mir Rechenschaft gebend, die vergangenen eineinhalb Jahre, die ich in Berlin und in der Studienstiftung bin.

Ich habe während dieser Zeit sehr viel gelernt; fern der Seminare (das wird mir zum Vorwurf werden), nah dem »Literaturbetrieb«, mit dem ich mich intensiv und kritisch auseinandergesetzt habe.[286]

Die Begegnung mit dem Werk von H. H. Jahnn, dem ich zunächst vollkommen ausgeliefert war, bedeutete in einem äußerst langsamen und noch andauernden Prozess eine veränderte Haltung gegenüber dem Studium: die schulische Haltung (Trennung von Gehirn und lebender Person etwa) ging verloren. Dass dieses Stadium, bei mir sehr spät, vielleicht zu spät, eingetreten, überwunden werden muß, weiß ich wohl.

Dazu kam im Sommer Allerpersönlichstes in einem Maße, das alle meine Kräfte forderte: der Selbstmordversuch meines 2 Jahre älteren Bruders und ein, nach einer Geburt erfolgter Nervenzusammenbruch meiner um 2 Jahre jüngeren Schwester, der ich im Sommer zuhilfe war und jetzt wieder zuhilfe bin. –[287]

Als ich im August mit Ihnen darüber redete, waren meine Versuche, diese Dinge zu nennen, ein wenig verworren – denke ich. Bitte, verstehen Sie diesen Brief als einfache Apologie und nicht als den Versuch, ungerechtfertigte oder unverdiente Rücksicht bei der Beurteilung zu erlangen.
Mit freundlichen Empfehlungen bin ich Ihre
Gudrun Ensslin[288]

4. Brief Gudrun Ensslins an den Vertrauensdozenten Ernst Heinitz vom 18. September 1965 (eine Seite, Schreibmaschine)

Herrn
Prof. Dr. Ernst Heinitz
1 Berlin-Dahlem
Juristisches Seminar der Universität
Van't Hoff Str. 8

Gudrun Ensslin
7 Stgt.-Bad Cannstatt
Wiesbadenerstr. 76
den 18. Sept. 65

Sehr verehrter Herr Professor,

seit Tagen bin ich, nach einer raschen Abfahrt aus Berlin, wieder zuhause. – Ich würde mich sehr freuen, wenn ich Sie noch einmal besuchen könnte nach mei-

286 Zu Ensslins Verlagstätigkeit und Schriftstellerkontakten siehe Anm. 124 und 191.
287 Siehe zu den familiären Umständen Anm. 9. Johanna Maschke (geb. Ensslin) erlitt nach der Geburt ihrer Tochter Judith im Jahr 1965 einen Nervenzusammenbruch.
288 Name als Unterschrift.

ner Rückkehr. Dieser Brief aber ist notwendig, um mein Verhältnis zur Studienstiftung zu klären, soweit dies von meiner Seite möglich.

Die Arbeit für Herrn Prof. Lämmert ist nicht beendet, wird es auch in absehbarer Zeit nicht sein. Das hat vielerlei Gründe persönlicher Art, die aber der Studienstiftung keine Handhabe zur Beurteilung geben.[289] Das bedeutet, dass meine Förderung zu Ende geht, dessen bin ich mir bewusst.

Nehmen Sie bitte das Geständnis eine[s] schlechten Gewissens Ihnen gegenüber an – Sie haben sich meinetwegen Gedanken und Mühe gemacht! Die Gespräche mit Ihnen sind nicht vergessen.

Wie mein weiterer Weg aussieht, weiß ich selbst jetzt nicht, noch nicht. Vielleicht kann ich das nächste Semester doch noch studieren und mich neu orientieren.

Mit sehr herzlichem Dank für alles und freundlichen Empfehlungen bin ich

Ihre
Gudrun Ensslin[290]

5. Brief des Referenten Peter Menck an Gudrun Ensslin, 15. Oktober 1965 (eine Seite, Schreibmaschine, Durchschlag)

Fräulein
Gudrun *Enßlin*
7 Stuttgart-Cannstatt
Wiesbadenerstr. 76

15. Oktober 1965[291]
mekp

Liebes Fräulein Enßlin,

da der Aufnahmeausschuß der Studienstiftung noch kein klares Bild über Ihre Studienleistungen gewinnen konnte, wurde Ihre Vorsemesterzeit um zwei Semester, d.h. bis zum 30. September 1966 verlängert. Diese Nachricht wird Sie nicht verwundern, sie braucht Sie auch nicht zu beunruhigen. Sie werden sich denken können, daß der Ausschuß Ihre wissenschaftlichen Leistungen nicht so eindeutig hat beurteilen können, wie es für eine positive Entscheidung erforderlich ist.[292]

289 Siehe zu einer möglichen Betreuung von Ensslins Promotionsvorhabens durch Eberhard Lämmert Anm. 240.

290 Name als Unterschrift.

291 Stempelaufdruck »betrifft: Endg. Aufnahme«. Außerdem ist auf dem Schreiben verzeichnet, dass ein Durchschlag an Ernst Heinitz gegangen ist.

292 Siehe dazu insbesondere das Verfahren zur endgültigen Aufnahme: Akte Ensslin, Dok. V.1.–3.

Sie müssen nun in den kommenden beiden Semestern Ihr Studium so anlegen, daß Sie im nächsten Sommersemester von zwei Fachdozenten beurteilt werden können. Besprechen Sie diese Fragen möglichst bald mit Herrn Professor Heinitz, und beraten Sie sich auch weiterhin in allen Dingen, die die endgültige Aufnahme betreffen, mit ihm. Außerdem wäre ich Ihnen dankbar, wenn Sie mich bei meinem nächsten Besuch in Berlin aufsuchten, das wird in den beiden ersten Novemberwochen sein.

Mit herzlichen Grüßen bleibe ich

Ihr
M.[293]
(Peter Menck)

6. Brief Gudrun Ensslins an den Referenten Peter Menck vom 20. Oktober 1965 (zwei Seiten, handschriftlich)

Gudrun Ensslin
1 Berlin 36
Cuvrystr. 49
den 20-10-65[294]

Sehr geehrter Herr Menck,

bitte verzeihen Sie die Handschrift – die Schreibmaschine ist noch auf dem Weg von Stuttgart nach Berlin.

Der Inhalt Ihres Briefes hat mich vollkommen überrascht, überwältigt. Ich freue mich riesig und weiß, wem ich die Großzügigkeit verdanke: Ihnen und Herrn Prof. Heinitz. Ich weiß auch, welcher Anspruch hinter der Entscheidung steht – ich will alles daran setzen, ihn zu erfüllen. –

Meinen herzlichen Dank und freundliche Grüße

Ihre Gudrun Ensslin

293 Handschriftliche Paraphe.
294 Eingangsstempel 21. Oktober 1965.

7. Brief des Vertrauensdozenten Ernst Heinitz an den Referenten Peter Menck vom 30. Juli 1966 (drei Seiten, Schreibmaschine)

Dr. Ernst Heinitz
Universitätsprofessor
Senatspräsident

1 Berlin 45 (Lichterfelde), den 30.7.66[295]
Ringstrasse 57
Telefon: 73 56 44

Lieber Herr Menck,

anliegend berichte ich Ihnen über ein Gespräch mit Fräulein Ensslin. Auch wo ich nicht die indirekte Rede brauche, handelt es sich um die Darstellung von Fräulein Ensslin.[296] Meine Bemerkungen dazu am Schluss.

Herr Lennert hatte Frl. Ensslin geraten, in Basel weiter zu studieren.[297] Das wurde durch den Tod von Professor Muschg (6.12.65) hinfällig.[298]

295 Eingangsstempel vom 1. August 1966.

296 Es handelt sich somit um einen Erfahrungsbericht Ernst Heinitz', der sich auf Ensslins Bericht stützt und dessen Wahrheitsgehalt nicht im einzelnen geprüft werden konnte.

297 Rudolf Lennert (1904–1988), Pädagoge und Theologe; 1963–1971 ordentlicher Professor für Schulpädagogik und allgemeine Erziehungswissenschaft an der FU Berlin; langjähriges Auswahlausschussmitglied der Studienstiftung. In den Jahren 1965 bis 1967 soll Lennert im Auftrag der Studienstiftung gelegentlich mit Ensslin gesprochen haben, um das ins Stocken geratene Promotionsvorhaben voranzubringen. Beide hatten auch später noch Kontakt, als Ensslin bereits nach den Kaufhausbrandanschlägen im Gefängnis saß. Siehe dazu den Bericht von Rudolf Lennerts Sohn Thomas Lennert, Berlin, Berlin… wo führste mir noch hin? Berliner Begegnungen aus fünf Jahrzehnten, Münster 2012, S. 98–101. In einem Brief an Bernward Vesper vom 28. Januar 1969 schreibt Ensslin, Lennert habe ihr wunschgemäß eine Studienausgabe der Wittgenstein-Werke in die Haft geschickt. In einem weiteren vom 6. Juni 1969 heißt es u. a.: »Lennert ist ein rührender Greis […]. […] Die Geschichte mit mir geht nun nicht in seinen Kopf, nat.[ürlich] nicht, aber sie scheint gewaltig in seinen subversiven Träumen gewühlt zu haben.« So in: Ensslin/Vesper, »Notstandsgesetze von Deiner Hand« (Anm. 80), S. 206, Zitat: S. 256. In der Studienstiftungs-Akte erwähnt Ensslin Rudolf Lennert zudem kurz in einem Brief an Menck vom 10. Mai 1966: »PS: die dürren Scheine hat zu senden mir Herr Prof. Lennert empfehlend befohlen!« Allerdings finden sich in der Akte Ensslin keine Seminarscheine aus ihrer Studienzeit an der FU Berlin.

298 Peter Menck fragte Gudrun Ensslin bereits am 24. Februar 1966 brieflich, wie es nach Muschgs Tod mit »Ihren Promotionsplänen« weitergehen solle. Ensslin antwortete ihm am 26. Februar 1966 und versicherte Menck, »etwa Ende März« persönlichen Kontakt mit Professor Hans Wolffheim in Hamburg aufnehmen zu wollen, um diesen als Promotionsbetreuer zu gewinnen. Neben diesem auf Schreibmaschine geschriebenen Brief richtete Ensslin ebenfalls am 26. Februar 1966 einen handschriftlichen Brief in vertrauterem Ton an Peter Menck (vier Seiten handschriftlich; im Privatbesitz Peter Mencks), in dem sie Versäumnisse und Hemmnisse ihres Studiums (nicht zuletzt die psychische Erkrankung ihres Bruders; siehe Anm. 9 und 80) benannte, am Ende aber festhielt, nun »neuen Mut« gefasst zu haben. Auch in diesem Brief äußerte sie die Absicht, »eine ›Audienz‹ bei Herrn Wolffheim gewährt zu bekommen«. Am 9. August 1966 bat Peter Menck seinerseits Hans Wolffheim um eine Auskunft über Ensslin, die eigenem Bekunden nach mit Wolffheim über eine Promotionsbetreuung sprechen wollte, der ihr wiederum empfohlen habe, sich an Wilhelm Emrich in Berlin zu wenden, zu dem sie aber »in der

Sie fragte nun bei Professor Wolf[f]heim, Hamburg, an, ob sie bei ihm promovieren könne. Prof. Wolf[f]heim hat im Februar d. J. ein Buch über Ja[h]nn veröffentlicht.[299] Er riet Fräulein Ensslin, doch bei Emrich zu promovieren; nach Ansicht von G. E., weil er dies für höflicher hielt, nachdem sie nun einmal in Berlin studierte; Emrich dürfe nicht übergangen werden.

Ende April begab sie sich in die – stets überfüllte – Sprechstunde von Professor Emrich. Sie bat um Aufnahme in das Seminar, aber Emrich lehnte ab; das Seminar sei voll, und er ziehe ein bis zwei Gespräche im Semester vor. Am 28. April nun war Herr Emrich sehr aufgeschlossen, unterhielt sich lange mit G. E. über das Buch von Wolf[f]heim, zeigte Sympathie für das Thema und sagte etwa »Nun gut, dann können Sie auch bei mir promovieren«. G. E., etwas überrascht, will erwidert haben »Sie müssen doch erst sehen, ob meine Arbeit Ihnen gefällt«.

Ende Juni fand das zweite Gespräch statt. Prof. Emrich war völlig verwandelt. Er habe gehört, dass sie (im Sommersemester 65) mehreren Aufforderungen von Prof. Lämmert, bei diesem vorzusprechen, nicht Folge geleistet habe. Was sie eigentlich von ihm wolle? Wie sie dazu komme, sich um die Studienstiftung zu bemühen? Mühsam erinnerte er sich, dass es sich um die definitive Aufnahme handelte; G. E. erklärte ferner, welche persönlichen Erlebnisse (Selbstmord in der Familie[300]) sie vor einem Jahr bedrückt hatten. Schlagartig sei Emrich dann netter geworden; sie solle nach einer Woche wieder kommen. Zu dieser Zeit hatte er bereits 2 ½ Stunden Sprechstunde hinter sich; zehn andere warteten noch.

Eine Woche später stellte Emrich die gleichen Fragen, wie das zweite Mal; warum sie sich um die Studienstiftung bemühe, was sie von ihm wolle usw. Die Erinnerung kam jedoch, als er sein Notizbuch ansah, wo er die Verabredung eingetragen hatte. Nun erhitzte er sich: Ja[h]nn sei ein phantastisches Thema, aber ungeheuer schwer; ein Assistent von Landmann[301], Holz[302], zer-

Zwischenzeit nicht den Kontakt« gefunden habe, »dessen es für die Anfertigung eines Gutachtens über die wissenschaftliche Qualifikation bedürfte« (siehe auch Emrichs Stellungnahme zur endgültigen Aufnahme: Akte Ensslin, Dok. V.4.). Wolffheim antwortete Menck am 11. August 1966. Leider könne er nur mitteilen: »Nach meiner Erinnerung habe ich mit Fräulein Ensslin hier in Hamburg kein persönliches Gespräch geführt. Zwei briefliche Anfragen von Fräulein Ensslin aus Berlin, die allerdings einen vorzüglichen Eindruck machten, habe ich ebenfalls brieflich beantwortet. Über die wissenschaftliche Qualifikation von Fräulein Ensslin kann ich leider keine Auskunft geben.«

299 Wolffheim, Hans Henny Jahnn (Anm. 222).

300 Damit rekurrierte Heinitz auf den Selbstmordversuch von Ensslins Bruder Ulrich, über den ihm Gudrun Ensslin am 5. September 1965 berichtet hatte: Akte Ensslin, Dok. VI.3.

301 Michael Landmann (1913–1984), Schweizer Philosoph; 1951–1978 Professor für Philosophie an der FU Berlin.

302 Dieter Holz' (Pseudonym: Roman York) Vorhaben wird bei Siegmar Hohl, Das Medea-Drama von Hans Henny Jahnn. Eine Interpretation unter besonderer Berücksichtigung der Problematik des Mythischen, München 1966, S. 3, erwähnt – in einer Aufzählung damals in Arbeit befindlicher Dissertationen über Jahnn: »Die Bedeutung der Liebe in der Lebensproblematik bei

breche daran; seit vier Jahren versuche er es vergeblich. Warum denn Ja[h]nn? Das sei ein »Pathologe« gewesen (Fräulein E. blieb dabei, dass E.[Emrich] sich so ausgedrückt habe, und dies immer wiederholt habe). Sie solle sich lieber mit dem »Heilbad Goethe« befassen und darüber promovieren; oder über Lichtenberg. Schliesslich wurde Lessing vorgeschlagen; aber auf das Heilbad Goethe kam er immer wieder zurück. G.E. hatte keine Gelegenheit, über ihr Thema zu sprechen, da Emrich, mit rotem Kopf und starker Erregung, dauernd über den Pathologen Ja[h]nn, den er gut kannte,[303] und Heilbad Goethe sprach. Zum Schluss war er sehr friedlich: »Melden Sie sich bei mir wieder, Sie haben ja Zeit, das Gutachten geht in Ordnung, Sie können bei mir promovieren; wenn Sie ein vernünftiges Thema wählen, sind Sie in zwei Jahren fertig!« Am nächsten Tage antwortete Emrichs Assistent auf die Frage, was es mit dem an Ja[h]nn zerbrochenen Doktoranden auf sich habe, »Ach, das war eine von Emrichs Launen. Der Mann ist munter und nicht zerbrochen, und ist fast fertig mit der Arbeit«.

Soweit Fräulein Ensslin. Ich bestätige, dass Fräulein E. mir bei dem ersten Semestertreffen nach dem Aprilgespräch sehr optimistisch berichtet hatte; dann liess ich sie im Juli, da sie bei dem zweiten Gruppentreffen nicht zugegen war, nochmals kommen und erhielt die Auskunft, Emrich habe ihr gesagt, es gehe alles mit dem Gutachten in Ordnung. Für die Darstellung von G.E. spricht weiter, dass die Sekretärin des Germanistischen Seminars auf telefonische Anfrage dem Sinne nach sagte »Ach, die G.E., die kennen wir hier ja; wenn man sie bestellt, kommt sie nicht, das habe ich auch zu Emrich gesagt; das war ja schon bei Lämmert so«. G.E. arbeitet nämlich nicht im Germanistischen Seminar, sondern im Anglistischen, wo es ruhiger sein soll.

Das »audiatur es [!] altera pars« kann ich hier schwerlich verwirklichen. Abgesehen davon, dass Herr Emrich verreist ist, stehe ich zwar ausgezeichnet mit ihm, aber selbst bei vorsichtigster Befragung müsste ich ihm doch die Darstellung E.[s] entgegenhalten und würde eine Chance verschütten, die Fräulein Ensslin jetzt auch dann noch hat, wenn sie sich selbst durchschlagen muss.

Mir ist klar, dass sie nun abgelehnt werden wird; gegen meine Stimme; ich werde für endgültige Aufnahme stimmen, da ich keine Zweifel mehr habe, und

Hans Henny Jahnn (Dieter Holz, F. U. Berlin)«. Vgl. auch – allerdings ohne erhoffte biografische Angaben: Klaus-Jürgen Grundner/Dieter Holz+/Heinrich Kleiner/Heinrich Weiß (Hrsg.), Exzerpt und Prophetie. Gedenkschrift für Michael Landmann (1913–1984), Würzburg 2001.

303 Das bestätigte Emrichs Sohn Hinderk im telefonischen Gespräch am 17. Februar 2015. Sein Vater habe später wiederholt bedauert, Ensslins Promotionsvorhaben nicht doch unterstützt zu haben. Er habe sich so im nachhinein ein wenig mit verantwortlich für ihr späteres Abdriften in den Terrorismus gefühlt. Damals habe es Wilhelm Emrich allerdings für unverantwortlich gehalten, eine junge Studentin mit der Thematik von Jahnns Sexualität zu betrauen. Denn Jahnn habe sich nach jeder Masturbation bestraft und seinen Oberschenkel geritzt. So der Bericht von Hinderk Emrich über die Erzählungen seines Vaters. Zu den »Abgründen einer obsessiven Sexualität« (S. 89) und zur Leidenschaft für das Androgyne bei Jahnn sowie zur Faszination, die das vermutlich auf Vesper und Ensslin ausübte, siehe Kapellen, Doppelt leben (Anm. 9), S. 88f.

nehme in Kauf, dass einige Kollegen mich nicht verstehen werden. Emrich ist nun einmal so, genialisch, aber unberechenbar, und Fräulein Ensslin hat nicht einmal, sondern wiederholt Pech gehabt. Ihre Schuld mag sein, dass es im vorigen Jahr auf des Messers Schneide stand; dass sie auch jetzt ihre Fähigkeiten nicht beweisen kann, liegt nicht an ihr.

Sie wird versuchen, Geld durch Unterricht usw. zu verdienen und doch noch das Studium zuende zu bringen.

Mit herzlichen Grüssen
Ihr
Ernst Heinitz[304]

8. Brief Gudrun Ensslins an die Referentin Uta Zuppke vom 15. Dezember 1967 (eine Seite, Schreibmaschine)

Gudrun Ensslin
1 Berlin 10
Fritschestr. 17
den 15. Dezember 67[305]

Sehr geehrte Frau Zuppke,

ich hätte alles Verständnis, wenn ich wegen meiner formlosen Schlamperei (was Daten angeht usw.) aus der Studienstiftung ausgeschlossen würde[,] und habe kaum Worte dafür, daß mir verziehen wurde.

Es tut mir also schrecklich leid, aber mit den realen Hemmnissen, d.h. den täglichen und vierundzwanzig Stunden mit Leichtigkeit ausfüllenden Ereignissen wachsen auch die psychologischen Hemmnisse, endlich doch zu schreiben ...

Mir wäre auf jeden Fall doch sehr geholfen, wenn ich die Förderung noch einmal, d.h. für die Monate Jan. bis März bekäme, da ich einige Wochen für zwei Reisen, die der Dissertation weiterhelfen sollen, geplant habe: nach Hamburg, zu Signe Trede-Jahnn und Prof. Wolffheim (der mit seinem in der Europ. Verlagsanstalt erschienenen Buch einen ersten umfassenden Interpretationsversuch zu Jahnns Werk unternommen hat)[306]; und nach Innsbruck zu Frau Böhner, die vor zwei Jahren mit »Das Menschenbild bei H. H. J.«[307] promoviert hat und mit der ich gerne unser unterschiedliches Verständnis diskutieren möchte.

304 Name als Unterschrift.

305 Eingangsstempel vom 17. Dezember 1967.

306 Wolffheim, Hans Henny Jahnn (Anm. 222). Wolffheim zufolge hat ihn Ensslin nicht in Hamburg besucht (siehe Anm. 298).

307 Böhner, Das Menschenbild Hans Henry Jahnns (Anm. 223).

Könnten Sie mir, falls die Förderung nicht weitergeht, freundlicherweise kurz Nachricht geben?

Mit freundlichen Grüßen
Ihre
Gudrun Ensslin[308]

9. Brief der Referentin Uta Zuppke an den Oberstaatsanwalt beim Frankfurter Landgericht vom 30. Juli 1968 (eine Seite, Schreibmaschine, Durchschlag)

An den Herrn Oberstaatsanwalt
beim Landgericht Frankfurt/Main
6 *Frankfurt*/Main
Hamburger Landstraße 112

30. Juli 1968
zudr

Betr.: Sprecherlaubnis Gudrun *Ensslin*
4 JS 253/68

Sehr geehrter Herr Oberstaatsanwalt!

Im Godesberger Sekretariat der Studienstiftung des deutschen Volkes gehört die Betreuung der Berliner Stipendiaten zu meinen Aufgaben. Wie ich von Herrn Professor Heinitz erfuhr, wäre es gut, wenn ich Fräulein Ensslin einmal aufsuchen würde, und ich möchte Sie deshalb um eine Sprecherlaubnis bitten.

308 Name als Unterschrift.
Uta Zuppke antwortete Ensslin am 21. Dezember 1967 und kündigte die Aufhebung der Ratensperre, die die Studienstiftung aufgrund der ausbleibenden Semesterberichte eingelegt hatte, ab Januar 1968 an. Da auch der nächste Semesterbericht ausblieb, erhielt Ensslin ein förmliches Mahnschreiben der Studienstiftungs-Geschäftsführung (unterschrieben von Hartmut Rahn) am 21. März 1968. Da erneut eine Reaktion auf sich warten ließ, entschied die Stiftung am 1. Mai 1968, die quartalsweisen Ratenzahlungen ab 1. Juli 1968 wieder auszusetzen. Zu diesem Zeitpunkt hatte die Studienstiftung offenbar noch keine Kenntnis von Ensslins Beteiligung an den Frankfurter Kaufhausbrandanschlägen. Gemeinsam mit Andreas Baader, Thorwald Proll und Horst Söhnlein war sie am 2. April 1968 an den drei Bränden in zwei Frankfurter Kaufhäusern beteiligt. Die politische Protestaktion gegen den Vietnamkrieg führte zur Verhaftung der Täter und zu deren Verurteilung. Erst am 8. November 1968 – das Frankfurter Gerichtsurteil wurde am 31. Oktober 1968 gesprochen – notierte Zuppke im Karteibogen das Ausscheiden Ensslins aus der Studienstiftung zum 31. Dezember 1968. Auf dem Aktendeckel ist unter der Kategorie »Abschiedsbrief« ebenfalls der 8. November 1968 mit Zuppkes Paraphe gezeichnet eingetragen. Der Abschieds- war in der Regel ein persönlich adressierter Formbrief, den der Geschäftsführer (später: der Generalsekretär) der Studienstiftung unterzeichnete. Der Akte Ensslin beigefügt war im übrigen der Zeitungsartikel von Gerhard Mauz, Die Rollen sind verteilt. Der Kaufhausbrand-Prozeß in Frankfurt, in: Deutsches Allgemeines Sonntagsblatt vom 3. November 1968.

Über den genauen Zeitpunkt meines Besuches – ich kann im Augenblick noch nicht übersehen, wann ich nach Frankfurt fahren kann – verständige ich mich wohl am besten mit der Direktion des Untersuchungsgefängnisses.[309]

Mit freundlicher Empfehlung
Zu[310]
(Uta Zuppke)

10. Brief Ernst Heinitz' an die Referentin Uta Zuppke vom 9. Januar 1969 (eine Seite, Schreibmaschine)

Prof. Dr. Dr. h. c. Ernst Heinitz
Senatspräsident a.D.

1 Berlin 45 (Lichterfelde), den 9.1.1969[311]
Ringstrasse 57
Telefon: 73 56 44

An die Studienstiftung
des deutschen Volkes
Fräulein Uta *Zuppke*
532 Bad Godesberg
Koblenzer Str. 77

Liebes Fräulein Zuppke!

Ich habe soeben die Revisionsbegründung für Fräulein *Ensslin*[312] abgesandt. Ich habe das Urteil gerade deshalb angegriffen, weil es auf die Persönlichkeit

309 Am 5. August 1968 übersandte die Frankfurter Staatsanwaltschaft Uta Zuppke eine Sprecherlaubnis. Wegen der Termine sollte sich Zuppke direkt mit der Frauen-Straf- und Untersuchungshaftanstalt in Frankfurt-Preungesheim in Verbindung setzen. Wie Uta Gagnér (geb. Zuppke) im telefonischen Gespräch am 23. März 2016 bestätigte, besuchte sie Ensslin tatsächlich im Gefängnis. Ensslin habe sich einsichtig gegeben und geäußert, wie unbedacht die Beteiligung an der Kaufhausbrandstiftung gewesen sei. Ansonsten sprachen sie neben persönlichen Dingen (insbesondere Ensslins Sohn Felix betreffend) über die Verteidigerfrage. Ensslin sei es wichtig gewesen, dass zusätzlich zu Ernst Heinitz, den sie persönlich sehr schätzte, Otto Schily die Verteidigung übernahm. Auch Gudrun Ensslin erwähnt in einem Brief vom 17. August 1968 an Bernward Vesper kurz Uta Zuppkes Besuch: Ensslin/Vesper, »Notstandsgesetze von Deiner Hand« (Anm. 80), S. 130. – Der »Spiegel« (»Kommen Sie raus, Ihre Chance ist null«, 24/1972, S. 19–32, hier: S. 24) berichtete später in der ihm eigenen Art über die Zeit in Untersuchungshaft: »Gudrun Ensslin, die im Frauengefängnis in Frankfurt-Preungesheim einsaß, hörte unterdessen klassische Schallplatten-Musik, las ›enorm viele Bücher‹ (so die Anstaltsleiterin Helga Einsele) und strickte an einem Pullover für die Frau ihres Verteidigers, Maria-Pia Heinitz, der freilich nie fertig wurde.« Deren Ehemann Ernst Heinitz dankte Ensslin einmal brieflich nicht nur für seinen juristischen Beistand, sondern auch für die »herrlichen Schokoladen und die allerwichtigsten Zigaretten«, die »aus dem Himbeerreich« stammten und durch die sich die Haftzeit leichter ertragen ließ. So ohne näheren Beleg zitiert von Aust, Der Baader-Meinhof-Komplex (Anm. 244), S. 74.

310 Handschriftliche Paraphe.

311 Eingangsstempel vom 10. Januar 1969.

312 In der Akte ist der Name zusätzlich unterstrichen.

der Gudrun nicht im Mindesten eingegangen ist. Nun sind die Akten der Studienstiftung vom Gericht gerade aus diesem Grunde angefordert worden, damit man sich ein besseres Persönlichkeitsbild machen könne.[313] Unter diesen Umständen glaube ich nicht, daß es möglich ist, vor Entscheidung durch den Bundesgerichtshof in Karlsruhe[314] die Akten wieder herauszubekommen. Für die Studienstiftung ist das m. E. doch auch kein Unglück, denn Fräulein *Ensslin* kann, wenn das Urteil – wie leider zu erwarten ist – rechtskräftig wird, ohnedies nicht weiter studieren. Nach Rechtskraft werde ich unter allen Umständen dafür sorgen, daß diese Akten an mich zurückkommen.

Mit herzlichen Grüßen
stets Ihr
Heinitz[315]
(Prof. Dr. E. Heinitz)

11. Brief von Ernst Heinitz an Hartmut Rahn vom 24. November 1969 (eine Seite, Schreibmaschine)

Prof. Dr. Dr. h. c. Ernst Heinitz
Senatspräsident a.D.

1 Berlin 45 (Lichterfelde), den 24.11.1969[316]
Ringstrasse 57
Telefon: 73 56 44

An die Studienstiftung
des deutschen Volkes
z.Hd. Herrn Dr. *Rahn*
53 *Bonn*-Bad Godesberg
Koblenzer Str. 77

Lieber Herr Dr. Rahn!

In der Sache Gudrun *Ensslin* habe ich zwar ein Gnadengesuch eingereicht, aber noch keinen offiziellen Bescheid über die Verwerfung der Revision bekommen.

313 Der Vorsitzende der 4. Strafkammer beim Landgericht Frankfurt a. M. hatte die Akte am 12. September 1968 bei der Studienstiftung angefordert. Die Unterlagen sollten »zur Vorbereitung der Hauptverhandlung« und »insbesondere der Persönlichkeitserforschung der Angeklagten« dienen. In seiner Antwort an das Gericht verwies Studienstiftungs-Geschäftsführer Heinz Haerten am 3. Oktober 1968 darauf, dass sich die Akte bei Ernst Heinitz befinde, der Ensslins Verteidigung übernommen habe. Ein Durchschlag des Schreibens ging an ihn, worüber das Gericht ebenfalls in Kenntnis gesetzt wurde. Von Heinitz aus müssen die Unterlagen dann an das Gericht gegangen sein. Die Schreiben sind vorhanden in: Akte Ensslin.

314 Die Anwälte hatten Revision gegen das Urteil des Frankfurter Landgerichts eingelegt, die aber am 10. November 1969 vom Bundesgerichtshof verworfen wurde.

315 Name als Unterschrift.

316 Eingangsstempel vom 26. November 1969.

Ich entnehme daraus, daß sich die Akten immer noch beim Bundesgerichtshof in Karlsruhe befinden. Ich habe jedenfalls bei der Staatsanwaltschaft in Frankfurt/M. den Antrag gestellt, die Akten der Studienstiftung an Sie zu übersenden. Es kann sein, daß sich die Rücksendung noch etwas verzögert, weil die Akten wegen des Gnadengesuchs und der Vollstreckung möglicherweise unterwegs sein werden. Auf jeden Fall werde ich nach Ablauf einer Frist nochmals an die Staatsanwaltschaft schreiben. Sollten die Akten bei Ihnen eintreffen, bitte ich um Nachricht.[317]

Mit freundlichen Grüßen
Ihr
Heinitz[318]
(Prof. Dr. E. Heinitz)

317 Wenig später erhielt die Studienstiftung die Akten von der Frankfurter Staatsanwaltschaft mit der Betreffzeile »Verfahren gegen Ensslin u. A.« zurückgesandt. Der Eingangsstempel der Studienstiftung verzeichnet den 16. Dezember 1969.

318 Name als Unterschrift.

Literaturauswahl

Aust, Stefan, Der Baader-Meinhof-Komplex, 9. Aufl., München 2008 (zuerst 1985).

Backes, Uwe, Bleierne Jahre. Baader-Meinhof und danach, Erlangen 1991.

Ders., Bundesrepublik Deutschland: »Wir wollten alles und gleichzeitig nichts«, in: Peter Waldmann (Hrsg.), Beruf: Terrorist. Lebensläufe im Untergrund, München 1993, S. 143–179.

Baumann, Cordia, Mythos RAF. Literarische und filmische Mythentradierung von Bölls »Katharina Blum« bis zum »Baader Meinhof Komplex«, Paderborn u. a. 2012.

Becker, Jillian, Hitlers Kinder? Der Baader-Meinhof-Terrorismus, Frankfurt a. M. 1978.

Block, Martin/Birgit Schulz, Die Anwälte. Ströbele, Mahler, Schily. Eine deutsche Geschichte, Köln 2010.

Bressan, Susanne/Martin Jander, Gudrun Ensslin, in: Wolfgang Kraushaar (Hrsg.), Die RAF und der linke Terrorismus, Bd. 1, Hamburg 2006, S. 398–429.

Brückner, Peter, Ulrike Marie Meinhof und die deutschen Verhältnisse. Mit Texten von Ulrike Marie Meinhof, einem Vorwort von Ulrich K. Preuß und einem Nachwort von Klaus Wagenbach, 4. Aufl., Berlin 2006 (zuerst 1976).

Cofalla, Sabine, Die »Gruppe 47« und die SPD. Ein Fallbeispiel, in: Ulrich von Alemann u. a. (Hrsg.), Intellektuelle und Sozialdemokratie, Opladen 2000, S. 147–165.

Die Baader-Meinhof-Gruppe, zusammengestellt von Reinhard Rauball, Berlin/New York 1972, S. 167–210.

Die Studienstiftung, Januar 1971 [Informationsbroschüre/Jahresbericht 1970 mit Angaben zur Entwicklung der Studienstiftung ab 1948].

Diewald-Kerkmann, Gisela, Frauen, Terrorismus und Justiz. Prozesse gegen weibliche Mitglieder der RAF und der Bewegung 2. Juni, Düsseldorf 2009.

Ditfurth, Jutta, Ulrike Meinhof. Die Biografie, Berlin 2009.

Ein Seitenweg, in: Der Spiegel, 25/1972, S. 67–72.

Ein ZEIT-Gespräch [Willy Winklers] mit dem Ex-Terroristen Horst Mahler über die Apo, den Weg in den Terror und die Versöhnung mit dem Grundgesetz, in: Die Zeit vom 2. Mai 1997.

Ensslin, Christiane/Gottfried Ensslin (Hrsg.), »Zieht den Trennungsstrich jede Minute«. Briefe an ihre Schwester Christiane und ihren Bruder Gottfried aus dem Gefängnis 1972–1973, Hamburg 2005.

Ensslin, Gudrun/Bernward Vesper, »Notstandsgesetze von Deiner Hand«. Briefe 1968/1969, hrsg. von Caroline Harmsen, Ulrike Seyer und Johannes Ullmaier. Mit einer Nachbemerkung von Felix Ensslin, Frankfurt a. M. 2009.

Dies. (Hrsg.), Gegen den Tod. Stimmen deutscher Schriftsteller gegen die Atombombe, Stuttgart 1964.

Eschen, Klaus, Das Sozialistische Anwaltskollektiv, in: Wolfgang Kraushaar (Hrsg.), Die RAF und der linke Terrorismus, Bd. 2, Hamburg 2006, S. 957–972.

Fest, Joachim, Die Verzweiflung des Gedankens. Extempore über Ulrike Meinhof, in: Ders., Begegnungen. Über nahe und ferne Freunde, 3. Aufl., Reinbek bei Hamburg 2009, S. 249–270.

Fischer, Michael, Horst Mahler. Biographische Studie zu Antisemitismus, Antiamerikanismus und Versuchen deutscher Schuldabwehr, Karlsruhe 2015.

Gallus, Alexander, Ein Anfang, der das Ende nicht erwarten ließ. Die Studienstiftler Meinhof, Mahler, Ensslin, Vesper und die Eliteförderung der frühen Bundesrepublik – eine Aktenlektüre, in: Jahrbuch Extremismus und Demokratie, 24 (2012), S. 13–29.

Ders., Porträt »Ulrike Meinhof«, unter: https://www.studienstiftung.de/90-jahre-90-koepfe/.

Ders., Zeitschriftenporträt »konkret«, in: Jahrbuch Extremismus und Demokratie, 13 (2001), S. 227–249.

Gleichauf, Ingeborg, Poesie und Gewalt. Das Leben der Gudrun Ensslin, Stuttgart 2017.

Hakemi, Sara/Thomas Hecken, Die Warenhausbrandstifter, in: Wolfgang Kraushaar (Hrsg.), Die RAF und der linke Terrorismus, Bd. 1, Hamburg 2006, S. 316–331.

Dies., Ulrike Meinhof, Berlin 2010.

Herrmann, Jörg, Ulrike Meinhof und Gudrun Ensslin – Vom Protestantismus zum Terrorismus, in: Klaus Biesenbach (Hrsg.), Zur Vorstellung des Terrors: Die RAF-Ausstellung, Bd. 2, Göttingen 2005, S. 112–114.

Hürter, Johannes, Rekruten für die »Stadtguerilla«. Die Suche der RAF nach einer personellen Basis, in: Rüdiger Bergien/Ralf Pröve (Hrsg.), Spießer, Patrioten, Revolutionäre. Militärische Mobilisierung und gesellschaftliche Ordnung in der Neuzeit, Göttingen 2010, S. 305–322.

Jander, Martin, Horst Mahler, in: Wolfgang Kraushaar (Hrsg.), Die RAF und der linke Terrorismus, Bd. 1, Hamburg 2006, S. 372–397.

Jeschke, Axel/Wolfgang Malanowski (Hrsg.), Der Minister und der Terrorist. Gespräche zwischen Gerhart Baum und Horst Mahler, Hamburg 1980.

Jesse, Eckhard, Biographisches Porträt: Horst Mahler, in: Jahrbuch Extremismus und Demokratie, 13 (2001), S. 183–199.

Ders., Biographisches Porträt: Ulrike Marie Meinhof, in: Jahrbuch Extremismus und Demokratie, 8 (1996), S. 199–213.

Kapellen, Michael, Doppelt leben. Bernward Vesper und Gudrun Ensslin. Die Tübinger Jahre, Tübingen 2005.

Koenen, Gerd, Das rote Jahrzehnt. Unsere kleine deutsche Kulturrevolution 1967–1977, 4. Aufl., Frankfurt a. M. 2007.

Ders., Vesper, Ensslin, Baader. Urszenen des deutschen Terrorismus, 3. Aufl., Frankfurt a. M. 2009.

Kohrs, Klaus Heinrich, Studienstiftung, in: Michael Maaser/Gerrit Walther (Hrsg.), Bildung. Ziele und Formen, Traditionen und Systeme, Medien und Akteure, Stuttgart/Weimar 2011, S. 274–279.

Ders., Überstehen, Sinnsuche, Kritik. Stipendiaten-Lebensläufe 1952, 1960 und 1968, in: Studienstiftung des deutschen Volkes (Hrsg.), Jahresbericht 2003. Fakten und Analysen, Bonn 2004, S. 21–67.

Kraft, Sandra, Vom Hörsaal auf die Anklagebank. Die 68er und das Establishment in Deutschland und den USA, Frankfurt a. M./New York 2010.

Kraushaar, Wolfgang (Hrsg.), Die RAF und der linke Terrorismus, 2 Bde., Hamburg 2006.

Ders. (Hrsg.), Frankfurter Schule und Studentenbewegung. Von der Flaschenpost zum Molotowcocktail 1946–1995, 3 Bde., Hamburg 1998.

Ders., Mythos RAF. Im Spannungsfeld von terroristischer Herausforderung und populistischer Bedrohungsphantasie, in: Ders. (Hrsg.), Die RAF und der linke Terrorismus, Bd. 1, Hamburg 2006, S. 1186–1210.

Krebs, Mario, Ulrike Meinhof. Ein Leben im Widerspruch, Reinbek bei Hamburg 1988.

Kunze, Rolf-Ulrich, Die Studienstiftung des deutschen Volkes seit 1925. Zur Geschichte der Hochbegabtenförderung in Deutschland, Berlin 2001.

Ders., 75 Jahre Studienstiftung des deutschen Volkes: Zeit- und wissenschaftsgeschichtliche Perspektiven zu einem deutschen Sonderweg der ›Hochbegabten‹-Förderung, hrsg. von der Studienstiftung des deutschen Volkes, o. O. u. J. [Bonn 2000].

Lehto-Bleckert, Katriina, Ulrike Meinhof 1934–1976. Ihr Weg zur Terroristin, Marburg 2010.

Ludwig, Thomas, »Studenten sind nicht mehr Kinder reicher Leute«. Die soziale Struktur der Studienstiftung seit 1925, in: Studienstiftung des deutschen Volkes (Hrsg.), Jahresbericht 2009, Bonn 2010, S. 105–121.

Lützinger, Saskia, Die Sicht der Anderen. Eine qualitative Studie zu Biographien von Extremisten und Terroristen, Köln 2010.

Mahler, Horst, Ausbruch aus einem Mißverständnis, in: Kursbuch, Nr. 48 vom Juni 1977, S. 77–98.

Ders./Franz Schönhuber, Schluß mit deutschem Selbsthaß. Plädoyers für ein anderes Deutschland, 2. Aufl., Berg 2001.

Malthaner, Stefan/Peter Waldmann (Hrsg.), Radikale Milieus. Das soziale Umfeld terroristischer Gruppen, Frankfurt a. M./New York 2012.

Meinhof, Ulrike, Die Würde des Menschen ist antastbar. Aufsätze und Polemiken. Mit einem Nachwort von Klaus Wagenbach, Neuausg., Berlin 1992.

Dies./Jürgen Seifert, Unruhe in der Studentenschaft, in: Blätter für deutsche und internationale Politik, 3 (1958), Heft 7, S. 524–526.

Obermaier, Frederik, Sex, Kommerz und Revolution. Vom Aufstieg und Untergang der Zeitschrift »konkret« (1957–1973), Marburg 2011.

Ders., Zwischen links und Porno. 50 Jahre *konkret*, in: Klaus-Dieter Altmeppen/Regina Greck (Hrsg.), Facetten des Journalismus. Theoretische Analysen und empirische Studien, Wiesbaden 2012, S. 317–341.

Peters, Butz, Tödlicher Irrtum. Die Geschichte der RAF, 4. Aufl., Frankfurt a. M. 2008.

Prinz, Alois, Lieber wütend als traurig. Die Lebensgeschichte der Ulrike Marie Meinhof, Weinheim/Basel 2007.

Protest! Literatur um 1968. Eine Ausstellung des Deutschen Literaturarchivs in Verbindung mit dem Germanistischen Seminar der Universität Heidelberg und dem Deutschen Rundfunkarchiv im Schiller-Nationalmuseum Marbach am Neckar [Ausstellung und Katalog von Ralf Bentz u. a.], 2. Aufl., Marbach am Neckar 2000.

Reinecke, Stefan, Die linken Anwälte. Eine Typologie, in: Wolfgang Kraushaar (Hrsg.), Die RAF und der linke Terrorismus, Bd. 2, Hamburg 2006, S. 948–956.

Röhl, Bettina, So macht Kommunismus Spaß! Ulrike Meinhof, Klaus Rainer Röhl und die Akte KONKRET, Hamburg 2006.

Röhl, Klaus Rainer, Fünf Finger sind keine Faust. Eine Abrechnung, 3. Aufl., München 1998 (zuerst: Köln 1974).

Roth, Andreas, Der Voltaire Verlag und die Edition Voltaire, in: Stephan Füssel (Hrsg.), Die Politisierung des Buchmarkts. 1968 als Branchenereignis, Wiesbaden 2007, S. 11–89.

Schmidtchen, Gerhard, Terroristische Karrieren. Soziologische Analysen anhand von Fahndungsunterlagen und Prozeßakten, in: Herbert Jäger/ders./Lieselotte Süllwold, Lebenslaufanalysen, Opladen 1981, S. 13–77.

Schütt, Peter (Hrsg.), Zwischen den Kriegen. Werner Riegel, Klaus Rainer Röhl und Peter Rühmkorf – Briefwechsel mit Kurt Hiller 1953–1971, München 2009.

Seifert, Jürgen, Ulrike Meinhof, in: Wolfgang Kraushaar (Hrsg.), Die RAF und der linke Terrorismus, Bd. 1, Hamburg 2006, S. 350–371.

Ders., Vom 58er zum 68er. Ein biographischer Rückblick, in: Vorgänge, 32 (1993), Heft 4 (Nr. 124), S. 1–6.

Siegfried, Detlef, Time Is on My Side. Konsum und Politik in der westdeutschen Jugendkultur der 60er Jahre, Göttingen 2006.

Siemens, Anne, Für die RAF war er das System, für mich der Vater. Die andere Geschichte des deutschen Terrorismus, München 2007.

Studienstiftung des deutschen Volkes, in: Geschichte in Wissenschaft und Unterricht, 7 (1956), S. 581.

Tauber, Andrea, Hauptsache extrem: Horst Mahlers politische Ideologien – Ein Wechselspiel von Links- und Rechtsextremismus, Hamburg 2014.

Vesper, Bernward, Die Reise. Romanessay. Ausgabe letzter Hand, 7. Aufl., Reinbek bei Hamburg 2009 (zuerst 1977).

Voss, Henner, Vor der Reise. Erinnerungen an Bernward Vesper, Hamburg 2005.

Wasmund, Klaus, The Political Socialization of West German Terrorists, in: Peter H. Merkl

(Hrsg.), Political Violence and Terror. Motifs and Motivations, Berkeley/California 1986, S. 191–228.
Weinhauer, Klaus, Terrorismus in der Bundesrepublik der Siebzigerjahre. Aspekte einer Sozial- und Kulturgeschichte der Inneren Sicherheit, in: Archiv für Sozialgeschichte, 44 (2004), S. 219–242.
Ders./Jörg Requate/Heinz-Gerhard Haupt (Hrsg.), Terrorismus in der Bundesrepublik. Medien, Staat und Subkulturen in den 1970er Jahren, Frankfurt a. M./New York 2006.
Wesemann, Kristin, Ulrike Meinhof. Kommunistin, Journalistin, Terroristin – eine politische Biografie, Baden-Baden 2007.
Winkler, Willi, Die Geschichte der RAF, 3. Aufl., Reinbek bei Hamburg 2010.

Bildnachweis

Seite 57–60: Bewerberbogen von Ulrike Meinhof vom 8.12.1954
Seite 145–148: Bewerberbogen von Horst Mahler vom 22.11.1954
Seite 187–190: Bewerberbogen von Gudrun Ensslin vom 19.9.1960
Seite 207–210: Bewerberbogen von Gudrun Ensslin vom 13.11.1961
Seite 227–230: Bewerberbogen von Gudrun Ensslin vom 6.12.1963

Alle Bewerberbögen: © Archiv der Studienstiftung des deutschen Volkes, Bonn-Bad Godesberg

Personenregister

Die Seitenangaben können sich sowohl auf den Fließtext als auch auf die Fußnoten beziehen. Solche, die auf eine biografische Notiz verweisen, sind *hervorgehoben*.